GROUP

中国建投｜远见成就未来

中国建投研究丛书·报告系列
JIC Institute of Investment Research Books · Report

中国投资发展报告

(2020)

主编 / 中国建银投资有限责任公司投资研究院

ANNUAL REPORT ON THE DEVELOPMENT OF CHINA'S INVESTMENT (2020)

社会科学文献出版社
SOCIAL SCIENCES ACADEMIC PRESS (CHINA)

总　序

一千多年前，维京海盗抢掠的足迹遍及整个欧洲。南临红海，西到北美，东至巴格达，所到之处无不让人闻风丧胆，所经之地无不血流成河。这个在欧洲大陆肆虐整整三个世纪的悍匪民族却在公元 1100 年偃旗息鼓，过起了恬然安定的和平生活。个中缘由一直在为后人猜测、追寻，对历史的敬畏与求索从未间歇。2007 年，在北约克郡哈罗盖特（曾属维京人居住领域）的山谷中出土了大量来自欧洲各国的货币，各种货币发行时间相差半年，“维京之谜”似因这一考古圈的重大发现而略窥一斑——他们的财富经营方式改变了，由掠夺走向交换；他们懂得了市场，学会了贸易，学会了资金的融通与衍生——而资金的融通与衍生改变了一个民族的文明。

投资，并非现代社会的产物；借贷早在公元前 1200 年 ~ 公元前 500 年的古代奴隶社会帝国的建立时期便已出现。从十字军东征到维京海盗从良，从宋代的交子到犹太人的高利贷，从郁金香泡沫带给荷兰的痛殇到南海泡沫树立英国政府的诚信丰碑，历史撰写着金融发展的巨篇。随着现代科学的进步，资金的融通与衍生逐渐成为一国发展乃至世界发展的重要线索。这些事件背后的规律与启示、经验与教训值得孜孜探究与不辍研习，为个人、企业乃至国家的发展提供历久弥新的助力。

所幸更有一批乐于思考、心怀热忱的求知之士勤力于经济、金融、投资、管理等领域的研究。于经典理论，心怀敬畏，不惧求索；于实践探索，尊重规律，图求创新。此思索不停的精神、实践不息的勇气当为勉励，实践与思索的成果更应为有识之士批判借鉴、互勉共享。

调与金石谐，思逐风云上。“中国建投研究丛书”是中国建银投资有限责任公司组织内外部专家在回顾历史与展望未来的进程中，深入地体察和研究市场发展及经济、金融之本性、趋向和后果，结合自己的职业活动，精制而成。本“丛书”企望提供对现代经济管理与金融投资多角度的认知、借鉴与参考。如果能够引起读者的兴趣，进而收获思想的启迪，即是编者的荣幸。

是为序。

张睦伦

2012 年 8 月

编辑说明

中国建银投资有限责任公司（以下简称集团）是一家综合性投资集团，投资覆盖金融服务、工业制造、文化消费、信息技术等行业领域，横跨多层次资本市场及境内外区域。集团下设的投资研究院（以下简称建投研究院）重点围绕国内外宏观经济发展趋势、新兴产业投资领域，组织开展理论与应用研究，促进学术交流，培养专业人才，提供优秀的研究成果，为投资研究和经济社会发展贡献才智。

“中国建投研究丛书”（以下简称“丛书”）收录建投研究院组织内外部专家的重要研究成果，根据系列化、规范化和品牌化运营的原则，按照研究成果的方向、定位、内容和形式等将“丛书”分为报告系列、论文系列、专著系列和案例系列。报告系列为行业年度综合性出版物，汇集集团各层次的研究团队对相关行业和领域发展态势的分析与预测，对外发表年度观点。论文系列为建投研究院组织业界知名专家围绕市场备受关注的热点或主题展开深度探讨，强调前沿性、专业性和理论性。专著系列为内外部专家针对某些细分行业或领域进行体系化的深度研究，强调系统性、思想性和市场深度。案例系列为建投研究院对国内外投资领域案例的分析、总结和提炼，强调创新性和实用性。希望通过“丛书”的编写和出版，为政府相关部门、企业、研究机构以及社会各界读者提供参考。

本研究丛书仅代表作者本人或研究团队的独立观点，不代表中国建投集团的商业立场。文中不妥及错漏之处，欢迎广大读者批评指正。

前 言

《中国投资发展报告》是中国建投集团向社会推出的年度系列化研究成果，是“中国建投研究丛书·报告系列”的重要组成部分。《中国投资发展报告》已经连续出版九年，在投资界产生了较好反响，受到舆论及各方面的广泛关注。

2019 年，世界政治经济和社会环境复杂多变，全球正经历百年未有之大变局。受贸易摩擦加剧及地缘政治等因素的影响，世界经济增速呈现下行趋势。不论是发达经济体还是新兴经济体的增速都出现了一定程度的回落。为刺激经济，各国央行纷纷祭出宽松政策，使全球资产价格在 2019 年都不同程度地出现了上扬，中国 A 股市场的表现也十分亮眼。展望 2020 年，世界经济发展面临诸多不确定性，依然充满风险和挑战，很难有大的起色。2020 年是中国全面建成小康社会和“十三五”规划收官之年，中国经济仍然以“稳增长”和“防风险”作为工作主线，继续实施积极的财政政策和稳健的货币政策。2020 年全球货币宽松将继续推高各类资产的价格，但并不是所有资产都会有相同的表现。2020 年，投资者在资产选择上还应该以国内资产为主，适当增加权益类资产的配置。

2020 年初，突如其来的新冠肺炎疫情使中国经济面临更大下行压力，也给世界经济带来新的不确定性。中国建投研究院对此高度重视，迅速组织相关人员就相关问题开展研究，形成了多篇有价值的研究报告。我们也把这些研究成果作为一个专题列入本书，供广大读者和投资者参考。需要说明的是，这些研究是初步的、不完整的，我们还将继续跟踪研究，并通过其他方式发布研究成果。

《中国投资发展报告（2020）》全书共分为总报告、宏观环境篇、金融投资篇、行业投资篇、疫情专题篇五部分，共 20 篇报告。总报告主要综合全书核心内容和观点；宏观环境篇对世界和中国宏观经济以及中美贸易摩擦和区域经济政策做出分析；金融投资篇主要对资本市场、资产管理、海外投资和并购重组等进行了分析和展望；行业投资篇主要对房地产、医疗健康、先进制造、文化消费、信息科技等行业的发展和投资机会进行了分析；疫情专题篇主要就新冠肺炎疫情对宏观经济和相关行业的影响进行了分析与研究。

《中国投资发展报告（2020）》由中国建投研究院组织编写，研究院内有关专家参与了本书的研创工作。需要说明的是，本书文章只代表作者和课题组观点，不代表所在单位。据此投资，风险自担。最后，我们对一直以来关心和支持中国建投研究院工作的各位领导和专家表示衷心的感谢！

目　录

总报告

宏观环境篇

金融投资篇

行业投资篇

疫情专题篇

中英文摘要

总报告

全球宽松背景下的资产重估及投资选择　／003

全球宽松背景下的资产重估及投资选择

张志前
经济学博士，高级研究员，中国建投投资研究院副秘书长

投资提示

- 面对经济不断出现的下行压力，2019 年美国货币政策发生了大逆转，由 2018 年底的升息转变为降息。在上一轮量化宽松结束后仅仅 9 个月，2019 年欧洲央行重启了 QE。不仅是欧美等发达经济体，包括金砖国家在内的其他新兴经济体也纷纷降息。据不完全统计，2019 年全球有近 50 个经济体先后降息近 100 次。

- 展望 2020 年，全球经济发展道路依然布满荆棘。虽然中美贸易谈判已经达成了第一阶段协议，但是后续的协商依然存在很多变数。除了贸易保护主义以及中美紧张关系之外，还存在地缘政治等诸多潜在风险，存在很多的不确定性。在这种情况下，2020 年全球经济发展依然不是坦途，难有大的起色。

- 为防止经济进一步下滑，2020 年全球主要央行仍将在一段时期内继续采取低利率与量化宽松操作。美联储可能会继续降息。欧洲由于核心通胀仍将非常疲弱，货币政策将会继续保持宽松。日本央行也将维持负利率水平不变。新兴经济体的通胀将继续维持在较低水平，货币宽松的空间较大。

- 受到全球货币宽松的影响，2019 年，包括股票、债券、黄金、原油在内，几乎全部大类资产价格都在上涨，A 股成为全球涨幅最大的股市之一。展望 2020 年，全球宽松还将延续，这将继续推高各类资产的价格，但由于不同的资产对宽松的敏感性不同，同时还会受到其他因素的影响，因此并不是所有资产价格都会有相同表现。

2019 年全球经济增长下行压力加大，但政策支持力度有所上升，各国央行纷纷降息，全球再次进入货币宽松周期。展望 2020 年，世界仍然面临诸多不确定性，全球经济形势不容乐观。为防止经济进一步下行，维持较高的经济增速，各国央行可能会继续保持宽松政策不变，但是发达国家的宽松幅度受限。宽松的货币政策将助推资产价格的上涨，各类资产的价格将面临重估。从全球资产配置看，中国经济依然强于主要经济体，建议适当增加中国国内资产的配置比例；从资产类别选择看，在宽松货币政策环境和盈利周期弱复苏的背景下，权益类资产比固定收益类资产更具有吸引力，因此 2020 年投资者可适当增加权益类资产的配置比例。

一、全球经济面临下行压力

（一）2019年经济增速普遍下滑

受到中美贸易摩擦、英国脱欧、地缘政治以及多地上演的民粹主义影响，2019 年全球经济增长乏力，出现明显下行压力，各主要经济体 GDP 增速均有所下滑，创出 2008 年金融危机以来的新低。

美国方面，在全球经济普遍下行的背景下，2018 年美国经济在特朗普减税等政策的刺激下表现强劲，在当时全球经济中“一枝独秀”。但是好景不长，2019 年，美国经济周期性扩张步入尾声，减税政策出现了边际递减，同时受到贸易摩擦升级影响，美国的经济增速出现了明显的放缓迹象。2019 年一季度美国 GDP 增速还有 3.1%，但是此后逐季回落到 2% 左右，预计全年经济增速只有 2.3% 左右。从需求侧看，私人投资低迷是经济增速下降的主因，其中建筑、设备和固定资产投资下降幅度较大，而知识产权、住宅投资仍保持高景气。通胀和就业数据保持韧性，2019 年 11 月核心通胀率为 2.3%，失业率为 3.5%。

欧洲方面，自欧债危机以来，经济增速始终在低谷徘徊。2019 年，受全球需求下降、贸易摩擦不断和英国脱欧不确定性等因素影响，欧元区经济复苏乏力。2019 年前三季度欧元区 GDP 季调同比增速保持低位，分别为 1.3%、1.2%、1.2%，较上年同期降幅较大，预计全年同比增速为 1.2%。其中，德国经济表现疲软，一度跌入负值区间。欧洲经济疲弱主要表现在三个方面：一是生产动能减弱，PMI 持续处于收缩区间，制造业下行压力加大；二是投资需求放缓，资本支出下降至 2015 年以来次低水平，投资信心指数除 5 月以外均位于负值区间；三是通胀持续低迷，CPI 增速一度跌至近三年来的历史低位，11 月 CPI 同比增速回升至 1%，仍显著不及欧洲央行的中期通胀目标。

日本方面，2019 年，日本经济总体保持低位运行，前三季度经济增速分别录得 0.6%、0.8%、1.7% 的经济增速，环比增幅扩大，预计全年 GDP 增长 0.9%，明显低于前两年的增速。从分项看，日本消费和投资相对平稳并略有改善，主要受进出口下降的拖累影响。2019 年，日本通胀依然低迷，11 月 CPI 和核心 CPI 均录得 0.5% 的增速，距离日本央行预期目标 2% 还有相当大的距离。受人口老龄化的影响，日本用工荒持续，失业率为 2.4%，处于 20 世纪 90 年代以来的低位。贸易摩擦是导致日本 2019 年经济低迷的主要原因，特别是日韩贸易摩擦的升级，对日本商品和服务出口产生了很大的负面冲击。

新兴经济体方面，2019 年，金砖国家经济增速均有不同程度的放缓，印度经济渐次下行，巴西和俄罗斯经济受政策刺激，逐季有所改善，但仍低于同期增长速度，南非经济在低位徘徊。从制造业情况看，金砖国家中除俄罗斯外 PMI 整体处于荣枯线上方，表现出一定的韧性。通胀形势总体分化，印度通胀呈上升态势，巴西和俄罗斯通胀走势触顶回落，南非通胀处于较高水平。相比较而言，在中国“一带一路”倡议推动下，沿线的东南亚国家经济增长引人注目。2019 年前三季度，印度尼西亚、泰国、马来西亚、菲律宾及越南 GDP 分别同比增长 5.02%、2.4%、4.37%、6.18% 及 6.98%，与 2018 年同期水平基本持平。

（二）2020年荆棘丛生难见起色

展望2020年，全球经济面对的依然不是坦途。虽然中美贸易谈判已经达成了第一阶段协议，但是后续的协商依然存在很多变数。除了贸易保护主义以及中美紧张关系之外，还存在诸多地缘政治风险事件：2020年美国、波兰、新西兰、韩国、新加坡等经济体将经历重要选举；中东、委内瑞拉等原油产区局势趋于恶化，可能直接影响原油供应和价格；欧洲方面，英国脱欧进程以及脱欧后欧英双方的政策协调存在不确定性；意大利、西班牙、希腊等国的债务问题也有潜在风险。在这种情况下，2020年全球经济发展很难有大的起色。

美国方面，2008年金融危机之后，美国经济的强力复苏一定程度上得益于“页岩气革命”。“页岩气革命”虽然改变了美国进口能源结构，使美国变成石油出口国，但同时使美国积累了天量的企业债，推动企业债务与GDP之比屡创历史新高。2018年，在全球经济下行的大环境下，特朗普政府的刺激政策，使得美国经济保持了“一枝独秀”。但进入2019年以来，随着各种政策刺激的边际效益递减，美国经济增长开始持续放缓。2020年影响美国经济的负面因素主要有两点：一是贸易保护主义政策并未改善其整体贸易逆差，即使中美达成一定程度的贸易协议，贸易也难以成为促进2020年美国经济增长的重要因素；二是大选年美国两党政治更加极化，政府支出扩张面临愈发激烈的政治压力，任何大型财政支出计划在2020年都难以推出，这些会进一步影响美国经济增长的可持续性。

欧洲方面，随着国际贸易局势略有好转，欧盟新一届领导人交接就位，就业增长回升至危机前水平，工资收入指数及劳动力成本增速分别为24年和10年来高位，有助于支撑服务业、建筑业以及消费表现向好，支持欧洲经济增长。但人口老龄化、高福利等因素制约了欧洲的创新能力，欧洲产业在世界上的竞争力持续下滑，影响着欧元区中长期经济的发展。2020年，欧洲经济前景依然难见坦途，不确定性仍是欧洲经济下行压力的主要来源，英国脱欧、地缘政治等是其内部的不确定性因素，而中美贸易摩擦、难民潮等是其外部不确定因素。预计2020年欧洲经济将继续在L形底部徘徊。

亚洲方面，在全球经济下行、贸易摩擦等因素的影响下，亚洲经济增速有所放缓，但仍是拉动全球经济增长的重要力量。2019年前三季度，亚洲（除日本外）实际GDP增速分别为5.4%、5.2%和5.2%，远高于全球水平。在全球范围内地缘政治此起彼伏、政策不确定性风险加大的外部环境下，亚洲增长较快也表明其经济具有韧性。展望2020年，“一带一路”基础设施互联互通落地和RCEP协议对区域内贸易投资的推动作用，将为该地区经济增长注入新动能。东盟经济增速可望回升。一方面，东盟内需和投资活跃，吸引外资持续流入，将加速推动东盟制造业发展和产业升级。受惠于油价低企，东盟成员国通胀均低于其央行的目标水平。另一方面，RCEP协议正式实施和“一带一路”基础设施互联互通将为东盟经济发展注入持久动力。

整体而言，2020年全球经济发展依然是荆棘丛生，困难重重，难有起色。贸易摩擦、美国大选、英国脱欧、地缘政治等事件的进展和演化值得关注。

二、各国宏观政策发生转向

（一）美联储进入降息周期

面对经济不断出现的下行压力，虽然经济数据并未出现明显恶化，但是在特朗普总统的强烈要求下，2019年美国的货币政策实现了大逆转，由2018年底的升息转变为降息。2019年美联储货币政策180度大转向是市场始料未及的。2019年8月1日，美联储在结束为期两天的政策会议后发布声明，将联邦基金利率目标区间下调25个基点至2%~2.25%。这次降息距2018年底的加息仅隔半年多。此后，美联储又分别在9月和10月连续两次进行“保险式”降息，各降25个基点，经过全年三次降息，美联储将联邦基金利率目标区间下调至1.5%~1.75%。“一石激起千层浪”，美联储的降息引发了很多国家央行的跟随。

就在美联储降息的同一天，巴西央行宣布降息50个基点，成为美联储降息后第一个跟随降息的国家。此后，2019年8月7日，泰国、新西兰和印度三个国家的央行在同一天宣布降息。其中，泰国央行将基准利率下调了25个基点至1.5%，为2015年以来的首次降息；新西兰为本年度第2次降息，而其降息幅度达到了50个基点；印度央行继2019年2月、4月和6月累计降息75个基点之后，年内第4次宣布降息，下调基准利率35个基点至5.4%，创下2010年以来的新低。2019年8月8日，菲律宾央行宣布降息25个基点，8月9日，秘鲁央行宣布将参考利率降息25个基点至2.5%，成为三天之内第五个降息的国家。

实际上，早在美联储降息之前，一些国家已经开始降息。2019年以来，多国央行纷纷宣布降息，有发达经济体，也有新兴经济体。印度、埃及、乌克兰、新西兰、澳大利亚、俄罗斯、韩国等多个国家的央行陆续开启了各自的降息周期。2019年9月欧洲央行祭出新一轮超宽松货币政策，将存款便利利率下调10个基点至-0.5%，推行“两级利率体系”和新一轮长期再融资操作（TLTRO-III）。在上一轮量化宽松结束后仅仅9个月，欧洲央行即决定重启QE。据不完全统计，2019年全球有近50个经济体先后降息近100次（主要经济体降息情况见表1）。世界正在进入货币宽松周期。

表1　2019 年主要经济体降息情况					
洲别	国家/地区	利率指标	降息次数（次）	降息幅度（BP）	年底利率（%）
北美洲	美国	联邦基准利率	3	−75	1.75
欧洲	欧元区	隔夜存款利率	1	−10	−0.5
	俄罗斯	关键利率	5	−150	6.25
	乌克兰	贴现利率	5	−450	13.5
	土耳其	单周回购利率	4	−1200	12
	冰岛	基准利率	5	−150	3
亚洲	韩国	基准利率	2	−50	1.25
	中国香港	贴现窗基本利率	3	−75	2
	印度	基准回购利率	5	−135	5.15
	印度尼西亚	基准利率	4	−100	5
	菲律宾	隔夜借款利率	3	−75	4
	马来西亚	隔夜利率	1	−25	3
	泰国	隔夜利率	2	−50	1.25
	越南	基准利率	1	−25	6
大洋洲	澳大利亚	隔夜利率	3	−75	0.75
	新西兰	基准利率	2	−75	1
南美洲	巴西	隔夜利率	4	−200	4.5
	墨西哥	基准利率	4	−100	7.25
	智利	隔夜利率	3	−125	1.75
非洲	南非	再回购利率	1	−25	6.5
	埃及	隔夜贷款目标利率	4	−450	13.25

数据来源：Wind 资讯。

（二）全球迎来新的货币宽松

全球金融危机之后，世界经济又将面临新的重大调整。从世界主要经济体看，美国财政赤字和债务水平不断上升，股市泡沫化倾向非常明显，经济增速调整不可避免。欧元区缺乏创新能力，制造业衰退幅度加深，加之受英国脱欧等因素影响，经济前景更加黯淡。新兴经济体和主要发展中国家供给和需求端均陷入停滞甚至衰退，加上外部需求减弱，经济增长前景也不容乐观。从历史经验看，全球经济大调整往往伴随着局部或全面的经济危机出现。为避免危机发生，保持经济的持续增长，货币宽松不可避免。但盲目的货币宽松不仅不会对经济产生刺激作用，还将会为下一轮危机埋下隐患。

通货膨胀等价格因素一直以来都是各国央行货币政策的核心关注点，保持币值稳定是货币政策的重要目标。从目前各国的价格总水平来看，仍然支持央行采取宽松货币政策，降息仍具有很大的空间。从 CPI 消费端来看（见图 1），发达经济体如美国、欧元区、日本甚至韩国等国家和地区目前的消费物价水平尚处在一个较低的位置或者较为舒适的区域，并没有明显滞胀的风险，对降息不形成明显排斥。此外，尽管中国的 CPI 达到了 4.5% 的较高位置，但这主要是由结构性因素引起的，也并未形成传导或者扩大的预期，同样对我国的货币政策操作不会有明显掣肘；从生产端 PPI 来看，无论是发达经济体（如美、日、欧）还是新兴经济体（如中国）的生产者价格指数近期同比增速基本都维持在负值，生产收缩的现状更多地指向支持未来继续降息。因此从物价水平因素考虑，未来继续降息并不会有掣肘，反而提供了较强的容忍度。

图 1　全球主要经济体 CPI 走势

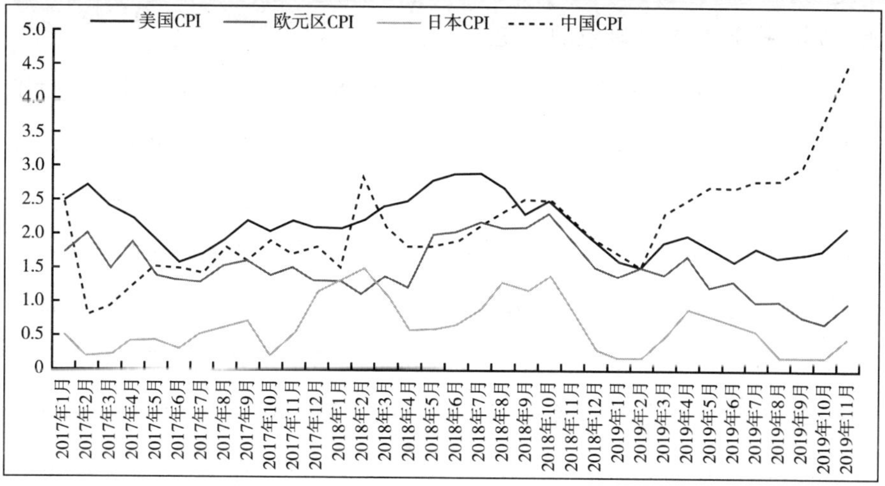

数据来源：Wind 资讯。

面对复杂的经济环境和下行压力，我们预计，2020 年全球主要央行仍将在一段时期内继续采取低利率与量化宽松操作。目前美联储没有观测到经济前景发生重大改变，倾向于维持该利率水平不变，观察宽松政策的滞后效果。但考虑到 2019 年四季度和 2020 年美国经济将继续放缓，通胀将有所提升但不会显著高于 2% 的目标水平，加之特朗普将不断施压美联储降息以护航大选年经济，美联储可能会降息 1 ~ 2 次。在全球经济不景气的背景下，其他主要经济体也可能将继续降息或降准，以保持宽松的货币政策。然而，经历一轮非常规货币政策周期后，货币政策空间普遍收窄，同时长期低利率支撑的宽松金融条件，难以抵消周期性因素及贸易摩擦的冲击。

欧洲方面，由于核心通胀仍将非常疲弱，新任主席拉加德带领下的欧洲央行将延续宽松货币政策，在 2020 年一季度可能再降息 10 个基点，并有可能加快购债速度（2019 年 11 月起每月购债规模为 200 亿欧元）。欧元区已经是负利率，货币政策继续宽松非常有限，未来应该更多依靠财政政策来发挥作用，但是欧元区财政政策依然受到很多方面因素的制约。英国方面，在有协议顺利脱欧的基准情形下，预计未来 12 个月内英国央行大概率将维持现有利率和货币政策不变；但是若出现“硬脱欧”或经济加速下滑，则不排除 2020 年降息的可能。

日本目前的政策利率保持在 -0.1%，2019 年 10 月会议上日本央行维持利率不变但调整了前瞻指引，暗示了将利率进一步调低的可能性。预计 2020 年日本央行将大致维持负利率水平不变，再度降息的可能性较小。

2019 年，新兴经济体普遍决定降息，货币政策保持宽松。2019 年印度央行先后降息五次，幅度高达 135 个基点；巴西央行连续降息四次，幅度为 200 个基点；俄罗斯央行也先后五次降息；马来西亚、新西兰和菲律宾等多国央行更是开启了 2016 年以来的首次降息。2020 年，在美国和欧元区等发达地区的央行因担心没有进一步降息的空间而退居二线之际，新兴经济体可能会继续实施货币宽松，因为新兴市场国家比发达国家拥有更大的财政和货币空间。国际货币基金组织（IMF）预测，2020年新兴市场和发展中国家的消费者价格将上涨4.8%，低于2011年的7%，这为新兴经济体国家降息提供了保证。2019年12月13日，俄罗斯央行年内连续第五次降息，并表示将考虑在2020年上半年采取更多行动。印度央行行长沙克提坎塔·达斯也曾明确表示，货币宽松的空间还很大，很大程度上取决于这些行动的时机。巴西央行的基准利率已降至4.5%的历史最低水平，市场仍然预期2020年巴西央行可能会再下调25个基点。

三、中国宏观政策如何调整

（一）稳增长意义重大深远

全球经济下行叠加中美贸易摩擦持续，为2019年的中国经济带来了不小的挑战，也使得2019年成为近年来我国经济发展面临较大压力的一年。从2018年二季度开始，我国不变价GDP季度同比增速已连续下行了5个季度。根据初步核算，2019年全年我国GDP增速为6.1%。全年经济增速呈现出前高后低的特征，一季度同比增长6.4%，二季度增长6.2%，三季度增长6.0%，四季度增长6.0%，创近30年新低。分产业看，第一、第二产业增速放缓，拖累整体经济增速。虽然我国的经济增长有所放缓，但是在供给侧结构性改革等方面取得了很大进展，三大攻坚战稳步推进，经济发展的质量进一步提升。

投资在我国国民经济增长中发挥着至关重要的作用，特别是在经济面临下行压力的情况下，稳投资是保增长的关键所在。2019年我国全年固定资产投资（不含农户）551478亿元，比上年增长5.4%，低于2018年的5.9%。分产业看，第三产业投资增长较快；具体来看，第一产业投资增长0.6%，第二产业投资增长3.2%，第三产业投资增长6.5%。分领域看，房地产开发投资依然保持较快增长；具体来看，基础设施投资增长3.8%，制造业投资增长3.1%，房地产开发投资增长9.9%。此外，民间投资311159亿元，增长4.7%。在中美贸易摩擦、我国出口受阻的情况下，投资增速出现下滑，是导致我国2019年经济增速持续下滑的重要原因之一。

2020年是我国全面建成小康社会和“十三五”规划收官之年。保持一定的经济增长速度，对于实现我们的第一个百年奋斗目标，为“十四五”发展和实现第二个百年奋斗目标打好基础具有十分重要的意义。中央提出，要继续坚持稳中求进工作总基调，坚持新发展理念，坚持以供给侧结构性改革为主线，坚持以改革开放为动力，推动高质量发展，坚决打赢三大攻坚战，全面做好“六稳”工作，统筹推进稳增长、促改革、调结构、惠民生、防风险、保稳定，保持经济运行在合理区间。所有这些措施的实施，将有助于防止中国经济进一步滑坡，使经济逐步企稳。

（二）保持适度宽松是大势所趋

2019年全球经济不景气，使得主要国家的货币政策开始走向宽松。美联储从2019年7月开始，全年降息三次。但是，从经济数据和美股的表现看，美国经济增长虽然放缓，但还远远没有达到以往降息时所处的“衰退”状态。美联储降息与特朗普的施压以及外围风险因素恶化有关。从几次美联储降息后的表态可以看出，“贸易摩擦”是美联储关注的核心问题之一。每次中美贸易摩擦升级之后，市场对于美联储降息的预期都会飙升；而中美谈判进展顺利时降息预期又会有所下降。此外，特朗普出于大选前提振经济的目的，也一直施压美联储要求其降息。虽然在2019年底，中美已经达成第一阶段协议，但是2020年是美国大选之年，特朗普总统可能还会要求美联储进一步降息，以为其竞选创造良好的经济环境。

在经济下行压力较大时，货币政策作为逆周期调节政策其主要目标是稳增长；但在稳增长的同时，要兼顾防范系统性金融风险，这就决定了一且经济出现企稳迹象，货币政策需要边际收紧。自2017年提出“三大攻坚战”以来，中国人民银行运用“货币政策和宏观审慎”双支柱调控，将防范风险、维护金融稳定作为货币政策的中长期目标，这决定了即使在面临经济下行压力较大的情况下，我国的货币政策难以大幅放松，仍然会坚持稳健的货币政策不变，适当进行有针对性的微调和预调，同时继续坚持不搞大水漫灌，而是加大结构性货币政策的运用力度。2019年，受制于人民币汇率的贬值压力以及由猪肉价格上涨带来的通胀压力，货币政策作为逆周期调节工具略有宽松，但是放松的力度较为有限。2019年，中国人民银行对贷款市场报价利率（LPR）形成机制进行了改革和完善，引导市场利率逐步下行，有助于降低社会的融资成本。

2019年我国社会融资规模稳步增长，对经济稳增长、促进实体经济发展发挥了积极作用。根据初步统计，2019年社会融资规模增量累计为25.58万亿元，比上年多3.08万亿元。其中，对实体经济发放的人民币贷款增加16.88万亿元，同比多增1.21万亿元；对实体经济发放的外币贷款折合人民币减少1275亿元，同比少减2926亿元；委托贷款减少9396亿元，同比少减6666亿元；信托贷款减少3467亿元，同比少减3508亿元；未贴现的银行承兑汇票减少4757亿元，同比少减1586亿元；企业债券净融资3.24万亿元，同比增加6098亿元；政府债券净融资4.72万亿元，同比减少1327亿元；非金融企业境内股票融资3479亿元，同比减少127亿元。根据央行的数据，2019年12月末，广义货币（M2）余额198.65万亿元，同比增长8.7%；狭义货币（M1）余额57.6万亿元，同比增长4.4%。全年净投放现金3981亿元。2019年末社会融资规模存量为251.31万亿元，同比增长10.7%。

展望2020年，全球经济依然存在很大不确定性，世界主要国家货币宽松的趋势不会改变。在我国经济下行压力不减，中央要求经济稳增长的大背景下，中国人民银行将继续坚持“双支柱”调控原则，继续实施稳健的货币政策，货币政策整体上将会保持温和适度的宽松。但是，2019年12月我国CPI已经达到4.5%，需要警惕通货膨胀发散效应。预计2020年上半年货币政策的宽松将更为审慎。如果经济下行压力加大，逆周期调节将会逐步加大，以市场化的方式促进实际利率水平降低，保持流动性适当宽裕和社会融资规模适度增长，以支持实体经济的发展。具体操作上，我们预计2020年会有多次降准，公开市场OMO操作利率和MLF利率继续下调引导LPR报价利率继续逐渐小幅下调。此外，促进存量贷款由贷款基准利率定价向LPR定价切换以及鼓励商业银行补充资本金，尤其是中小商业银行补充资本金，也是货币政策发挥效果的重要保障。

四、货币宽松对资产价格的影响

受到全球货币宽松的影响，2019年，包括股票、债券、黄金、原油在内，几乎全部大类资产价格都在上涨。2019年全年美股标普500指数涨幅约为29%，A股沪深300指数涨幅约为36%，布伦特原油价格上涨23%，黄金价格上涨18%，伦铜价格上涨3.4%，十年期美国国债和德国国债收益率分别有约8.9%和4.2%。展望2020年，全球货币宽松还将延续，这将继续推高各类资产的价格，由于不同的资产对货币宽松的敏感性不同，同时还会受到其他因素的影响，因此并不是所有资产价格都会在2020年有相同的表现。

（一）对全球股市的影响

2019年以来，全球主要指数纷纷大涨，平均涨幅达25.46%，A股深成指及创业板指数涨幅位居前三，均上涨41.35%。从节奏上来看，全球股市本轮上涨的同步性极高，节奏相似，一、四季度走强，二、三季度调整。一、四季度贡献了全年主要涨幅，尤其是一季度，涨幅占全年比重均值达56.99%。经济的低迷与各国资本市场的走强形成鲜明对比。估值修复对2019年涨幅的平均贡献度超过100%，是2019年全球股市集体走牛的核心驱动力。

2019 年美国三大股指全部实现了上涨，道琼斯工业指数涨 22.34%，标普 500 指数涨 28.88%，纳斯达克指数涨 35.23%，其中纳斯达克指数和标普 500 指数双双刷新了 2013 年以来最大年度涨幅，道琼斯工业指数则创下 2017 年以来最大年度涨幅（见图 2）。经过十多年的连续上涨，美股已处于历史高位。对于美股崩盘的担心从 2015 年美联储加息时就一直存在。美股在 2019 年虽然震荡有所加大，但是仍然延续了牛市行情，但这也进一步推升了市场高估的程度，埋下了更大的风险隐患。从现金流的角度看，这样一种牛市越发具有明显资金推动的性质，低利率促使美股龙头越来越多地可以利用债务融资进行回购、分红，在给股东带来了可观回报的同时，也大幅推升了企业的杠杆率。一旦美国经济出现较大衰退或美联储政策出现逆转，不排除美股泡沫破裂的风险。

图 2　2019 年全球经济体主要股市涨幅

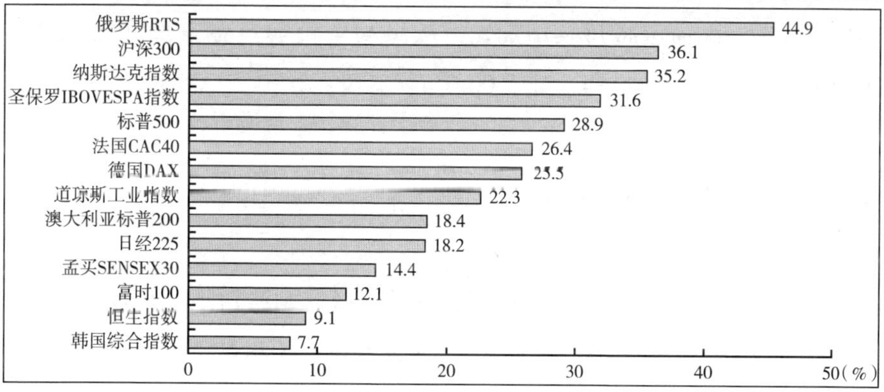

（二）对大宗商品的影响

2019 年，国际油价在货币宽松、地缘政治紧张、主要产油国减产等多重因素的影响下，出现了大幅上涨。在沙特阿拉伯减产的带领下，2019 年主要产油国对减产协议的执行相对较好。2019 年 9 月，世界最大的石油公司沙特阿美遭受袭击，进一步推高了国际原油价格，当天国际原油价格的涨幅接近20%。预计2020年，全球经济难有起色，对原油的需求将进一步下滑，应重点关注主要产油国减产协议的达成及执行情况。如果主要产油国无法达成减产协议，没有严格执行减产计划，国际油价将难以继续维持高位运行。

黄金作为一种特殊的大宗商品，既有消费属性也有投资属性。黄金的价格主要由其投资属性决定，具体细分为货币因素、投资及避险三大属性。因此，黄金价格决定因素相对复杂，以美元指数和实际利率为核心的多因子定价模型是刻画金价走势的良好工具。2019年受到美联储降息、贸易紧张局势损害经济增长、央行加强储备和ETF持有量激增等因素的影响，黄金刚刚度过了辉煌的一年，金价在2019年上涨了19%。我们预计，2020年上半年，美联储进一步降息及通胀上行压力可能仍将给金价带来支撑，黄金价格将继续保持高位和震荡上行的态势。随着全球经济金融动荡，黄金的避险需求将持续增加，持续负利率带动黄金再投资化，预计2020年全年黄金均价有望达到1600美元/盎司。

（三）对房地产的影响

房地产是对利率非常敏感的行业，降息将会刺激房地产市场和房价。在降息等政策的刺激下，2019年11月美国全国房价指数录得5.6%的同比涨幅；而欧洲方面，德国的房价涨幅可能也将会超过10%。由于中国房地产仍处于政府严格调控之下，房地产市场和房价没有出现反弹。中央持续强调“房子是用来住的，不是用来炒的”调控理念，严控各路资金流入房地产。2019年9月，央行新一期的利率市场化操作LPR出炉，其中一年期利率为4.2%，比上一次降低了0.5个基点，而5年期利率保持不变。5年期利率主要是房贷利率，其目的就是要保持房贷利率不降。从这些操作中可以看出，中央对楼市调控的决心依然十分坚决，并在资金中设立了各种防火墙，防止资金违规流入房地产市场。所以，我们认为，这次全球降息和货币宽松，对中国的房地产市场影响不大，中国的房地产已经不再是投资者的最佳选择。

房地产对中国经济影响巨大，房地产对上下游相关产业的带动作用是其他产业无法替代的。在经济面临下行压力下，保持房地产投资规模适度增长，对于稳经济具有特殊意义，尤其不能出现房价大幅度的下跌。展望2020年，房地产政策将会延续现有的偏紧加微调的整体政策导向。在金融监管方面，虽然央行的货币政策将保持适度宽松，但是监管部门仍然会继续控制违规资金进入房地产，开发贷款增速将继续保持低位，房贷利率将根据政策小幅调整。同时，在各地的房地产调控上，将根据各地的实际情况，因城、因区、因时施策，在保障刚需改善和保障性购房的基础上，抑制投机型需求。2020年，各城市的房地产调控政策自行决定，目的是保持房地产市场平稳健康发展。政策将因地制宜、更加精准，并逐步构建金融、住房、土地等长效机制，从中长期引导房地产供需平衡，维持房价不大涨也不大跌，保持预期稳定。

（四）对债券价格的影响

货币宽松将利好债市。2019年年中以来，随着全球货币宽松，中国人民银行虽然没有降息，但也采取各种措施保持了货币宽松的态势。在这种情况下，债券配置价值显现，尤其是优质资产稀缺的情况较为普遍，全球经济疲软，加上中美贸易摩擦引发的不确定性，导致企业融资需求不畅。而打破刚兑的过程中，民企、中小银行资产不再是刚兑品种，可投资资产减少。在全球负利率扩散的大背景下，虽然国内资产没有整体高估，但估值分化明显，股债核心资产估值都已不算便宜，且资产相对价值处于微妙平衡中。在上述环境下，充裕的资金仍会在各个市场寻找估值洼地和结构性机会。债券等投资者面临的负债成本仍高，倒逼其加大对权益市场的关注度，资金在各个板块之间快速轮转更为明显。

展望2020年，我国货币政策将在稳健基础上进一步提升主动性和灵活性，因此主要利率指标仍有下行空间，但调整幅度有限，债券市场收益率也有望继续缓步下行。预计各项稳增长的政策措施将在上半年发力，一季度金融、经济数据的回暖程度是否超出预期，地方政府债券放量发行是否能够得到有效的货币对冲，通胀指标能否在低基数影响过后实现回落，将是阶段性影响债券市场甚至推动市场打破震荡格局的重要因素。需要注意的是，随着我国金融市场的对外开放扩大，预计流入中国债券市场的增量境外资金将再创历史新高，并对市场产生深远影响。

（五）对A股市场的影响

降息对中国A股市场来说，是长期和实质性的利好：一是中国上市公司的财务负担较重，降息可以缓解上市公司的财务负担；二是降息有助于刺激需求，改善企业盈利增长预期；三是降息可以提振投资者的风险偏好，增加对权益资产的配置。从历史经验来看，A股市场在央行启动降息后的前三个月内反应迟钝，而在首次降息后的半年内上涨概率较大。与此同时，由于中国降息滞后于美国，人民币利率仍高于美国，中美保持一定利差也可以保证人民币资产有足够的吸引力。中国的出口增速仍然高于进口增速，贸易顺差仍在扩大，确保了人民币没有大幅贬值的基础。中美目前仍存在较大利差，足以抵御美国市场利率波动的冲击。这样持有人民币资产的收益率将会高于美国。

2019年中国A股涨幅超过市场预期，沪深300指数上涨了36%，领跑全球主要股指。展望2020年，在宽松的货币环境下，中国经济将会筑底向好，A股市场的表现仍然值得期待。利率下降、逆周期调节和资本市场改革将是A股市场三大主线。利率下行有利于电子、计算机、通信、传媒等科技行业持续提升估值；也有利于企业融资成本下降，促进先进制造业投资；还对高股息的龙头板块形成吸引力。在中美第一阶段经贸协议落地、全球贸易条件改善、高通胀制约货币政策背景下，逆周期政策发力将助力经济企稳，推动市场震荡回暖。2020 年 1 月 1 日，中国人民银行宣布下调金融机构存款准备金率0.5 个百分点。此次降准是全面降准，体现了逆周期调节，将降低金融机构支持实体经济的资金成本。逆周期调节将在上半年对商品形成一定支撑，机械、建材等周期性行业将呈现一定阶段性机会。资本市场改革、发展直接融资，投行能力强的头部券商也会表现优异。

五、全球宽松下的资产配置策略

（一）投资必须坚持稳字当头

2020 年全球经济增长依然疲软，中国经济下行压大加大。不断上涨的 CPI 进一步增加了中国逆周期政策抉择以及经济增长前景的不确定性。在经济增长波动变小，尤其是增长前景还存不确定性时，资产价格的表现不会一帆风顺。虽然说房地产和黄金是应对经济不确定性和避险的重要投资品，尤其是在应对通胀方面，房地产和黄金具有独特的优势，但是当前房地产调控政策依然限制了中国人对房地产的投资，而黄金的买卖也需要非常专业的知识和经验，并非大众和主流的投资品种。2020 年大类资产配置仍然要坚持稳中求进的基调，把防控风险放在首要位置，操作上要跟着宏观经济政策尤其是货币政策走。目前全球资产的价格已经不便宜，未来趋势性的机会难以把握。要坚持不把“鸡蛋放在一个篮子里”的投资理念，各类资产应该分散配置，防止在某类资产上过度集中。在资产选择上还是应该以国内资产为主，适当增加权益类资产的配置。对于散户投资者来讲，可选择被动型指数基金作为投资标的。这不仅可以较好地把握住市场的脉搏，而且还可以起到分散风险的作用，同时也是全球权益投资的大势所趋。

（二）增加中国国内资产配置比例

近年来，中国经济的增速虽然有所下滑，但是在全球主要经济体中依然是增长最快的。从全球资产配置的角度看，中国经济持续走稳并长期向好的趋势并没有根本改变，中国经济依然强于世界其他主要经济体。2019年12月，美国制造业PMI为47.2，创近十年新低，连续5个月萎缩；欧洲PMI下行至46.3，延续疲软态势。全球主要股市价格走势已经大幅领先PMI而走强，在经济基本面发出明确复苏信号之前，金融市场的波动性可能加剧。尤其是，美国股市处于历史高位，风险不断累积，未来走势难以预料。反观中国经济依然是风景这边独好。目前，中国已经是世界第二大经济体，虽然短期看，中国经济发展面临一些困难和挑战，经济下行压力比较大，但是从长期来看，中国经济已经形成了一片汪洋大海，经济结构非常完整，经济的韧性和回旋余地很大，长期向好的趋势不会改变。在各项政策的共同发力和作用下，相信中国一定可以战胜短期的艰难险阻，未来依然可以继续保持较高的增长率。

（三）适当增加A股的配置比例

在宽松货币政策环境和盈利周期弱复苏的背景下，权益类资产比固定收益类资产更具有吸引力。一方面，随着供给侧结构性改革的深化，上市公司，特别是一些高科技和新兴行业的公司盈利能力和质量将会得到进一步提升。另一方面，随着中国资本市场对外开放，2020年外资净流入有望维持高位，从而提高市场的底部估值区间，降低市场的波动性，进而吸引居民和保险等资金配置A股。目前A股处于估值较低的水平，只要政策环境等条件具备，未来有可能走出一波慢牛行情。在行业选择方面，可以重点关注电子信息科技、大消费和健康产业三大领域。在5G技术的带动下，相关产品将实现更新换代，创造出新的巨大需求。而随着供给侧结构性改革的深化，消费将成为未来中国经济增长的主要动力，消费扩大和消费升级的趋势将不会因暂时的困难而停滞。中国健康产业的规模与经济发展水平很不相称，未来健康产业将有巨大发展空间。2020 年，能够超预期的板块可能集中于电子信息科技和生物医药。2020 年下半年可能将召开十九届五中全会，讨论“十四五”规划，相关主题和概念的投资可能会保持较高活跃度。

宏观环境篇

2019年世界经济形势分析与2020年展望

万建发　朱　培
万建发，中国建投投资研究院秘书长
朱　培，中国建投投资研究院研究员

投资提示

- 受全球货币政策紧缩的滞后效应、贸易摩擦加剧及地缘政治等因素影响，全球经济呈现下行趋势，贸易量明显萎缩。美国经济触顶回落，欧洲经济表现较差，日本经济处于低位运行，新兴经济体整体放缓。

- 当前世界经济增长动力不足使各国面临宏观政策空间受限、金融脆弱性加大和治理赤字扩大等风险。受此影响，世界经济预期会出现经济力量南下东移的情况，同时，全球的国际关系格局、贸易投资秩序、金融格局、产业分工格局和能源格局都将发生深刻变化。

- 展望2020年，全球经济受疫情影响将陷入衰退，金融市场风险加大，投资者需要关注疫情防控的进展情况、原油价格下跌引发的地缘政治冲突、非洲蝗灾引发的粮食安全、中美关系调整的不确定性以及民粹主义蔓延的风险。

一、2019年世界经济回顾

2019 年，受全球货币政策紧缩的滞后效应、贸易摩擦加剧及地缘政治因素影响，全球经济共振下行，主要指标降至历史低位。贸易冲突蔓延，全球贸易量萎缩。各大央行开启降息浪潮，以对冲经济下行风险。

（一）美国经济触顶回落，宏观政策出现两大变化

2019 年，美国经济周期性扩张步入尾声，同时受到贸易摩擦升级影响，全年经济增速放缓。一季度美国 GDP 增长 3.1%，此后逐季回落到 2% 左右，预计全年经济增长 2.3%。从需求侧看，私人投资低迷是经济增速下降的主要原因，其中建筑、设备和固定资产投资下降幅度较大，而知识产权、住宅投资仍保持高景气。通胀和就业数据保持韧性，2019 年 11 月核心通胀率为 2.3%，失业率为 3.5%。贸易差额有所收窄，为 472 亿美元，其中对华贸易逆差降至 312 亿美元，为近半年以来最低。总体看，2019 年美国经济出现回落，但经济指标仍然较为健康，出现衰退的概率不大（见图 1）。

2019 年美国经济政策有两大突出变化。一是货币政策停止紧缩，开启预防式降息。由于美国经济基本面下行压力较大，3 个月与 10 年期国债收益率出现较长时间的倒挂，引发经济衰退的担忧（见图 2）。美联储先后在 7 月、9 月和 10 月三次降息，货币政策转向宽松。二是中美贸易摩擦一波三折。由于年初谈判未达成双方满意的结果，美国加大制裁力度，在关税税率和征税范围上进一步向中方施压，冲突向科技、金融领域蔓延。2019 年 10 月以来，中美相向而行推动贸易谈判，在农业、汇率、知识产权保护、金融开放、扩大贸易合作、争端解决等领域取得实质性进展，双方就

第一阶段成果达成共识，并有望于2020年初签署第一阶段协议，并朝着达成最终协议的方向努力。中美贸易摩擦对世界经济外溢性影响充分显现，世界经济金融随之波动，包括中美在内的各主要经济体均受到不同程度的冲击，随着中美第一阶段谈判成果的形成，中美贸易摩擦出现阶段性缓和，目前最艰难的时刻已经过去。

图1 美国主要经济数据（截至2019年11月）

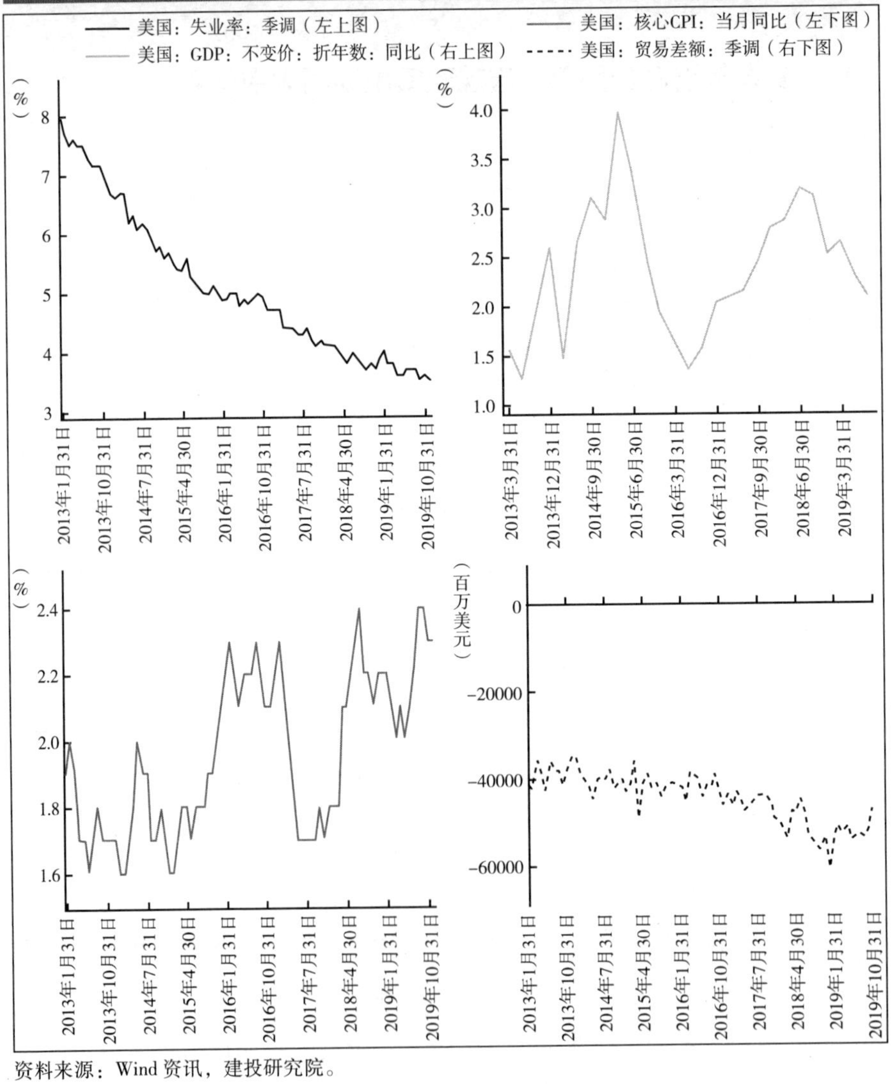

资料来源：Wind资讯，建投研究院。

图2　美国国债收益率倒挂引发市场对衰退的担忧

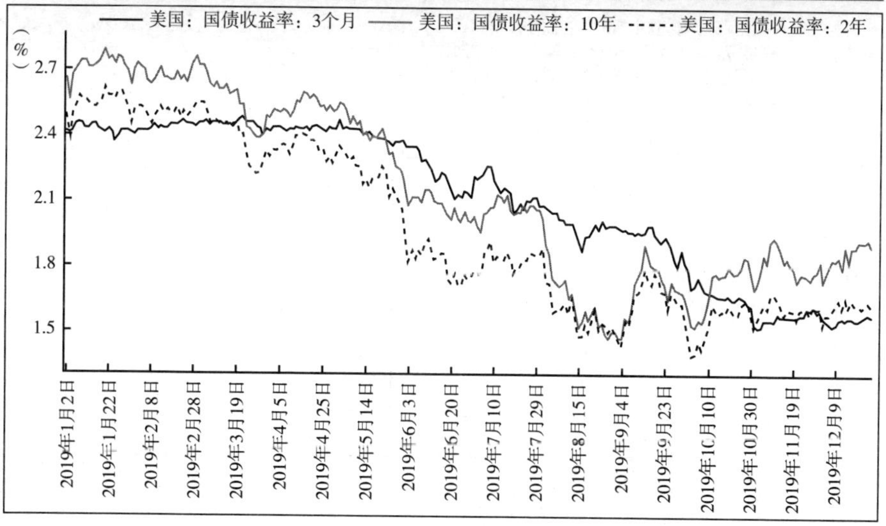

资料来源：Wind 资讯，建投研究院。

（二）欧洲经济增长乏力，信心指数一路下滑

2019 年，受全球需求下降、贸易摩擦不断和英国脱欧进程不确定性等因素影响，欧元区经济增长乏力。2019 年前三季度欧元区 GDP 季调同比增速保持低位，分别为 1.3%、1.2%、1.2%，较上年同期降幅较大，预计全年同比增速为 1.2%。其中，德国经济表现疲软，一度跌入负值区间，拖累整个欧洲经济。欧洲经济疲弱主要表现在三个方面：一是生产动能减弱，PMI 持续处于收缩区间，制造业下行压力加大，并有向服务业和劳动力市场传导的迹象；二是投资需求放缓，资本支出下降至 2015 年以来次低水平，投资信心指数除 5 月以外均位于负值区间；三是通胀持续低迷，CPI 同比增速一度跌至近三年来的历史低位，11 月 CPI 同比增速回升至 1%，仍显著不及欧洲央行的中期通胀目标（见图 3）。

2019 年欧洲经济主要受到三个方面拖累。一是周期性下行，经历 2017

图3　欧元区主要经济数据（截至2019年11月）

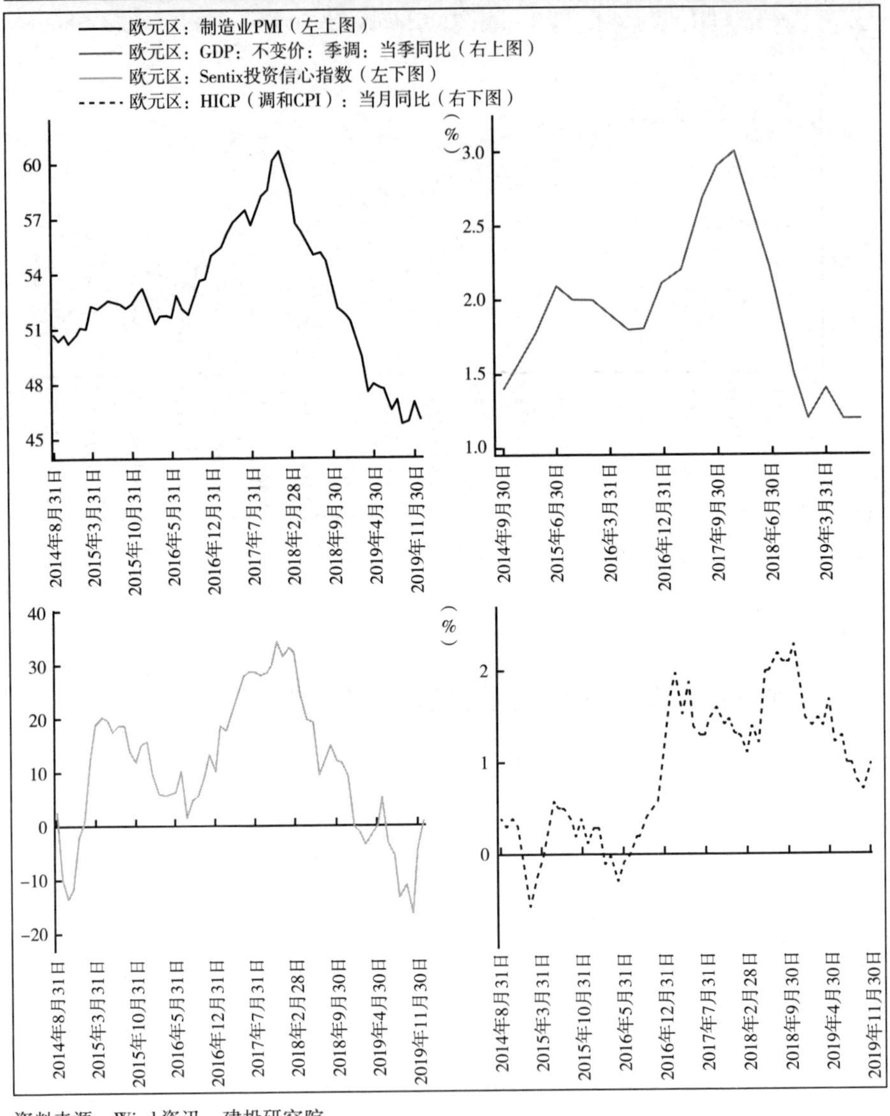

资料来源：Wind资讯，建投研究院。

年全球经济同步复苏后，制造业周期于2018年开始下行，到2019年进入低谷，PMI、生产指数、产能利用率和存货指标均走弱，资本支出放缓。二是欧美贸易摩擦，美国总统特朗普上台后，欧美贸易摩擦达到了白热化。欧美之间的贸易摩擦很大一部分在于钢铁行业。2018年3月底，美国宣布对进口钢铝材分别征收 25% 和 10% 的关税，2018 年 5 月 23 日，美国对部分进口车辆征收 25% 或者 20% 的关税，并对汽车和零配件展开“301 调查”。2019 年 10 月 18 日，美国又对欧盟的飞机、农产品、工业品征收 10% ~25% 不等的关税。与中美贸易摩擦不同的是，美欧贸易摩擦相对单一，主要是针对钢铝、进口汽车、飞机等产品，虽然规模和力度相对可控，但对本来就疲弱的欧洲经济仍然构成冲击。三是英国脱欧，继特蕾莎·梅离职、鲍里斯·约翰逊接任首相后，脱欧局势发生了明显变化，新任内阁表达了坚定的脱欧决心，在经历多次反复后，至 2019 年底，英国脱欧进程仍未按时间表完成。2019 年以来英国脱欧进程一拖再拖，显著影响欧元、英镑表现和投资者信心，对欧元区和英国经济的负面影响不言而喻，2019 年欧元区经济信心指数整体呈下滑趋势（见图 4）。

图 4　2019 年欧元区经济信心指数

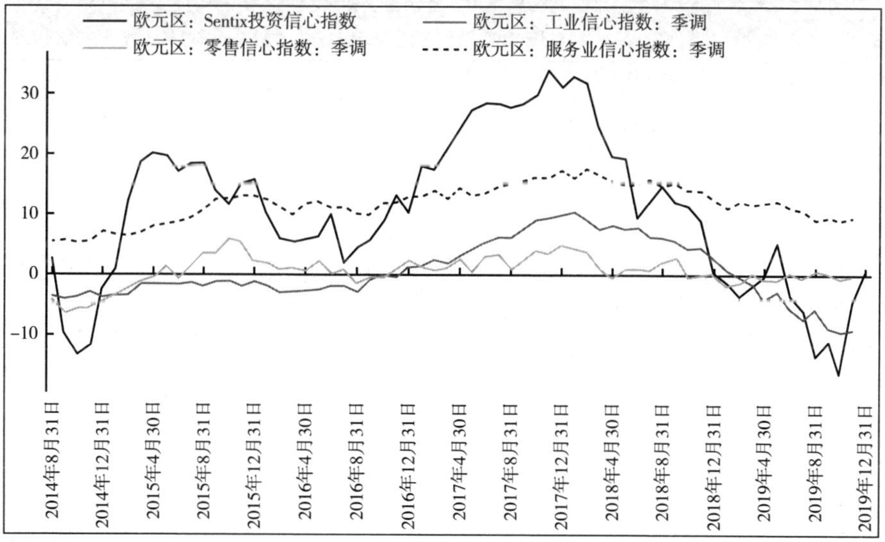

资料来源：Wind 资讯，建投研究院。

为了对冲经济下行的压力，欧洲央行不得不逆转货币政策正常化的进程，开启降息周期并重启量化宽松。2019 年 9 月 12 日，欧洲央行将存款利率下调 10 个基点至 -0.5%，为 2016 年 3 月以来首次下调。此外，欧洲央行决定于 11 月 1 日起，重启资产购买计划（QE），规模为每月 200 亿欧元；开始实施利率分级制度，改变利率政策指引。此次欧洲央行的宽松货币政策难以对欧元区经济以及通胀形成明显的促进作用，需要更有效的财政政策和结构性改革措施出台。

（三）日本经济低位运行，通胀表现疲软

2019 年，日本经济总体低位运行，前三季度经济增速分别录得 0.6%、0.8%、1.7%，GDP 环比增幅扩大，预计全年 GDP 增长 0.9%，明显低于 2017 年、2018 年增速。从分项看，日本消费和投资相对平稳并略有改善，主要受进出口下降的拖累影响（见图 5）。日本通胀依然低迷，2019 年 11 月 CPI 和核心 CPI 均录得 0.5% 的增速，距离日本央行预期目标 2% 还有相

图5　日本投资、消费与出口对 GDP 的拉动

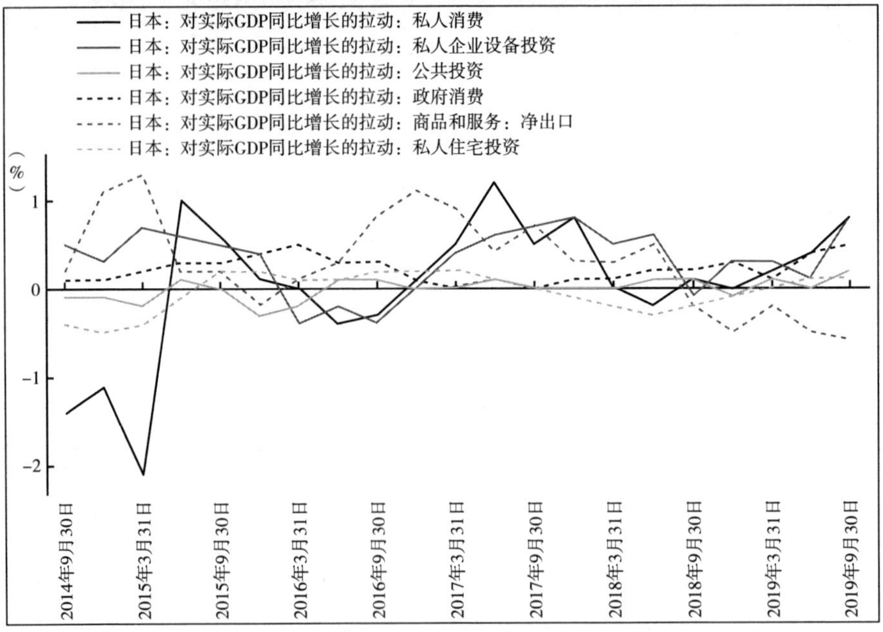

资料来源：Wind 资讯，建投研究院。

当大的距离。受人口老龄化的影响，日本用工荒持续，失业率为 2.4%，处于日本 20 世纪 90 年代以来的低位（见图 6）。货币政策保持宽松，但对经济的刺激作用甚微。

图 6　日本主要经济数据（截至 2019 年 11 月）

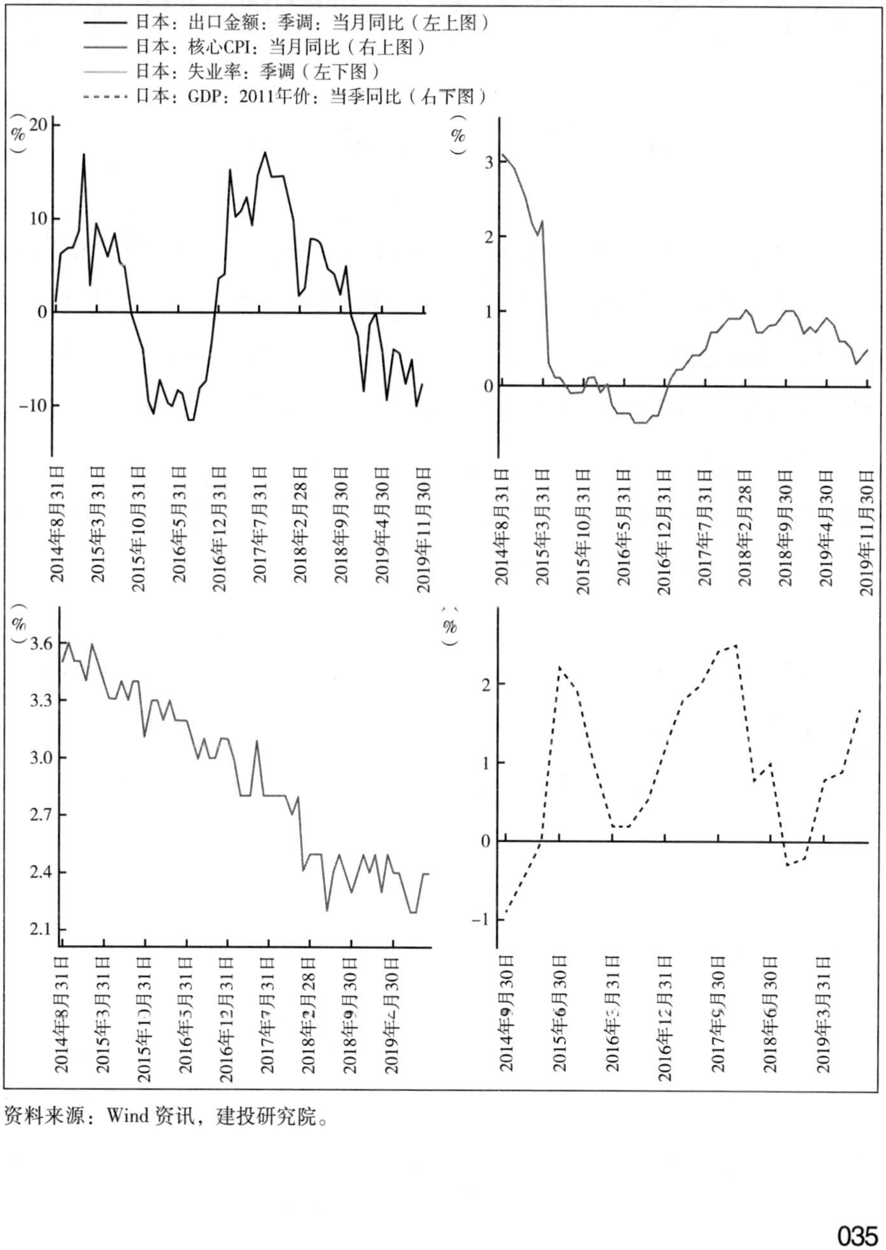

资料来源：Wind 资讯，建投研究院。

2019 年日本经济变化，主要受到贸易摩擦因素的影响。积极的方面：日美贸易协定签署，对日美经贸关系的稳定构成利好，同时 RCEP 协定的谈判取得突破性进展，有利于促进日本发展平衡、稳定和可持续的亚洲贸易关系。不利的方面：日美新贸易协定对日本的制造业造成负面影响。另外，日韩贸易摩擦升级，两国关系一度出现恶化，对日本商品和服务出口产生负面冲击。

（四）新兴经济体增长放缓，“一带一路”沿线成亮点

2019 年，金砖国家经济增速均有不同程度的放缓，印度经济渐次下行，巴西和俄罗斯经济逐季改善，但仍低于同期增长速度，南非经济在低位徘徊。从制造业情况看，金砖国家中除俄罗斯外 PMI 整体处于荣枯线上方，表现出一定的韧性。通胀形势总体分化，印度通胀呈上升态势，巴西和俄罗斯通胀走势触顶回落，南非通胀处于较高水平。在发达经济体开启宽松周期后，主要新兴经济体均进入降息通道，印度降息五次，俄罗斯、巴西和南非分别降息五次、四次和一次。

相比较而言，“一带一路”沿线国家经济表现有亮点。近年来，东盟一直保持较快的经济增速，成为全球经济下行中的一抹亮色。2019 年 9 月，亚洲开发银行对 2019 年东盟 10 国 GDP 增速的最新估算为 4.5%，增速中枢处于较高水平。2019 年前 10 个月，东盟制造业 PMI 指数平均为 49.6，低于 50 荣枯线，表明在外需减弱的影响下，域内制造业受到较大影响，其中新加坡和泰国下行较为明显。分国别来看，2019 年前三季度，印度尼西亚、泰国、马来西亚、菲律宾及越南 GDP 分别同比增长 5.02%、2.4%、4.37%、6.18% 及 6.98%，与 2018 年同期水平基本持平（见图 7）。东盟经济是全球经济增长的重要推动力量，IMF 数据显示，2019 年东盟对全球经济增长贡献率达到 10%。未来，随着 RCEP 协定正式落地，东盟与区域内经济体将不断深化经贸合作，共享区域一体化发展红利，实现协同增长。

图 7　东盟部分国家经济增长情况

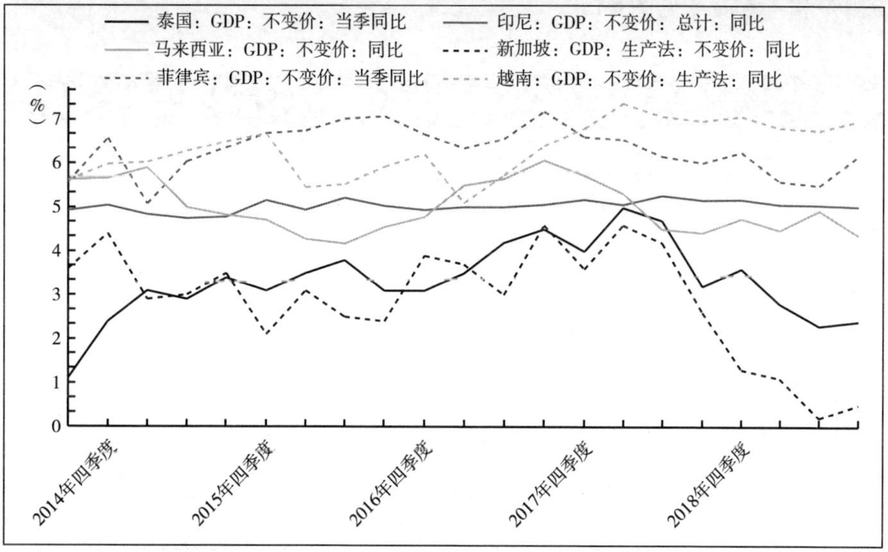

资料来源：Wind 资讯，建投研究院。

二、当前世界经济面临的几个挑战

（一）全球经济增长动力不足

国际货币基金组织（IMF）2019 年 10 月 15 日发布了最新一期《世界经济展望报告》，将 2019 年世界经济增速下调至 3.0%，这是自 2008 ~ 2009 年全球经济危机以来的最低水平，相比 2017 年全球同步回升时期 3.8% 的增长率也是一次严重的倒退。对 2020 年的预测，IMF 下调了全球经济增长预期 0.1 个百分点为 3.4%。OECD 预测 2019 年全球经济增速为 3.18%，为近五年的低点，同时将 2020 年全球经济增长预期下调至 3.36%，与 IMF 的预测接近。IMF 预计发达经济体 2019 年、2020 年经济增速均放缓至 1.7%，其中美国两年经济增速分别为 2.4% 和 2.1%；IMF

还将2019年、2020年新兴市场和发展中经济体经济增长预期分别下调至3.9%和4.6%（见图8）。

图8 全球经济增长预测

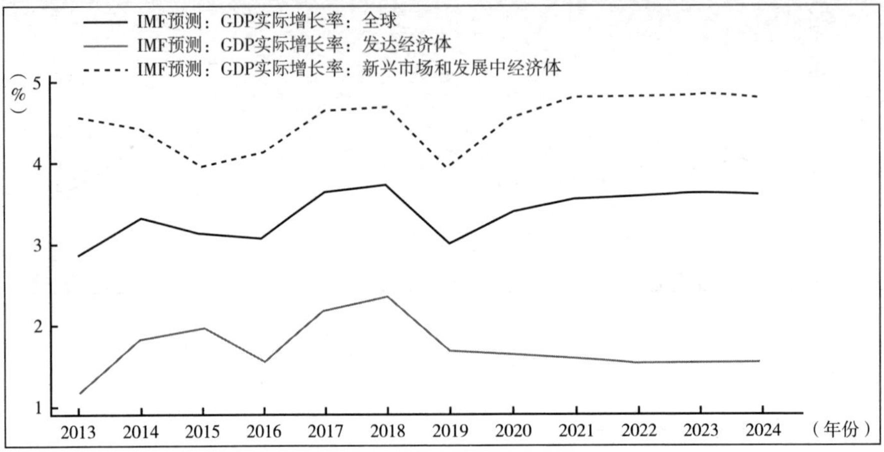

资料来源：Wind资讯，建投研究院。

从全球主要经济体的增长前景看，形势不容乐观。由于贸易壁垒上升、地缘政治不确定性、部分新兴市场和发展中经济体宏观经济压力增大，以及发达经济体存在结构性问题，世界经济仍将持续放缓。全球主要经济体的制造业PMI，目前还能保持在临界值以上的经济体包括美国、法国、印度、巴西、越南等，而已降至临界值以下的经济体则包括德国、英国、日本、韩国、中国大陆、中国台湾、墨西哥、俄罗斯等。降至临界值以下的经济体多半是外需依赖程度较高的经济体。学界研究认为，全球经济增长可能处于中长期停滞的现象，这种现象产生的原因是什么、将持续多长时间，有许多争论，尚未形成共识。

（二）全球贸易摩擦蔓延加剧

2018年以来，全球贸易摩擦明显升温，贸易量增速下降较快（见图

9）。2019 年上半年全球贸易增长仅为 1%，低于 2018 年的 3.6%，也是 2012 年以来的最低水平。

图 9　全球贸易量与经济增长的波动

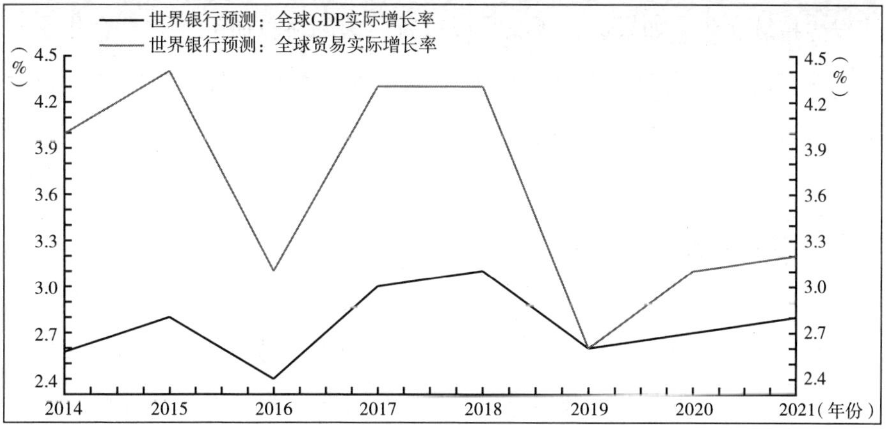

资料来源：Wind 资讯，建投研究院。

中美贸易摩擦最为突出。中美贸易摩擦的趋势是总体升级、领域逐步扩大，并且从贸易摩擦逐渐升级至科技、金融、地缘政治、舆论等领域的全方位博弈，双方经济都受到较严重的负面冲击。美欧贸易摩擦加剧欧元区经济疲软态势。近一年来，美国从钢铝产品到汽车及其零部件，再到航空业补贴问题，频繁发出对欧盟输美商品加征关税的威胁，欧盟同样也采取了对美国输欧商品加征关税的报复行动，进而引发了欧美之间新一轮贸易争端，双边贸易情势骤然趋紧。美国是欧盟最大的贸易伙伴和出口市场，来自美国的关税威胁给欧盟经济发展带来了最直接风险。其中受影响最大的是德国，作为欧元区核心经济体，2018 年下半年以来，德国制造业 PMI 出现剧烈下降，2019 年 1 月降至临界值以下并持续下行，对于高度依赖国际贸易的德国而言，外需急剧下降就会引发净出口占 GDP 的比重下降。2019 年下半年以来日韩贸易摩擦升温，美国对南美洲的巴西、阿根廷等国家发动贸易战。贸易摩擦的“战火”波及美洲、欧洲、亚洲等十几个主要经济体，并呈进一步蔓延之势。

目前，中美贸易摩擦有缓和之势，但争端存在的长期性仍然不改。从未来趋势看，逆全球化思潮抬头、保护主义兴起，已经并将持续产生国际贸易预期走弱、成本上升和市场萎缩的影响，全球市场空间、利益分配模式发生持续变化。如果这一状况难以改善，国际科技研究、教育合作、文化交流以及人才流动等都将出现裂痕，从多个维度削弱全球经济增长动能，所有开放型经济体都难以独善其身。

（三）全球宏观政策空间受限

2019 年以来，在全球经济再度转为下行以及全球贸易风险和挑战增多的背景下，各国央行开始调整货币政策，以此来提振经济增长动能，降息已重新成为全球货币政策的主题。

2019 年，全球超过 30 个国家或地区先后宣布降息。其中美联储由 2018 年的加息改为 2019 年的连续三次降息，欧洲央行再次下调负利率，日本央行修改前瞻指引，印度、俄罗斯、菲律宾等国也多次降息，全球货币政策转向再宽松。这可在一定程度上降低融资利率，刺激消费和投资，带动经济增长，但也压低了全球投资回报率，增加了金融风险。

未来，全球主要央行仍将在一段时期内继续采取低利率与量化宽松操作。然而，经历一轮非常规货币政策周期后，货币政策空间普遍收窄，同时长期低利率支撑的宽松金融条件，难以抵消周期性因素及贸易摩擦的冲击。在此情况下，加大财政政策力度成为重要选择。然而，高额的政府债务限制了发达国家的财政扩张空间。2019 年发达经济体政府债务占 GDP 比重平均达到 104.1%，预计 2020 年这一比例将进一步上升。新兴经济体则分化不一，那些国内需求强劲、相对不受贸易冲突负面影响、财政赤字率较低的国家，如东盟国家等将更有能力抵御经济放缓，而双赤字国家及高度依赖大宗商品出口的中东、拉美等国家将难以通过财政刺激应对经济下行压力。

（四）全球金融脆弱性加大

当前世界经济中的金融脆弱性主要表现在四个方面。

一是负利率债券总额持续攀升。截至 2019 年三季度，以欧日债券为主的全球负利率债券规模已跃升至 16.2 万亿美元。这一规模占全球债务总额的三分之一，超过中国一年的 GDP 水平，债券收益负利率的国家多达 13 个，并且形成逐步蔓延的趋势。英国金融局原主席阿代尔·特纳在其 2016 年出版的著作《债务和魔鬼：货币、信贷和全球金融体系重建》中指出，这种利率逐步降低的趋势，正好是与发达国家经济增长减缓、实体经济投资收益下降相一致的。

二是全球的杠杆率继续上升。由图 10 可见，全球杠杆率处于高位。其中特别需要关注的是全球企业部门的债务负担进一步上升，企业部门的脆弱性进一步增加。在企业部门中间，高风险债务占总债务的比重达到了 1/3，属于较高水平。再从政府部门债务来看，发达国家继续表现出上升的态势，同时特别要关注的是美国政府在债务和 GDP 比例方面发生的一些变化。截至 2019 年三季度，美国国债总额再创新高，升至 22.7 万亿美元。美国前三季度季调后 GDP 约为 15.99 万亿美元，美国政府负债率达到 142%。新兴经济体目前面临着偿债的高峰，债务偿还的压力在增大。目前新兴市场经济体的外债和出口比由 2008 年 100% 上升到了 160%，有的国家甚至达到了 300%。未来五年，不少新兴经济体面临着偿债的高峰期，大概有 10 万亿美元左右的贷款和债券要到期。其中 2019 年到 2021 年到期债务可能会超过 5 万亿美元，新兴经济体在这一段时间中偿债的压力持续加重，带来了新兴市场金融隐患。

三是全球资本市场金融脆弱性也在上升。低利率的环境鼓励投资者过度追逐收益率，形成更大的风险敞口。使得全球资本市场，尤其是发达国家和一些主要新兴经济体资本市场的脆弱性上升。尽管全球经济下行压力加大，但股价依然攀升。在宽松环境下，全球股市普遍快速上涨。截至 2019 年 11 月，MSCI 全球、MSCI 发达市场、MSCI 新兴市场分别较年初上涨 19.2%、20.4%和 10.3%；美国三大股指在下跌重整后也恢复上涨势头，创历史新高。与经济基本面、企业盈利状况相比，以美股为代表的股票价格估值过高，呈现“泡沫”迹象，存在回调风险。

图 10　全球杠杆率处于高位

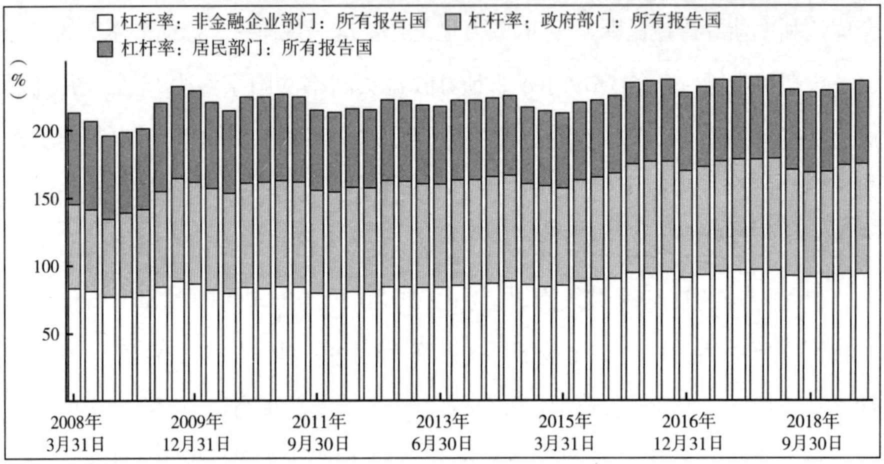

资料来源：Wind 资讯，建投研究院。

四是新兴市场的汇率持续出现动荡。特朗普政府推行的“美国优先”和单边主义给世界经济增添了极大的不确定性，并传递到了新兴经济体的外汇市场。新兴市场国家在增长动力和产业结构调整上进展缓慢，加上外债不断上升，致使经济基础非常薄弱。土耳其、南非、墨西哥、印度、阿根廷、巴西、智利等国家市场汇率受到各方面负面因素的影响出现了较大波动，会给这些国家未来经济运行的平稳性带来负面影响。未来，在国际宏观不稳定的背景下，新兴市场国家实现发展动力转型的困难增多，面临的挑战也将更大。

（五）全球不平等程度上升

根据世界银行报告，全球基尼系数为 0.7，说明存在很严重的不平等现象。2016 年，欧洲收入前 10% 的人，赚走了整体国民收入的 37%；俄罗斯这一指标为 46%；北美（美国、加拿大）为 47%；其他金砖国家，诸如印度和巴西，前 10% 收入的人赚走了整体国民收入的 55%；贫富差距最严重的地区是中东，也就是那些靠石油过着富日子的产油国，这一指标为 61%（见图 11）。

图 11　全球主要经济体收入前 10% 群体财富占比

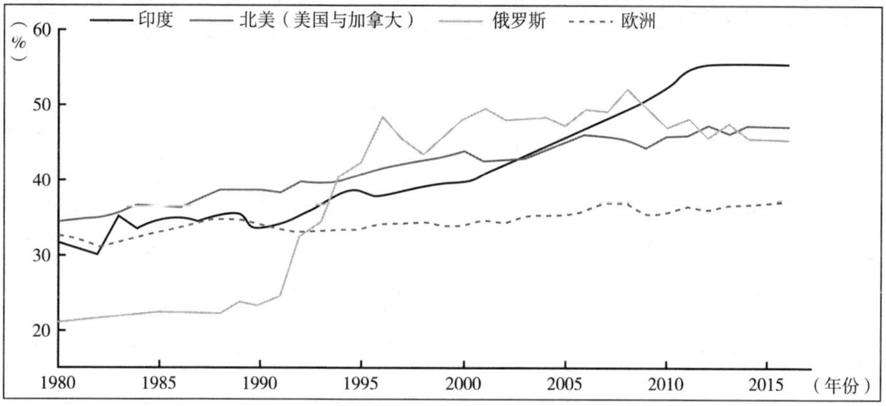

资料来源：世界银行。

全球不平等包括国家间的不平等和国家内部的不平等。根据世界银行的统计，全球最富裕的国家人均收入是全球最贫穷国家的 360 倍。由于新兴经济体的快速发展，国家之间的不平等程度在下降，但各国内部的不平等程度在上升。这也是逆全球化思潮抬头、民粹主义上升、全球政治不稳定性增加的原因所在。导致不平等上升的原因是多方面的：有全球化和技术进步的因素，有市场竞争的因素，也有国家治理中再分配政策和教育公平缺失的因素。从趋势上看，全球不平等的挑战给政治经济带来了不稳定性，促使分离主义、保护主义、民粹主义、极端主义等问题抬头。

（六）全球治理赤字扩大

当今全球治理面临的挑战趋于严峻，经济全球化遭遇前所未有的挫折，保护主义、单边主义愈演愈烈，收入分配不平等、贫富差距加大，发展空间不平衡已成为全球经济治理面临的最突出问题，加上气候变化、人口老龄化、网络安全和地缘政治冲突等非传统安全威胁，造成全球各国的社会动荡。现行全球治理体系和多边机制受到冲击，各种不稳定因素叠加，放大了经济波动的风险。

全球治理赤字扩大的主要原因：一是治理不适应。现有全球治理规则还是第二次世界大战后以美国为首的西方国家主导设计制定的，体现的还是西方的价值理念以及当时的权力结构，与变化的当今世界存在诸多不适应的地方；二是目前的治理体系重点是军事问题和经济等传统问题，而对恐怖主义、难民问题、传染疾病、气候变化、能源安全、网络安全等非传统安全问题的治理规则体系还难以跟上；三是各国缺乏有效的政策协调，国际治理机构又不能发挥应有的协调治理作用，存在集体行动困境。全球治理环境对经济增长的影响是显著而复杂的，需要协调一致的规则和行动。从未来趋势看，经济增长将长期受制于这样一个不稳定的变量。

三、世界经济的中长期变化趋势

（一）世界经济力量南下东移

金融危机以来，全球经济力量发生了较大变化，发达经济体遭遇较为严重的危机，经济复苏进程曲折，除美国以外，欧洲、日本等国家和地区尚未恢复至危机前的水平；新兴经济体虽然受到不同程度的影响，但增长中枢仍保持较高水平，在全球经济增长中的贡献稳步提升。

第二次世界大战结束的时候，南北差距非常明显，按不变价计算，发达国家占到全球 GDP 的 80%，发展中国家和贫困国家仅占全球 GDP 的 20%。目前新兴经济体和发展中国家占全球 GDP 的比例已经达到 36%，发达国家占比下降到 64%。新兴市场和发展中经济体对世界经济增长的贡献率从 2000 年的 33% 增长到 2018 年的 48%。而发达经济体对世界经济增长的贡献率从 2000 年的 70% 下降到 36%，其中美国从最高峰的 47% 下降到 2018 年的 16%，G7 国家从最高峰的 72% 下降到 2018 年 25%。

未来 15 年全球经济格局多极化趋势继续增强。首先，中国经济总量将持续扩大，新兴经济体崛起。到 2035 年，发展中国家 GDP 总规模将超过发达经济体。部分亚洲和非洲国家有可能成为全球经济增长的领跑者。其次，全球经济增长的重心将从欧美转移到亚洲，并外溢到其他发展中国家和地区。这是一个历史性的变化，也是世界百年未有之大变局一个最重要的特征。

（二）国际关系格局战略性转变

当前，世界经济进入徘徊期，国际力量对比进入盘整期，国际机制建设进入爬坡期，困难和挑战较以前更多、也更为严峻。特朗普在世界上大力推行反建制战略和政策，力图使“美国重新伟大”。以欧盟为代表的欧洲国家内部矛盾突出而注意力内顾。中国和俄罗斯都被美国视为战略对手而承受着更多的战略压力。南非和巴西的内部政治争斗和经济困难制约其影响力发挥。国际格局继续多极化甚至两极化，正在从“春秋”走向“战国”时代。

中美关系走向是影响国际格局的最重要变量。2018 年以来，特朗普政府视中国为“竞争者”“对手”和“修正主义国家”，推动美国对华政策做出一系列重大调整。政治上，既要阻止中国挑战美国主导的国际和地区秩序，又要提防中国对美国社会的“渗透”。经济上，既要解决贸易不平衡问题和中国市场开放问题，又要阻止中国在科技领域的快速进步，还要改变中国的产业政策。安全上，既要应对中国军事力量的上升，又要抑制中国在地缘战略上的拓展。在具体手段上就是脱钩、限制和施压。总体趋势看，中美关系正处一个历史性的转型过程中，以前中美是合作与竞争并存，合作和竞争都在上升，但是现在是合作面在缩小、合作的动力在下降、竞争的领域在扩大、竞争的强度在上升，这是过去40年中美关系没有过的局面。中美关系的变化，使得中美之间在政治、经济、科技、军事、文化、地缘等多方面的博弈和竞争具有长期性和复杂性，未来十年甚至几十年如何管控中美分歧，加强合作，在斗争中寻求中美关系新平衡，对中美双方都是一场考验。

（三）贸易投资秩序正在裂变

全球贸易格局呈现三个重大变化：一是国际贸易的形式发生改变。产成品贸易下降、中间品贸易上升，服务贸易、产业内贸易占比将明显提高。二是生产分工进一步深化，数字附加值在产业价值链中所占比重日益提升，数字等无形资产的贸易和投资占比上升。《2020全球跨境电商趋势报告》指出，全球跨境B2C电商市场规模将从2014年的2300亿美元增至2020年的9940亿美元，达到全球B2C电商市场总额的29.3%、全球消费品贸易总额的13.9%。三是国际分工价值链区域化特征进一步增强。全球三大贸易网络中，北美、欧洲的比重有所下降，亚洲的贸易份额快速上升，未来亚洲将成为世界第一大贸易区域。

国际贸易格局的变化对全球经贸规则提出了全新要求。全球主要的经贸体系普遍建立于20世纪，有的已经运行超过50年，传统国际经济规则已经难以适应现代经贸环境。目前国际经济规则制度处于变革的关键时期，有的改革已经初见端倪。多边经贸体系改革愈发成为共识，全面与进步跨太平洋伙伴关系协定（CPTPP）已经生效，新的北美自贸协定（USMCA）已经达成，区域全面经济伙伴关系（RCEP）、国际服务贸易协定（TISA）等贸易投资规则正在推进，将带动现行全球经济格局深刻调整。

但是，国际经贸体系改革存在难以弥合的分歧。2008 年全球经济危机以来，发达国家和发展中国家的经济增长出现明显分化，经济力量对比出现此消彼长之势。这一方面动摇了发达国家在全球经贸规则制定上的主导地位，引发其对抗心态；另一方面增强了发展中国家的谈判基础和谈判能力，使发展中国家更有底气和愿望真正参与到全球经贸规则的制定中。多年来，双方围绕发展中国家特殊与差别待遇、非市场经济主体行为以及知识产权、数字贸易、农产品补贴等新老议题展开讨论，但几乎没能达成任何实质性协议。美国转而采取单边措施，以加征关税为手段，在区域和双边层面施压贸易伙伴接受美国的新贸易规则，并以此胁迫各方，意欲重掌多边贸易规则的制定权。美国采取所谓对等原则，实质是以力量分配市场份额的方式强制平抑经济失衡，此举遭到了中国、欧盟、印度等多方的强烈反对。世界经济格局的结构性变化引致的多边主义危机是当前全球贸易争端的根源，短期内重启全球贸易自由化进程困难重重。

从未来趋势看，全球化贸易投资秩序面临一个重构的过程，这一过程存在较大的不确定性。可能的方向有三：一是坚持多边主义框架，继续深化多边贸易体制改革，加强国际贸易规则、标准和争端问题的协调，建立新型全球化的规则体系，适应国际经贸格局变化的需要；二是走向区域化，全球贸易动能弱化，区域一体化和经贸联系加深，形成若干区域贸易集群，区域间贸易联系的重要性下降；三是走向单边主义，各国从自身利益出发采取最有利的行动，贸易规则体系变得复杂化、碎片化，导致国际贸易成本上升、贸易规模下降。目前这三种趋势都有表现，从理性角度看，坚持多边主义的方向仍然是大多数经济体的共识。

（四）世界金融格局稳中有变

全球金融危机以来，全球金融格局发生了“前所未有”的变化。危机后各国中央银行的作用前所未有地增大，发达经济体货币政策的溢出效应前所未有地显著化和复杂化，全球债务杠杆率上升到前所未有的高度。与金融相关的各种新科技层出不穷，其对金融业的推进作用、对金融生态和功能的影响前所未见。

纵观世界金融格局演变，未来呈现出四个趋势。

一是国际货币体系多元化趋势。未来 15 年，美国仍是对全球综合影响力最大的国家，美元仍将处于国际货币体系的核心地位。然而，随着经济全球化的深化，越来越多的经济体进入国际货币体系当中，国际货币体系的覆盖范围也大大拓展，国际货币有逐渐多元化的趋势。预计到 2035 年，人民币将成为仅次于美元和欧元的第三大国际货币，并最终超过欧元成为仅次于美元的第二大国际货币。随着数字经济和数字技术的蓬勃发展，超主权储备货币的应用范围将变得更加广泛，也更受国际社会支持。

二是国际金融中心多元化趋势。伦敦和纽约仍将是主要国际金融中心城市，但影响力有所减弱。以上海为代表的新兴市场国家的金融中心城市影响力缓慢上升，并与排名相近城市直接竞争。但是，新崛起的金融中心城市很难在排名上实现快速赶超。金融中心按区域划分的趋势逐渐增强。金融中心城市将按区位分布和语言种类，呈现区域整体变化和语言网络化的特征。

三是大型跨国金融机构在国际金融资源配置中的作用强化，对金融开放的影响力上升。已经完成全球布局的跨国商业金融机构仍具有较强的优势，这些跨国商业金融机构仍主要来自欧美国家，其在全球金融格局中占有领先地位。新兴经济体的跨国商业金融机构也有机会通过资本运作来提升实力。在强者恒强的趋势下，领先的跨国金融机构在逐渐淡化主权边界特征，并对全球金融市场开放具有强烈的推动力。

四是金融科技正在成为影响国际金融格局的新因素。未来，金融科技的影响还将持续增强。金融科技将重塑金融行业产业链、供应链和价值链，不断加深与传统金融机构的融合程度。监管科技发挥更加重要的作用，为金融行业的发展，特别是金融治理水平的提升提供了有力的技术保障。金融科技的发展，将进一步推动金融资源的调整，成为各大金融中心竞相争夺的“战略制高点”。未来，金融科技有可能成为新兴经济体实现“弯道超车”的重要抓手。加密货币的诞生深刻影响了以美元为核心的国际货币体系，未来数字货币的探索和发展，对世界金融体系的重塑难以估量。

（五）国际产业分工格局加速演变

2008 年全球金融危机以来，国际产业分工呈现出非常不同的变化，有多股力量在共同推动。

一是主权国家力量的推动。金融危机以后，各国反思全球化带来的经济失衡问题，转向重视制造业回归，开启再工业化进程，美、欧、日等发达经济体纷纷推出“再工业化”战略，引导实体经济回流；以中国为代表的新兴经济体不甘长期处于国际分工的低端位置，从产业政策上推动制造业升级，向中高端跃升。国际分工从过去跨国公司主导的市场自然演化路径，加入了主权力量的干预，使得国际分工从合作大于竞争走向竞争大于合作。

二是新技术革命的推动。在以信息技术和数字技术为代表的新一轮技术革命引发的产业革命中，生产方式和产业组织将呈现出生产方式智能化、产业组织平台化、技术创新开放化的特征，也将给全球分工带来全面而深刻的影响。正如人类历史上经历过的工业革命都以技术革命为关键性先导动力一样，以数字化、网络化、智能化技术为代表的一系列新兴技术的创新发展和扩散应用，将引领人类社会进入新工业革命时代。总的来看，这些技术极大地提升了人类采集、分析、应用数据信息的能力，拓展了人与人、人与物之间的连接范围和深度，将人类从一般性工作中部分解放出来。随着信息传播及时性、便捷性的持续提高和成本的不断下降，产业链分工前端的包容性提升，终端生产和消费之间的环节被压缩。尽管产业发展的基本逻辑和目的并没有变化，但由于新技术变化导致不同生产要素的相对重要性发生变化，进而导致不同国家间的资源禀赋优势发生变化，最终影响新的产业分工格局的形成。

全球前十大上市公司的变化，是数字经济崛起的最直接体现。2007 年，全球前十大上市企业当中，仅有一家互联网科技公司，2017 年攀升到七家。业界预计十几年后全球前十大市值上市公司将会全部来自数字经济领域。作为数字经济发展最为迅速的两个国家，中国和美国正极大地受益于数字经济革命，全球经济的地理重心从环大西洋地区转向环太平洋地区。与此同时，新技术革命也有可能阻碍后发经济体追赶过程，甚至存在被长期锁定在低端发展水平的可能性，使其难以走出全球产业分工的“边缘地带”。

三是保护主义的扰动。发达国家普遍存在保护主义增强趋势，美国尤为明显。除了中国以外，美国还把贸易“战火”延烧至欧洲、日本、墨西哥、印度等国家和地区。这将造成全球产业链割裂，冲击当前全球经济格局，导致全球产业链重构。一方面，国际贸易可能萎缩，大多数新兴经济体的工业生产和投资类指标出现疲弱。有的国家存在产业流出的压力，而其他国家则迎来发展制造产业的机遇。受此影响最明显的是中国等制造业大国。近几年，中国沿海省份部分劳动密集型产业向海外转移加快，受到冲击最大的是纺织品、家具家电、化工产品、橡胶和塑料制品、机电产品、计算机及移动通信设备生产制造业等。另一方面，在制造业升级和新兴产业发展中，新兴经济体面临发达国家的围堵，中兴、华为事件凸显出全球价值链、供应链的脆弱性，以及科技竞争的压力。长期来看，保护主义不利于全球科技创新合作，增添了新一轮产业分工重整的变数。

（六）世界能源格局悄然大变

伴随能源技术不断发展，世界能源结构正在发生深刻变革。无论是石油、天然气等能源开采技术的突破性进展，还是风能、太阳能、核能等非常规能源的增长，抑或是能源生产消费的信息化、智能化，都是世界能源结构持续调整和转型的重要推动力。

由于页岩油气产量的大幅度提升，美国已经超越沙特和俄罗斯成为世界第一大石油和天然气生产国，逐渐实现“能源独立”并迅速增加油气出口。美国从石油消费国转向生产国，打破了全球石油供需平衡，未来世界能源市场特别是油气市场的供应多元化正在加速到来，卖方市场正在向买方市场转变，这一重大变化将对世界能源市场乃至能源地缘政治格局产生非常深刻的影响。

从长周期看，世界石油的需求增速将逐步放缓，全球能源将从总体上的短缺状态转向总体上的供过于求。根据国际能源署发布的《2016 年世界能源展望报告》，2040 年全球能源需求将比 2016 年增长 3.1%，年均增长率仅为 1%。OECD 的研究显示，全球能源需求呈疲弱状态，预测到 2035 年全球将产生 36% 的能源增量，而全球 GDP 的增量仅为 17%。随着全球能源供求关系的调整，需求方未来会成为决定能源价格走势的决定性力量。能源定价权的争夺不仅带来全球经济力量的多方角力，放大经济周期性波动，也对国际政治格局造成很大的影响。

另一个重要影响是，石油结算体系在发生新变化。布雷顿森林体系解体后，OPEC 建立了以美元为唯一结算货币的石油结算体系。世界能源格局的变动，让美国的中东政策陷入更加复杂的矛盾冲突之中。美国对伊朗的石油制裁和禁运，使很多国家开始建立独立于美元的结算体系。欧盟建立了独立于美元的交易机制 SPV；英、法、德等 11 个欧洲国家建立了和伊朗的石油结算体系 INSTEX；俄罗斯建立了金融信息传输系统 SPFS，专门来进行能源和武器等结算；中国对能源的跨境支付系统 CIPS 目前已经占到全球业务交易笔数的 14%，仅次于美国对石油结算和布伦特所占比重。全球石油新结算体系的产生和发展，不仅对美元霸权产生冲击，而且对全球政治经济格局和国际金融体系都将产生深远影响。

四、2020年世界经济形势展望

（一）受疫情冲击全球经济将陷入衰退

2020年初以来，新冠肺炎疫情肆虐全球，截至2020年3月末，全球累计确诊人数超过50万，疫情蔓延至全球180多个国家和地区，成为第二次世界大战以来罕见的全球大流行病。目前疫情仍处于高速发展阶段，欧美多国成为重灾区，演变前景高度不可知，对全球经济和社会发展的影响巨大。

在疫情冲击下，全球经济大概率将陷入衰退，并有进一步演化为全球大危机的可能性。疫情对经济社会的影响主要体现在：一是经济活动随着人流限制而出现停摆，人员聚集性消费不得不停止，导致旅游、航运、体育、餐饮、百货零售、教育等行业受到巨大冲击，直接导致总需求大幅减少；二是受疫情影响，全球供应链出现循环不畅，由于封城、隔离等强管控措施在全世界推行，许多企业不得不停工停产，新增订单大幅减少，贸易活动受到直接影响，全球供应链面临断裂的风险；三是随着油价暴跌、总需求下滑，全球经济将再次步入通缩；四是失业率大幅攀升，或将迎来第二次世界大战以来最严重的全球失业问题；五是全球金融风险上升，各类资产价格暴跌，引发流动性问题，进而有演变为全球金融危机的可能性。

关于疫情对全球经济冲击程度的估计，由于疫情演变具有高度不确定性，目前存在研究分歧。根据国内外机构的预测，基准情形下全球经济增长速度将下降1~2个百分点，悲观情形下可能出现负增长。本次疫情冲击引发的危机程度要远超过2008年金融危机，是否能达到1929年经济大危机的程度还需观察。与此前两次危机相比，本次疫情冲击下的全球经济衰退，基本条件、表现形式和内在机理有很大的不同。

一是冲击机理不同。2008 年金融危机的冲击主要是次贷引发的信用链条受损，从金融危机向实体经济传导形成；1929 年经济大危机的形成则是自由市场经济内在缺陷形成的生产过剩危机与金融危机叠加共振。本次疫情冲击主要是人流限制带来的交易破坏，作用于需求端，从实体经济内部受损开始传导，疫情的伤害更深入、更系统。二是金融条件不同。1929 年经济大危机在金本位制度下产生，当时的金融体系并不完善，监管环境比较宽松；2008 年金融危机爆发时，金融制度环境也存在缺陷，混业经营导致系统重要性金融机构出现风险。在本次疫情发生的当下，金融条件相对要完善得多，监管环境更严格，系统性金融风险防控能力更强健，但是货币政策空间相对要窄。三是财政环境不同。与 1929 年和 2008 年相比，现阶段全球财政环境要复杂得多，虽然财政手段更加完善，但公共债务水平较高，制约着积极财政政策的实施力度。四是全球化水平不同。1929 年的全球化水平还处于较低水平，2008 年金融危机时全球化处于高峰，全球经济联系已非常紧密，但全球化贸易以商品贸易为主，全球产业分工基于成本优势，而现在的全球化水平达到了新的阶段，全球产业分工更加精细化，中间品贸易和服务贸易比重越来越高，经济循环在疫情冲击下更具有脆弱性。五是经济结构不同。与 1929 年相比，全球经济结构发生很大变化，当时服务业尚不够发达，而现在全球服务业增加值比重超过 66% 。本次疫情冲击对于服务业尤其是聚集性消费产业冲击更大。六是经济长周期不同。1929 年和 2008 年危机均处于科技创新周期的低点，叠加人口周期的低谷，危机过后均出现新一轮经济复苏；而本次疫情暴发时新一轮科技创新周期尚在起步，人口老龄化加速，经济增长动能出现中长期停滞现象，后疫情时代全球经济增长恢复面临的挑战更加复杂；七是政治后果不同。1929 年经济大危机的直接后果，是加速了法西斯主义在德国、日本和意大利的发展，导致了第二次世界大战的爆发；2008 年金融危机以后全球政治格局也发生了深刻变化，发达经济体政治极化上升、民粹主义蔓延。

本次疫情对经济社会的影响还在演变之中，今后相当长一段时期国际政治格局走向充满不确定性，既有可能带来国际合作新气象，也有可能引发新的政治动荡。

（二）全球宏观政策大宽松但效果有待观察

在疫情冲击之下，全球主要经济体加大宏观政策刺激力度，并将超过以往。目前各大央行纷纷降息，并推出量化宽松政策，美联储一次性将利率降至零，并推出5万亿美元的流动性支持，在政策工具和手段运用上较2008年过犹不及。未来随着疫情变化，不排除美联储在政策工具上进一步突破，如推行负利率政策，直接购买股票ETF、垃圾债券等。在财政政策方面，2020年3月，G20财长和央行会议达成共识，各国在财政刺激方面加大力度，预计全球财政赤字率将有较大幅度攀升。在财政资金运用方向上，主要用于支持公共投资、促进居民消费、扶持中小企业等方面。由于本次疫情影响的方式与以往经济危机有诸多不同，宽松的货币政策对经济衰退的对冲效果可能有限，积极的财政政策将发挥主导作用，但是鉴于许多国家的债务规模已被推升至难以持续的水平，财政政策宽松的力度可能要打折扣，效果也有待观察。

（三）全球金融市场动荡不定、风险加大

受疫情影响，2020年初以来全球资本市场大幅动荡，欧美股市纷纷出现持续性大跌，美股在十天内四次熔断，2020年1～3月欧美主要经济体股市平均下跌幅度超过30%。美国十年期国债收益率处于历史性低位，债市信用利差扩大。受沙特阿拉伯与俄罗斯石油减产谈判破裂影响，国际油价大幅下跌，截至2020年3月末，较年初跌幅高达50%以上，原油价格跌破30美元，极端情况下有下跌至20美元以下的可能性。随着欧美股市

大幅调整，全球金融风险急剧上升，由于去杠杆引起的美元流动性短缺，市场一度恐慌，美元指数走强，非美元货币出现不同程度的贬值，并出现黄金等避险资产同时下跌的罕见现象。

展望 2020 年的金融形势，有演化成为全球金融危机的可能性，但最终结果如何取决于疫情控制进展和各国央行的共同行动。中国人民银行副行长陈雨露指出，国际金融危机通常有三个基本判断标准，一是，是否存在国际金融市场跨市场的持续的恐慌性下跌；二是，是否出现大量的金融机构，特别是系统重要性金融机构倒闭；三是，看全球的实体经济运行是否受到了严重破坏。对照这三个特征，新冠肺炎疫情冲击下，当前第一个特征已经有了，第二个特征还没出现，第三个特征应该也存在了。从目前全球金融监管环境来看，系统重要性金融机构的抗风险能力较 2008 年有明显增强，主要原因是受沃尔克规则约束，大型金融机构自营投资受到限制，这给国际金融体系增加了一些安全性。

从疫情演变趋势观察，风险来源有以下三个方面。一是随着疫情影响加深，如果实体经济进一步受损，出现大量的中小企业债务违约，将恶化金融机构资产负债表，不良贷款和坏账攀升，有可能引发金融机构倒闭风险。二是随着油价持续下跌，美国页岩油企业发行的高收益债券违约可能增加，如果出现大量的页岩油厂商倒闭破产，有可能通过垃圾债券市场违约传导至金融体系。三是随着跨市场资产持续调整，美元流动性短缺带来的非美货币贬值如果得不到缓解，可能引发新兴市场经济体和高外债经济体的国际债务违约风险上升。这些不确定性因素如何演变，各国政策应对是否有效，需要进一步观察。

（四）2020年全球经济的风险因素

展望 2020 年，全球经济需要关注以下风险因素。

1. 疫情防控前景不确定的风险

在新冠肺炎疫情全球大流行的背景下，由于各国疫情发展、防控能力、文化环境等存在差异，全球疫情防控变得复杂艰难。目前关于疫情的走向有三种情形：一是乐观情形下疫情在2020年二季度得到基本控制，对经济社会的影响将控制在有限范围内，目前看该情形出现概率不大；二是基准情形下疫情在全球扩散，并持续到三季度，在冬季来临前疫情影响基本消除，经济社会步入正常轨道；三是悲观情形下疫情持续到跨年，全球60%以上的人口感染病毒，并可能出现二次暴发，直到疫苗和特效药出现。这三种情形对全球经济的影响差异非常显著，从欧美疫情流行的情况看前景不容乐观，如果疫情失控到极端情形，这将成为第二次世界大战以来人类历史上最严重的一次灾难。当前迫切需要国际社会通力合作，共同应对。

2. 油价下跌引发地缘政治风险

原油市场的变化主要来自两方面的冲击，一是供给端的冲击，由于原油减产谈判破裂，沙特阿拉伯与俄罗斯、美国的新一轮石油博弈愈演愈烈，未来取决于石油供给各方新的谈判进展和政策行动，地缘政治形势充满不确定性。二是需求端的冲击，随着疫情不断发展，全球石油需求出现阶段性大幅萎缩，如果这个过程持续较长时间，产油国各方均将受到不同程度的压力；同时，油价下跌带来的工业品通缩风险上升，无疑是雪上加霜，全球经济面临债务通缩陷阱。

3. 东非蝗灾引发的粮食安全风险

东非蝗灾已导致全球许多地区粮食作物大面积减产，对全球农产品市场影响不容忽视，叠加疫情影响，全球粮食安全问题凸显。目前，越南、哈萨克斯坦等国家开始限制大米、小麦等主要粮食作物出口，一些国家也开始加强粮食安全储备，全球农产品价格有可能出现上涨，对经济社会的影响需要密切关注。

4. 中美经济关系调整不确定性的风险

自 2018 年以来，困扰全球经济运行程度最深、时间最长、不确定性最大的因素，无疑就是中美经济关系的调整进程。鉴于特朗普在美韩、美日、美墨加以及美欧经贸谈判中的表现，即便阶段性协议能够签订，也无法有效约束美方不再对中方进行单方干预。2008 年全球金融危机以来，全球经济持续处于调整之中，全球经济新的增长点至今尚未确立，内生增长动力也未完全恢复，各国均不同程度地在推进自身的结构调整，而中美经贸关系的调整则是内嵌于全球经济结构的调整进程之中，必然对全球经济运行产生正负反馈影响。若该进程再次出现间歇式反复，并且短期的不调和向更广的范围蔓延，必然对全球经济造成中期、深度的负面冲击。

5. 民粹主义蔓延的风险

随着疫情影响下经济走向衰退，加之全球化红利消失，之前掩藏在持续增长背后的社会福利分配不公平的矛盾会不断暴露，尤其是年轻人就业状况迟迟未见明显改善，更将助推全球范围内民粹主义的蔓延和激化。以法国、意大利和西班牙的就业情况为例，目前这三国 25 岁以下年轻人的失业率分别为 19%、29% 和 33%，虽较欧债危机时期的峰值有所回落，但依然高于危机前的水平。与此同时，互联网覆盖率的大幅提升，使得民粹主义下的局部负面情绪通过网络迅速蔓延为全局矛盾。目前各国政府对民粹主义的有效治理手段十分有限，在互联网时代其发展具有高度不确定性。民粹主义的蔓延必将对经济产生负面影响，从而进一步削弱全球资本的配置效率，对全球社会秩序的冲击难以预估。

2020年中国宏观经济环境分析与展望

张志前

经济学博士，高级研究员，中国建投投资研究院副秘书长

投资提示

- 2019年全球经济都不太景气，不论发达国家还是新兴经济体，GDP增速都有不同程度的回落。全球经济下行叠加中美贸易摩擦持续，为2019年的中国经济带来了不小的挑战，也使得2019年成为中国经济发展面临较大压力的一年。

- 2020年是我国全面建成小康社会和“十三五”规划收官之年。保持中国经济一定的增长速度，对于实现我们的第一个百年奋斗目标，为“十四五”发展和实现第二个百年奋斗目标打好基础有十分重要的意义。稳增长显得尤为突出和重要。

- 投资是稳增长的关键，基建投资是稳增长的重要抓手。地方债扩容已成为撬动基建投资的重要增量资金来源。目前，我国基建投资仍有较大的空间。预计，2020年地方政府专项债发行额度将进一步提升，新基建项目成为拉动经济的重要力量。

- 2020年中国人民银行将继续坚持“双支柱”调控原则，继续实施稳健的货币政策，货币政策整体上将会保持温和适度的宽松。但是由于我国CPI较高，降息的空间不大，降准可能是较好的选折。预计，2020年央行会有2~3次降准。

一、经济增速：下行压力大

（一）2019年宏观经济回顾

2019年是世界经济复杂多变、我国经济发展较为困难的一年。受贸易摩擦、制造业低迷等因素影响，2019年全球宏观经济处于同步放缓状态。一方面，美、欧、日等发达经济体增速整体下滑。其中，美国经济冲高回落，前三季度不变价GDP环比呈下行趋势，分别录得3.1%、2.0%、1.9%的增速；欧洲经济增长乏力，欧元区19国实际GDP增速，前三季度为1.3%、1.2%、1.1%，比2018年分别减少1.3个、1.0个、0.5个百分点。2019年前三季度，日本经济实际增速仅为1%。其中，一季度和二季度的经济增速经修正后都是0.9%，三季度GDP增速初值为1.3%，预计全年经济难见起色。另一方面，新兴市场国家经济增速也呈现分化：其中，印度经济增速明显下滑；巴西、南非、俄罗斯经济增速处在较低的水平；阿根廷经济2019年经历大幅下滑后，三季度虽然呈现触底反弹，但增速依然缓慢。

全球经济下行叠加中美贸易争端持续，为2019年的中国经济带来了不小的挑战，也使得2019年成为近年来我国经济发展面临较大压力的一年。从2018年二季度开始，我国不变价GDP季度同比增速已连续下行了5个季度。根据国家统计局公布的初步数据，2019年全年我国国内生产总值为99万亿元，接近100万亿元大关。按可比价格计算，比上年增长6.1%。全年经济增速呈现前高后低的特征，一季度同比增长6.4%，二季度增长6.2%，三季度增长6.0%，四季度增长6.0%（见图1）。分产业看，第三产业表现出较高的增速，第一产业增加值70467亿元，比上年增长3.1%；第二产业增加值386165亿元，增长5.7%；第三产业增加值534233亿元，增长6.9%。虽然我们的经济增长有所放缓，但是在供给侧结构性改革等方面取得了很大进展，三大攻坚战稳步推进，发展的质量进一步提升。

图1 中国GDP季度同比与环比增速

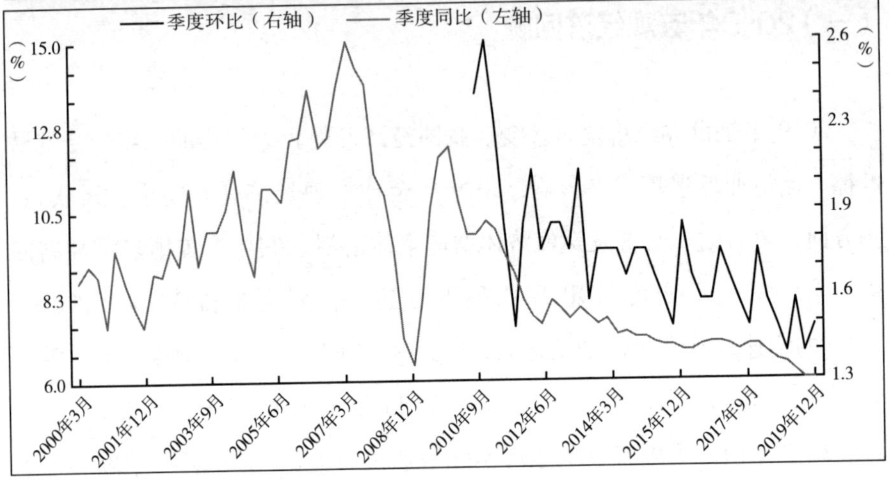

投资在我国国民经济增长中发挥着至关重要的作用，特别是在经济面临下行压力的情况下，稳投资是保增长的关键所在。根据国家统计局公布的数据，2019年我国全年固定资产投资（不含农户）551478亿元，比上年增长5.4%，低于2018年的5.9%（见图2）。分领域看，房地产开发投资依然保持较快增长；具体来看，基础设施投资增长3.8%，制造业投资增长3.1%，房地产开发投资增长9.9%。但是房地产销售面积出现一定下滑，2019年全国商品房销售面积171558万平方米，下降0.1%；商品房销售额159725亿元，增长6.5%。分产业看，第三产业投资增长较快；具体来看，第一产业投资增长0.6%，第二产业投资增长3.2%，第三产业投资增长6.5%。民间投资311159亿元，增长4.7%。投资结构进一步优化，高技术产业投资增长17.3%，快于全部投资11.9个百分点。在中美贸易摩擦、我国出口受阻的情况下，投资增速出现下滑，是导致我国2019年经济增速持续下滑的重要原因之一。

图2　中国固定资产累计投资

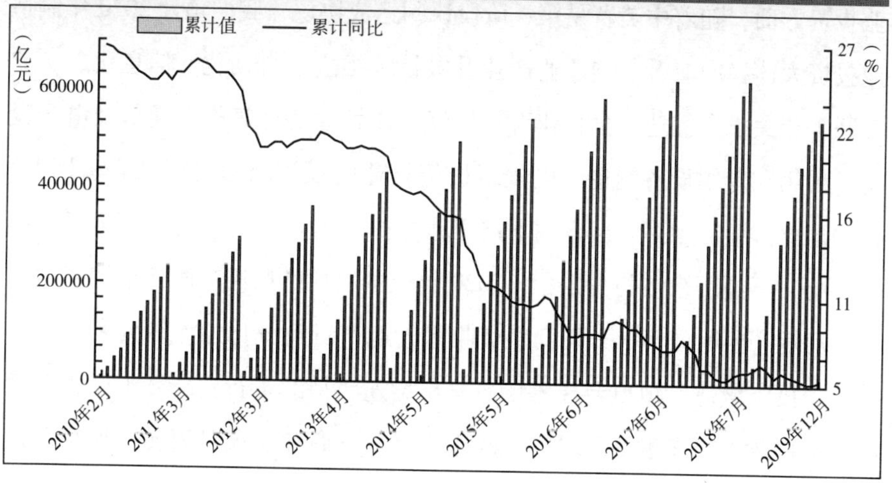

（二）2020年宏观经济展望

2020 年是我国全面建成小康社会和“十三五”规划收官之年。保持中国经济一定的增长速度，对于实现我们的第一个百年奋斗目标，为“十四五”发展和实现第二个百年奋斗目标打好基础有十分重要的意义。中央提出，要继续坚持稳中求进工作总基调，坚持新发展理念，坚持以供给侧结构性改革为主线，坚持以改革开放为动力，推动高质量发展，坚决打赢三大攻坚战，全面做好“六稳”工作，统筹推进稳增长、促改革、调结构、惠民生、防风险、保稳定，保持经济运行在合理区间。

1. 基建和制造业投资稳中有升

基建投资是稳增长的重要抓手，是财政政策逆周期调节的重要工具。2019 年地方债扩容已成为撬动基建投资的重要增量资金来源。目前，我国基建投资仍有较大的发力空间。我们预计，2020 年地方政府专项债发行额度将进一步提升，新基建项目成为拉动经济的重要力量。但在专项债实际使用中，对项目本身收益的要求比较高，能否撬动更大的投资，很大程度上取决于项目自身的收益率、回款能力和项目资本金比例约束等。在制造业投资方面，随着中美贸易第一阶段谈判达成协议，我们预计2020年制造业投资大体稳中有升。制造业产业升级持续推进，自动化、信息化、工业互联等相关投资提速。分行业看，投资占比较大的计算机、通信及电子设备，通用和专用设备制造，电气机械等行业的投资增速已逐渐企稳回升。在房地产方面，中央多次强调不把房地产作为刺激手段，坚持“房子是用来住的，不是用来炒的”定位。2020年全国房地产调控基调将维持基本不变，房地产限购政策、开发商融资收紧、地产行业分化加深等因素会拖累房地产投资增速。2020年土地购置支出增速将持续下行，新开工面积在商品房销售放缓的拖累下出现边际减速，但开发商加速项目周转，加快项目施工进度，会继续对建安支出构成一定的支撑。

2. 5G等技术发展将推动消费升级

消费是经济增长的最终驱动力，也是拉动我国经济增长的最大力量。2018年全年消费对GDP增长的贡献率为77.6%，2019年消费的贡献率下降到57.8%，但仍是拉动GDP增长的主要力量。消费的增长取决于很多因素的共同影响，其中最为重要和根本的一点，是居民收入和财富的不断增长。对于大多数中国普通消费者来说，财富主要来自楼市、股市和基本的劳动所得，但是近年来我国房地产调控不断加码，房价没有出现较大增长，股市持续低迷导致居民财富没有出现较大增长；受经济下行压力较大的影响，就业和工资增长面临较大压力。近年来中国居民可支配收入总体呈上升的趋势，成为扩大消费拉动经济增长的重要力量，但增长幅度有所收窄。2019年1～9月全国居民人均可支配收入累计实际同比增长6.1%，低于2018年同期的7.49%。我们预计，在我国经济增长乏力的大背景下，2020年我国人均可支配收入增速下滑，中等收入群体尤甚，这对我国消费的持续增长产生较大影响。我国已经成为全球最大的消费国，2019年，社会消费品零售总额411649亿元，实际增长8%（见图3）。我们预计2020年名义社会消费品零售总额将继续保持增长趋势，尤其是在电子产品消费方面，2020 年将得益于 5G 手机普及和更新换代、TWS 耳机及其他可穿戴设备的爆发式增长等行业驱动力。

图 3　中国消费者信心指数和社会消费品零售总额增速

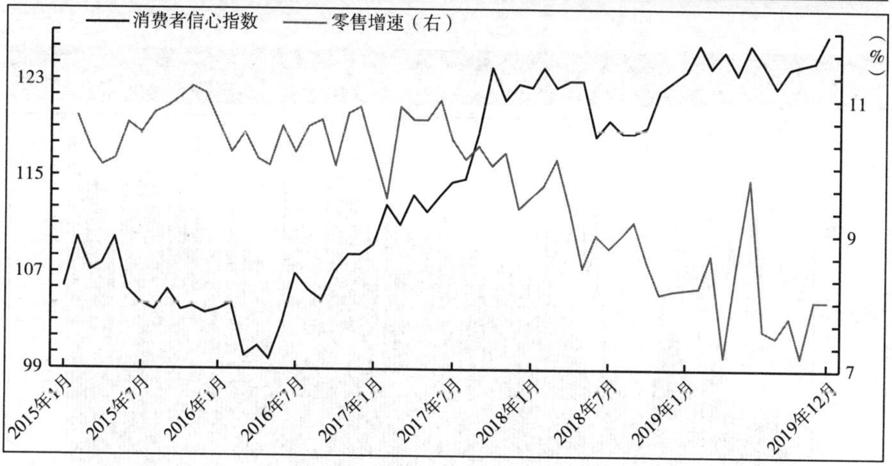

3. 外需难以预料

中美贸易摩擦对中国的出口产生了较大影响，随着中美第一阶段经贸协议达成，2020 年中国的出口将逐步恢复。2019 年前 11 个月，中国外贸出口同比增长 4.5%（见图 4），但中国对美国出口同比下降 12.8%，比 2018 年对美出口增速 10.8% 下降 20 多个百分点。2019 年 9 月 1 日美国对约 1200 亿美元中国商品加征 15% 的关税后，其对中国这部分商品的进口大幅下滑，10 月份同比下降 32%。税率减半后，该部分商品出口跌幅可能收窄。12 月 13 日，中方发布关于中美第一阶段经贸协议的声明，宣布中美双方已就第一阶段经贸协议文本达成一致。根据中方声明，第一阶段协议文本包括“扩大贸易”章节。在新闻发布会上，我国政府相关部门负责人表示，在能源、制成品、农产品、医疗、金融等领域扩大自美高品质产品和服务进口，能给中国消费者带来购买更便利、价格更实惠、种类更丰富的体验。美方在其发布的有关协议的事实清单中指出，“扩大贸易”的章节包括中国在未来两年内进口各类美国商品和服务的承诺，总金额比2017年中国年度进口水平高出不少于2000亿美元，涵盖制成品、食品、农产品和海产品、能源产品和服务。2020年全球经济增长难以预料，外需情况不容乐观。

图4　中国出口贸易额及出口增速

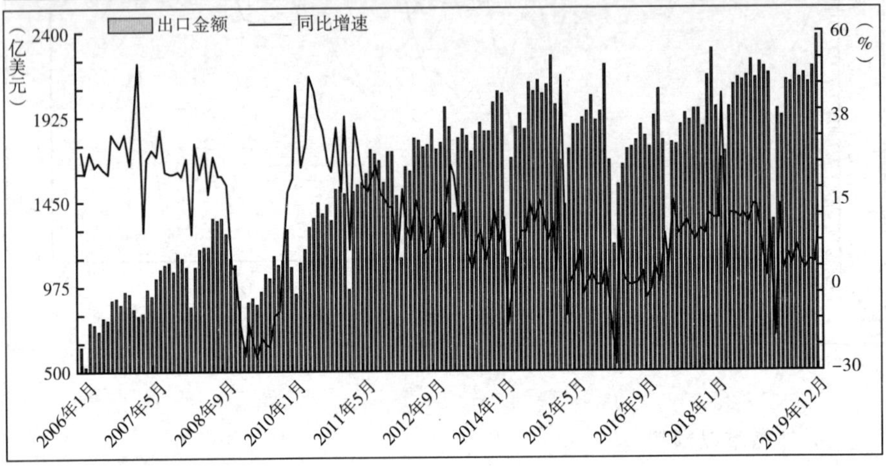

二、宏观政策：将延续宽松

（一）货币政策

随着全球经济的不景气，2019年主要国家的货币政策已经开始走向宽松。美联储从7月开始，实现了180度的大转弯，由升息进入降息通道，全年降息三次。但是，从经济数据和美股的表现看，美国经济增长虽然放缓，但远远没有达到以往降息时所处的“衰退”状态。美联储降息与特朗普总统的施压以及外围风险因素恶化有关。从几次美联储降息后的表态可以看出，“贸易摩擦”是美联储关注的核心问题之一。每次中美贸易摩擦升级之后，市场对于美联储降息预期都会飙升；而中美贸易谈判进展顺利时降息预期又会有所下降。此外，特朗普总统出于大选前提振经济的目的，也一直施压美联储要求其降息。虽然在 2019 年底，中美已经达成第一阶段经贸协议，但是 2020 年是美国大选之年，特朗普总统可能还会要求美联储进一步降息，以为其竞选创造良好经济环境。但是由于美元的利息仍处于低位，还没有恢复到正常水平，所以美联储继续降息的空间有限。日本和欧洲方面由于已经是负利率，降息的可能性不大，但是还会继续保持宽松态势。相比较而言，新兴经济体的利率水平较高，2020 年依然有较大降息空间。

在经济下行压力较大时，货币政策作为逆周期调节政策主要目标是稳增长；但在稳增长的同时，要兼顾防范系统性金融风险，这就决定了一旦经济出现企稳迹象，货币政策需要边际收紧。自 2017 年提出“三大攻坚战”以来，中国人民银行运用“货币政策和宏观审慎”双支柱调控，将防范风险、维护金融稳定作为货币政策的中长期目标，这决定了即使在面临经济下行压力较大的情况下，我国的货币政策难以大幅放松，仍然会坚持稳健的货币政策不变，适当进行有针对性的微调和预调，同时继续坚持不搞大水漫灌，而是加大结构性货币政策的运用力度。2019 年，受制于人民币汇率的贬值压力以及由猪肉价格上涨带来的通胀压力，货币政策作为逆周期调节工具略有宽松，但是放松的力度较为有限。2019 年，中国人民银行对贷款市场报价利率（LPR）形成机制进行了改革和完善，引导市场利率逐步下行，有助于降低社会的融资成本。

2019 年我国社会融资规模稳步增长，对经济稳增长、促进实体经济发展发挥了积极作用。初步统计，2019 年社会融资规模增量累计为 25.58 万亿元，比上年多 3.08 万亿元。其中，对实体经济发放的人民币贷款增加 16.88 万亿元，同比多增 1.21 万亿元；对实体经济发放的外币贷款折合人民币减少 1275 亿元，同比少减 2926 亿元；委托贷款减少 9396 亿元，同比少减6666亿元；信托贷款减少3467亿元，同比少减3508亿元；未贴现的银行承兑汇票减少4757亿元，同比少减1586亿元；企业债券净融资3.24万亿元，同比增加6098亿元；政府债券净融资4.72万亿元，同比减少1327亿元；非金融企业境内股票融资3479亿元，同比减少127亿元。根据央行的数据，2019年12月末，广义货币（M2）余额198.65万亿元，同比增长8.7%；狭义货币（M1）余额57.6万亿元，同比增长4.4%。全年净投放现金3981亿元。2019年末社会融资规模存量为251.31万亿元，同比增长10.7%。

展望2020年，全球经济依然存在很大不确定性，世界主要国家货币宽松的趋势不会改变。在全球经济不景气的大背景下，我国经济下行压力不减，在中央要求经济稳增长的大背景下，中国人民银行将继续坚持“双支柱”调控原则，继续实施稳健的货币政策，货币政策整体上将会保持温和适度的宽松。但是，我国2019年三季度CPI已经达到4.5%，央行要警惕通货膨胀发散效应，为此2020年上半年货币政策的宽松料将更为审慎。如果经济下行压力加大，逆周期调节将会逐步加大，以市场化的方式促进实际利率水平降低，保持流动性适当宽裕和社会融资规模适度增长，以支持实体经济的发展。相对于其他国家而言，我国的存款准备金率过高，降低存款准备金率已经是大势所趋。因此，2020年会有多次的降准，而在利率方面，受制于较高的CPI，可能将更多地通过公开市场OMO操作利率和MLF利率继续下调来引导LPR报价利率继续逐渐小幅下调。此外，促进存量贷款由贷款基准利率定价向LPR定价切换以及鼓励商业银行补充资本金，尤其是中小商业银行补充资本金，也是货币政策发挥效果的重要保障。

2019年，人民币汇率的波动主要受到中美经贸摩擦的影响。虽然2019年中国经济增速下行，前三季度累计增长6.2%，较上年下滑0.4个百分点，但美国经济增速同样下滑。此外，2019年美国累计降息三次，共计75个基点，中国货币政策整体较稳健，宽松程度不及美国。基本面很难解释2019年人民币汇率出现的较大幅度贬值。实际上，2019年人民币汇率的波动大多数情况下是与中美贸易摩擦相关的，而美联储的货币政策等其他因素对人民币汇率产生的影响较小。2019 年底，中美就第一阶段经贸协议达成一致，一直压制人民币汇率的巨大风险因素会因此化解，此前市场对中国经济前景的悲观程度也会减弱，资本重新流入中国，驱动人民币升值。但是，人民币升值的幅度将非常有限。因为，中美协议中包含了人民币汇率方面的内容，中方在汇率方面可能也做出了一定承诺。因此，我们预计 2020 年人民币兑美元的汇率将会保持相对稳定。

（二）财政政策

以基建投资稳定经济增长是财政政策的重要手段。基建投资的资金来源，包括国内贷款、外资、自筹资金、国家财政支出资金等，这其中自筹资金占了大头，因此，地方融资的变化才是决定基建投资的关键。得益于“稳增长”的需要，基建投资呈现出逆周期特征。2019 年，随着“稳增长”成为政府当前经济工作的首要任务之一，规范举债的“前门”越开越大。除了大幅增加地方政府专项债券规模，为“稳增长”提供有力支持之外，在年初，全国人大常委会就授权国务院提前下达 2019 年地方政府新增债务限额合计 1.39 万亿元。

虽然地方债扩容、专项债提前发放，但是 2019 年基建投资增速回暖却十分有限，基建投资对于稳定经济增长的作用没有得到有效发挥。目前我国基建投资仍有较大的发力空间：一方面，基建投资增速在低位徘徊，比较温和；另一方面，政府部门的杠杆率不到 40%，低于境外国家 80% 的水平，有提升的空间。在大幅度货币宽松和财政减税空间都相对有限的情境下，政府进一步加大基建投资力度仍然是未来可能性较高的一个政策选择。

2019 年 11 月 27 日，财政部发布公告称，近期将提前下达 2020 年部分新增专项债务限额 1 万亿元，占 2019 年当年新增专项债务限额 2.15 万亿元的 47%。1 万亿元专项债额度相较于 2019 年底的 8100 亿元小幅增加。

从投向来看，国务院常务会议明确要求不得用于土地储备和房地产相关领域，这意味着 1 万亿元新增专项债将主要用于基建项目。再加此前国务院发布通知下调部分基建项目资本金比例 5 个百分点，预计 2020 年一季度专项债对基建的拉动将有所增加，具体撬动幅度还要看专项债占项目资本金的比例以及社会资金融资情况。

2019 年 12 月中央经济工作会议提出，2020 年要继续实施积极的财政政策，同时提出要大力提质增效，更加注重结构调整，坚决压缩一般性支出，做好重点领域保障。我们预计 2020 年全国预算赤字率从 2019 年的 2.8%调升至 3.0%，预算赤字额超 3 万亿元。实际赤字率我们预计与 2019 年持平，维持在 4.3%左右。地方政府专项债新增发行规模由 2019 年 2.15 万亿元扩容至 2020 年的 3.35 万亿元。财政部已于 2019 年 11 月底提前下达 2020 年部分新增地方政府专项债限额 1 万亿元，做到早发行、早使用、早见效，确保 2020 年初即可使用。

减税是供给侧结构性改革的重要内容之一。2019 年可谓减税降费之年，年初就推出企业所得税与小型微利企业、创投企业的税优政策；之后，4 月 1 日又推出增值税普降政策，5 月 1 日推行社保降费，市场机构预计全年新增减税降费规模超过 2 万亿元，为稳经济增长发挥了积极作用。由于时点的原因，减税的效果 2020 年会继续显现。展望 2020 年，新增减税降费的规模会边际减少。一方面，减税降费的方式将由“普降”转为更为精准地支持特定领域的税费减免措施；另一方面，在“实施更大规模的减税降费”之后，如何促成其有效落地，还有赖于厘清中央和地方的收入分配关系。

（三）产业政策

产业政策是由国家或政府制定的，用以引导国家产业发展方向、引导推动产业结构升级、协调国家产业结构、使国民经济健康可持续发展的各项政策。产业政策的功能主要是弥补市场缺陷，有效配置资源；保护幼小民族产业的成长；熨平经济震荡；发挥后发优势，增强适应能力。近年来，面对经济下行压力不断加大，为推动经济发展，我们出台了各种产业政策。从传统的农业设施提升改造、新型农业经营组织建设，到工业企业升级换代、现代服务业发展，这些产业政策无论是从制定数量、覆盖面还是从补贴力度上看，都是十分少见的。很多地方政府的财政收入捉襟见肘，但是在产业补贴方面的支出依然不减。

WTO 对“补贴”做了较为明确界定：①该成员境内的政府或任何公共实体对企业提供财政支持，包括资金的直接转移（如补助、贷款或股权注入）、潜在的资金或负债的直接转移（如贷款保证）；税收减免；除一般基础设施之外的商品或服务，或购买商品；政府通过向筹资机构付款，或委托或指示私人机构履行前述列举的一种或多种通常应由政府执行的职能，且此种做法与政府做法并无实质区别；或 GATT1994 第 16 条所规定的任何形式的收入或价格支持。以及，②以上行为给予企业某种利益。私人机构行为在符合相应条件的前提下也被认定为补贴行为。

企业补贴等产业政策是中美贸易摩擦的一个核心问题。从美方对中国反补贴调查案例和 USTR 发布的中国 WTO 履约报告来看，美方对我国的补贴关注点主要聚焦在以下几方面：①政府赠款（如固定资产投资补贴、技改资金、上市补贴、世界名牌补贴等）；②税收补贴（如税收减免、税收返还、差别出口退税率等）；③优惠贷款（国有银行和政策性银行贷款偏离市场定价等）；④上游补贴（虽然部分被诉企业非国企，但使用了上游国企的低成本中间品，如钢铁、铝、电力等）；⑤工业用地补贴，各地方政府通过开发区等实行优惠力度更大的政策。美国认为中国政府对补贴行为的披露不够透明，中国需要将中央及地方政府的财政补贴行为做详细披露。

实际上，我国的产业政策也确实存在一些问题。一是作为产业补贴政策的制定者，政府部门在政策的发布和解释上有一定的话语权，导致了个别寻租现象的发生。据审计署审计报告，抽查发现一些汽车产销企业采用自产自购、供应电池回购整车等手段获取政府补贴 16.72 亿元，多家车企“榜上有名”。二是产业政策补贴也让一些企业得了“软骨病”。例如，某企业 10 年间累计获得政府补贴和退税数百亿元，远超其十年的净利润。2018 年中美发生贸易摩擦，美国一纸禁令使这家企业瞬间全线停摆。最终该企业向美国缴纳巨额罚款才平息了此事。

关于产业政策的分歧由来已久。坚持市场观点的认为，市场经济这只看不见的手可以解决一切问题，不需要政府专门的产业政策给予特殊的部门以特殊扶持；而另外一些经济学家认为，市场存在失灵的情况，需要政府这只看得见的手发挥调节作用。前两年，就有学者针对产业政策的存废展开了激烈的辩论，引发广泛关注。其实，这些争论都在试图解答市场和政府在资源配置中如何更有效地发挥作用。放眼世界，不乏产业政策成功的案例，美国在 20 世纪 90 年代提出兴建“信息高速公路”计划，专注于互联网的改进和普及，也因此引领美国长期领跑世界经济；在东亚，韩国和日本也是典型的政府主导型产业政策，通过加大对汽车产业、新兴电子产业的扶持，使其在激烈的竞争中占据有利位置。

针对我国的财政和产业政策相对粗放、透明度不够高、普惠性不足的方面，未来我国产业政策应继续深化改革。要提高产业补贴的针对性、透明度和普惠性，通过减税降费为企业减负，调整补贴的量与结构，减少对生产投资端的扭曲。通过减税降费实现企业普惠性减负，而财政支出空间缩小有助于减少财政补贴总量，实现市场化机制配置资源的目的。与此同时，财政补贴结构或进一步向研发和消费者两端转移，减少对企业生产投资端的扭曲，并有助于规避不合规补贴的嫌疑，从近两年实施的研发费用加计扣除、增值税留抵退制度常态化等可见一斑，其中增值税留抵退制度或更有利于计算机通信电子等先进制造业。

（四）房地产调控政策

2019 年的房地产投资保持持续增长（见图 5），全年房地产投资

132194 亿元，比上年增长 9.9%，对于稳经济发挥了重要作用。中央坚持“房住不炒”，房地产调控政策不放松，但也提出了“一城一策”的更有针对性和差异化的调控思路，给地方政府调控留下空间和余地。2019 年多地对房地产调控做出微调，尤其是 10 月起海南、天津、南京、常德、宿州、贵州、扬州、深圳等多地小幅放松调控，表现有取消限购、限价、降低购房门槛、降低落户条件、放松公积金贷款、加大人才引进等。但与此同时，我们也看到部分城市收紧调控，如长沙、汕头、北京等多地收紧公积金，包括提高公积金贷款资格、将贷款规模与实际缴存余额挂钩、暂停住房公积金异地贷款的发放等。

图5 中国房地产投资增速

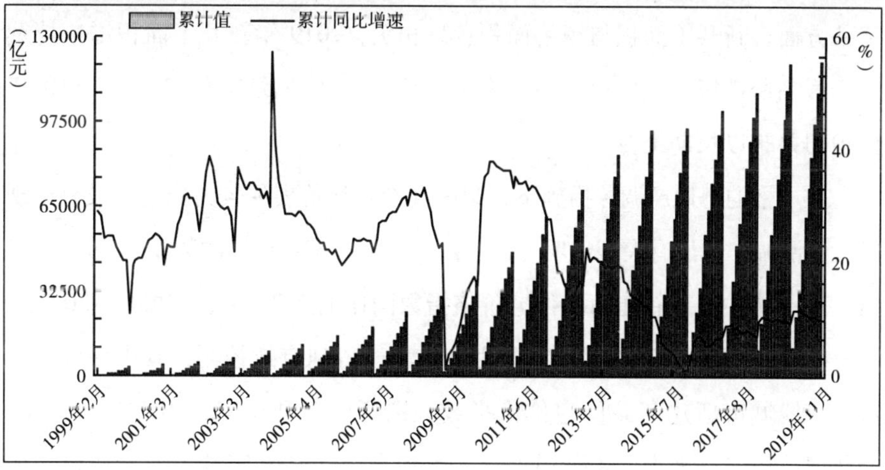

在坚持“房住不炒”的严格调控政策背景下，2019 年上半年房地产销售持续低迷，表现为负增长。2019 年前 10 个月，首次出现了年内由负转正，全国商品房销售面积同比增长 0.1%，10 月当月增长 1.9%，连续 4 个月保持正增长。相较于一二线城市的严格调控，三四线城市调控出现了宽松的迹象。下半年开始，一二线城市的销售增长乏力，三四线市场销售表现较稳定。因为缺乏三四线城市成交数据，我们用全国销售面积减去 30

个大中城市销售面积，算得三四线城市销售面积，2019 年 1～10 月三四线城市房地产成交面积约 118760 万平方米，累计同比减少 0.6%，表现略超预期。此外，45 个城市中 21 个三线城市 1～10 月成交面积同比增长 0.11%。以上数据表明，2019 年三四线城市销售面积并未出现大规模下滑。

2019 年 1～10 月新开工面积增速持续高于销售面积增速，背后体现了在房价预期管理下，房企加快周转的逻辑。对于 2020 年的新开工走势，我们认为可能有走弱趋势。一方面，2019 年全国土地投资面积和成交价款走弱，根据项目周期，前端土地投资的负增长将会对 2020 年的房地产开工走势形成拖累。新开工面积和土地购置面积走势基本一致，但 2019 年出现较大的背离，我们认为土地投资的走弱将会传导到 2020 年的新开工表现上。另一方面，新开工面积与销售面积息息相关，2019 年新开工面积增速持续高于商品房销售面积增速。在未来销售增长疲弱的预期下，新开工和销售的剪刀差难以长期维持。

在严格的房地产调控措施下，2019 年全年房价表现较为稳定，没有出现较大的涨幅，也没有表现出明显的下跌。根据国家统计局的数据，2019 年 11 月，70 个大中城市新建商品住宅价格指数同比上涨 7.3%，涨幅收窄 0.7 个百分点，涨幅连续 7 个月收窄，房价上涨已得到有效控制；其中一线、二线、三线城市新建商品住宅价格指数分别环比上升 0.6%、0.2%、0.5%，总体保持稳定。此外，尽管 70 个大中城市房价已连续 55 个月环比上涨，但其中新房、二手房销售均价环比上涨的城市数量正逐步减少，11 月，70 个大中城市中新房、二手房房价环比上涨的城市数量分别为 44 座、30 座，均创年内新低。

2019 年底的中央经济工作会议针对 2020 年的房地产有较大篇幅的叙述，会议提出：要加大城市困难群众住房保障工作，加强城市更新和存量住房改造提升，做好城镇老旧小区改造，大力发展租赁住房。要坚持“房子是用来住的、不是用来炒的”定位，全面落实因城施策，稳地价、稳房价、稳预期的长效管理调控机制，促进房地产市场平稳健康发展。从基调看延续了过去一贯的“房住不炒”总基调，但是没有再提及短期经济刺激手段，同时将因城施策纳入长效管理调控机制。预计未来因城施策的方式将继续执行，其将成为实现稳地价、稳房价、稳预期“三稳”的重要手段，最终来促进房地产市场平稳健康发展。

房地产在过去一段时间内表现出较强的韧性。2019 年，虽然国家坚持房地产调控不动摇，并明确不将房地产作为刺激经济的手段，但房地产市场并未出现明显下行。2020 年，房地产行业需求放缓，存在一定的下行压力。但中国当前城镇化率尚有空间，中心城市和都市圈城市有较好的需求，叠加“一城一策”因地制宜维稳政策，所以，2020 年房地产市场下行幅度会比较有限。预计 2020 年，中央房地产调控政策不会变，但也不可能进一步加码，而各地房地产政策松绑的力度会更大、频率会更高，从而使房地产能有效地输血地方财政、更好地拉动上下游产业链、更充分地吸纳就业。在上述假设下，预计 2020 年房地产投资和销售继续保持一定的增长速度。

三、通货膨胀：将稳中趋降

（一）2019年回顾

2019 年 3 月以来，食品项 CPI 的快速提升带动整体 CPI 持续上行。2019 年 12 月份，全国居民消费价格指数（CPI）同比上涨 4.5%（见图 6）。分项目来看，食品烟酒类价格同比上涨 12.9%，影响 CPI 上涨约 3.82 个百分点。食品中，畜肉类价格上涨 66.4%，影响 CPI 上涨约 2.94 个百分点，其中猪肉价格上涨 97.0%，影响 CPI 上涨约 2.34 个百分点。2019

年12月，全国工业生产者出厂价格指数（PPI）同比下降0.5%，降幅比上月收窄0.9个百分点。同比降幅收窄主要由生产资料价格波动所致。从环比看，PPI由上个月下降0.1%转为持平。

图6 影响中国CPI的主要因素

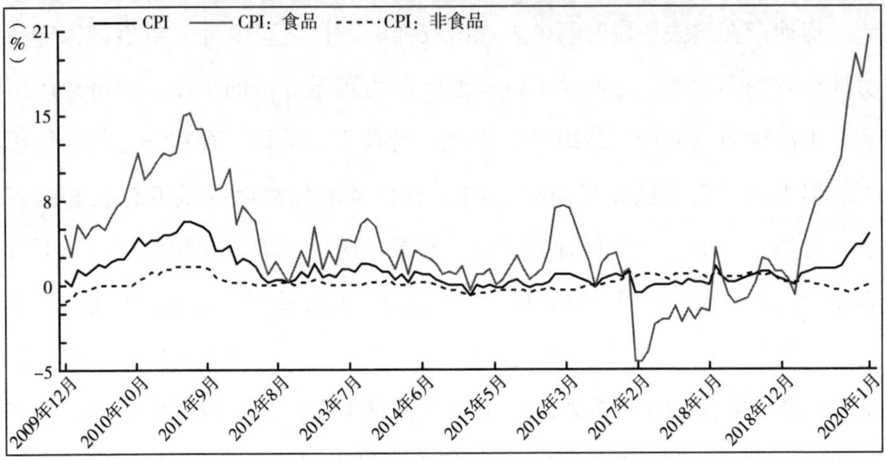

CPI受猪肉等食品价格的影响较大。本轮猪周期明显强于前几轮，无论是上涨幅度还是上涨节奏。由于前几年环保政策的影响叠加非洲猪瘟疫情的暴发，生猪、能繁母猪存栏一直在减少，猪肉价格上涨幅度持续超过预期。前几轮猪周期中，22个省区市生猪均价高点为30元/公斤，本轮生猪均价在2019年10月底已突破40元/公斤，虽然之后小幅下调，但11月下旬的猪肉价格也在33元/公斤的高位。2006～2010年猪蓝耳等疫情行情中，猪肉价格上涨趋势共持续了约两年，2018年3月猪肉价格达到了此轮周期的高点，上涨幅度约160%。此轮猪周期中生猪价格从2018年6月份的11元/公斤左右涨到了2019年11月初的阶段性高点40元/公斤，上涨仅历时1年半，上涨幅度就达到了约270%。

PPI主要取决于原油、钢材、煤炭等大宗商品价格走势，其中国际原油价格与PPI走势相关度最高。2019年12月我国PPI为负主要是受翘尾因素拖累及生产资料价格上年高基数的影响。从 2018 年四季度以来经过大幅调整过后的油价继续下行空间不大，也就是说供给侧有助于油价维持稳定。但是从需求侧看，全球经济持续低迷，国际油价不存在大幅上升的逻辑。另外，2020 年基建投资加码以及制造业投资小幅抬升有助于工业需求回暖，带动 PPI 上升；工业企业去库存已经有一段时间，2020 年继续下行空间有限，也有助于价格回升。

面对不断上涨的猪肉价格，从中央到地方政府，密集出台了一系列稳定生猪生产和猪肉保供稳价的政策措施，从 2019 年 11 月开始猪肉价格的上涨情况得到了抑制。我们预计在政策支持下，母猪存栏有望在年底企稳，但是这需要一定的时间，大约为 1 年。另一方面，内外需求不振、房地产政策收紧拖累黑色金属、水泥等原材料价格持续拉低 PPI，通胀整体呈现持续分化走势。从边际上来看，受结构性供给缺口影响，CPI 将延续高位态势，短期内 CPI 进入高位震荡期；而随着近期政策偏暖以及复苏预期增强，叠加 CPI 食品项价格传导效应显现，非食品价格项和 PPI 生活资料项受到食品价格上涨带动，PPI 反弹或将延续。

（二）2020年预测

CPI 同比涨幅走高，虽然结构性特征明显，但也要警惕通货膨胀预期发散，引发更大规模和幅度的通货膨胀。由于养殖周期的制约，猪肉产能难以在短期内大幅恢复，考虑到基数的原因以及春节错位，预计猪价同比增速高点或出现在 2020 年一季度，拉动 CPI 高点达到 5%。此后逐季回落，三四季度回落幅度会比较大。展望 2020 年，猪肉价格依旧是影响 CPI 走势的核心因素。从生猪产能看，随着国家一系列政策的出台和猪肉价格的不断上涨，养殖生猪的积极性将会逐渐恢复，预计下半年生猪出栏数将会逐渐增加，猪肉价格也将随之出现较大回落。

PPI 处于低位运行，通常反映工业需求偏弱，但 2019 年最后几个月

PPI 的同比降幅扩大主要是受基数效应影响，并不意味着存在显著的工业品通缩压力。再过几个月之后，随着基数效应的逐步消退，预计 PPI 同比涨幅将回升。PPI 与油价走势高度相关，从目前的情况来看，国际油价可保持相对稳定。另外，基建加码及制造业小幅回暖有助于工业需求回暖，带动 PPI 上升；工业企业去库存已经有一段时间，2020 年继续下行空间有限，也有助于价格回升。综合来看，我们认为 2020 年 PPI 通缩压力会有所缓解。

总体来看，当前我国经济运行总体平稳，总供求大体平衡，不存在持续通胀或通缩的基础。由于猪肉价格上涨引发了一定的结构性通胀，中国人民银行已将防止通货膨胀预期发散作为 2020 年货币政策操作的重要内容。预计进入 2020 年下半年后，翘尾因素对 PPI 的影响将小于 2019 年且更加稳定，CPI 受食品价格上涨的冲击将逐步消退，两者间的差距有望趋于收窄。下一阶段，稳健的货币政策保持松紧适度，根据经济增长和价格形势变化及时预调微调，稳定经济主体的通胀预期，促进总体物价水平保持在合理区间。

中美贸易摩擦对产业和投资的影响分析

王 申

博士，中国建投投资研究院研究员

投资提示

- 中美两国之间的贸易逆差根源是两国不同经济发展阶段和产业结构。中国是全球的制造中心和增长潜力最大的市场，美国则是全球的消费中心、创新中心和金融中心。

- 受中美贸易摩擦的影响，2019 年以来，中国对美国进出口金额及占比降幅明显。2019 年，中美贸易总值为 5412 亿美元，下降 14.57%，降幅进一步扩大。其中，对美国出口 4185 亿美元，下降 12.52%，自美国进口 1227 亿美元，下降 20.88%；对美贸易顺差 2958 亿美元，扩大 8.52%。

- 2019 年 12 月 13 日，中美宣布达成第一阶段经贸协议，显示中美贸易摩擦总体在缓解。最终协议文本显示，中国承诺未来两年将增加进口美国商品与服务 2000 亿美元，包括 524 亿美元的能源采购、777 亿美元的制造业采购、320 亿美元的农产品和 379 亿美元的服务。

- 短期看，美国加征的关税主要是由美国进口商或进口代理商缴纳，并最终传递给了美国消费者。长期来看，中美贸易摩擦会导致企业重整产业链，部分低端产业加速外迁，但中国有市场优势、产业优势，暂无大规模产业外流之忧。

- 随着中美贸易摩擦的阶段性缓和，中短期来看，市场的风险偏好有所回升，市场信心有所增强，对于投资与消费的意愿增强，有利于中国经济的企稳。对大类资产的影响：（1）贬值预期不再，人民币汇率将企稳；（2）对债市影响短期偏中性；（3）风险偏好上升，对股市利好。

一、中美贸易摩擦概况

中美经贸关系一直是中美两个大国关系的“压舱石”。但是，自 2018 年以来，中美经贸摩擦愈演愈烈，对两国关系也产生了重大负面影响。

（一）中美贸易摩擦的原因

2018 年，美国挑起中美贸易摩擦的直接原因是美国贸易严重赤字。

从美国历年贸易逆差来看，2000 年之后美国整体贸易逆差快速上升，在次贷危机之前 2006 年达到顶峰 7600 亿美元，经济危机后美国的逆差缩小到 5000 亿美元左右，但 2017 年开始又快速上升，到了 2018 年，美国季调后的贸易逆差进一步上升到 6277 亿美元，2019 年前 10 个月，美国季调后贸易逆差 5201 亿美元，与上年同期持平。

中国是美国最大的逆差来源国，从 2009 年开始，美国对华贸易逆差占逆差总额的比重一下子从 30% 多上升到 60% ~70%。在中美贸易摩擦开启的 2017 年，美国商务部统计数据显示，当年美国商品和服务贸易逆差（非季调）较 2016 年飙升 12.1%，达 5660 亿美元，创下 2008 年以来新高；其中，美国对中国贸易逆差 3752 亿美元①，同比增长 8.1%（见图 1）。到了 2018 年，美国对华贸易逆差进一步上升到 4000 多亿美元。由于中美贸易逆差占美国贸易逆差总额的 2/3，所以美国在向多个国家开展贸易摩擦的时候，把火力集中对准了中国。

① 由于两国商务部数据统计口径不一致，中美进出口贸易差额有差异。根据我国商务部的统计，2017 年，中国对美贸易顺差 2758 亿美元，同比增长 10%。

图1 美国对华贸易逆差情况

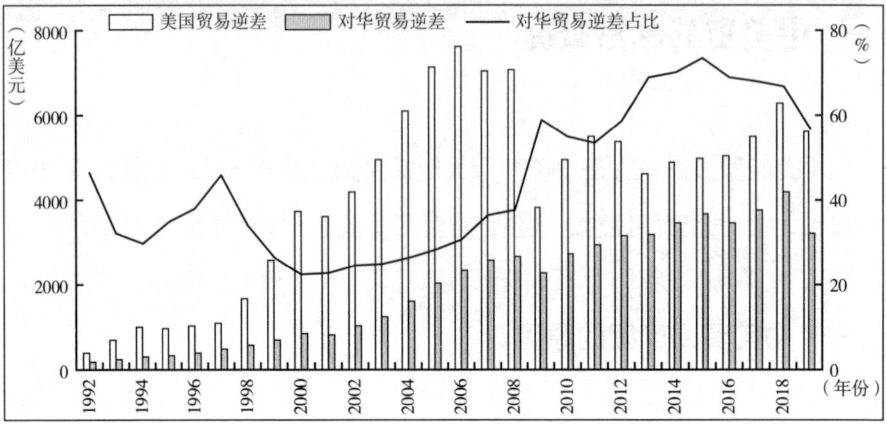

资料来源：美国经济分析局，美国商务部，Wind 资讯，建投研究院。

中美两国之间的贸易逆差根源是两国不同经济发展阶段和产业结构。中国是全球的制造中心和增长潜力最大的市场，美国则是全球的消费中心、创新中心和金融中心。美国消费文化盛行，储蓄率很低，因此投资消费的缺口只能通过进口商品来填补，中国及亚洲国家的居民提倡储蓄，勤俭节约，所以投资消费的富余只能通过出口来消化。

我国的制造业规模全球第一，被誉为“世界工厂”，国内储蓄率高，对外贸易盈余多。但是，我国处于国际贸易价值链的中低端，“两头在外”的加工贸易比重仍然很高，最高曾经达 60%，目前也有 30% 左右（见图 2）。

而美国则占据产业链的高端，飞机、汽车、集成电路、核心零部件等高技术产品是对华出口的主要工业品，在金融、咨询、文化、品牌、专利等高端服务和知识产权收入，以及农产品等方面，美国则保持对华贸易顺差。中国是美国大豆、飞机的第一大出口市场，是美国汽车、集成电路、棉花的第二大出口市场。2008 年开始，美国对华服务贸易顺差快速扩大，目前接近 400 亿美元（见图 3）。

图2 1995年以来加工贸易占我国出口比重

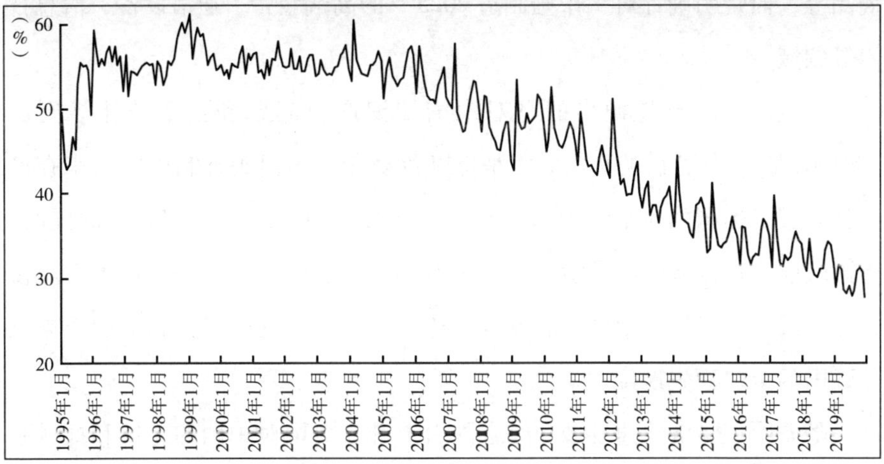

资料来源：中国海关总署，Wind资讯，建投研究院。

图3 2006年以来美国对华服务贸易情况

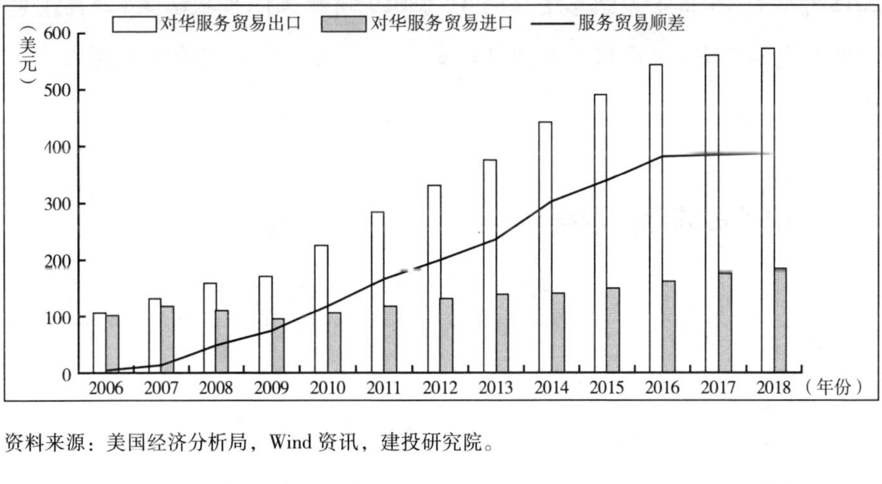

资料来源：美国经济分析局，Wind资讯，建投研究院。

如果美国人不改变寅吃卯粮的习惯，美国的商品净进口局面不会改变，即使通过贸易摩擦阻挡了中国商品进口，美国也必须寻找其他国家的进口替代，巨额贸易逆差依旧会存在。

因此，中美贸易争端的深层次原因是，中国的产业升级影响了美国企业的利润。从美国加征关税的重点来看，不是从中国进口的服装鞋帽、小商品等，而是明确针对“中国制造2025”的高端装备、通信设备、信息技术等领域。

所以，美国首先抛出的是对中国知识产权问题和技术转让规则的“301调查”。其背后的真实原因是想以贸易赤字为由头抑制中国未来在高科技领域对美国的挑战。但这几年来中国技术领域迅速发展，与此同时，中国政府一直强调经济转型升级和技术创新，同时中国市场的规模效应使得互联网、新经济在中国发展比较优势明显，但是这会影响到美国作为创新强国的全球领先地位。

随着中国经济快速发展和综合国力上升，美国对中国的恐惧和抵触心理愈加严重，开始重新定义中美关系。2018年版美国国防战略报告提出，“国家间的战略竞争现在是美国国家安全的首要问题”，把中国定义为美国长期的“战略竞争对手”。这一报告还提出，经济安全是国家安全的基础。2018年8月13日，美国总统签署了《2019财年国防授权法案》，其中包含两个重要法案：《出口管制改革法案》和《外国投资风险审查现代化法案》，进一步加强了高技术出口限制和防范外国企业通过投资获取技术。

（二）中美贸易摩擦过程

中美经贸摩擦可以追溯到2017年，当年8月14日，美国总统特朗普在白宫签署行政备忘录，授权莱特希泽针对所谓“中国不公平贸易行为”发起调查，调查的重点在于中国企业是否“涉嫌侵犯美国知识产权和强制美国企业作技术转让，以及美国企业是否被迫与中方合作伙伴分享先进技术”等议题；8月18日，美国贸易代表办公室发布声明，宣布根据贸易保护法第301条款启动对中国的调查，判断中国有关技术转让、知识产权和创新的法律或政策是否对美国企业造成歧视。

2018年3月23日，美国总统特朗普签署备忘录，依据“301调查”

结果，将对从中国进口的商品大规模征收关税，并限制中国企业对美投资并购。至此，中美贸易摩擦正式拉开多回合交锋的序幕。

第一回合是中美双方各对 500 亿美元商品加征关税。2018 年 4 月 3 日，美国贸易代表办公室（USTR）公布基于对华“301 调查”的征税建议，并予以 60 天的公示期。征税清单主要涉及领域有航空航天、信息和通信技术、机器人、医药和机械等行业。2018 年 4 月 4 日，中国宣布将对原产于美国的大豆等农产品、汽车、化工品、飞机等进口商品对等采取加征关税措施，涉及 2017 年中国自美国进口金额约 500 亿美元。

2018 年 4 月 5 日，特朗普声称考虑依据“301 调查”对从中国进口的额外 1000 亿美元商品加征关税。中国外交部和商务部第二天就表示，不接受贸易讹诈，奉陪到底、坚决回击。

接着，中美双方开展多轮贸易磋商，仅就部分问题达成一致，但一直未能在核心问题上谈拢。到了 2018 年 9 月 18 日，美国政府决定对从中国进口的 2000 亿美元商品加征关税，自 2018 年 9 月 24 日起加征关税税率为 10%，自 2019 年初加征关税税率将提高到 25%。中方迅速反击，宣布对美国 600 亿美元商品征收 10% 或 5% 关税。

中美贸易摩擦愈演愈烈，美国国内对于加征关税的反对声音很强烈，特朗普为了连任考虑也逐渐倾向于妥协。2018 年 12 月 1 日，中美元首在 G20 峰会期间会晤达成重要共识，双方同意停止相互加征新的关税；中方愿意根据国内市场和人民的需要扩大进口，包括从美国购买适销对路的商品，逐步缓解贸易不平衡的问题。

此后，中美双方经贸负责人举行了多轮会谈，但美国未能令中国屈服。于是，特朗普又给了市场一个“惊喜”：2019 年 5 月 6 日凌晨，美国总统特朗普在推特上发文宣布，美国时间周五（5 月 10 日）将会把第二批 2000 亿美元自华进口货物额外加征关税税率从 10% 提升到 25%，并警告会对另外 3250 亿美元的中国货物同样开始征收 25% 的关税。2019 年 5 月

10日，美国贸易代表办公室宣布将2000亿美元中国输美商品的惩罚性关税税率从10%上调至25%。中国同步发表声明，宣布不得不采取必要反制措施。

2019年6月30日，日本G20峰会期间，中美两国元首一致同意推进以协调、合作、稳定为基调的中美关系，同意在平等和相互尊重的基础上重启经贸磋商。

但是谈判过程也是一波三折，双方分歧巨大导致贸易摩擦再次升级。2019年8月15日，美国政府宣布，对自华进口的约3000亿美元商品加征10%关税，分两批自2019年9月1日、12月15日起实施。中方被迫采取反制措施，决定对原产于美国的5078个税目、约750亿美元商品，加征10%、5%不等关税，分两批自2019年9月1日12时01分、12月15日12时01分起实施；自2019年12月15日12时01分起，对原产于美国的汽车及零部件恢复加征25%、5%关税。

中美贸易摩擦再度升级，资本市场也因此受到影响。2019年8月上旬，各国股市都动荡不安，黄金等避险资产价格大幅上涨。不过，避免贸易问题的拖延和升级是两国的共识，双方谈判团队抓紧时间磋商，最终赶在2019年12月15日又一次加征关税的时间节点前达成一致。

2019年12月13日，中美宣布达成第一阶段经贸协议，覆盖知识产权、技术转让、食品和农产品、服务等多方面内容。双方达成一致，美方将履行分阶段取消对华产品加征关税的相关承诺，实现加征关税由升到降的转变。中国承诺在未来两年内，在2017年基数之上，扩大自美采购和进口制成品、农产品、能源产品和服务不少于2000亿美元。①

美国时间2020年1月15日上午，中美两国在美国白宫签署了第一阶段经贸协议。不过这个协议只是阶段性的，未来的经贸谈判还将面临长期持续、艰难反复的过程。

---

① 《关于发布中美第一阶段经贸协议的公告》，中华人民共和国财政部，www. mof. gov. cn。

图4　中美贸易摩擦重要时间节点

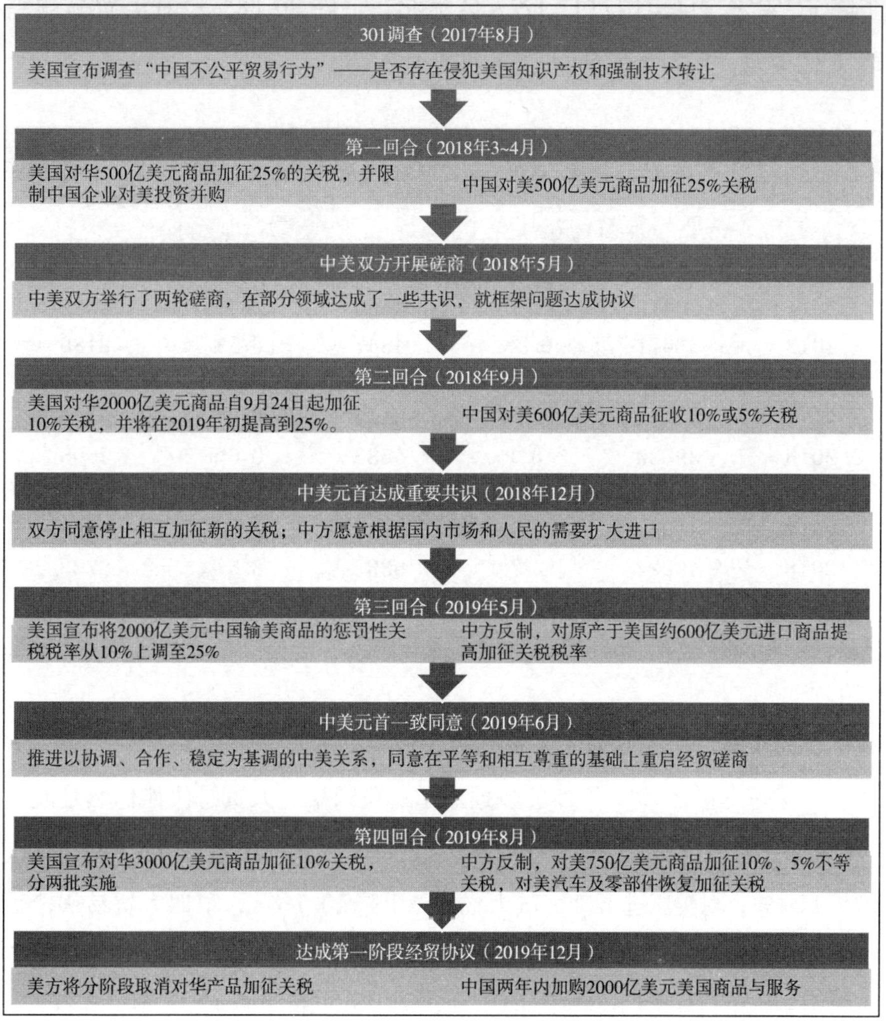

资料来源：建投研究院整理。

（三）对双边贸易的直接影响

受中美贸易摩擦的影响，2019 年以来，中国对美国进出口金额及占比降幅明显。根据中国海关总署的统计，2019 年，中美贸易总值为 5412 亿美元，下降 14.57%，降幅进一步扩大；其中，对美国出口 4185 亿美元，下降 12.52%，自美国进口 1227 亿美元，下降 20.88%；对美贸易顺差 2958 亿美元，扩大 8.52%。

表 1　我国外贸变化情况

单位：亿美元，%

年份	进出口整体		对美进出口		
	贸易总额	同比	贸易总额	贸易总额同比	贸易差额
2011	36419	22.5%	4466	15.9%	2023
2012	38671	6.2%	4847	8.5%	2189
2013	41590	7.6%	5210	7.5%	2159
2014	43015	3.4%	5551	6.6%	2370
2015	39530	-8.1%	5583	0.6%	2608
2016	36856	-6.8%	5195	-6.7%	2507
2017	41071	11.4%	5837	12.3%	2758
2018	46224	12.6%	6335	8.5%	3233
2019	45753	-1.0%	5412	14.6%	2958

资料来源：中国海关总署，Wind 资讯。

目前美国已由中国第二大贸易伙伴降至第三大贸易伙伴。

中国海关总署 2019 年外贸数据显示，我国第一大贸易伙伴仍然是欧盟（见图 5），对欧盟进出口 4.86 万亿元，增长 8%；对东盟进出口 4.43 万亿元，增长 14.1%；对美国进出口 3.73 万亿元，下降 10.7%[①]；第四大贸易伙伴是日本，对日本进出口 2.17 万亿元，增长 0.4%。此外，我国对“一带一路”沿线国家进出口 9.27 万亿元，增长 10.8%，高出整体增速 7.4 个百分点。

受中美贸易摩擦影响，其他国家和地区对美出口有所增长。从 2019 年 1～11 月美国货物进口情况来看，中国向美国出口下滑 15.22%，而越南对美出口上涨 34.18%，中国台湾地区对美出口上涨 18.90%，印度、泰国、韩国、墨西哥对美出口分别上涨 5.93%、4.55%、4.41%、3.61%（见表 2）。

① 受人民币兑美元汇率波动影响，中美进出口贸易总额以人民币计价的增速不等于以美元计价的增速。

图5　中国外贸分地区情况

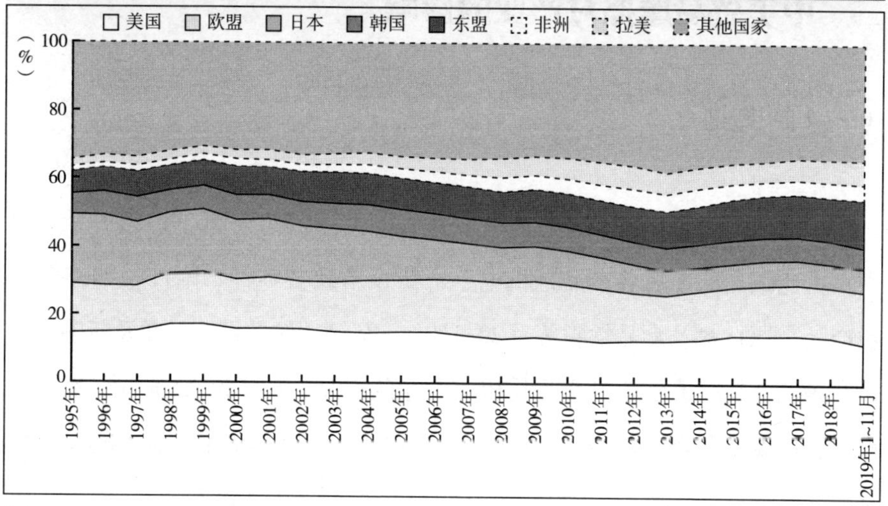

资料来源：Wind 资讯，建投研究院。

表2　2019 年 1 ~11 月美国货物进口部分来源国同比变化

单位：亿美元，%

来源国/地区	向美国货物出口额	同比
中国大陆	4185.75	-15.22
墨西哥	3305.07	3.61
日本	1321.00	1.54
韩国	707.92	4.41
越南	609.00	34.18
印度	533.86	5.93
中国台湾	494.38	18.90
马来西亚	367.21	2.18
泰国	305.96	4.55
印度尼西亚	184.77	-4.12

资料来源：Wind 资讯，建投研究院。

二、中美贸易摩擦对产业的影响

（一）制造业

2018 年，中国海关总署统计，中国从美国进口 1550.96 亿美元。其中，占比最高的前三名产品是机电、音像设备及其零件、附件（24.5%），农产品、原材料及食品饮料等（22.1%），车辆、航空器、船舶及运输设备（18.8%）；其次是化学工业及其相关工业的产品（10.6%），光学、医疗等仪器、钟表、乐器（8.5%），塑料及其制品、橡胶及其制品（5.3%），再次是贱金属及非金属制品（4.6%），纺织类（2.0%）（见表3）。

表3 2018 年中国从美国进口产品结构

单位：%

进口品类	占比
机电、音像设备及其零件、附件	24.5
农产品、原材料及食品饮料	22.1
车辆、航空器、船舶及运输设备	18.8
化学工业及其相关工业的产品	10.6
光学、医疗等仪器、钟表、乐器	8.5
塑料及其制品、橡胶及其制品	5.3
贱金属及非金属制品	4.6
纺织类	2.0
其他	3.5
合计	100.0

资料来源：Wind 资讯。

2018 年，中国海关总署统计，中国向美国出口 4783.64 亿美元。对美出口最多的品类是机电、音像设备及其零件、附件，2018 年占对美出口额的 46.4%；其次是纺织类（14.6%）、贱金属及非金属制品（7.0%）；再次是车辆、航空器、船舶及运输设备（4.8%），塑料及其制品、橡胶及其制品

（4.6%），农产品、原材料及食品饮料（3.9%），化学工业及其相关工业的产品（3.5%），光学、医疗等仪器、钟表、乐器（2.4%）等（见表4）。

表4　2018年中国向美国出口产品结构

单位：%

出口品类	占比
机电、音像设备及其零件、附件	46.4
纺织类	14.6
贱金属及非金属制品	7.0
车辆、航空器、船舶及运输设备	4.8
塑料及其制品、橡胶及其制品	4.6
农产品、原材料及食品饮料	3.9
化学工业及其相关工业的产品	3.5
光学、医疗等仪器、钟表、乐器	2.4
其他	12.8
合计	100.0

资料来源：Wind资讯。

中美贸易摩擦对于双方的进出口贸易都产生了不利影响。

从进口同比变化看，2019年，进口同比下滑15%以上的产品有农产品、原材料及食品饮料，车辆、航空器、船舶及运输设备，塑料及其制品、橡胶及其制品，贱金属及非金属制品，纺织类；化学工业及其相关工业的产品以及光学、医疗等仪器、钟表、乐器分别下滑9.4%、7.7%；机电、音像设备及其零件、附件变化幅度不大（见表5）。此外，由于中国精准打击美国农产品，农产品、原材料及食品饮料的进口大幅度下滑，2018年、2019年上半年分别下滑13.8%、60.7%。

表5　2018年以来中国从美国进口品类金额同比变化

单位：%

进口品类	2019年	2018年
机电、音像设备及其零件、附件	-1.9	12.3
农产品、原材料及食品饮料	-38.8	-13.8
车辆、航空器、船舶及运输设备	-39.3	-0.2

续表

进口品类	2019 年	2018 年
化学工业及其相关工业的产品	-9.4	13.1
光学、医疗等仪器、钟表、乐器	-7.7	12.4
塑料及其制品、橡胶及其制品	-16.0	1.2
贱金属及非金属制品	-20.1	5.7
纺织类	-16.3	-5.4
其他	-75.2	-17.1

资料来源：Wind 资讯。

从出口同比变化看，2018 年所有品类还是保持正增长，主要是在加征关税前抢出口所致。但到了 2019 年，对美国出口的形势快速恶化，全年同比下滑 10% 以上的产品有机电、音像设备及其零件、附件（-12.9%），车辆、航空器、船舶及运输设备（-24.3%），农产品、原材料及食品饮料（-19.5%），贱金属及非金属制品（-16.0%），化学工业及其相关工业的产品（-17.0%），塑料及其制品、橡胶及其制品（-11.9%）；而作为必需品的纺织类产品，由于可替代性弱，仅下滑 4.6%（见表 6）。

表 6　2018 年以来中国向美国出口品类金额同比变化

单位：%

出口品类	2019 年	2018 年
机电、音像设备及其零件、附件	-12.9	11.9
纺织类	-4.6	6.7
贱金属及非金属制品	-16.0	12.1
车辆、航空器、船舶及运输设备	-24.3	16.9
塑料及其制品、橡胶及其制品	-11.9	18.6
农产品、原材料及食品饮料	-19.5	9.2
化学工业及其相关工业的产品	-17.0	20.0
光学、医疗等仪器、钟表、乐器	-6.4	8.4
其他	-8.7	8.8

资料来源：Wind 资讯。

综合来看，由于美国对中间产品加征关税多、日常消费品加征关税少，所以对运输工具、塑料橡胶、化工产品、机电等中间品的出口影响较大，这些产品2019年出口下滑较多；而纺织、服装、鞋帽等日常消费品受关税影响较小，出口变化较小。

（二）消费与服务业

必需消费品行业中，商贸零售行业属于内需型，2019年一季度以来超市营收一直延续增长态势，短期来看中美贸易摩擦影响甚微；食品饮料行业也属于内需型，需求韧性强，受中美贸易摩擦的影响较低，具有良好的防御性，且食品饮料企业利润率改善，龙头优势在不断加强。

在医药制造领域，中美贸易摩擦的影响有限。中国的原料药在国际上具有较强的竞争优势，且原料药往往属于高污染、高耗能产业，在之前的全球产业链转移过程中，欧美已经将污染相对较为严重的原料药产业转移至发展中国家，自身生产量有限，对外存在刚需缺口。从进口来看，中方反制清单包括高端医疗器械，加速本土创新药的研发和发展。目前中国在高端医疗器械、进口创新药、高端仿制药领域严重依赖进口，高端产品的技术含量和附加值比较高，技术壁垒高。我国企业核心技术临床使用时间较短，医生认可度不高。倘若贸易摩擦持续升级，国内企业有望加速在国内高端设备和器械领域的自主创新，并实现进口替代，促使产业升级，优化贸易结构。

可选消费品行业中，中国家电行业内各细分龙头受益于消费需求强势的国内市场，出口美国收入占整体收入比重较低，整体看短期所受影响有限；服装消费品出口在我国纺织服装世界出口结构和美国世界进口结构中均处于较重要位置，如果3000亿美元清单做实，必将对中美双方贸易企业产生不同程度的影响，且联动影响较2000亿美元清单范围更广，发酵时间更长，不确定性也相对更强；若中美贸易摩擦蔓延到签证，还可能波及中美旅游市场，但是目前中国出境游市场中美国目的地接待游客人次占到中国整体出国游人次的5%，占比相对较低，因此对整体出境游市场影响较小。

文化教育行业，我国对美影视文化贸易逆差，目前来看文化方面影响有限；中美电影谈判若未来重启，或将进一步放开进口大片配额。在当前中美经贸摩擦背景下，中美两国教育交流合作形式日趋复杂；美方以“国家信息安全保护”为名，对中国赴美留学生持续设限，留美政策持续收紧对专注于赴美留学服务的中介和考试培训机构、国际学校等将产生较大影响。

（三）信息技术

巩固美国的新技术竞争优势，是美国政府发起贸易摩擦的重要原因，信息技术是美国的撒手锏。

在信息技术的核心技术领域，中美技术有巨大差距，比如，核心芯片、操作系统、半导体元器件等严重依赖美国供应商。虽然华为、中兴等大批中国物联网相关企业已经掌握了大量的高新技术，我国在该方面的知识产权也越来越多，但全球协作分工的格局中，信息技术行业的产业链上游仍由美日主导，如半导体产业前十名企业中，美国企业有 4 家，日本企业有 5 家，没有中国企业，英特尔、高通、博通占据前三名。据国家工信部统计，在中国 130 多种基础材料中，52% 依赖进口；95% 的高档数控系统、80% 的设计软件、50% 的制造软件和 95% 的服务软件市场份额，由国外厂商占据。智能装备、自动控制、工业协议、高端工业软件等产业链“命门”仍被掌握在其他国家手里，工业和信息化融合所需的高层次人才也极为紧缺。此外，我国企业在核心技术方面创新能力仍不强，即使在近几年快速进步的人工智能领域，我国在基础层面的算法、芯片等方面，仍落后于美国。

在通信领域，我国的主通信设备厂商在全球市场具有很强的竞争力，但是在上游器件存在短板，进口依赖大，影响产业安全。

在当前的全球通信设备市场，华为、中兴、爱立信和诺基亚四足鼎立。由于在技术标准话语权与新兴市场份额争夺上双双失利，诺基亚、爱立信、阿朗等运营商网络收入在 4G 时代全部出现大幅下滑，华为、中兴运营商网络业务收入连年上涨，华为 2013 年战胜爱立信成为全球最大通信设备制造商，全球设备商市场份额向中国转移成为趋势。

在上游核心零部件上，随着5G时代的到来，中国主通信厂商将进一步提升市场占有率，这必将带来上游器件国产化的机遇。当前，我国的基带芯片自给率较低，华为海思和展讯有一定的技术实力；我国每年有高达90%的射频前端需要进口，国内企业利用成本优势切入中低端市场，并逐渐向高端射频前端市场渗透；天线行业欧美厂商有一定技术壁垒和客户优势，但产业向中国转移趋势明显；我国光模块供应商在全球市场上所占份额从2010年的19%增长到2017年的36%，但是高速率光电芯片与领先企业存在1~2代的技术差距。未来，我国在基带芯片、中高端射频模块、25Gb/s光芯片等零部件国产化率上的提升空间很大。

在信息安全领域，美国信息安全投资占IT总投资的比例约为10%，而我国这一比例不到2%；在信息安全供给上，关键核心技术与国际先进水平差异不大，但信息安全技术产品化能力有待提高，进口替代空间很大。我国尚无能够进入国际主流市场的国产化安全产品，在产品成熟度、国际市场占有率和品牌影响力等方面和先进水平存在差距。安全服务能力与国际先进水平有一定的差距，不过我国企业正迎头追赶，在某些根据国情提供的个性化服务上甚至更有优势。

在半导体领域，芯片制造设备、芯片设计软件等核心环节也受到美国的影响，美国对中兴、华为等中国科技企业的科技封锁会加大中国企业的经营风险。比如，2018年4月16日，美国商务部宣布立即重启对中兴通讯的制裁禁令，中兴通讯将被禁止以任何形式从美国进口商品，这立刻导致中兴公司停牌；2019年5月，华为面对美国的持续施压①，被迫将海思的“备胎计划”转正。

① 2019年5月15日，特朗普宣布美国进入国家紧急状态，要求美国企业“不得使用对国家安全构成威胁的企业生产的电信设备”。5月16日，美国商务部禁止中国华为和华为旗下的70家企业在美国的销售和采买行为，很多美国企业召开紧急会议，并以书面形式和华为断绝一切商务合作。

中美贸易摩擦虽然短期内让我国信息技术企业遭遇了经营上的困难，但坚定了自主发展的决心，未来的进口替代空间很大。

在硬件方面，通信与IT领域的高端芯片、核心元器件、高端服务器、存储器等进口替代需求大、产品附加价值高、产业渗透能力强，对于经济促进作用大，无论是在总量还是在技术水平方面，仍有较大的发展空间。

在软件方面，系统软件、工业控制软件、数据库、应用软件等方面，我国企业实力普遍较弱。这些软件行业是数字经济的重要载体，关系到工业安全、商业秘密，需要加大研发投入，实现一定程度的自给，具有很大的投资空间。

（四）农业

自2001年以来，中美两国农产品贸易额年均增长15%，其中，美对华出口额年均增长17%，长期保持贸易顺差。据美方统计，2016年中国是美国农产品第二大出口市场，占美国农产品出口的15%。美国出口的62%大豆、14%棉花均销往中国。中国是美国大豆第一大、棉花第二大出口目的地。每个美国农民平均向中国出口农产品约1.2万美元。

我国粮食种植总成本明显高于美国，玉米和大豆的成本甚至比美国高一倍以上，主要原因在于，我国人均耕地小而分散，机械化、科技化水平低，导致单位产量的人工成本、土地成本大幅高于美国。因此，粮食等土地密集型农产品是我国的短板，一直呈对外贸易逆差。随着我国人民生活水平的提高，膳食结构不断调整，对蛋白质、豆油的消费需求进一步增长，粮食、棉花、油料等土地密集型农产品进口将进一步增加，尤其是大豆。在中国目前的农业资源禀赋条件下，进口大豆、棉花、小麦等土地密集型的农产品有效缓解了中国耕地紧张的局面。据中国国务院发展研究中心估算，2016年中国自美进口大豆3366万吨，等值耕地资源2.2亿亩。

我国农产品贸易的比较优势在于劳动密集型农产品，尤其是蔬菜、水果、水产品等。这些产品在未来一段时间内在国际市场上仍然具有非常明显的价格优势，国际竞争力较强，市场前景看好。目前，我国此类主要产品的成本和价格不到出口目标市场的1/4～1/3，此类产品出口未来将继续增长。

2019年，我国农产品进出口额2300.7亿美元，同比增加5.7%。其中，出口791.0亿美元，减少1.7%；进口1509.7亿美元，增加10.0%；贸易逆差718.7亿美元，增加26.5%。中国农产品出口以有比较优势的劳动密集型高价值农产品为主，出口市场结构集中度较高，进口市场则比较分散。

中美农产品贸易方面，美国一直处于贸易顺差状态，有些年份的顺差额在150亿美元以上。不过，随着中美贸易摩擦的发酵，中国精准打击美国农产品——我国对美国反制所加征的高关税产品中，多数是农产品，结果导致美国农产品对华出口数量大幅度下滑。

2018年，美国对华农产品出口下滑41.17%，2019年上半年进一步下滑60.75%，到了四季度，受中美谈判进展顺利的影响，中国加大了美国农产品进口力度，2019年中国累计进口美国农产品107.75亿美元，降幅缩窄到9.15%。中国对美国出口农产品也受贸易摩擦的影响，虽然2018年与上一年持平，但2019年对美农产品出口下滑6.50亿美元，同比降幅为17.63%（见表7）。

表7　2014～2019年中美农产品贸易额

单位：亿美元

	中国从美国进口	中国向美国出口	中国贸易逆差
2014年	225.90	36.66	189.23
2015年	185.66	36.31	149.35
2016年	195.67	36.62	159.05
2017年	201.71	36.87	164.84
2018年	118.60	36.85	81.76
2019年	107.75	30.35	77.40

注：农产品主要统计了HS分类中的活动物、动物产品、植物产品，以及动植物油、脂、蜡；精制食用油脂。

资料来源：Wind资讯。

大豆是最典型的美国优势农产品，受贸易摩擦影响最大。美国大豆对华出口由2016年时占美国大豆出口总量的62.3%，下降到2018年的17.9%。对华出口不畅，导致美国农民被迫减少大豆播种面积。2019年6月28日，美国农业部发布了农作物种植面积报告，预计2019年美国大豆播种面积为8004万英亩，较上年下降10%，也低于年初预期的播种面积8460万英亩。

不仅仅是大豆，美国其他农产品受贸易摩擦影响，也出现了出口不畅的局面（见表8）。美国农业部经济研究局（ERS）2019年5月29日发布的5月展望报告，将美国农产品出口预测从2月份的1415亿美元下调至1370亿美元，减少45亿美元，降幅3.2%；农业贸易顺差从143亿美元下调至88亿美元，减少55亿美元，降幅38.5%。贸易局势紧张、非洲猪瘟和大宗商品价格疲软是美国农业部下调出口预测的主要原因，重点是畜产品和大宗商品出口的下降。

表8　美国主要农产品2019年出口额（估）

单位：亿美元

种类	预计出口额	同比变化额	变化原因
大豆	170	-15	中国大豆需求减弱
玉米	104	-14	美国玉米价格竞争力仍低于南美
小麦	63	-12	发货速度减慢及主要出口国本国大量新麦上市
畜产品、乳制品和家禽	299	-5	牛肉出口减少3亿美元，主要源于价格疲软和产量下降；猪肉出口减少1亿美元，主要源于出口量下降
棉花	57	-2	
大米	17	0	

资料来源：美国农业部经济研究局。

随着中美达成签署第一阶段经贸协议的意向，中国承诺大量进口美国商品，其中农产品是重点进口商品之一，而且中国已经于2019年12月6日宣布，将免除部分从美国进口的大豆和猪肉的进口关税。因此，未来一段时间，我国将大量进口美国大豆、棉花、猪肉等。

三、中美贸易摩擦对投资的影响

（一）中美贸易摩擦前景展望

2019 年 12 月 13 日，中美宣布将达成第一阶段经贸协议，这让市场紧绷的神经得以松动，这显示中美贸易冲突总体方向在好转。中美贸易谈判向好的方向发展也反映到了中美贸易数据上——从 2019 年 11 月、12 月开始，我国自美进口已经有了恢复性增长，特别是 12 月进口了 788.3 亿元，增长了 9.1%，其中农产品进口 141 亿元，增长了 2 倍；汽车进口 2.3 万辆，增加了 1.5 倍。

为了顺利达成协议，中国在减少贸易差额方面做了承诺。《关于发布中美第一阶段经贸协议的公告》文本中“第 6.2 条贸易机会”显示，中国承诺在 2017 年基数之上，未来两年将扩大自美采购和进口制成品、农产品、能源产品和服务不少于 2000 亿美元，包括 524 亿美元的能源采购、777 亿美元的制造业采购、320 亿美元的农产品和 379 亿美元的服务（见表 9）。2017 年中国向美国购买了总额约 1860 亿美元的商品与服务（包括 1300 亿美元的产品、560 亿美元的服务）。

表 9　中国增购美国商品与服务清单

单位：亿美元

	2020 年增购	2021 年增购
制成品	≥329	≥448
农产品	≥125	≥195
能源产能	≥185	≥339
服务	≥128	≥251

资料来源：《关于发布中美第一阶段经贸协议的公告》，中华人民共和国财政部，www. mof. gov. cn。

美国则降低了部分已征商品关税水平，特朗普还承诺，如果达成第二阶段经贸协议就取消全部计征关税。由于本次协议中，中美双方对之前加征关税回撤幅度均较为有限，因而对中美贸易影响相对有限。这次美国仅对1500亿美元左右的商品回撤了7.5%的税率，对整体贸易影响非常有限。而中国未来将加大自美进口商品，除了农产品，还扩大至制造业产品。中国在大豆、飞机、能源等产品上和美国具有较高的产业匹配度，而这些商品可能成为未来扩大自美进口的主要领域。服务方面，美国统计的对华服务出口金额，2018年为571亿美元，我国服务进口长期呈现内生性的高增长趋势，且主要由旅游项下的支出扩大所推动，而金融服务、保险服务、个人文化娱乐服务的支出相对较低，我国服务进口仍有较大增长空间。

展望中美贸易摩擦前景，通过这两年来的交锋，美国也认识到难以让中国屈服，并且这是两败俱伤的事情。达成第一阶段协议让特朗普兑现了竞选承诺，在2020年大选年，特朗普为了连任不太可能重新加剧贸易摩擦，这会让趋缓的美国经济陷入衰退。因此，2020年，中美双方继续就第二阶段协议进行谈判，中美贸易摩擦再次大幅加剧的可能性有限，但未来的不确定性依然存在。

（二）中美贸易摩擦对产业链的影响

随着中美贸易摩擦的长期化、复杂化，除了直接影响中美之间的贸易规模及结构，还会对全球供应链产生振动。

短期看，美国加征的关税主要由美国进口商或进口代理商缴纳，并最终传递给了美国消费者①。在美国对3250亿美元商品加征关税的听证会结束之后，九成以上的参会代表发言反对加征关税，理由是中国供应链的优

① IMF在2019年5月份发布了一份重要的报告 *The Impact of US-China Trade Tensions*，研究了加征关税后中国对美出口产品到岸价的变化，发现最早500亿美元商品关税上调25%之后，美国到岸价涨幅在20%左右；而2000亿美元商品关税税率上调10%之后，美国到岸价涨幅在8%～9%。也就是说，对中国产品征收的关税绝大部分体现为到岸价的提升，即关税成本主要由美国的零售商、生产企业和消费者承担。

势无法替代，包括完整的产业链、完善的基础设施、充足的劳动力、价廉物美的商品等。这意味着如果美国对3250亿美元商品加关税，美国人要承担的部分可能会更大。

但长期来看，外资企业不会愿意持续负担增加的成本，会重整产业链。一些外资企业坦承，中国仍拥有更为完善的基础设施和供应链、较高的员工素质和生产效率，如果美国仅加征10%关税税率尚可承受和应对，但加征25%就压力较大，考虑采用海外设厂方式来避税。不过，制造业的海外设厂是一个漫长的过程，通常需要36～60周，即9～15个月。一些企业通过收购当地同类企业来加快设厂进程，但很多小企业往往需要等大企业做决定后，才会跟去进行产业链配套。5月22日，中国美国商会调研报告显示约40.7%的受访美国企业在考虑或已经在中国境外设厂，但在增设新厂的同时，这些美国企业并不准备关掉中国工厂，而是采用“在中国，为中国”的策略，用中国工厂来服务中国市场，而海外工厂出口美国市场。

分行业来看，中美贸易摩擦对那些美国市场依赖程度高、产品可替代性强、两头在外的部分轻工行业影响较大。但对于掌握核心技术的企业，其议价能力较强，受中美贸易摩擦的影响则相对较小。

总体来看，中美贸易摩擦对于我国企业外迁的影响有限，从我国直接投资的流入流出来看，目前也并没有发现资本大规模外流迹象。

从我国对外直接投资情况来看，中美贸易摩擦发生之后的2018年，非金融类对外直接投资规模为1205亿美元，同比增加0.30%，基本与上一年持平；2019年非金融类对外直接投资规模为1106亿美元，同比减少8.2%，没有发现对外大规模投资的痕迹（见表10）。

从我国接受外商直接投资情况来看，中美贸易摩擦之后外资并未撤出中国，实际使用外资还是平稳增长。2018年实际使用外资1349.66亿美元，同比增长3%；2019年实际使用外资1381.4亿美元，同比增长2.4%（见表10）。

表10 2009~2019年我国资本流入流出金额同比变化

单位：%

年份	非金融类对外直接投资	实际使用外资
2009	6.5	-2.6
2010	36.3	17.4
2011	1.8	9.7
2012	28.6	-3.7
2013	16.8	5.3
2014	14.1	1.7
2015	14.7	6.4
2016	44.1	4.1
2017	-29.4	4.0
2018	0.3	3.0
2019	-8.2	2.4

资料来源：Wind资讯。

（三）对宏观经济的影响

随着中美贸易摩擦的阶段性缓和，中短期来看，市场的风险偏好有所回升，市场信心有所增强，对于投资与消费的意愿增强，有利于中国经济的企稳。

根据美方表述，按第一阶段协议，美国前两轮对2500亿美元中国进口商品加征的25%关税将维持，而对9月1日起加征关税的1200亿美元产品的关税税率将从15%降低至7.5%。美国对华整体关税水平将降低1.6个百分点至16.2%（贸易摩擦开始前平均税率仅为3.1%），低于市场预期的“美国将所有已加征关税减半”。

虽然这一轮关税水平降低幅度不高，但是对于增强出口企业信心、稳定预期的作用很大。中美双方改变了剑拔弩张的局面，从而有利于出口的修复和产业链的稳定。此外，通过稳定出口，可以改善外向型企业经营环境，缓解就业压力。

大量进口美国的农产品和能源商品，也有助于增加国内供给、降低国内的通胀水平，满足人民日益增长的高质量需求；对于工业品和高技术产品的进口，如果美国能够放松管制，那么也有利于满足我国国内信息技术、高端制造等行业的需求，改善生产经营。

综合来看，稳定的外贸环境，有助于在短期内稳定国内经济预期、巩固企业产业链、稳定经营者信心、满足消费者需求。长期来看，中美贸易摩擦坚定了中国加快经济结构调整、扩大改革开放的决心和力度，通过供给侧结构性改革来解决我国在科技、研发、创新方面的问题，通过加快对外开放来释放市场活力、树立信心。

（四）对大类资产的影响

中美达成第一阶段协议意向，对各类资产的走势会有不同的影响。

1. 贬值预期不再，人民币汇率将企稳。自 2018 年以来，贸易摩擦一直是影响人民币汇率最关键的变量，这两年的汇率大幅贬值或升值基本对应贸易摩擦的升级与暂缓。由于第一阶段协议中，美方要求中国提高汇率操作的透明度，避免竞争性贬值，加上中国经济基本面健康平稳，因而人民币汇率不会大幅贬值。短期来看，第一阶段协议将使我国外贸改善，加上预期改善，将使人民币短期升值，长期走势还是要取决于中国经济基本面，预计人民币兑美元汇率将保持在 7 附近震荡。

2. 对债市影响短期偏中性。第一阶段协议如果能顺利签署并实行，那么将对经济产生提振作用，一方面，企业盈利将回升，市场风险偏好上升，资金流出债市，另一方面企业的违约风险降低，使债券价格有上行动力，两者整体抵消，因此中美第一阶段协议对债市的影响偏中性。

3. 对股市利好。若中美贸易摩擦不出现快速反复，短期提升风险偏好，中长期可能使企业盈利触底回升的高度好于预期。同时，这有利于加快加深中美两国的经济、金融联系，让中国经济企稳、企业预期改善、投资意愿增强，从而有利于股票资产的上行。

综合来看，中美贸易摩擦出现利好，有利于风险资产，如果双方在后续谈判中出现波折，将有利于黄金等避险资产。

区域经济发展和政策对投资的影响分析

严　冰
中国建投投资研究院研究员

投资提示

- 中央高度重视区域经济高质量发展对整体国民经济的拉动作用，尤其是城市群和中心城市以点带面的引领、集聚和辐射带动作用。投资重点关注东部城市群和中心城市，尤其重点关注长三角城市群、粤港澳大湾区城市群、京津冀城市群及中心城市将来打造成为世界级城市群的发展机会。

- 中央财经委第五次会议提出，区域经济要发挥各地区的优势，从高速增长转向高质量发展，将创新、质量和效益作为重点。新一代信息技术、高端装备、新材料、生物技术、新能源汽车、节能环保、数字创意等新型产业以及人工智能、大数据、集成电路、云计算、物联网、新能源等新经济领域应是投资重点关注的领域。

- 创新驱动是中央提出转变经济增长方式的根本途径，也是经济下行压力下区域经济高质量发展的必由之路。在国家创新驱动发展战略及“大众创业”“万众创新”国家战略的指引下，国家出台了一系列对于创新产业和创新型企业的优惠和扶持政策，创新型企业尤其是高新技术企业因技术创新获得了显著的竞争优势和核心竞争力，应是投资重点关注的标的对象。

一、区域经济发展的新动态和新问题

我国区域经济发展新的总体思路是以区域发展总体战略规划为基础，优化调整东、中、西、东北四大板块发展战略，以“一带一路”建设、京津冀协同发展、长江经济带为引领，形成以沿海沿江沿线经济带为主的纵向横向经济轴带，塑造要素有序自由流动、主体功能约束有效、基本公共服务均等、资源环境可承载的区域协调发展新格局。以“一带一路”建设为重点，打造自贸试验区和自贸港区开放新高地，深化我国与相邻国家或沿线国家合作的领域，构建区域经济发展合作联盟，在内外空间的拓展中使中国真正形成陆海内外联动、东西双向互济的开放格局。2019 年 8 月 26 日下午，习近平总书记主持召开中央财经委员会第五次会议，提出要推动形成优势互补、高质量发展的区域经济格局。优势互补、高质量发展的区域经济发展理念成为区域协调发展战略的新内涵。2019 年 9 月，习近平总书记在河南考察调研期间，将黄河流域生态保护和高质量发展，与京津冀协同发展、长江经济带发展、粤港澳大湾区建设、长三角一体化发展，同列为重大国家战略。2020 年 1 月 3 日，习近平总书记主持召开中央财经委员会第六次会议，研究制定黄河流域生态保护和高质量发展新的国家战略规划和实施总体方案，同时推动成渝地区双城经济圈建设，在西部形成高质量发展的重要增长极。总体上看我国区域经济发展的战略举措不断丰富完善，区域经济格局不断延伸并逐步清晰，区域经济发展理念随着新时代内外部环境变化与时俱进地发展和创新。

当前我国区域经济在习近平总书记提出的优势互补、高质量发展的新发展理念的引领下，突出重点，发挥重大区域战略引领作用，沿着增强中心城市和城市群优势区域承载力，打造和升级区域增长极，充分发挥优势区域和增长极的带动作用，健全市场一体化机制，深化区域合作的路径加速推进。在我国经济发展新形势下，区域经济呈现梯度发展、南高北低、依靠创新塑造新动能的新格局。区域经济高质量协调发展不仅是解决区域经济发展不平衡问题的主要思路，也是激发区域发展新动能、拉动全国经济增长的重要手段。

（一）综合性区域发展最新情况

1. 京津冀协同发展

根据区域情况和中央要求，京津冀侧重协同发展。为统筹落实好推进京津冀协同发展各项工作任务，北京市制定了推进京津冀协同发展2019年工作要点，共安排90项具体任务。其中，疏解非首都功能14项，支持推动雄安新区及北京城市副中心规划建设19项，推动生态、交通、产业、公共服务等关键环节取得新突破36项，深化协同发展改革创新16项，进一步完善推进协同发展工作机制5项。随着《北京城市总体规划（2016—2035年）》公布，北京建设全国政治中心、文化中心、国际交往中心、科技创新中心的城市战略定位进一步明确。北京在高质量发展、服务业扩大开放、营商环境优化等方面率先行动，示范引领，不断提升参与共建“一带一路”的能力和水平，着力打造对外交往平台、科技支撑平台、人文交流平台、服务支持平台四大平台。构建全面开放先行区，统筹对内对外开放，实行“产业开放 + 园区开放”相结合的模式，打造国际一流营商环境。着力构建企业“走出去”综合服务网络体系，建设专业化、市场化、国际化的双向投资平台。充分发挥“一带一路”城市商会联盟作用，推进北京国际经贸合作网络、境外服务中心和非公经济（境外）发展服务基地建设。

2019年1月2日，国务院公布《河北雄安新区总体规划（2018—2035年）》，明确提出要按照高质量发展的要求，推动雄安新区与北京城市副中心形成北京新的两翼，以2022年北京冬奥会和冬残奥会为契机推进张北地区建设形成河北两翼，促进京津冀协同发展。2019 年雄安新区整合优势资源，深化改革探索，加强雄安现代教育体系、医疗卫生体系建设。当前雄安新区已从顶层设计规划转向实质性建设阶段，高质量实施重大项目。

首都经济贸易大学、社会科学文献出版社共同发布的“京津冀蓝皮书”《京津冀发展报告（2019）》显示，京津冀三地已在北京非首都功能疏解、交通、产业、生态、创新等多个领域取得了重大进展，已从战略谋划阶段进入全面推进重点突破的阶段。顶层设计不断强化，创新动能逐渐释放，协同创新布局有序推进；非首都功能疏解成效显著，产业分工格局更加明朗；民生领域持续改善，京冀扶贫协作取得突破；生态治理扎实开展，生态补偿机制逐步完善；互联互通稳步推进，开放发展格局逐渐显现；定式思维逐步打破，融合发展水平不断提升。京津冀推动形成协同创新共同体，强化协同创新支撑，以中关村和共建园区为依托，推动建设跨省市科技创新平台，支持开展联合攻关，构建分工合理的创新发展格局。完善区域创新体系，联合组建产业技术创新战略联盟，完善信息共享、标准统一的技术贸易服务体系，推进一体化的技术市场建设，协同创新水平快速跃升。搭建人才信息共享平台，健全跨区域人才流动机制。京津冀区域共享发展指数呈现快速上升趋势，基本公共服务共享、教育基础、脱贫攻坚等方面均有改善。

2. 长三角区域一体化

长三角区域三省一市（江苏省、浙江省、安徽省、上海市）是我国经济发展最活跃、开放程度最高、创新能力最强的区域之一。2019 年 12 月 1 日，中共中央、国务院印发《长江三角洲区域一体化发展规划纲要》，明确要求通过一体化的发展，使长三角地区成为全国经济发展强劲活跃的增长极，成为全国经济高质量发展的样板区，率先基本实现现代化的引领区和区域一体化发展的示范区，成为新时代改革开放的新高地。强调共商、共建、共治、共享、共赢的一体化和高质量发展。

围绕一体化发展战略，长三角区域 2019 年在科技创新、人才发展、信用数据、生态绿色发展、社会治理、智慧交通等方面全方位建立合作机制和合作联盟组织，加速推进一体化进程。9 月，上海嘉定、江苏苏州、浙江温州和安徽芜湖共同签署《深化长三角地区科技创新一体化发展战略协议》，进一步加强长三角科技创新战略协同、成果对接、资源共享、生态共建等方面合作，打造长三角科技创新合作的共同体。江苏省委省政府印发了《长江三角洲区域一体化发展规划纲要》的《江苏实施方案》，重点部署推进六个一体化，打造更高水平的对外开放先行区。长三角七市一区签订了合作交流框架协议，共建“长三角社会治理创新实践研发基地”，共同推动区域内的社会治理创新成果共享，探索养老服务资源共享和养老服务补贴的异地结算机制。长三角人才一体化发展城市联盟在浙江乌镇成立，协同推进人才发展体制机制改革、促进区域人才有序有效流动、共同培育人才一体化发展市场、推进人才创业创新服务保障互通等 10 个方面具体内容。10 月 22 日，长三角“5G + 智能驾驶”协同创新联盟成立，打造“5G + 智能驾驶”的智能网联交通系统商用示范，同时把智能网联交通系统列入长三角一体化新型基础设施建设规划，推进三省一市设立省级“5G + 智能驾驶”创新中心，以此拉动集聚万亿规模的“5G + 智能驾驶”新兴产业。10 月 26 日，《长三角生态绿色一体化发展示范区总体方案》经国务院批复同意并由国家发展改革委印发实施，要求加大改革创新力度，实现绿色经济、高品质生活、可持续发展有机统一，走出一条跨行政区域共建共享、生态文明与经济社会发展相得益彰的新路径。瞄准改革开放新高地、生态价值新高地、创新经济新高地、人居品质新高地目标，长三角生态绿色发展一体化示范区正进入密集施工期。

3. 粤港澳大湾区建设

为了提升粤港澳大湾区在国家经济发展和对外开放中的支撑引领作用，支持香港、澳门融入国家发展大局，2019 年 2 月，中共中央、国务院印发《粤港澳大湾区发展规划纲要》，明确粤港澳的战略定位，着重全面开放和“一国两制”，打造充满活力的世界级城市群、具有全球影响力的国际科技创新中心、"一带一路"建设的重要支撑、内地与港澳深度合作示范区、宜居宜业宜游的优质生活圈。要求构建高效便捷的现代综合交通运输体系，促进粤港澳三地基础设施互联互通，进一步提升市场一体化水平，在人流、物流、资金流和信息流等方面探索实行更加便捷高效的监管模式。同时进一步优化营商环境，使产业链供应、资金、人才等要素更加有效地流动和配置。

为推动粤港澳大湾区的建设，中央政府成立了高层统筹决策和实施的"粤港澳大湾区建设领导小组"，由主管港澳事务的中共中央政治局常委、国务院副总理韩正担任该领导小组组长，香港和澳门特别行政区行政长官为小组成员。随着区域经济合作需求的发展，粤港澳三地通过不断创新合作模式，优化产业分工，全面拓展生产、生活和生态等方面的合作，协调社会、经济和空间发展，促进生产要素高效流动，致力于打造最具发展空间和增长潜力的世界级新经济区域。在产业分工方面，三地在不同的产业领域共同构建特色明显、优势互补、产业链条完整并具有强大国际竞争力的先进产业体系。在共同市场建设方面，对内依托珠三角的区域中心地位，强化与泛珠、中南、华南等地区的联系，对外利用港澳发达的金融贸易平台以及联通全球的营商网络，建立起与国际不同地区之间更广泛、更密切的经贸关系。加大制度创新和区域协调的力度，提升合作发展的层次，释放区域经济动能和辐射能力。

2019 年珠澳合作瞄准共建粤港澳大湾区澳珠极点，双方在产业建设、跨境办公、土地出让、人才认定等方面的政策措施体系逐步完善，教育、社保、置业、保险等社会民生合作正在稳步推进。珠澳双方已签署加快澳珠极点建设的相关合作备忘录，就共同贯彻《粤港澳大湾区发展规划纲要》，推进和深化粤澳合作产业园建设，促进澳门产业多元化发展，携手打造粤港澳大湾区新增长极达成多项合作。粤澳合作产业园、粤澳合作中医药科技产业园、澳门青年创业谷发展迅速，已经成为珠澳合作的重要平台。

2019 年 10 月 15 日，福建、江西、湖南、广东、广西、四川、海南、贵州、云南等泛珠三角内地九省（区）共同签署了《深化产融合作赋能制造业高质量聚集发展倡议书》，持续深化产融合作，促进省（区）间专业化分工和产业结构调整，形成优势互补、分工合理、布局优化的区域经济格局，共同赋能制造业高质量聚集发展。

4. 长江经济带发展

习近平总书记在深入推动长江经济带发展座谈会上的讲话中指出，把修复长江生态环境摆在压倒性位置，共抓大保护、不搞大开发，努力把长江经济带建设成为生态更优美、交通更顺畅、经济更协调、市场更统一、机制更科学的黄金经济带，探索出一套生态优先、绿色发展新路子。长江经济带要实现沿江11个省市联动发展，通过长江黄金水道串联起长三角、长江中游地区、成渝经济区，有效发挥各地区的比较优势，共抓生态环境大保护，加快统一市场建设，有力推动东中西协调发展。具体措施上，要深入推进《长江经济带发展规划纲要》贯彻落实和调整完善，推动长江经济带高质量发展，建设现代经济体系和实体经济、科技创新、现代金融、人力资源协同发展的产业体系。在综合立体交通走廊、新型城镇化、对内对外开放等方面寻找新的突破口，协同增强长江经济带发展动力。统筹沿海、沿江、沿边和内陆开放，实现同“一带一路”建设有机融合，培育国际经济合作竞争新优势。

为贯彻全国生态环境保护大会精神，打好长江保护修复攻坚战，2019年1月，经国务院同意，生态环境部、国家发展改革委联合印发《长江保护修复攻坚战行动计划》。2019年4月，国家发展改革委发布修订《长江经济带绿色发展专项中央预算内投资管理暂行办法》，从生态系统整体性和长江流域系统性着眼，充分发挥中央预算内投资引领带动作用，实施生态修复和环境保护工程，推动长江经济带共抓大保护取得实效。生态环境部印发《长江“三磷”专项排查整治行动实施方案》，指导湖北、四川、贵州、云南、湖南、重庆、江苏等7省（市）开展集中排查整治。2019年7月，交通运输部发布《关于推进长江航运高质量发展的意见》，将长江航运打造成交通强国建设先行区、内河水运绿色发展示范区和高质量发展样板区。2019 年 11 月 12 日，中共中央政治局常委、国务院副总理韩正主持召开长江经济带生态环境突出问题整改现场会暨推动长江经济带发展领导小组全体会议，要求推动高质量发展，坚持走生态优先、绿色发展之路，推动长江经济带共抓大保护取得新进展，扎实推进生态环境污染治理工程。

5. “一带一路”建设

“一带一路”是中国扩大经济开放与促进国际合作的重要战略举措。在 2019 年 4 月 25 ~ 27 日举办的第二届“一带一路”国际合作高峰论坛上，达成 6 大类 283 项建设性成果。截至 2020 年 1 月底，中国政府已与 138 个国家和 30 个国际组织签署了 200 份政府间合作协议，中欧班列累计开行数量已超过 2 万列。2019 年，我国企业在“一带一路”沿线对 56 个国家非金融类直接投资 150. 4 亿美元，占同期总额的 13. 6%，主要投向新加坡、老挝、越南、印尼、泰国、巴基斯坦、阿联酋、马来西亚、柬埔寨和哈萨克斯坦等国家。对外承包工程方面，我国在“一带一路”沿线的 62 个国家新签对外承包工程项目合同 6944 份，新签合同额 1548. 9 亿美元，占同期我国对外承包工程新签合同额的 59. 5%，同比增长 23. 1%；完成营业额 979. 8 亿美元，占同期总额的 56. 7%，同比增长 9. 7%。

（二）改革试验区发展最新情况

1. 自由贸易试验区的改革开放和创新进展

自由贸易试验区培育发展新模式、新产业，有力推进新旧动能转换，成为吸引外商投资高地。新设外资企业数、实际使用外资、进出口总额占全国比重不断提高，在投资自由化、贸易便利化、金融开放创新、事中事后监管等方面提供一大批可复制可推广的经验，为优化我国营商环境发挥了示范引领作用。6 年来我国自由贸易试验区累计形成 202 项制度创新成果并得以复制推广，发挥了全面深化改革和扩大开放试验田的作用。2019

年6月30日，国家发展改革委、商务部发布了《自由贸易试验区外商投资准入特别管理措施（负面清单）（2019年版）》，新推出一批开放措施，自由贸易试验区外资准入负面清单条目缩减至37项。

设立中国（上海）自由贸易试验区临港新片区作为特殊经济功能区，实施具有较强国际市场竞争力的开放政策和制度，进行更大的风险压力测试。在特殊经济功能区里实行投资自由、贸易自由、资金自由、运输自由、人员从业自由和信息的快捷联通，出台具有国家市场竞争力的税收制度和全面风险管理制度，即“6+2”特殊政策制度安排，支持企业围绕人工智能芯片、核心算法、操作系统及基础软件、智能传感器等基础核心技术和关键共性技术开展攻关。上海临港新片区充分发挥后发优势，吸收借鉴上海原有的金融业发展经验，在金融创新方面已经出台促进产业发展若干政策16条，支持聚集发展集成电路、人工智能、生物医药和航空航天四大重点产业措施共40条。选择国家战略需要、国家市场需求大、对外开放度要求高但其他地区尚不具备实施条件的重点金融领域，建设一批更高开放度的功能型金融平台。

2019年8月26日，山东、江苏、广西、河北、云南、黑龙江等6个省区被国务院批准设立自由贸易试验区，我国自由贸易试验区从1个扩容到18个，实现了我国沿海自由贸易试验区的全覆盖。目前新批的6个自由贸易试验区以及上海临港新片区正在拼速度比深度，根据实际情况开列制度创新清单，在市场准入、证照分离、金融创新等多个领域酝酿优化措施，其中财税、土地、人才等方面的多重利好已经陆续落地。江苏自由贸易试验区10月12日发布了促进外商投资20条新政，优化市场营商环境。广西围绕建设东盟合作先行示范区建设、构建国际陆海贸易新通道、打造国际一流营商环境三大重点工作，通过实施金融改革创新、开展多式联运“一单制”改革、提高政务水平等手段，加快推动广西自由贸易试验区发展和建设。山东以数字化、网络化、智能化为主攻方向，运用互联网、大数据、人工智能等新科技成果，加快“万项技改”，推动“万企转型”。新技术、新产业、新业态和新模式对山东经济推动作用逐步显现。山东省统计局数据显示，2019 年前 11 个月，山东“四新”经济投资占比达到 44.4%；新一代信息技术制造业、高端装备产业、新能源新材料产业实现增加值同比增速，分别高于规模以上工业 4.2 个、5.9 个和 4.0 个百分点。其中，微型计算机设备、服务器、光电子器件等产量分别增长 28.6%、19.7% 和 17.4%。

2019 年 11 月，中共中央政治局常委、国务院副总理、推进海南全面深化改革开放领导小组组长韩正在海口分别主持召开专家座谈会和领导小组全体会议，研究讨论海南自由贸易港建设政策和制度体系，部署下一步重点工作，推动建设海南自由贸易港，健全“一带一路”投资政策和服务体系。

2. 其他改革试验区的最新发展动态

2019 年 8 月 18 日，《中共中央国务院关于支持深圳建设中国特色社会主义先行示范区的意见》发布，确定深圳的五大战略定位：高质量发展高地，建设现代化经济体系，在构建高质量发展的体制机制上走在全国前列；法治城市示范，用法治规范政府和市场边界，营造稳定公平透明、可预期的国际一流法治化营商环境；以及城市文明典范、民生幸福标杆、可持续发展先锋，为落实联合国 2030 年可持续发展议程提供中国经验。提出到 2035 年，深圳高质量发展成为全国典范，城市综合经济竞争力世界领先，建成具有全球影响力的创新创业创意之都，成为我国建设社会主义现代化强国的城市范例。11 月 25 ~ 26 日，广东省第十二届委员会第八次全体会议审议通过了《关于支持深圳建设中国特色社会主义先行示范区的若干重大措施》。12 月初，《深圳市建设中国特色社会主义先行示范区的行动方案（2019 ~ 2025）》明确了 2019 ~ 2025 年深圳建设先行示范区的具体任务，前瞻谋划了一批与先行示范区建设密切相关的重点工作，形成全面系统的“施工图”和“任务书”。

国家综合配套改革试验区是我国改革开放后继深圳等第一批经济特区后建立的第二批经济特区，即中国的“新特区”，从试验区主体上可以分为开发开放、统筹城乡、“两型”社会建设、新型工业化道路探索、农业现代化、资源型经济转型等。为进一步发挥好综合配套改革试验区在全面深化改革中的示范、突破、带动作用，重点在完善基本经济制度、要素市场化配置、科技创新、对外开放、生态文明体制改革等领域积极探索，力争形成更多可复制可推广的制度创新成果，国家发展改革委2019年4月印发了《2019年国家综合配套改革试验区重点任务》，对上海浦东新区综合改革试验区、天津滨海新区综合配套改革试验区、重庆市统筹城乡综合配套改革试验区、成都市统筹城乡综合配套改革试验区、武汉城市圈“两型”社会建设综合配套改革试验区、长株潭城市群“两型”社会建设综合配套改革试验区、深圳市综合配套改革试验区、沈阳经济区新型工业化综合配套改革试验区、山西省资源型经济转型综合配套改革试验区、浙江省义乌市国际贸易综合改革试验区、厦门市深化两岸交流合作综合配套改革试验区、黑龙江省“两大平原”现代农业综合配套改革试验区等12个综合配套改革试验区的年度重点工作进行部署，要求加强组织实施，总结推广经验。

国务院还设立了多种区别于综合配套改革试验区的试验区，包括金融改革试验区如浙江省温州市金融综合改革试验区、广东省珠江三角洲金融改革创新综合试验区、福建省泉州市金融服务实体经济综合改革试验区、云南省广西壮族自治区沿边金融综合改革试验区、山东省青岛市财富管理金融综合改革试验区，国家级重点开发开放试验区如江苏南通陆海统筹发展综合配套改革试验区、内蒙古满洲里重点开发开放试验区、云南瑞丽重点开发开放试验区等。2019年12月，国务院正式批复福建省宁德市、龙岩市和浙江省宁波市设立普惠金融改革试验区，为支持民营、小微企业发展，支持贫困地区经济文明和生态文明共同探索积累一批可复制可推广的经验；甘肃省兰州新区设立绿色金融改革创新试验区，为西部地区高质量发展和西部欠发达地区及生态脆弱地区绿色金融创新发展积累新经验。

为促进地方加快承接产业转移，近年来国家共批准设立了安徽皖江城市带、广西桂东、重庆沿江、湖南湘南、湖北荆州、江西赣南、黄河金三角（跨山西、陕西、河南3省）等7个国家级承接产业转移示范区。从各示范区的发展现状来看，大多处于工业化中期阶段，重点围绕对接区域主导产业进行承接，注重发挥原有产业优势和承接区域的产业结构，积极推进承接的产业领域和重点，加强与承接区域的融合发展。

（三）区域经济发展的新问题

近年来，区域经济发展出现一些新情况新问题，一是区域经济发展分化态势明显，长三角、珠三角等地区走向高质量发展，全国经济重心进一步南移，北方省份增长缓慢。在政府和市场双重因素影响下，我国区域发展已经显现出马太效应趋势，表现为在资本、人才、科技水平等方面的明显落差，在位置上主要体现为东南地区和西北地区之间的差距拉大以及城乡发展落差加大。区域分化的持续加大影响了国家发展大局和社会稳定。二是发展动力极化现象日益突出，经济和人口向大城市及城市群集聚的趋势比较明显，形成一些区域增长极。大城市病与中小城市功能性萎缩并存愈演愈烈。三是部分地区发展面临较大困难，东北地区、西北地区发展相对滞后。四是区域开放布局和开放质量有待优化提升。东部地区处于对外开放的前沿，而中西部地区经济开放度仍处于较低水平。区域开放以陆上开放为主，海洋产业缺乏有效的区域规划和整体布局，区域开放的国际化程度依然处于较低水平。

二、区域经济发展新趋势对投资的影响分析

（一）区域经济发展新趋势

中国经济处于新的发展时期，外部经济环境正在发生深刻复杂变化，

寻找新动能、加快经济转型，正在深刻影响着区域经济增长的速度、方式与方向，使区域经济呈现出新要求、新特征和新趋势。

1. 区域经济从高速度增长转向高质量均衡发展

以往区域经济强调低投入高产出，通过各类经济功能区、开发区、招商引资等扩大 GDP 规模，粗放发展、资源消耗大、环境污染问题严重，过度竞争出现过剩产能，地方债务规模迅速扩大，金融风险不断累积。在发展方式上，过去强调区域基础设施建设、园区土地开发等基本手段，现在则需要采用环境保护、网络化共享、公共服务联通等新的区域发展方式。中央要求发挥各地区的优势，从高速增长转向高质量发展，将创新、质量和效益作为重点，满足经济、社会和生态等综合需求。只有构建以科技创新为核心，融合商业模式创新、产业创新、金融创新、制度创新、管理创新等多个领域的创新生态系统，才能激发和产生新动能。东部沿海地区创新发展、中部地区产业升级、西部地区脱贫攻坚、东北地区转型发展都需要创新谋划和提高发展质量。

随着中国社会主要矛盾的转变，区域协调发展的内涵不仅需要注重传统意义上的区域间和区域内经济落差缩小，更需要注重人的全面均衡发展，以人民生活水平相当、基本公共服务均等化以及基础设施通达程度比较均衡、减少自然资源消耗和环境污染实现绿色生态发展为目标。依靠新技术和新经济形式提高民众的参与感、获得感和生活质量。

2. 区域经济发展的内外部结构将发生深度调整

我国区域发展板块内部分化明显，南北分化加剧。区域协调发展将会从以东西平衡为重点，转向东西与南北平衡并重。区域协调发展战略结构体系更加多元化，涵盖四大板块、重点地区、城镇化与城乡融合、陆海统筹、欠发达地区扶贫和乡村振兴等多个维度，构建连接东中西、贯通南北的多中心、网络化、开放式的区域开发新格局。城市群规模空间扩大，结构优化，开放试验区增多，开放力度增加。新技术革命将重构区域竞争力，区域间的竞争可能聚焦于数字经济、绿色经济、智能经济、生物经济和海洋经济等方面，并成为区域经济发展的新方向。不同区域将形成各具特色的数字经济融合发展，数字化生存、社交网络、智能家居和智能社区等新生活方式和新消费模式不断涌现。互联网与数字经济、智能经济所蕴含的新动能正在向各个领域渗透，促进产业结构转型和升级。政府宏观调控区域内部产业分布，大力发展非资源产业，加大区域产业经济科研投入，优化经济结构，促进高新产业发展。未来区域产业将从打造集群转向打造平台，从以集聚经济为主的空间增长模式向平台型企业引领的网络化增长模式转变。

（二）区域经济发展对投资的影响

1. 尊重经济发展客观规律，投资重点关注高质量发展城市群和核心城市

2019 年中央经济工作会议提出要加快落实区域发展战略，提高中心城市和城市群综合承载能力。发挥中心城市和城市群的引领、集聚和辐射带动作用，是未来我国承载发展要素的主要空间形态。随着新型城镇化的推进，区域空间载体将从点块状和圈层状，转向多极点、网络化、连绵带的城市群建设。城市群对整合资源的集聚效应和辐射效应明显增强，资源不断向城市群和核心城市集聚的发展态势不仅没有改变而且得到强化。党的十九大报告提出要以城市群为主体构建大中小城市和小城镇协调发展的城镇格局，按照优化提升东部地区城市群、培育发展中西部地区城市群的要求，优化发展京津冀、长三角、珠三角三大城市群，持续推进东北地区、中原地区、长江中游、成渝地区、关中平原、北部湾等城市群建设，形成一批参与国际竞争与合作、促进区域协调发展的城市群。在 GDP 方面，目前长三角城市群遥遥领先，京津冀与珠三角体量基本相当，西南成渝其次，西北关中最低。长三角城市群、珠三角城市群和京津冀城市群正在往世界级城市群发展。从各城市群上市公司的行业分布情况看，长三角和珠三角城市群科技创新特色明显，计算机、医药、通信、电子元器件等创新行业集聚程度较高，在这两个城市群中佛山和杭州制造业特征较为明显。京津冀城市群计算机、医药等创新行业特征明显，其中传媒业集聚是亮点。

2. 顺应区域经济高质量发展的新趋势，投资重点关注新科技革命背景下的新经济领域

从国家发展经验来看，科技进步和对知识经济的大力培养是区域经济出现跳跃式发展的重要推动力。技术创新是增强区域内产业长久竞争力的关键要素。新经济代表新的资源组织形式，通过要素驱动向创新驱动转变，培育新的经济增长动力，利用新技术跨界融合加速传统产业的转型升级。在知识经济与科技创新推动下，产业结构不断升级和完善，同时所形成的新兴产业成为区域乃至整个国家的经济支柱。新型高端产业是获取未来竞争优势的关键领域，新一代信息技术、高端装备、新材料、生物技术、新能源汽车、节能环保、数字创意等新型产业是投资重点关注的领域。与此同时，产业投资需挖掘人工智能、大数据、集成电路、云计算、物联网、新能源等新经济领域。

三、最新区域经济政策对投资的影响分析

新时代国家区域政策思路、政策目标导向和实施机制措施逐步清晰，从均衡与效率来看，更加强调效率，更加强调优化资源的空间配置，突出发挥优势地区的优势作用，特别是增强中心城市和城市群的承载能力，形成合理的区域分工。通过发达地区带动落后地区，城市带动乡村，中心城市引领城市群，进而带动区域发展。全方位推进区域合作，创造条件推动关键领域的一体化发展，实现资源要素的合理集聚和优化配置，协同推进生产力发展和整体竞争力提升，通过这样一整套新模式新机制，促进全国城乡区域协调发展。地方政府以国家产业政策为主导，通过政策扶持和投

资转向，推动低碳环保产业、本地特色产业以及新兴领域产业等现代化产业的发展；以政府示范性投资引导社会资本向符合国家产业政策的行业集聚，从而发挥政府投资的乘数效应。

（一）2020年区域经济政策展望

当前区域经济政策的思路是“抓两头”，一头抓中心城市和城市群的经济和人口的承载，另一头抓确保“底线地区”的安全保障，尤其是要保障那些承担国家粮食安全、生态安全和边疆安全的地区。在推动区域经济发展上更加精准和具体，更加注重跨行政区域、大区域的协调发展，强调资源要素在更广的范围内优化配置，以提高经济发展的质量和效率。

2020 年区域经济政策将在增强区域战略弹性、推动空间经济增长、加快区域协调发展、调整区域多元关系、促进区域新经济、构建区域绿色生态、优化城市群空间结构以及扩大区域开放等方面继续发力，力争有所作为。根据各地区的条件，走合理分工、优化发展的路子，发挥比较优势，形成几个能带动全国高质量发展的新动力源，特别是京津冀、长三角、珠三角三大地区以及一些重要城市群。促进各类生产要素自由流动并向优势地区集中，提高资源配置效率，在发展中促进相对平衡。细化主体功能区划分，按照主体功能定位划分政策单元，制定差异化政策。

（二）现行区域经济政策的比较分析

区域经济战略与政策的地位日益提升，所发挥的作用越来越大，力度罕见。一方面，区域战略由从属型向主动型转变。随着内外部环境变化和深化改革的任务，区域战略中新一轮的主动试验和试点逐步增多，国家对区域经济的重视程度空前提升。自 2018 年底以来的一年多时间里，中央层面对区域经济战略的部署会议达 6 次之多，包括 2018 年 12 月 13 日中央政治局会议、2018 年 12 月 19～21 日中央经济工作会议、2019 年 8 月 26 日中央财经委员会第五次会议、2019 年 12 月 10～12 日中央经济工作会议、2019 年 12 月 19 日中共中央政治局常委韩正在国家发展改革委召开区域经济部署座谈会，以及 2020 年 1 月 3 日中央财经委员会第六次会议。会议层次达到最高，时间间隔不断缩短，频次逐渐加快。中国区域协调发展战略不但是为解决地区间不平衡发展问题而做出的制度安排，而且成为新时代建设现代经济体系，实现国民经济高质量发展的重要路径和政策窗口。另一方面，区域战略的创新性和动态性大大提高，当前在三大战略和四大板块的基础上，进一步增加了粤港澳大湾区、长三角一体化、黄河流域生态保护和高质量发展、海南自贸港、西部陆海通道、深圳中国特色社会主义先行示范区等很多新的战略着力点，其中京津冀协同发展、长江经济带发展、粤港澳大湾区、长三角一体化、黄河流域生态保护和高质量发展等已经由区域经济范畴上升为国家战略。

（三）区域经济政策对投资的影响分析

在新一轮推进区域经济发展中，政策特别强调要进一步提高重点区域的经济带动作用，城市群区域成为本轮区域经济政策调整的排头兵。党的十九大报告提出要以城市群为主体构建大中小城市和小城镇协调发展的城镇格局，按照优化提升东部地区城市群、培育发展中西部地区城市群的要求，优化发展京津冀、长三角、珠三角三大城市群。持续推进中原城市群、长江中游城市群、成渝城市群、哈长城市群、辽中南城市群、山东半岛城市群、海峡西岸城市群、北部湾城市群、关中城市群等城市群建设，形成一批参与国际竞争与合作、促进区域协调发展的城市群。总体来看，我国经济发展的空间结构正在发生深刻变化，中心城市和城市群正在成为承载发展要素的主要空间形式，中心城市在经济、金融、管理等方面发挥增长引领作用，承担区域产业发展、创新创业、信息处理、文化教育、国际交流等多种服务功能。重点投资区域应关注中心城市和城市群区域，尤其是京津冀、长三角和粤港澳三大城市群及中心城市。

在城市群内部产业投资方面，总体上看，由于城市群内部壁垒减少，互联互通提高，产业投资可以关注交通运输、商贸零售行业。由于各城市群规划都有当地的特色产业，要在结合各城市群传统优势产业的基础上，在区域一体化、加速开放创新以及区域承接产业转移过程中，关注新技术变革下的新兴产业。京津冀地区是全国主要的高新技术和重工业基地，京津冀城市群的优势产业包括教育、医疗、金融、信息科技、服务业、高端制造等产业。长三角地区是电信和生物医疗投资的热门集聚地，长三角一体化发展规划明确新兴产业发展方向是新一代信息技术、生物产业、高端装备制造、新材料、北斗产业、光伏产业。而政府引导基金重点投资于机械制造领域，电子通信（集成电路）、生物医疗、机械制造、互联网大数据、新材料、汽车等领域是重点发展的产业方向。粤港澳大湾区在近十年的产业结构调整转型之后，人工智能、先进制造业、电子信息、新材料等高新技术业、医疗健康产业成为继金融、航运等现代服务业以及交通运输业、服装纺织、对外贸易等传统产业基础上未来新的产业发展和投资方向。长江中游城市群以武汉为中心形成了以光电信息产业和生物医药产业为主的高新技术产业群。沿长江的宜昌—武汉—黄石高新技术产业带和沿汉江的十堰—襄樊—武汉汽车工业走廊，产业规模比较突出。通过梳理《成渝城市群发展规划》和《关中平原城市群发展规划》，成渝城市群和关中城市群的先进制造业、现代服务业、战略性新兴产业等是政府重点引导投资的行业，信息技术、机械制造、旅游产业目前发展较好。

从四大板块空间布局来看，东部地区深入实施创新驱动发展战略，以数字经济、“互联网+”为特征的新业态持续活跃，以高新技术、战略性新兴产业为主的新动能加快成长。《促进中部地区崛起规划（2016—2025年）》提出了中部地区“一中心四区”的战略定位，是我国新一轮工业化、城镇化、信息化和农业现代化的重点区域，是未来扩大内需、提升开放水平具有潜力的地区。中部区域经济投资主线是城市群产业升级和当地原有支柱产业的结合，有发展潜力的产业主要有先进制造业、现代服务业、节能环保行业、现代农业以及新一代信息技术、先进轨道交通、新能源汽车、航空航天、新材料、现代生物医药、现代种业等重点新兴产业。西部地区传统产业集聚，机械、电力及公用事业、基础化工、汽车等行业优势明显。东北地区在农业化肥、食品加工业、旅游产业、化工及设备制造业方面具有较大的潜力。十九大后我国产业发展的重点领域是战略性新兴产业、现代服务业、先进制造业、绿色产业和新型农业。战略性新兴产业代表新一轮科技革命和产业革命的方向，是培育发展新动能、获取未来竞争优势的关键领域。国家重点产业领域和战略新兴产业目前主要分布于深入实施创新驱动发展战略的东部和中部地区，投资重点关注东部地区的京津冀地区、长三角地区和粤港澳大湾区的新业态、高新技术和新兴产业。

从国内外空间角度上看，国家通过构建流域、陆地、海上、空域等综合立体交通体系，实现东中西、国内与国外的联动。继续推进共建“一带一路”，秉持共商共建共享原则，坚持开放、绿色、廉洁理念，努力实现高标准、惠民生、可持续目标，推动共建“一带一路”高质量发展。发挥改革试验区改革开放试验田作用，继续鼓励自由贸易试验区为创新驱动和开放转型服务。自由贸易试验区瞄准下一轮新兴产业的发展、新贸易功能的开拓和新旧动能的转换，发布的产业政策覆盖广、精准性强、支持力度大，将释放新一轮政策红利，激发创新活力，增强区域创造力和竞争力，推动自由贸易试验区实现更高质量的发展从而建成具有国际市场竞争力的开放型产业体系。投资关注各改革试验区和“一带一路”建设在国家政策支持下的金融和基础设施领域以及自由贸易改革试验区所在地的新兴产业和商业贸易行业机会。

从微观层面上看，党的十九大报告指出要深入实施创新驱动发展战略，加快建设创新型国家，创新因此上升到前所未有的高度。创新驱动是转变经济增长方式、全面提高经济整体竞争力，加快现代化经济体系建设并驾齐驱的“两个重要轮子”之一，也是经济下行压力下中央经济工作会议提出的区域经济高质量发展的必由之路。创新包括制度创新、管理创新、技术创新、商业模式创新、产业创新、金融创新等多个领域，其中技术创新是推动经济跨越式发展的根本力量。在“大众创业、万众创新”国家战略的指引下，为形成区域经济的产业集群效应、推动区域经济规模化增长，政府鼓励和推动技术创新，出台了一系列对于创新产业和创新型企业的优惠和扶持政策，通过制定人才引进优惠政策，给予高新技术企业相应的政策补贴，通过税收红利等政策途径鼓励企业研发创新，为区域经济发展提供智力和技术支持。创新型企业尤其是高新技术企业因技术创新不仅获得了政策红利，而且获得了显著的竞争优势和核心竞争力，应是投资重点关注的标的对象。

金融投资篇

2019 年中国金融市场回顾与 2020 年展望

高彦如
中级经济师，中国建投投资研究院研究员

投资提示

- 2019 年是资本市场制度改革开放的大年。在制度创新方面，设立科创板并试行注册制。在对外开放方面，MSCI 扩容、富时纳入 A 股，沪伦通开通，吸引着全球资金涌入。在制度完善方面，出台和修订分拆上市、资产重组等制度，规范执行退市制度，进一步完善资本市场生态。

- 2019 年，中国资本市场中，股市领涨，沪深 300 指数涨幅高达 37.95%，全类型基金中证基金指数上涨 20.4%，上海金交所黄金现货涨幅为 19.24%，布伦特原油期货上涨 20.2%，南华商品指数涨幅为 16.1%，中证全债指数涨幅为 4.7%，百城住宅价格指数上涨 3.34%，货币基金收益率约为 2.6%，人民币兑美元较年初贬值 1.83%。

- 2020 年，全球经济受新冠肺炎疫情影响增长前景黯淡，地缘政治形势趋于严峻，贸易局势不容乐观，主要央行将开启更为宽松的货币政策，财政政策将维持扩张。积极的财政政策会更为积极有为，稳健的货币政策会更加灵活适度，加大逆周期调节力度。中国资本市场改革的重点为新三板全面深化改革、创业板注册制改革、鼓励银行理财和险资等国内中长期资金入市、再融资制度优化、衍生品放开等方面。

- 在这样的情况下，2020 年中国资本市场将随全球经济下行而遭受大幅冲击。股票市场将震荡下行，下行空间有限；债券市场将因利率下行和全球资金避险需求而迎来机会；人民币汇率大概率稳中有升；黄金价格因避险需求而上涨，具有配置价值；原油价格因年初沙特阿拉伯同俄罗斯谈判破裂而大幅下行，下半年有望有一定程度回升。

一、2019年金融市场政策环境

（一）全球经济金融环境

2019 年全球需求弱化，各主要经济体经济增速放缓趋势更加同步，贸易条件紧缩，主要经济体政策的不确定性对经济活动预期造成了剧烈扰动且尚未终结。美国财政刺激效应减弱，全球经济步入共振下行区间，风险事件频发。预计 2019 年全球经济增长幅度为 3%，为全球金融危机以来的最低增速。

在全球经济下行的预期下，全球主要经济体开始再度进入流动性宽松的通道，美国降息、欧元区重启宽松以及其他主要国家降息，全球的流动性再度宽松。我国虽未降息，但是从 SHIBOR 走势来看，2019 年整体还是有所下降的，融资成本降低。

货币政策宽松仍对支撑经济增长起到重要作用，但发达经济体央行的政策空间正在日益收缩。由于当前全球经济体所面临的经济增长放缓伴随着通胀低迷，需求总体弱势，经济动能趋缓，以美联储和欧洲央行为代表的主要中央银行均适当幅度放松了货币政策，以缓解经济增长面临的下行风险，并防止通胀预期“脱锚”。但各发达经济体央行的政策空间正在日益收缩，财政刺激将是未来各发达经济体宏观调节的重点。

受益于货币政策的放松，全球大类资产基本实现了普涨格局（见图 1）。大类资产沿着美债利率周期下行演绎，直接推动了债券以及黄金价格的上涨。而美国无风险利率回落速度快于企业盈利下行速度，估值推高导致美股市场不断创出新高。且 2019 年美国经济在稳消费和强就业的支撑下实现了缓慢回落，好于市场预期，而欧洲经济则仍然维持低迷，无论是美元汇率或是美股市场均强于非美经济体。

图1 全球2019年大类资产涨跌情况

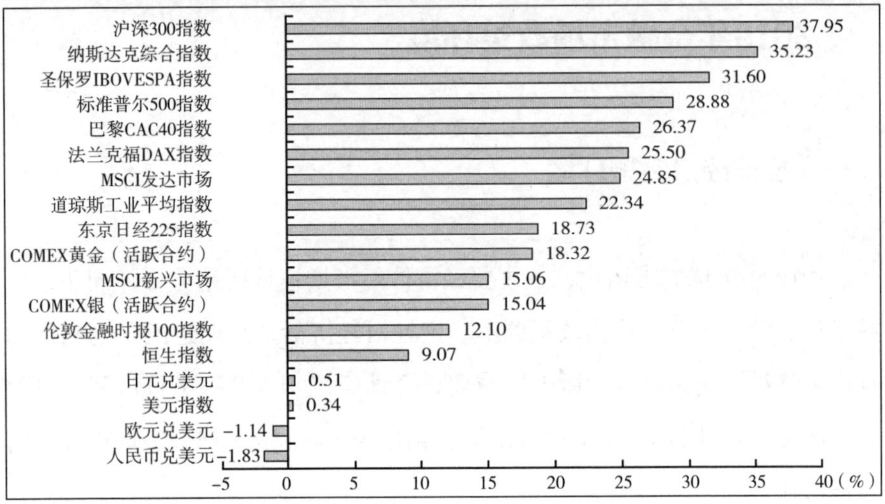

资料来源：Wind 资讯，建投研究院。

（二）中国经济金融环境

2019 年国际贸易形势严峻，全球经济加速放缓，中国经济下行压力加大，GDP 增速 6.1%。从拉动经济增长的三驾马车来看，进出口增速降幅扩大，投资增速跌势放缓，消费增速企稳回升。

2019 年以来，受非洲猪瘟以及猪周期因素的影响，CPI 持续走高，自 2014 年以来首次突破 3% 的目标上限。与之形成鲜明对比的是，PPI 持续下滑，2016 年 9 月以来首次出现负增长。当前经济形势下，CPI 与 PPI 走势严重分化，引发市场对经济“滞涨”的担忧。国际贸易形势严峻，全球经济加速放缓背景下，国内外需求疲软，大宗商品价格下跌，工业通缩压力显著。

我国经济受到来自外部和内部的双重挑战，为保持经济运行在合理区间，货币政策继续强化逆周期调节。2019 年 1 月初，央行宣布全面降准 1 个百分点，并于 9 月进行第二次全面降准，11 月份首次下调公开市场利率，数量型和价格型的货币政策工具配合使用。2019 年受我国实施大规模减税降费政策的影响，财政收入较上年同期大幅下降，而财政支出增长明显加快。

与经济下行压力加大相反的是，2019 年我国金融市场表现普涨，其中股市领涨中国金融市场。全年沪深 300 指数涨幅高达 37.95%，南华商品指数涨幅为 16.1%，中证全债指数涨幅为 4.7%，百城住宅价格指数上涨 3.34%，货币基金收益率约为 2.6%（见图 2）。

图2　2019 年中国主要资产表现回顾

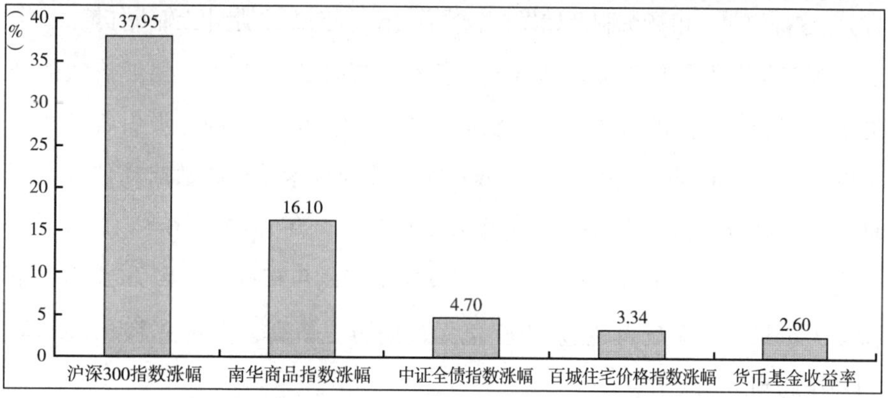

资料来源：Wind 资讯，建投研究院。

（三）中国资本市场改革力度空前

2019 年是资本市场制度改革开放的大年。

第一是制度创新方面，设立科创板并试行注册制。自 6 月 13 日正式开板、7 月 22 日首批 25 家上市企业挂牌交易以来，科创板运行日趋稳健，注册制试点效果显现。2019 年上交所受理 202 家创新企业科创板申请，共有 70 家公司在科创板上市。一批计算机、通信、软件和信息技术服务、医药制造等高新技术企业，得以通过登陆科创板融资，来解决自身发展遇到的资金问题。科创板的意义不是增加一个板块，而是引入以信息披露为核心的注册制试点，替代存在近 30 年的行政审批制，将企业价值判断交给市场，让市场在资源配置中起决定性作用。试点注册制是科创板改革最大的制度突破，是整个资本市场改革的方向标。同时，交易相关各方也在熟悉适应科创板的新机制安排，特别是注册制之下的市场化定价机制，比如亏损企业如何定价，这是一个市场博弈的过程，也对中介机构的服务能力提出了更高的要求。值得注意的是，科创板交易运行5个月来也趋于理性，以平均首日回报率作为参考指标的话，7月达到140%，8月攀升到298%，而到12月，回落到54%，其中还伴随个股出现盘中，甚至首日破发现象（12月4日建龙微纳上市首日破发）。这都说明，市场机制开始发挥较大作用，科创板注册制已渐入佳境。

第二是对外开放方面，从MSCI扩容、富时纳入A股，到沪伦通的开通，再到北向资金的持续买入，双向开放的中国资本市场正吸引着全球资金的涌入。MSCI年内三次扩容，A股纳入富时罗素全球指数启动仪式在深圳证券交易所举行，为A股市场注入了更多“新鲜血液”；6月17日，沪伦通正式开通，中国资本市场双向开放迎来新的里程碑。2019年北向资金持续大举买入，净流入超过3400亿元，创历史新高，也对A股市场信心的提振起到了重要作用。

第三是制度完善方面，出台和修订分拆上市、资产重组等制度，规范执行退市制度，进一步完善了资本市场的生态，推动金融支持实体经济政策的落地。一方面，让符合条件的公司在发展过程中更好地得到资金活水的灌溉；另一方面，让掉队的企业让出赛道，把资金用在支持中国实体经济、中国科技创新的刀刃上。2019年，通过多种渠道实现退市的有18家公司，其中以面值退市为主强制退市9家，退市家数创近年之最。

二、2019年中国金融市场表现各异

（一）股票市场

2019年一季度A股市场全面上升后维持震荡到年底。2018年上证综

指下跌 25.5%，跌破 2500 点，是金融危机以来的最大年度跌幅。2019 年市场迎来了修复，所有重要指数都出现较大涨幅，各指数表现无明显差异，显示出市场的整体复苏。最终上证综指、沪深 300、深证成指、创业板全年涨幅分别为 23.72%、37.95%、45.90% 和 46.34%（见图 3）。

2019 年中美贸易依然波澜起伏，经济下行压力制约了市场的上行空间。一季度，受市场流动性宽松、中美贸易摩擦预期趋缓、资本市场政策支持加码、科创板开通等利好因素的影响，市场整体大幅上行，相关主题、行业的个股表现优秀。二季度，中美贸易摩擦生变、人民币贬值及通胀预期升温等因素相互叠加，市场资金开始逐步谨慎，各类权益指数下跌幅度较大。三季度，市场情绪趋于缓和，市场走出第二波行情，配置关注点从消费向科技扩散。市场在前期大幅上涨后，后期整体维持区间震荡的格局。

图 3　2019 年上证综指、沪深 300、深证成指与创业板涨跌幅

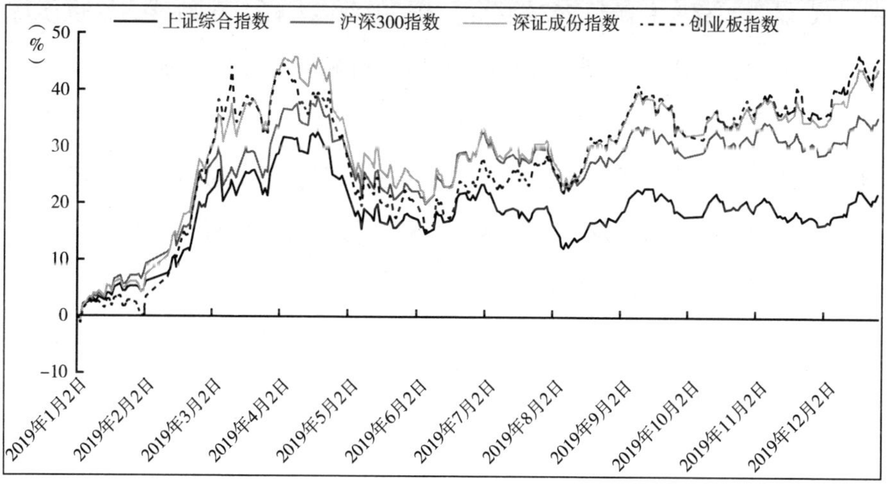

资料来源：Wind 资讯，建投研究院。

2019 年 A 股核心指数涨幅均超过 20%，剔除上市的新股后，上涨的股票占到了近四分之三，个股表现冰火两重天非常明显。从行业来看，食品饮料、电子、家用电器、建筑材料、医药生物这些科技和消费板块成为最大的赢家（见图 4）。

图4　2019 年各行业涨跌幅 （申万行业指数）

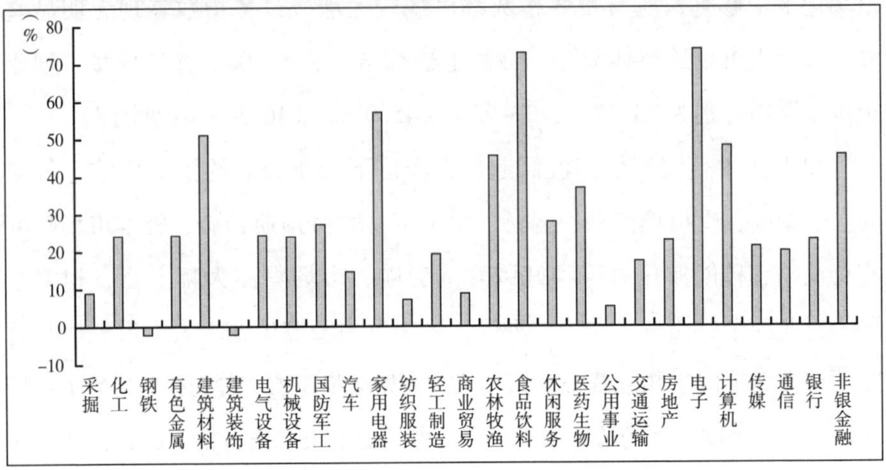

资料来源：Wind 资讯，建投研究院。

发行方面，2019 年共有 203 家公司在 A 股上市发行，合计发行新股 315.56 亿股，募资总额约 2534 亿元，较 2018 年大幅上涨 81%，这也使得 2019 年成为自 2011 年以来 A 股市场新股发行规模、融资总额最高的一年，科创板的成功开市是其主要原因。同时，科创板的启动推动科技、传媒和电信超过工业企业，跃居新股发行数量第一。但新股的募资额度、剔除科创板的发行市盈率以及发行价整体上却在走低，而科创板新股平均发行市盈率达 47.25 倍，发行溢价较高。

（二）债券市场

2019 年债券市场价格一路波动上行，继续牛市行情。2019 年中证全债指数从 190.95 一路上涨至 199.92，全年上涨了 4.7%（见图 5）。

2019 年无风险利率呈现箱体震荡行情，中枢水平下行，期限利差压缩，利率曲线走平（见图 6）。受基本面走弱影响，长端债券利率下行幅度更大，主导期限利差的变化。

图 5　2019 年中证全债指数

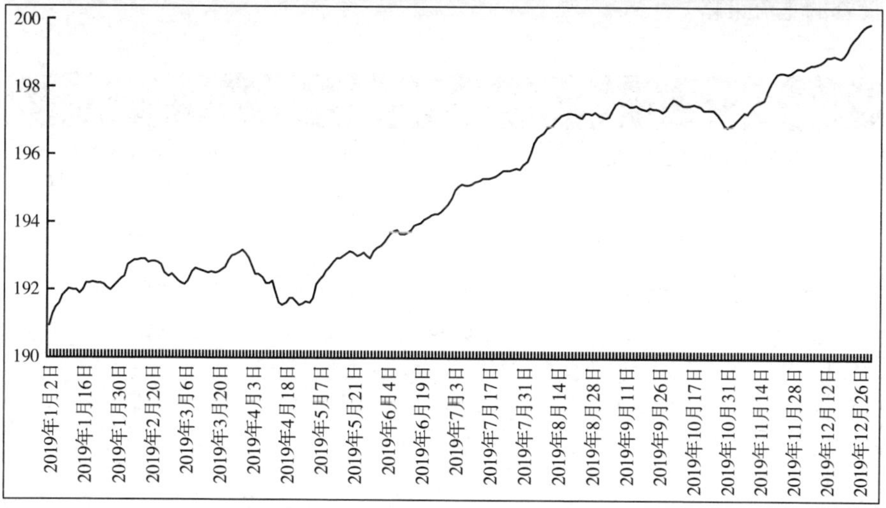

资料来源：Wind 资讯，建投研究院。

图 6　2018 年、2019 年 10 年国债、国开债利率低位波动

资料来源：Wind 资讯，建投研究院。

从债券类别上看，信用债表现整体强于利率债，随着信用环境逐渐回暖，信用利差压缩幅度明显（见图 7）。不过，全年投资风险偏好提升仍然缓慢，“核心资产”概念占主导，信用分化现象加剧。投资策略上，在无

风险利率下行至低位，且波动频率加大的背景下，下沉信用资质成为债市投资的主流策略。

图7　各类债券指数2019年变动幅度

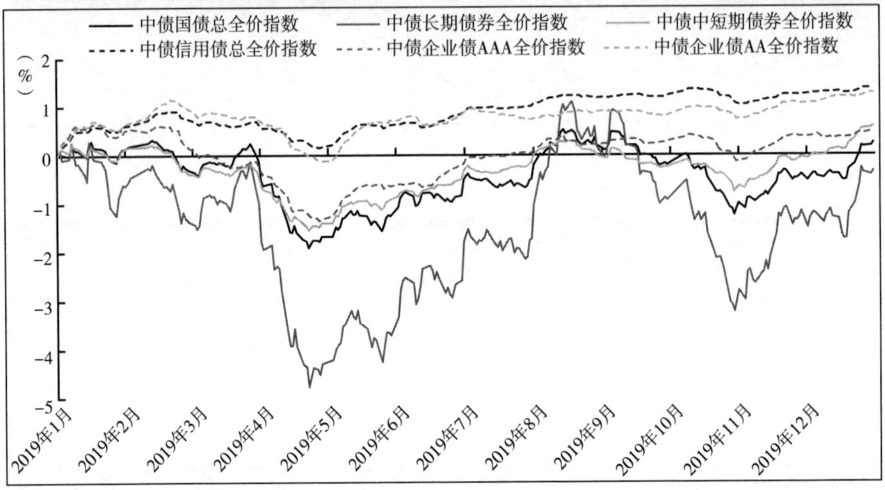

资料来源：Wind资讯，建投研究院。

（三）基金市场

受益于A股表现良好，2019年主动投资的偏股型基金大多获得正收益，表现较优。其中股票型基金和混合型基金单位净值分别平均上涨43.0%和36.8%。债券市场上行幅度较小，因此债券基金净值平均上涨了4.1%。货币基金上涨2.6%，收益较2018年同期下跌1个百分点。QDII基金的整体净值变动趋势与全类型基金较为一致，幅度适中，上涨20.4%（见图8）。

（四）商品市场

2019年全球宏观形势复杂多变，贸易争端悬而未决，地缘政治冲突激化，主要央行开启负利率时代，市场风险偏好在“黑天鹅”事件频发中重回低谷，大宗商品价格走势分化，反映核心商品价格的 CRB 指数总体震荡略有回落，原油亦是横盘震荡走势，贵金属等避险资产备受市场青睐，原油、铁矿、镍等品种也因外部冲击迎来阶段性行情。

图 8　各类基金指数 2019 年涨跌幅

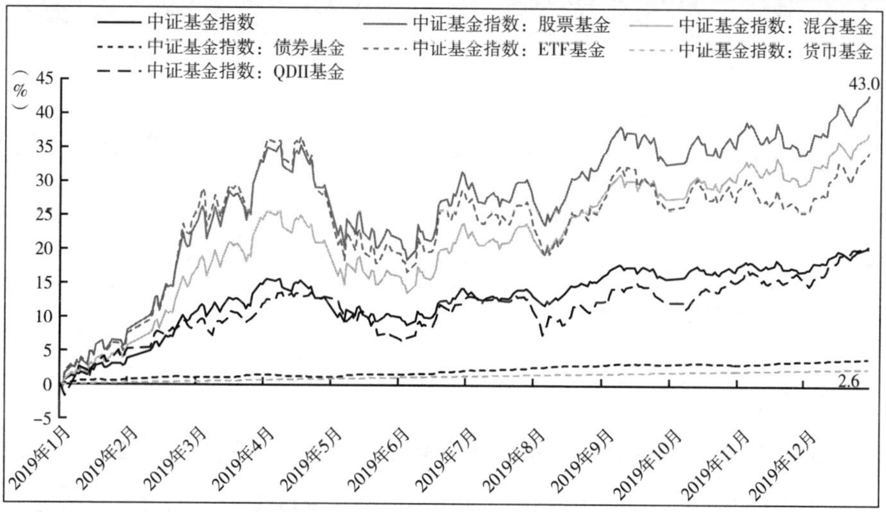

资料来源：Wind 资讯，建投研究院。

2019 年也是中国期货期权市场建设的丰收之年，期货期权上市步伐明显加快，品种多达 17 个，为我国期货期权市场发展历年之最。2020 年初还将上市菜籽粕期权等品种，我国期货期权市场已经初步形成了商品金融、期货期权、场内场外、境内境外协同发展的良好局面。2019 年 8 月 27 日，国内首批商品期货 ETF 获批，标志着公募基金开启商品期货指数化投资新时代。

国内商品市场表现良好，南华商品指数和各分类指数与年初相比均有所上升，涨幅排序：南华金属指数 > 南华工业品指数 > 南华贵金属指数 > 南华综合指数 > 南华能化指数 > 南华农产品指数。从各个指数的走势来看，南华综合指数、南华工业品指数、南华能化指数和南华金属指数走势相似，而南华农产品指数、南华贵金属指数的走势则独具特点（见图 9）。

图9　2019 年南华商品指数涨跌幅

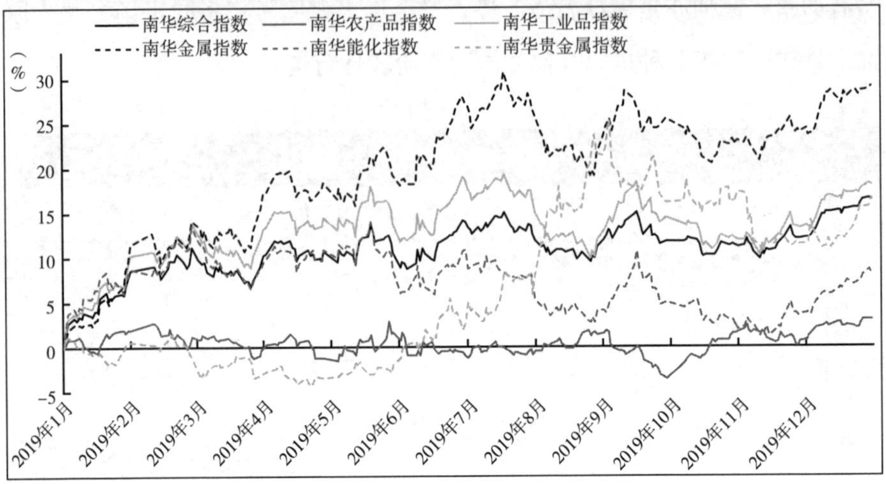

资料来源：Wind 资讯，建投研究院

1. 黄金

2019 年黄金价格整体偏强，全年伦敦现货黄金涨幅为 18.72%，上海金交所黄金现货涨幅为 19.24%。2019 年金价走势大致可分为三个阶段。第一阶段：1 月初至 5 月初，在美联储转向鸽派以及美国政府长时间停摆下，中美贸易磋商“打打谈谈”，风险情绪并不旺盛，金价震荡运行。第二阶段：5 月初至 9 月初，中美贸易摩擦加剧，美国先后宣称对中国 2500 亿美元与 3000 亿美元商品增加关税，并且英国硬脱欧风险加剧，加之受到中东地缘政治影响，市场情绪较为悲观，大量资金流入贵金属市场。叠加美国经济数据不及预期，在美联储降息的预期下，金价涨幅高达 25.69%。第三阶段：9 月初至年底，在美联储年内降息三次的背景下，市场对其 12 月再度降息的预期有所收敛，同时，中美贸易摩擦正朝“合则两利”的一面进行，潜在政治危机逐步散去，金价震荡回落（见图 10）。

2. 原油

2019 年初至 4 月底，中美对话协商带来国际宏观环境转暖，美国制裁委内瑞拉、伊朗的原油出口叠加 OPEC + 减产等因素，造成原油市场供给偏紧，国际油价持续上涨。5 月随着中美贸易谈判破裂以及美墨、美欧贸易冲突加剧，国际经济宏观环境恶化，原油需求预期走弱，国际油价重挫。8 月市场预期贸易纠纷可能从经济领域向政治、金融领域蔓延，以及发达经济体主要经济指标下滑造成投资者对于全球经济衰退的恐慌，避险情绪抬升，国际油价再遭重创。9 月之后在国内外降息等刺激政策的帮助下，全球经济下滑趋势得以缓解，加上中东地缘政治事件频发，引发市场对原油供给的担忧，国际油价小幅攀升。特别是在美国加码制裁伊朗的影响下，国际油市供给减少加上主要经济指标回升带来需求预期的改善，国际油价持续反弹。2019 年布伦特原油期货上涨 20.2%，WTI 原油期货上涨 31.2%（见图 11）。

图 10　2019 年黄金价格走势

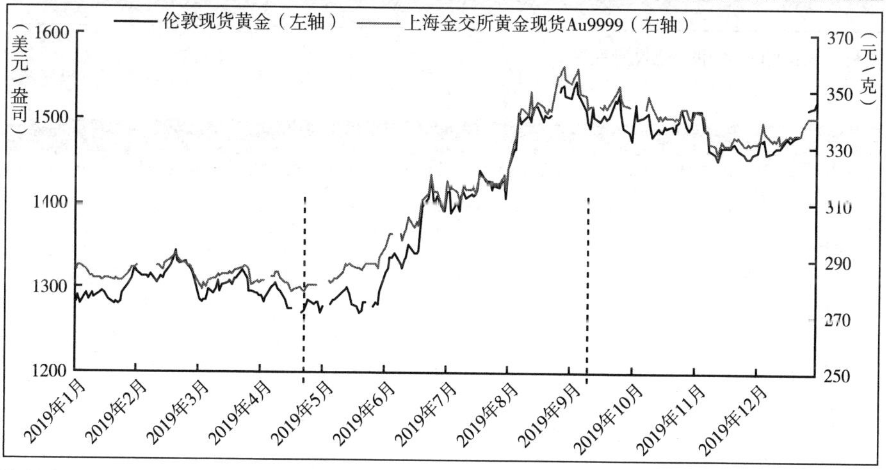

资料来源：Wind 资讯，建投研究院。

3. 有色金属

2019 年国际经济形势较为复杂，不确定性因素较多，贸易战、英国脱欧、各国央行失去流动性。有色金属需求放缓的压力上升，并且已逐渐显现，有色金属价格整体承压。受各个品种基本面情况不同影响，2019 年有色金属走势出现明显分化。铜铝宽幅震荡，重心小幅抬升；沪镍波幅较大，且全年涨幅最大，高达30%；沪锡震荡探底回升；锌、铅冲高回落，大幅收跌，分别下跌12.2%和16.4%（见图12）。

图11　2019年原油价格走势

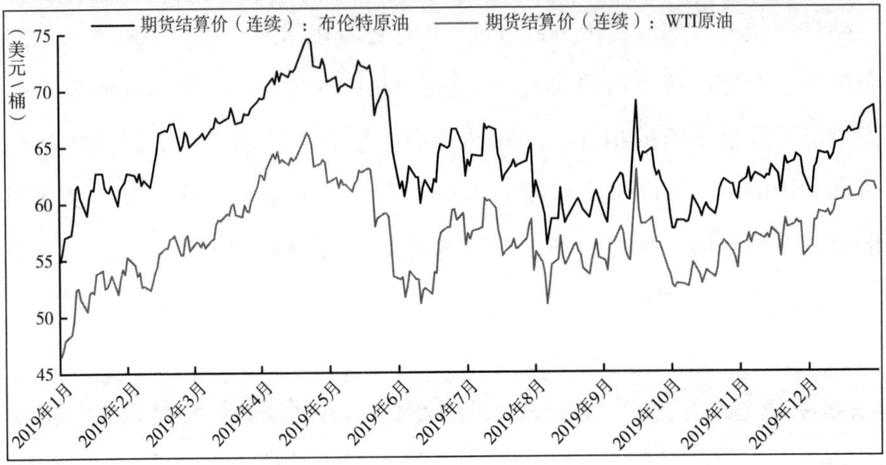

资料来源：Wind资讯，建投研究院。

图12　2019年上海期货交易所工业有色金属期货主力合约涨跌幅

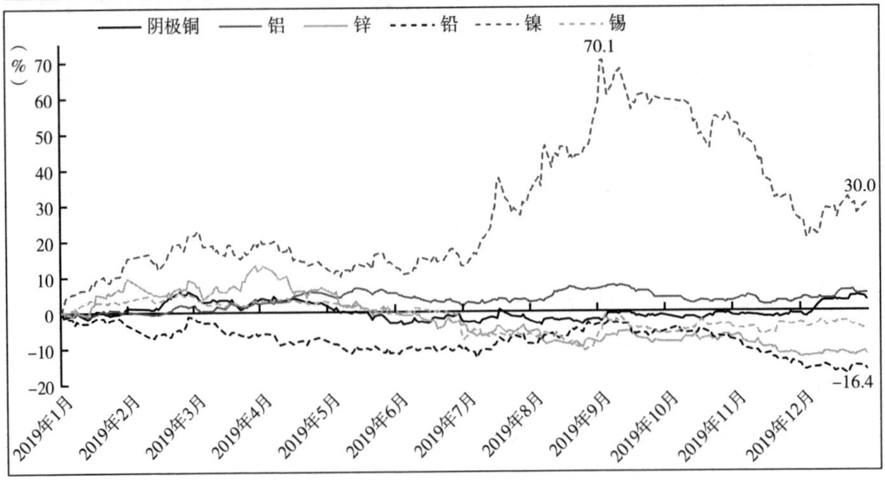

资料来源：Wind资讯，建投研究院。

（五）外汇市场

1. 美元

2019 年美元指数先扬后抑，前三季度上行，第四季度下行，全年仅上涨了 0.34%，基本以持平收场（见图 13）。

图 13　2019 年美元指数

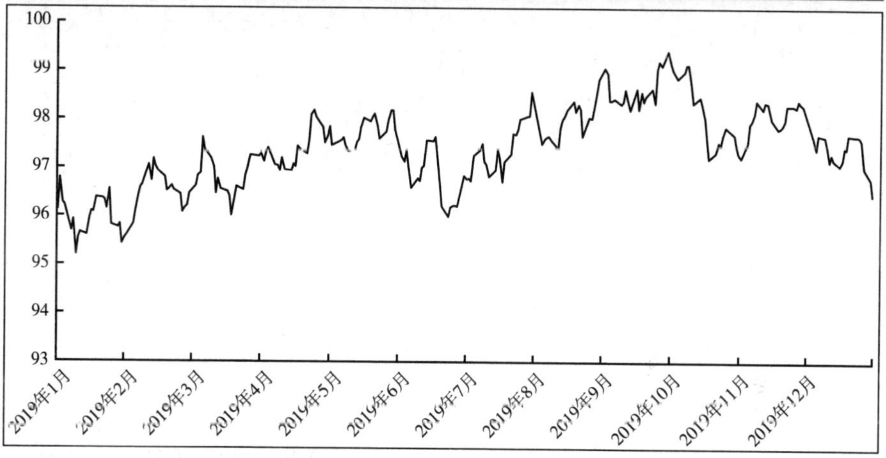

资料来源：Wind 资讯，建投研究院。

2019 年全球经济与贸易增速下降，美国经济表现相对强劲，特别是前三季度贸易保护主义骤起，地缘政治风险事件频发，全球经济增速被显著拖累，市场投资者担忧情绪不断升温，避险需求不断增强，成为美元指数在 2019 年关键的上行推动力。与此同时，美联储在 2019 年转向了宽松的货币政策，连续降息三次，也令美元指数承受了不小的下行压力。但在中美贸易谈判不确定性的影响下，美元指数在 4 月至 5 月和 7 月至 8 月出现了两轮明显的走强。而在中美贸易谈判出现缓和后，全球避险情绪开始出现降温，避险情绪的改善开始成为美元指数的下行压力，避险属性对美元指数的影响显著强于货币政策的影响。

2. 欧元

2019 年欧元兑美元震荡下行，前三季度维持下行趋势，10 月后有所反弹，年底比年初下降 1.14%。欧元兑人民币中间价年末比年初也略有下降，降幅为 0.47%（见图 14）。

图 14　2019 年欧元走势

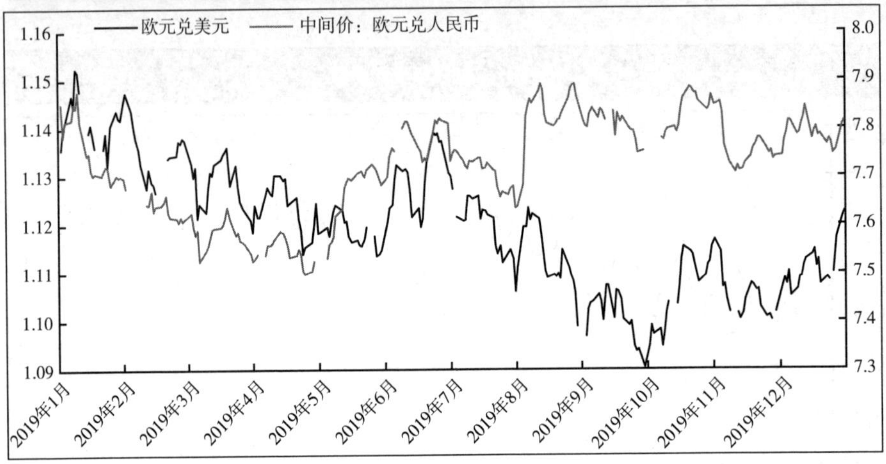

资料来源：Wind 资讯，建投研究院。

经济基本面自 2019 年初以来不断恶化并未修复，欧洲央行坚守在负利率的货币政策路径上，在全球贸易环境恶化的背景下欧元区难以独善其身，英国脱欧一波三折也无法给予当事两经济体货币汇率支撑，最终以温水煮青蛙般的缓慢下行趋势走完全年。

3. 人民币

自 2018 年中美贸易摩擦升温以来，“破 7”成为一个重要关注点，市场一度认为“破 7”会导致人民币“一泻千里”，外资大幅撤离中国，引发国内经济断崖式下滑。但事实上，人民币汇率在 2019 年 8 月 5 日正式进入“7”时代，并未引发上述恐慌。这一突破释放了货币政策的空间，人民币波动区间再次放开，央行调控能力有所提升（见图 15）。

2019 年全年，人民币兑美元较年初贬值 1.83%，CFETS 人民币汇率指数较年初贬值 1.76%（见图 16）。

图 15　2019 年美元兑人民币中间价走势

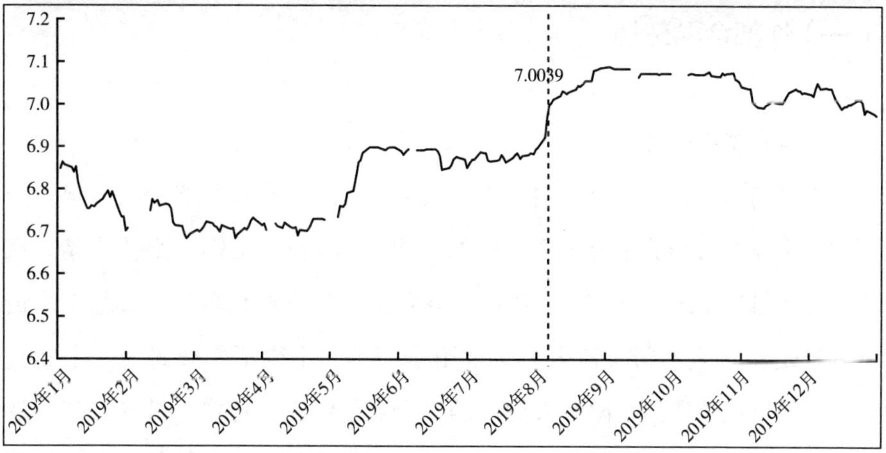

资料来源：Wind 资讯，建投研究院。

图 16　2019 年三大人民币指数走势

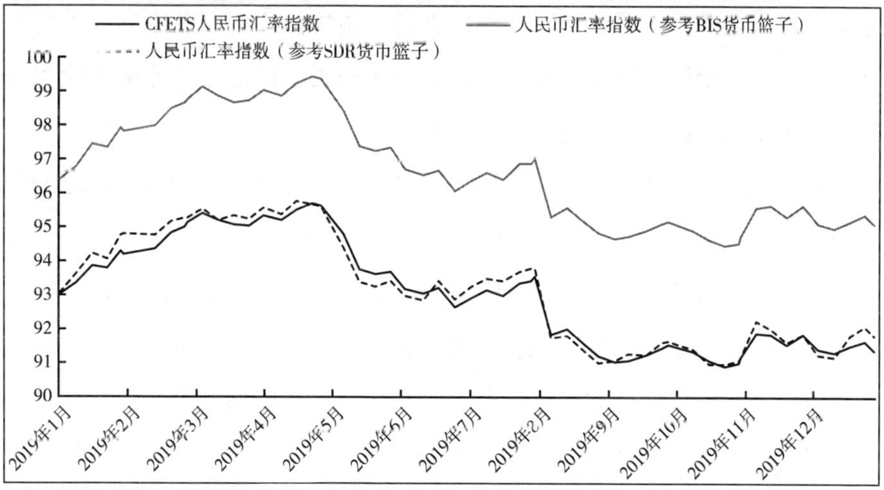

资料来源：Wind 资讯，建投研究院。

三、2020年金融环境与政策趋势

（一）外部金融环境

1. 全球货币政策

受疫情影响，2020 年全球经济面临衰退风险，全球地缘政治形势更加严峻，全球贸易局势不容乐观。从 2019 年底开始暴发的新冠肺炎疫情，可能会成为触发全球经济衰退、压垮全球化的最后一根稻草。新冠肺炎疫情全球暴发，增速迅猛，各国为防范阻击疫情，不得不实施封城、中断交通、关闭国境等措施，限制人员流动，企业纷纷停工停产。世界宏观经济和金融体系动荡加剧，欧美及疫情严重的新兴市场国家，经济衰退已经不可避免，多国股市连续触发熔断机制，平均下降超 30%。而同时，流动性危机显现，非美元货币集体贬值，疫情叠加价格战致使原油价格暴跌，黄金和债券等避险资产因流动性冲击，也进入抛售模式。以欧美日为首的发达国家和地区纷纷大放水，通过降息、资产购买、稳定汇率等集体性宽松措施稳定市场预期，加大资产购买力度。

具体来看，美联储方面，在 2020 年 3 月 3 日以及 3 月 16 日两次降息，降息后基准利率为零利率区间。降息的同时，美联储还启动了 7000 亿美元 QE，随后启动商业票据购买（CPFF）以缓解商业票据市场信用息差上升压力。3 月 20 日，美联储扩大货币市场便利，包括购买信贷支持范围扩大到市政债和增购抵押贷款支持证券。3 月 23 日，美联储更进一步，宣布将不限量按需买入美债和抵押贷款支持证券（MBS），每日和定期回购报价利率重设为 0，将购债范围扩大到机构抵押支持证券，并增设 3 个流动性工具，历史性开启无限量“QE”模式。美联储还将设立两项信贷工具，为家庭、小企业和主要雇主提供前所未有的信贷支持，合计将提供高达 3000

亿美元的新融资；并将很快宣布“大众企业贷款计划”（Main Street Business Lending Program），以支撑中小型企业贷款。此外，3 月 17 日，美联储根据《联邦储备法》第 13 条第 3 款赋予的权力，先后启动商业票据融资便利机制（CPFF）和一级交易商信贷机制（PDCF），二者均创设于 2008 年。这也是 2008 年 9 月雷曼兄弟公司倒闭引发金融市场动荡后，时隔 12 年后再次启动两大工具。

欧洲央行方面，2019 年 9 月欧洲央行已祭出新一轮超宽松货币政策，将存款便利利率下调 10 个基点至 -0.5%，推行“两级利率体系”和新一轮长期再融资操作（TLTRO - Ⅲ）。2009 年 11 月起欧洲央行重启购债计划，每月购债 200 亿欧元。2020 年 3 月 12 日，受新冠肺炎疫情影响，欧洲央行宣布 2020 年底前额外增加 1200 亿欧元资产购买计划，同时使用流动性工具以及灵活银行业监管等措施，为欧元区注入额外流动性。3 月 18 日晚又宣布 7500 亿欧元紧急资产购买计划，以应对疫情蔓延给货币政策传导机制及欧元区带来的严重风险。

2. 全球财政政策

2020 年全球财政政策将维持扩张。为应对因新冠肺炎疫情触发的经济下行，光靠货币政策是不够的，全球政府将通过财政扩张支持经济。3 月 25 日，美国政府已就规模近 2 万亿美元的开支和减税一揽子计划与参议院民主党人和共和党人达成了一致。这项一揽子计划将包含为企业与美国州市提供数十亿美元资金、向广大美国公众派发现金、为小型企业提供贷款和救助以维持就业、加大失业保险力度、推迟缴税等相当广泛的内容。欧洲理事会主席米歇尔 3 月 25 日表示，欧盟领导人将讨论“类似于马歇尔计划”的经济刺激方案，以应对新冠肺炎疫情对欧盟经济的影响。3 月 20 日，英国政府宣布了一项史无前例的刺激计划，包括历史上首次政府承担公民的部分工资，工作岗位受到病毒威胁的就业者将从政府那里获得至多 80% 的工资，英国政府可能为此至少花费 100 亿英镑；企业还将获得总值 300 亿英镑的纳税减免，政府将增值税缴付暂停一个季度。

（二）内部金融环境

1. 积极的财政政策延续，减税降费有望加大力度

稳定2020年经济增速是完成全面建成小康社会目标的必要条件，考虑到2020年的经济下行压力、中美贸易摩擦及国际环境的不确定性、新冠肺炎疫情对经济的冲击，继续依靠积极的财政政策托底经济仍将是宏观政策的必然选择之一，预计上调财政赤字率、提高专项债发行限额、继续推进减税降费仍将是财政政策的主要举措。但同时也应该看到，地方政府的偿债高峰即将到来，地方财政的积极空间势必受到一定限制。

从债务到期情况看，自2020年开始，地方政府将进入偿债高峰期，2020年地方政府债务偿还金额将增加至2.1万亿元，而到2023年，偿还金额将达到3.5万亿元的峰值。此外，在不同统计口径下，地方城投平台城投债也将在2020～2024年迎来偿债高峰。由于各地财政都不同程度地存在对城投平台的补贴，因此，城投平台偿债高峰的来临也会制约未来几年财政政策的发力空间。

预计2020年财政目标赤字率将上调至3%，并将继续提高新增专项债限额。近年来，我国地方政府新增专项债限额不断提高，2019年已达2.15万亿元。考虑到2020年继续化解地方隐性债务风险、房地产调控政策将持续，以及由此导致的土地出让收入增速下滑，预计2020年我国新增地方政府专项债限额约在3.35万亿元左右。

继续深化减税降费改革，重点推进增值税率“三档并两档”。预计制造业等行业增值税率将下调2个百分点至11%，交通运输业和建筑业等行业增值税率下调1个百分点至8%。二是各地因地制宜推进企业缴纳社保费率的进一步下调。三是继续针对中小微企业、贸易部门等下调企业所得税、关税、进出口货物增值税率等。

盘活存量资金，弥补公共财政收支缺口。国有资本经营预算可调入约

1200 亿元，预算稳定调节基金和政府性基金也是弥补财政收支缺口的重要资金来源。此外，我国各级政府的预算稳定调节基金、政府性基金等均可以通过调入一般公共预算，弥补收支资金缺口，而调入金额会根据当年财政收支的实际缺口而有所调整。

推动财政新规尽早落地起效，重点推进专项债资金做项目资本金的政策。为缓解地方政府财政压力，更好发挥专项债资金投资效果，2019 年相继颁布了多项涉及专项债的政策，但由于新政对项目的总投资额、营利性等都有较高的要求，因此，新政的执行效果远低于市场预期。但随着地方政府对项目储备工作的推进，2020 年专项债做资本金的项目预计将会明显增多。此外，在以往的专项债项目中，基建类项目的占比较低。鉴于 2020 年基建投资对稳定经济增速的重要性，预计 2020 年基建类专项债项目的占比会有所提高，专项债对基建投资的拉动效果也将进一步显现。

2. 货币政策空间充足，“稳增长”下“定力”犹存

2020 年稳健的货币政策仍将保持松紧适度，加大逆周期调节力度，保持流动性合理充裕和社会融资规模合理增长，更着力于解决结构性问题。

2020 年具体的调控政策可能包括：第一，数量型调控方面，为应对经济下行压力及中小银行流动性风险，实现广义货币 M2 和社会融资规模增速与名义 GDP 增速相匹配，政策有必要降准以保证金融体系流动性，降低商业银行负债成本，支持银行信贷扩张。我国的法定存款准备金率其实存在一定的调整空间：一是当前的法定存款准备金率距离 2004 ~ 2006 年间的历史低点 7.5% 仍有 35bp 的空间（见图 17）；二是我国的总存款准备金率在国际比较中处于中等水平，且不同于发达国家的“高超额存款准备金率、低法定存款准备金率”，我国是“高法定存款准备金率、低超额存款准备金率”。预计 2020 年有望降准 3 次，首次降准已在年初落地。同时，央行也将灵活运用定向降准、MLF、再贷款再贴现等定向工具，通过 PSL 支持基建值得期待（见图 18）。信贷将加大对制造业、基建、新消费、民营企业的定向支持力度。

图 17　我国法定存款准备金率存在调整空间

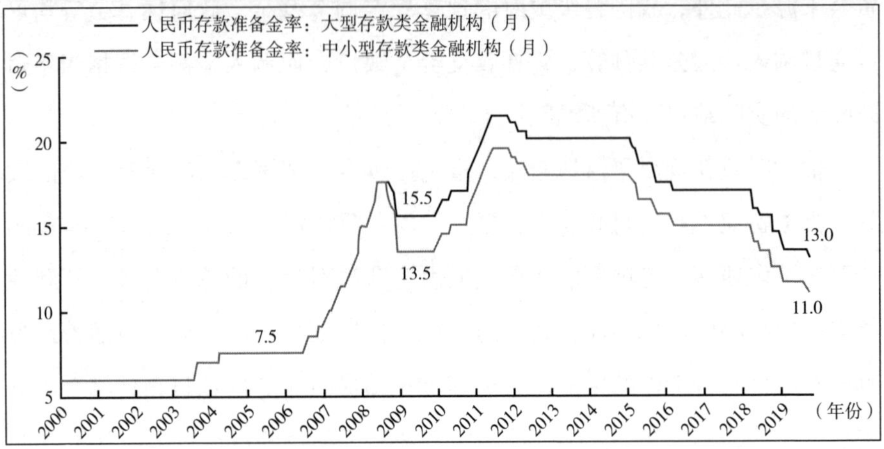

资料来源：Wind 资讯，建投研究院。

第二，价格型调控方面，政策的重点仍在于“以改革的方式降成本”。一方面，货币政策无须对 2020 年初的 CPI 走高做出响应，货币政策作为总量政策无法解决猪肉供给侧的问题，短期供给冲击导致的结构性通胀不会成为货币政策的掣肘因素；另一方面，在金融开放大背景下，为保证中国资产的吸引力，需保持正常利差，当前中美利差距“80～100bp 的舒适区间”仍有一定空间。

图 18　MLF 操作利率尚有调整空间

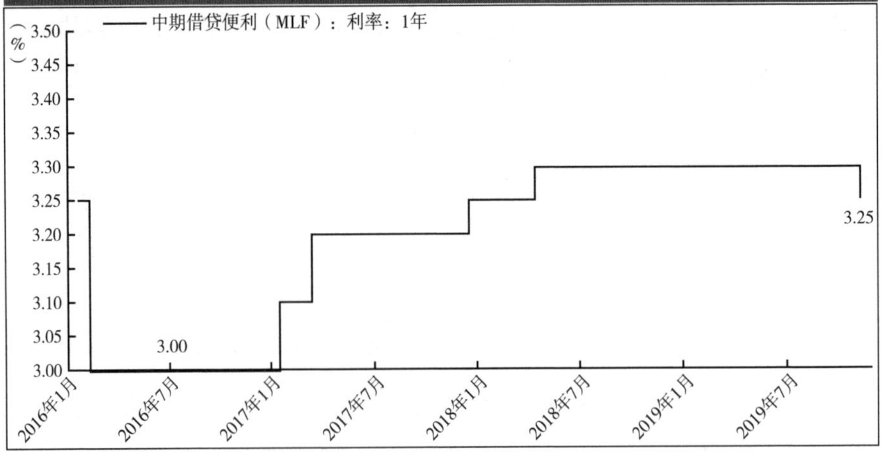

资料来源：Wind 资讯，建投研究院。

（三）资本市场改革

2019 年 9 月 9 ~ 10 日，证监会召开全面深化资本市场改革工作座谈会，并提出全面深化资本市场改革 12 个方面重点任务。2019 年的中央经济工作会议首次直接提及创业板和新三板改革。

1. 新三板全面深化改革

新三板增设“精选层”，已经明确将有转板机制、丰富交易制度、放宽投资者准入门槛、引入公募基金投资等改革红利。2019 年 11 月 8 日，股转公司发布《关于就深化新三板改革相关业务规则公开征求意见的通知》，并公布了《公开发行规则》《定向发行规则》《分层办法》《信息披露规则》《公司治理规则》和《交易规则》6 份业务规则，对外公开征求意见。精选层的 4 套挂牌标准分别从盈利、成长性、研发及创新维度市场化、差异化、多元与包容地精选中小企业。

2. 创业板注册制改革作为存量市场改革“箭在弦上”

从监管层密集表态来看，加快推进创业板改革并试点注册制成为下一改革方向。作为存量市场改革，创业板改革应平稳有序，以提高上市公司质量为核心，减缓供给变化对市场的冲击。创业板改革将承接科创板的成功经验平稳落地，目前创业板再融资制度、并购重组制度的改革已经逐步开始。

3. 鼓励银行理财、险资等国内中长期资金入市

2016 ~2018 年，险资入市平均比例约 12.51%，险资入市比例提高可期。鼓励险资入市后若权益类投资比例提高至 20%，以险资存量运用资金测算，险资入市可带来增量资金约 1.2 万亿元。银行理财子公司股票账户放开国内中长期资金偏重绝对收益进而关注低估值板块，低估值板块有望估值系统性回升。

4. 再融资减持新规等资本市场融资功能恢复

2020 年 2 月 14 日，证监会发布上市公司再融资的新规，进一步放松创业板的再融资条件，取消创业板非公开发行两年盈利限制，并取消 45%

负债率限制。再融资制度的优化有利于发展直接融资，有利于引导社会资金向具有自主创新能力的高科技企业集聚。参考科创板“试验田”及创业板的定位，未来或对新兴领域和初创公司的上市降低盈利性要求。

5. 衍生品放开等改革或有助于提升市场整体风险偏好

2019 年底，中国证监会陆续发布了允许包括股票股指期权、多个商品期货和商品期权品种交易的批复，上交所、深交所上市沪深 300ETF 期权，中金所上市沪深 300 股指期权。金融衍生品的功能发挥伴随各衍生品的交易规则和制度也在逐步优化完善，金融供给侧改革角度下，衍生品放开及平稳发展有助于龙头券商、金融 IT 等业绩提升。

四、2020年中国资本市场展望

（一）股票市场

预计 2020 年全年 A 股市场震荡加剧，先抑后扬，整体下行幅度有限。一方面，受全球股市巨幅震荡下行的影响，A 股市场也会有一定的跟随效应。新冠肺炎疫情将对中国经济造成较大压力，对企业盈利造成较大影响，加剧企业盈利分化，支撑指数中枢抬升的幅度有限。另一方面，全球流动性溢出，以及我国利率下降、逆周期调节和资本市场改革将是 A 股市场四大主线。

预计全球央行都将开启超宽松货币政策，中国此次疫情防控效果最佳，特别是从利差、估值、相对稳定的汇率等角度看，人民币有望成为避险资产的新宠，中国的债市和股市有望发挥全球金融资产“避风港”的作用。利率下行有利于电子、计算机、通信、传媒等科技行业持续提升估值；也有利于企业融资成本下降，促进先进制造业投资；还对高股息的龙头板块形成吸引力。中美贸易一阶段谈判落地，全球贸易条件改善，高通胀制约货币政策背景下，逆周期政策发力将助力经济企稳，推动市场震荡回暖。逆周期调节将在上半年对商品形成一定支撑，机械、建材等周期行业将呈现一定阶段性机会。资本市场改革、发展直接融资，投行能力强的头部券商也会表现优异。

具体来看，政策方面，创业板注册制改革的落地料将成为权益市场改革的焦点，叠加配套改革政策的密集出台，权益市场层次将更为丰富，市场风险偏好有望提振。

估值方面，无论是对比自身历史还是国际主要权益指数，A 股当下估值均处于较低水平，反映出 A 股的性价比更具优势（见图 19）。

图 19　全球主要权益指数估值水平

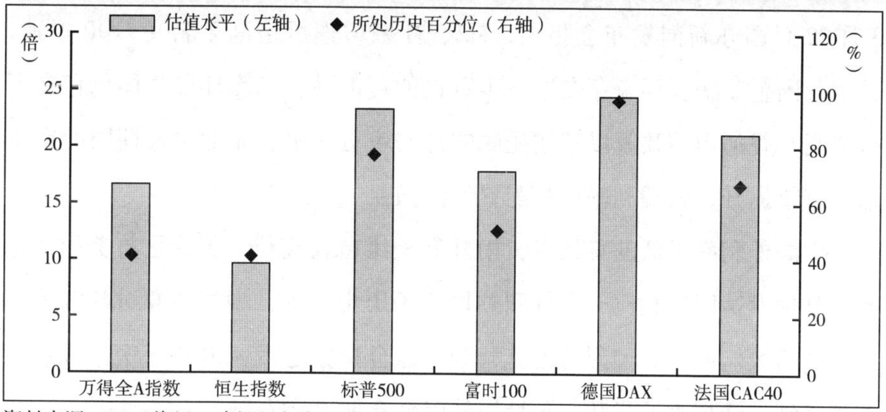

资料来源：Wind 资讯，建投研究院。

资金方面，当下外资持股占 A 股流通市值的 4%，已逐步接近公募基金 4.8% 的持股市值占比。长期来看，A 股相对较低的估值水平、外资流入渠道的拓宽、外围低利率环境料将促使更多活水流入。

在这样的环境下，代表战略性发展产业的科技、高端制造等相关行业仍将是主线。

（二）债券市场

2020 年，随着全球货币政策宽松不断进阶，资金利率维持低位将成为常态，并带动短端债券利率维持低位。我国经济增长中枢回落，节奏上前低后稳；通胀中枢上行，节奏上前高后低；货币政策稳健，加强逆周期调节，强调结构调整，防风险延续。节奏上，上半年货币政策或更侧重“稳增长”，下半年或根据经济企稳情况进行调整，继续在“稳增长”和“防风险”之间实现平衡。

从银行体系的资产负债表看，当前商业银行在资产、负债两端向债券市场倾斜。除永续债发行外，2020年以来，央行逆周期调控意愿较强，银行盈利能力受到影响。为维护银行体系自身的息差水平，银行体系有加大债券购买的需求，高评级债券有望迎来资金增量。从社会融资的角度看，3月22日国办新闻发布会指出，M2、社融增速可略高于名义GDP增速，预示我国企业融资环境存在进一步宽松的可能性，利率环境整体仍存在下行空间。叠加当前政策以基建托底的意向十分明显，企业中长期限的融资需求有望提升，长端利率债的配置价值仍存。

在海外利率走低的背景下，中外利差维持在高位。无论是与美国，还是与其他发达国家相比，中外利差均高于历史水平，中国债券对外资吸引力逐渐增大。此外，继彭博巴克莱全球综合指数之后，2020年中国政府债券将被纳入摩根大通指数，预计境外资金会加速流入。

因此，总体来看中国债券市场机会不多，上半年收益将好于下半年，利率债将略好于信用债，进入长期牛市，成为避险资产甚至全球资金避险资产。

在信用债方面，信用利差长期受到基本面变化影响，中短期受到金融监管推进程度的影响。基本面走弱挑战企业违约风险，盈利差异导致结构分化。2020年，基本面下行压力较大，继续挑战企业违约风险；节奏上，上半年经济走弱压力相对较大，信用利差或走阔；下半年，伴随基本面企稳，企业盈利改善，违约风险溢价或出现一定程度回落。流动性风险前高后低，信用利差分化延续。债市行情决定信用债流动性风险走势，受一季度无风险利率处在偏高位的影响，流动性溢价或小幅走高，之后伴随无风险利率回落，流动性溢价跟随降低。此外，2020 年需要关注金融监管工作的推进导致债券流动性溢价的走势出现不确定性。一方面，2019 年银行体系刚兑信仰打破，同业市场流动性分层，之后传导至信用债，造成信用利差高低评级分化加剧，2020 年不排除某些中小银行再次出现资产处置问题，需要关注信用利差阶段性走阔、分化加剧的风险。另一方面，2020 年是资管新规过渡期截止年，在资管产品转型压力下，投资者风险偏好提升或比较缓慢，信用分化现象仍将明显。因此，高低评级信用利差分化会延续，高评级信用债享有相对优势，低等级信用债压力仍存。2020 年信用债需精挑细选，投资者可适度下沉评级增厚收益。

2020 年城投信用风险可控，受益于存量隐性债务化解工作的落实，城投债仍是相对安全的选择。但考虑到城投估值吸引力回落，建议需要结合机构自身负债的情况，适度下沉城投资质。

2019 年尽管整体融资环境有所改善，但民企融资并未出现明显回暖，特别是信用资质差的民企，违约事件占比居高不下。因此，建议对民企债依然保持谨慎。

（三）外汇

1. 美元

首先考虑流动性。2020 年 3 月伊始，新冠肺炎疫情全球蔓延，加剧了美国高杠杆债务风险，市场避险情绪上升，抛售一切换美元，黄金下跌，美元指数上涨，全球金融环境急剧恶化，各国央行加大货币操作力度，3 月 3 日美联储降息至 0，但成效甚微，3 月 9～20 日美股出现了一月四次熔断，结束了其 11 年的牛市行情。原油冲击叠加疫情催化点燃了美元流动性危机。美股暴跌以来，美国资本市场出现踩踏现象。各大基金公司开启无条件恐慌式抛售的行为，现金成为最稀缺的资产。当前来看，美国银行间、非银机构和实体经济均出现流动性紧缺的问题，使海外市场加大对美元需求，美元指数从3月9日的95猛冲至3月17日的102.7。

不过，强美元只是一个短期现象，是流动性危机的产物。美联储无限QE缓解了美国流动性紧张问题，并在未来提高通胀预期，市场会逐步抛弃对现金的追捧，改为提高对黄金的配置，美元指数会回落，黄金会出现较好行情。美联储出台的无限QE政策，虽然无法扭转美股下跌的态势，但可以为市场注入流动性，有望使美元指数提前回落。

其次考虑美国经济。根据约翰斯·霍普金斯大学统计的实时数据，截至2020年3月26日上午7时左右，美国累计确诊新冠肺炎病例69197例，死亡1046例，治愈619例。其中，3月23～25日三天单日确诊数量均破万。受新冠肺炎疫情冲击，美国经济活动陷入停摆，大量企业开始裁员。美国劳工部周四公布的最新数据显示，截至3月21日当周，申请失业金人数达到328万，远远超过历史上的最高峰69.5万人。新冠肺炎疫情之下美国经济将在二季度出现非常剧烈的衰退，下半年可能有所反弹。新冠肺炎疫情也使得美国大选的不确定性加大，特朗普在疫情期间的表现将对大选结果造成很大影响。在疫情面前本应与中国合作的美国，却极力牵制甚至诋毁中国，让两国后续贸易谈判和关税前景不容乐观。综上，基本面决定美元走弱可能性较大。

2. 欧元

欧洲疫情日趋严重，令本就低迷的欧洲经济雪上加霜。欧洲央行3月13日预测，若封闭措施持续，预计2020年二季度欧元区GDP增速将萎缩5%，三季度后会有所好转，全年GDP增速为0.8%。欧元区3月综合PMI、服务业PMI双双降至历史新低，制造业PMI降至近11年新低。欧洲央行将在新的一年里继续维持极度宽松的货币政策，利率继续保持低位。

因此，2020年欧元的走势一方面与疫情发展相关，另一方面与美元的吸引力相关，预计全年波动较大，整体在美联储无限QE的影响下有上行趋势。

3. 人民币

2020年3月中旬美元指数受流动性恐慌影响大幅拉升7.4%，受此影响，包括人民币在内的全球非美元货币均出现不同程度的下跌。但是，同期人民币仅贬值 2%，在全球主要货币中表现较好。2020 年以来尽管受到疫情影响，我国跨境资金流动总体稳定，外汇市场供求基本平稳，人民币汇率在全球外汇市场，尤其是新兴市场中的表现相对稳健。

此外，中国外汇市场供求也保持基本平衡。国家外汇管理局近期公布的数据显示，2020 年 1 ~ 2 月，中国银行结售汇顺差 206 亿美元，非银行部门涉外收支顺差 187 亿美元，外汇市场供求基本平衡。截至 2 月末，中国外汇储备规模为 31067 亿美元，外汇储备也总体保持稳定。

随着国内疫情防控形势持续向好，以及国内复工复产率持续提升，中国经济基本面长期向好，对人民币汇率的稳定形成有力的支撑。而美国与中国在疫情防控措施和经济增长阶段上存在差异。高盛、摩根士丹利等投行普遍预测美国二季度经济将下跌 20% 以上，经济基本面的严重背离将弱化美元，支撑人民币汇率。随着中国疫情得到控制和经济逐渐企稳，国际投资者对中国经济发展模式和中国市场的认可度将进一步提升，全球资本将再度流入，跨境流动形势将支撑人民币企稳。因此，预计二季度随着我国经济快速复苏，人民币汇率将逐渐收敛回升。

与此同时，2020 年我国货币政策仍保持宽松状态，但利率下降有限，保持正的收益率空间，而美联储已降至 0 利率区间，中美利差进一步加大；加之对外开放进程持续，有利于外资继续大规模进场，也将对人民币形成支撑。

随着美联储量化宽松政策的不断加码，启动开放式购债举措，加大与境外央行货币互换的规模和操作频率，全球美元流动性紧张局面有所缓解。2020 年二季度之后，人民币汇率将逐渐企稳，更多支撑因素将显现。

（四）大宗商品市场

1. 黄金

黄金与美元指数相关度较高，美元大概率走弱意味着黄金大概率走强。而且全球央行开始新一轮的降息和量化宽松，超量货币需要购买黄金避险，将推动黄金价格上涨。全球去美元化盛行，以美元为基础的全球贸易格局在瓦解，美元的霸权基础正在受到打击，美元处于第三次强势周期尾声。另外，经济下行，经贸摩擦及地缘政治纷争不断，也给黄金带来了极大的支撑。

预计黄金将在2020年升值，另外，白银相对于黄金蓄势待发，两者表现出极强的相关性。白银的价格中枢是由黄金决定的，而黄金的上涨有望带动白银继续走高，进而驱动金银比价均值回归。预计2020年金价运行区间为1480~1550美元/盎司。

2. 原油

2020年3月以来，国际原油价格在全球疫情蔓延和沙特阿拉伯增产双重打压下连续暴跌，WTI一度逼近20美元/桶关口，之后市场抄底情绪愈发浓烈，价格下跌节奏明显放缓，在金融市场持续恐慌和各国救市政策频出背景下，油价呈现出单日暴涨暴跌的高波动特征。

从供应端来看，疫情诱发了减产联盟的破裂，随着OPEC+技术委员会会议取消、沙特阿拉伯与俄罗斯屡次表态增产，传统产油国份额争夺的预期已被不断加强，沙特阿拉伯表示4月将每日抽取原油库存30万桶，使总供应量达历史新高，且在评估将原油产量提高到1300万桶/日的方案，其原油出口量有望升至1000万桶/日的历史新高。另外，低油价背景下，页岩油企业的压力巨大，使得美国很有可能施压沙特阿拉伯以干预油市，美国插手后，石油增产可能下降。而且低油价背景下，高成本产量出清、油气项目投资放缓、联合减产动力增强等方面将与油价形成负反馈，供应端产量不会继续增加。

从需求端来看，目前全球前20原油消费国（占全球原油消费总量的76%）均出现新冠肺炎确诊病历，欧美国家疫情仍在快速蔓延阶段。随着各国实施封城、停课等措施，预计全球二季度原油需求下滑1000万桶/日以上，需求前景仍堪忧。

因此，在沙特阿拉伯和俄罗斯增产以及需求疲弱背景下，2020 年油价低位宽幅震荡或是常态。

3. 有色金属

2020 年中国弱复苏带动全球经济小幅改善，铜供需均有所修复，汽车行业预期将有所回暖，基建预期发力，将带动铜消费的提升。铜原料紧张将会延续，供应端紧张对铜价底部具有较强支撑。2020 年预计全年铜价呈现先扬后抑的运行态势，重心有所抬升。由于宏观环境较为复杂，预计铜价波动较剧烈。

2020 年我国电解铝供应增速将维持较高水平，2020 年铝供应压力较大。受全球经济增速放缓影响，预计 2020 年我国铝材出口仍将承压。随着电解铝供应增加，需求弱势复苏，铝的主要消费领域建筑业和汽车业将逐步企稳，内需消费回归正增速；然而海外制造业持续低迷，需求增速缓慢，同时内外比值维持高位，铝材出口增速下滑。铝去库速度将放缓或出现累库，打压铝价，预计 2020 年沪铝维持弱势震荡格局，但下方空间有限。

2020 年铅市场成本支撑下移，冶炼利润端走强，消费疲软导致累库提速。锌消费仍然存在远期过剩，需要锌价继续下跌令产量出清。精锡供需将小幅趋于宽松，价格维持弱势震荡。

2019 年国内资管行业回顾与 2020 年展望

陆筱薇
国泰基金管理有限公司助理研究员

投资提示

- 2019 年是资产管理行业变化发展的一年，去资金池、去刚兑、消除多层嵌套、抑制通道业务、加强非标管理，行业对照资管新规统一监管框架的要求不断推进转型。

- 2019 年，银行理财中非保本理财规模基本稳定、净值型产品不断推进，理财子公司开始登上历史舞台；券商资管和信托对照去通道的要求，持续压降规模；公募基金规模保持稳定增长，其中，主动权益基金主要受益于市场行情，主动量化、FOF、ETF 等产品迎来发展机遇。

- 2020 年初以来，新冠肺炎疫情对资本市场产生了一定影响，但考虑到中长期居民收入的不断增加及个人理财需求的提升，我们依然看好资产管理行业的未来发展。尤其是资本市场改革的推进、行业统一监管框架的建立和完善，将为行业未来发展提供更坚实的根基，支持行业走得更稳更远。

2018 年 4 月 27 日，中国人民银行、银保监会、证监会、外汇管理局联合印发了《关于规范金融机构资产管理业务的指导意见》（以下简称“资管新规”），资管行业开始进入统一监管时期，行业格局也迎来了变革与重塑。

资管新规总结了过去行业发展中的不规范之处，要求统一监管标准、消除套利空间，消除多层嵌套、抑制通道业务，回归代客本源、打破刚性兑付，加强非标管理、防范影子银行风险，加强流动性管理、控制杠杆水平。

资管新规对于行业的健康发展起到规范作用：一是促进资产管理机构通道类业务转型，二是推动产品向净值化转型，三是将使客户需求与金融服务供给进行适当性匹配，四是有利于推动经济转型。

在统一监管框架下，原本基于监管套利和牌照资源的通道业务的发展模式受到制约，银行理财去资金池、去刚兑，信托和券商资管大力去通道，行业开始回归资产管理的本质。这也是 2019 年国内资管行业变化的主旋律。

一、国内资产管理行业2019年发展回顾

（一）银行理财：稳中有降、结构持续优化

2018 年 4 月以来，“资管新规”“理财新规”“理财子新规”陆续落地，明确去资金池、去刚兑、消除多层嵌套。2019 年以来，相关配套政策陆续出台（见表 1）。

表 1　2019 年以来相关政策文件梳理

文件名称	发布日期	发布机构	要点
《商业银行理财子公司净资本管理办法（试行）（征求意见稿）》	2019 年 9 月 20 日	银保监会	明确净资本绝对规模、净资本/净资产占比及净资本风险资本的监管要求

续表

文件名称	发布日期	发布机构	要点
《标准化债券类资产认定规则（征求意见稿）》	2019年10月12日	中国人民银行	进一步明确标准化债权类资产与非标准化债权类资产的界限、认定标准及监管安排
《关于进一步规范商业银行结构性存款业务的通知》	2019年10月18日	银保监会	明确结构性存款的监管要求
《商业银行理财子公司净资本管理办法（试行）》	2019年12月2日	银保监会	通过净资本约束理财子公司
《关于规范先进管理类理财产品管理有关事项的通知（征求意见稿）》	2019年12月27日	银保监会、中国人民银行	完善对现金管理类理财的监管框架

从规模来看，截至2019年9月末，非保本理财规模23.48亿元，较2018年末小幅增长6.53%，规模基本保持稳定、2019年三季度小幅上涨（见图1）。

从投资类型来看，银行理财仍以固定收益类产品为主。根据银行业理财登记托管中心相关数据，截至2019年中，固定收益类产品余额16.19万亿元，占非保本理财总规模的72.99%；混合类产品规模5.92万亿元，占比26.69%；权益类产品存续规模仅为70亿元，占比极低。

图1 2014～2019年我国银行非保本理财产品余额

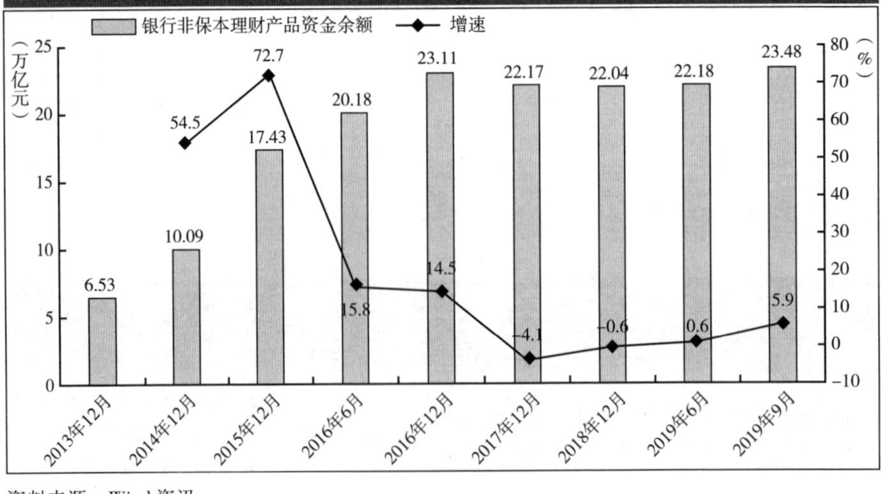

资料来源：Wind资讯。

同时，根据资管新规和理财新规的要求，2019 年银行也在不断推进理财产品的净值化转型，数量和规模上均有较大幅度增长。截至 2019 年中，净值型理财产品存续余额 7.89 万亿元，较 2018 年中同比增长 119.78%，在全部非保本理财中的占比从 2018 年中的 15.%大幅提升至 35.6%。

（二）银行子公司：17 家获批、10 家成立

2019 年是名副其实的“理财子公司元年”。在资管新规打破刚兑、净值化转型的政策导向下，商业银行通过设立理财子公司开展资管业务，规范开展净值化理财业务，强化与母行的风险隔离。

2019 年 6 月 3 日，建行理财子公司——建信理财在深圳正式开业，是国内第一家银行理财子公司（见表 2）。随后，工银理财、交银理财、中银理财、农银理财、光大理财等理财子公司相继开业，招银理财、中邮理财、杭银理财、宁银理财等理财子公司获批筹建。

截至目前，共有 33 家银行公告将设立理财子公司，17 家银行获得设立理财子公司的行政批复，10 家机构已经率先成立。在现已成立的 10 家机构中，包括 3 家股份制银行、1 家城市商业银行，此外 6 家国有大行均已成立理财子公司并制定了相对差异化的发展战略。

表 2　我国国有大行理财子公司战略定位

理财公司	战略定位
建信理财	立足大湾区，加强“三个协同”：母子协同、板块内部协同、行业生态协同
工银理财	大资管战略引领，依托集团资产管理、托管、养老金等业务优势，以新理念、新产品、新模式，致力于构建全市场配置资金、全业务链创造价值的大资管业务体系，打造战略深化核心平台与旗舰品牌
中银理财	发挥全球化、综合化、数字化的特色优势，坚持全球化视野，打造数字化中银理财平台

续表

理财公司	战略定位
交银理财	深化集团业务协同，打造最佳财富管理银行；在产品研发、渠道销管、客户拓展方面整合资源，一体化推动集团各类资管业务协同发展
农银理财	按照“风险可控、商业可持续、有效服务农业银行集团”的基本定位，打造最佳客户体验的一流资产管理机构

资料来源：根据公开信息整理。

截至2019年12月，银行理财子公司共发行了196款理财产品①，其中工银理财发行了113款，占比最高。从投向来看，理财子公司延续了银行理财稳健收益的产品特征，固定收益类产品150款，占比76.5%，其余为混合类产品，权益类仅有工银理财“博股通利”私募甄选科创主题系列1款产品。

与资管行业其他机构相比，理财子公司的主要优势在于强大的销售渠道、脱胎于商业银行的流动性管理能力，以及丰富的非标投资经验。

银行理财子公司落地，对于行业格局的影响主要体现在以下三个方面：

一是保证高收益的银行理财逐步转化为净值化产品，打破刚兑、压制非标、禁止资金池，投资者在这个过程中也开始识别和承担风险，推动资管行业健康发展；

二是未来银行理财子公司将与其他资产管理机构同台竞争，推动金融机构打造核心竞争力，加速资产管理行业的供给侧改革；

三是银行理财子公司将充分发挥渠道优势，通过大类资产配置与市场优秀管理人合作，改善行业生态。

（三）券商资管：去通道化推进，业务结构改善

券商资管在过去主要依靠通道业务做大规模。在资管新规去杠杆、去通道的背景下，券商资管规模在过去的两年中逐步下降（见图2）。

① 不包括中国工商银行2019年10月25日从母行平移至工银理财的182款产品。

但与此同时，券商也在大力发展主动管理业务，通过资产证券化推进资金脱虚向实，切实服务于实体经济融资。

和资管行业其他机构相比，券商除了资产管理之外，还开展经纪、投行和信用业务，这就使其兼具一级市场产品提供商和二级市场交易商的角色，可以设计出风险收益更加多样化的产品和融资工具，提供不同的投资工具组合和投资顾问服务。这也是未来券商资管的业务发展方向。

图2　2014～2019年我国证券公司资产管理业务总规模

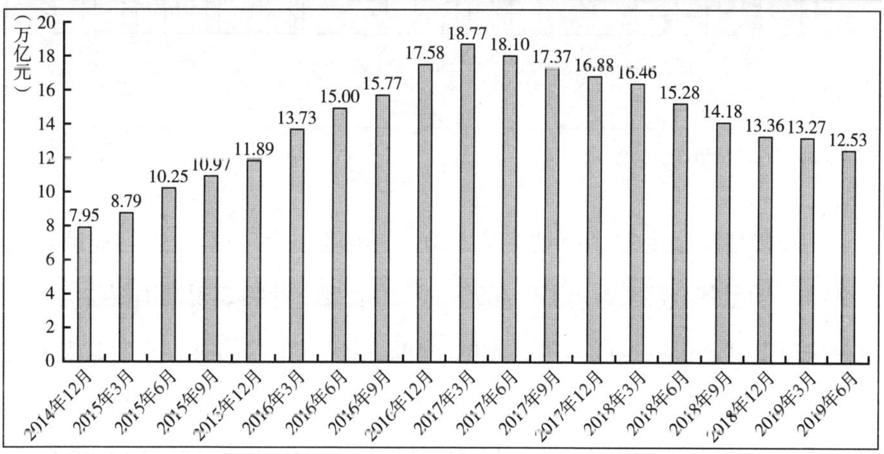

资料来源：Wind资讯。

（四）公募基金：指数基金规模扩容，主动权益仍是未来发展方向

公募基金主要投资于二级市场标准品，信息披露相对规范，除分级基金和保本基金逐步压降、提前清盘转型外，行业整体在资管新规下仍然维持了稳定增长。

2019年以来，A股市场走强，大力推动了公募基金热度提升。截至2019年12月，行业内新成立公募基金1077只，首发份额1.436万亿份，较2018年大幅增长58.71%。截至2019年6月末，公募基金规模为13.46万亿元，较资管新规发布前增长了7.8%（见图3）。具体拆分产品来看，分析如下。

图3 2014~2019年我国公募基金资产管理业务规模

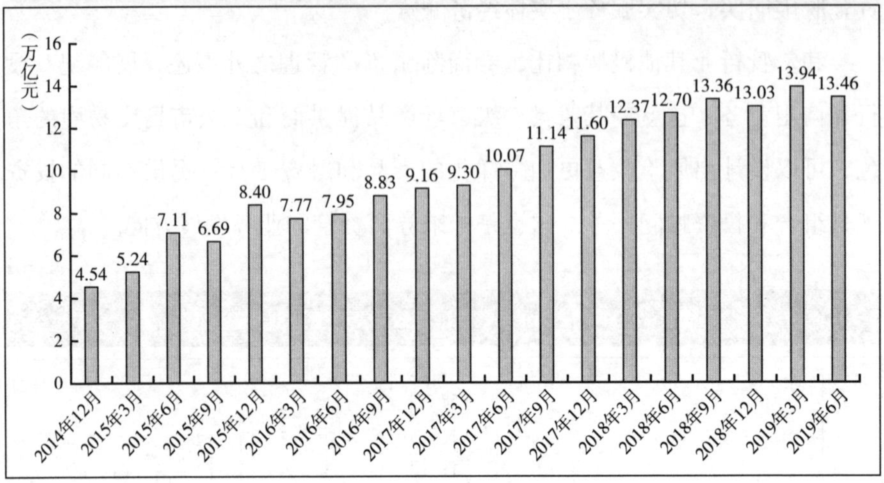

资料来源：Wind资讯。

主动权益基金受益于行情上涨，2019年偏股主动型基金平均业绩达到32.34%，明星基金甚至跑出了近100%的亮眼表现。业绩表现推动权益类基金规模快速上升，仅以偏股型基金为例，2018年末行业内偏股型基金的规模为6214.2亿元，截至2019年三季度末，已上升至8626.77亿元，增幅达到38.82%。

指数基金兼具权益市场弹性和低费率，2018年以来，国内市场上ETF、LOF等指数基金快速增长，全年指数基金规模增长近40%。2019年延续了2018年的增长势头，保持了近40%的增速。截至2019年9月，行业指数基金（包括标准指数基金、指数增强、股票ETF和ETF联结）规模已超过9400亿元，占行业总规模比例达到7%。

除了标准基金之外，2019年创新类的产品也不断发展，尤其是养老FOF发行火爆。2019年新发的77只FOF产品中，养老FOF达到69只，新发数量占比为89.6%；首发规模247.09亿元，其中养老FOF159.62亿元，占比为64.6%。

2019年，公募基金行业在政策上和行业发展趋势上也迎来了许多变化。

近年来，响应金融对外开放的政策导向，公募基金行业的QDII产品也不断推陈出新。2019年6月，首批中日互通ETF成立，易方达、华夏、南方和华安各有 1 只日经 225ETF 上市交易；此外，公募基金行业首只投资越南市场的主题基金也已获批。

2019 年 10 月 24 日，证监会发布了《关于做好公开募集证券基金投资顾问业务试点工作的通知》，我国公募投顾业务正式开启。在基金投顾的模式下，由投资顾问为客户提供理财规划和资产配置建议，通过收取账户管理费与客户利益绑定，这也标志着我国公募基金从产品导向转为客户导向。按照通知的要求，基金投顾业务要按照“试点先行、稳步推进”的步骤实施，审慎稳妥扩大试点、有序推进。

2019 年 11 月 8 日，上交所、深交所的沪深 300ETF 期权及中金所的沪深 300 股指期货获批。12 月 23 日，两只沪深 300ETF 期权分别在上交所和深交所上市，沪深 300 股指期权在中金所上市。

2019 年 11 月，公募浮动管理费率基金重新启动。浮动费率基金采取“固定管理费 + 业绩报酬”的收费模式，固定管理费率 0.8%，同时对超过预定收益（8%）的部分再收取 20% 的业绩报酬。目前，国泰、富国、华泰百瑞、兴全、中欧、华安等六家基金公司的浮动管理费率基金已经获批。

2019 年 12 月 6 日，证监会发布了《证券期货经营机构管理人中管理人（MOM）产品指引（试行）》，对 MOM 产品的定义、运作模式、参与主体条件、产品投资运作、风险管控等方面进行规范，并为未来 MOM 基金的发展提供了依据和准则。

2019 年 12 月 19 日，公募量化对冲产品也重新开闸。中融、景顺长城、德邦、华夏、申万菱信、富国、海富通等 7 家基金公司旗下的量化对冲产品同天获批。

与其他资管子板块相比，公募基金从设立之初起就专注二级市场，在标准品投资上具有比较优势；但在募资渠道上相对较弱。在资管新规的统一监管下，资管行业各业态应发挥比较优势，在产业链中找准定位，与银行理财子公司等机构进行合作，充分发挥自身投资管理能力的优势，顺应行业发展趋势、抓住政策和市场机会，弥补渠道劣势，推动行业不断发展。

（五）信托：严监管和防风险环境下业务回归本源

2010 年央行采取“限贷令”对前期快速扩张的地方政府融资平台和房地产表内项目进行限制，这推动银行借助信托通道、通过表外非标进行信贷扩张。这也是信托贷款和委托贷款规模快速增长的重要原因之一。

资管新规发布以后，打破刚兑、去通道、严格管理多层嵌套，推动信托公司转型。信托公司在业务开展中，将逐渐减少对于通道业务的依赖，发展慈善信托、家族信托、除收益权之外的其他财产权信托及事务管理信托等主动管理业务，回归资产管理本源。

根据信托业协会数据，截至2019 年三季度末，全国68 家信托公司受托资产余额为 22.00 万亿元，较年中减少 5376.90 亿元，环比下降 2.39%，与年中降幅 0.02% 相比，下降幅度较大。三季度同比增速为 -4.94%，与2018 年三季度末 -5.19% 的降幅趋同，信托资产规模继续保持稳步下降（见图4）。

图4　2015 年一季度至 2019 年三季度信托资产余额、同比及环比增速

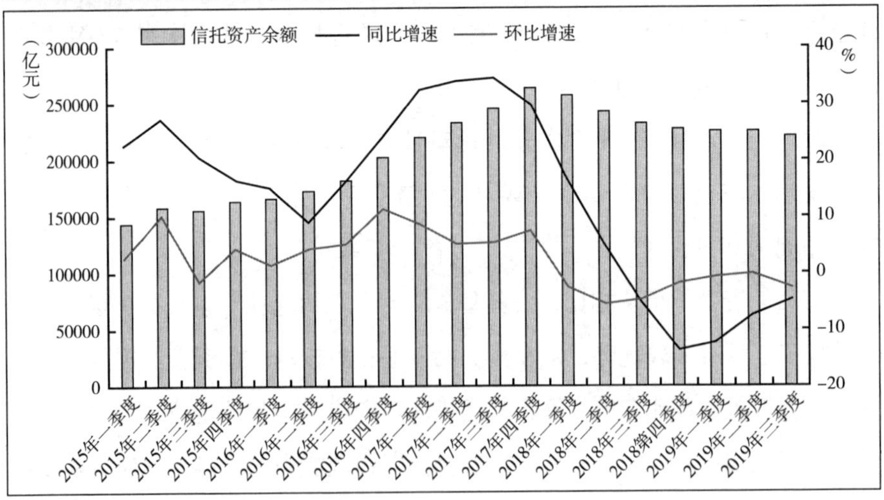

从信托功能角度进行拆分，事务管理类信托余额为 11.60 万亿元，规模延续 2018 年以来的持续下降态势，较 2019 年中继续减少 0.82 万亿元，环比减少 6.58%，占比降至 52.75%，这也是信托资产整体规模下降的主要原因。融资类信托与投资类信托规模占比相当。

从到期压力来看，截至 2019 年三季度末，未来一年的信托到期项目合计为 14093 个，规模合计 5.15 万亿元，较二季度预计数据减少 4110 亿元，项目到期压力有所缓解。但是，短期兑付压力仍然存在，尤其是四季度最后一个月信托项目到期兑付的规模比较集中。

短期来看，只要整个经济处于增长通道、债权类融资需求仍然存在，贷款类信托业务就仍将有存在空间。但从长远来看，主动管理业务是信托未来的发展方向，且信托公司也将走向差异化经营的道路。

二、供给侧改革背景下资管行业的发展方向

（一）国内资产管理行业面临的风险与挑战

1. 银行理财：存量整改量大

截至 2019 年 6 月，国内 403 家银行业金融机构共有 4.7 万只存续非保本理财产品，存续余额 22.18 万亿元；其中净值型产品存续余额 7.89 万亿元，占全部非保本理财存续余额的 35.56%。虽然净值型产品增速较快，但由于基数低，占比仍然较低。

2. 银行理财子公司：市场定位有待进一步清晰

相比公募基金和券商资管，银行理财子公司在标准品投资上经验尚浅，主要通过 MOM 和 FOF 转嫁短期内的投研压力。在与母行的协同上，一是要处理好自身从“母行部门”转为“市场化法人机构”的变化；二是要考虑在母行系统内的定位，许多银行下辖公募基金公司，如何走出各有

侧重、有差异、互为补充的发展道路是银行理财子公司面临的问题。

3. 券商资管：存量业务整改压力仍然存在

目前券商资管整体规模中70%为通道业务。在资管新规限制通道业务、规范资金池的要求下，部分类资金池业务面临整改。

4. 公募基金：行业变化快、需要不断创新发展

对于公募基金行业而言，一方面要应对快速变化的市场形势和行业变化，另一方面，也将面对理财子公司的直面竞争。银行理财子公司的投资门槛不再受到1万元的限制，与公募基金的投资门槛基本拉平；同时还受益于银行渠道支持。公募基金如何与银行理财子公司进行差异化竞争、寻找自己的定位、发挥自己的优势，是行业面临的问题。

5. 信托行业：需要寻找未来发展方向

对于信托行业而言，家族信托、公益慈善信托等主动管理业务回归资产管理本源，是行业长期发展方向。但目前这部分业务的规模较小，难以支撑行业的利润增长。

（二）海外典型资管公司的发展经验

海外成熟市场经过长期演化，逐步形成了较为完整的资管产业链。在业态上，既存在全产业链的大型资管巨头，也存在深耕特定领域的精品资管公司。

成熟市场中，投资者对收益和风险有相对全面的认识，资管机构不仅关注短期业绩，更关注长期的投资收益、服务质量和品牌价值。

1. 银行系资管公司：以摩根大通为例

摩根大通是全美最大的综合性银行。摩根大通的主要业务包括Community & Consumer Banking（CCB零售业务，以按揭和信用卡为主）；Corporate & Investment Banking（CIB公司业务，包括对公贷款和部分投行业务）；Commercial Banks（CB，主要针对大型跨国企业进行贷款理财等各种服务）；Asset Management（AM，为私人银行客户、机构客户和零售客户提供资产管理、投顾和财富管理服务）。

摩根资管是摩根大通下辖的专业资产管理公司，为客户提供不同风险偏好的产品组合。通常由客户选择基础投资组合，再根据客户需求对基础组合予以调整。从产品结构来看，摩根资管以主动型产品为主，因此费率相对较高，约 0.5% ~0.55%。金融危机后，传统股票和固收领域的竞争逐步转向被动指数，摩根资管开始重点发展另类投资和大类资产配置。

在另类投资方面，摩根大通于 2009 年收购了高桥资本。高桥资本是一家知名的对冲基金管理机构，成立于 1992 年，专注于统计套利。摩根大通通过收购，发展了对冲基金业务，进入了产业链中的相关领域。

2. 专业资管公司：以贝莱德为例

专业资产管理公司的优势主要建立在产品和服务上，通过长期的投资经验积累和专业工具，为客户和其他资管业态提供多样化的产品和专业的投顾服务。

贝莱德成立于 1988 年，是全球最大的资产管理、风险管理及顾问服务公司之一。贝莱德采取集团运营的形式，其业务包括股票、固定收益投资、现金管理、替代性投资、不动产及投资咨询；其服务客户包括免税机构（养老金计划、慈善机构、捐赠基金）、官方机构（中央银行、主权财富基金）、金融与非金融机构及个人投资者。

在贝莱德的发展历史中，风险控制始终是根基。贝莱德自主开发的投资交易风险控制一体化平台——阿拉丁，具备组合与风险分析、交易执行、风险管理与控制、数据管理与监控及组合管理等多项功能，可以基于不同场景进行压力测试，模拟出不同情形下各类资产的收益和风险，从而及时调整组合的头寸和策略。这也使得贝莱德能够为客户提供风险—收益相匹配的产品。

（三）适应经济新常态的资产管理模式及资产管理行业转型趋势

过去几年，银行理财、券商资管、信托、基金子公司等充分享受了旧有发展模式红利的机构，开始进入资管新规下的转型过渡期，原本的野蛮生长模式难以为继，面临着压力。

此外，随着金融开放程度的加深，国内机构将直面海外资管巨头的竞争。结合海外优秀资管机构的发展经验，未来我国资管行业转型趋势可能包括以下方向。

一是根据客户偏好，及时调整产品结构。观察海外资管行业在金融危机后的趋势，机构客户比例持续增长，资金对于传统的股票、债券更偏向低费率的被动型产品，而对主动管理类产品的需求逐渐转移到大类资产配置和另类投资领域。顺应这种需求变化，大型资管机构一方面不断扩充被动型产品、降低费率，另一方面也开始拓展另类投资业务。

我国银行理财既高息又保本，客户在购买时主要考虑管理成本和激励费用。刚兑打破后，客户需要承担相应的风险，资金需求的分化过程会更加明显，资管产品需要顺应需求变化做好结构调整。

二是强化风控、扩大投资品类型。我国资本市场的标准化资产种类相较成熟市场还有一定差距，金融工具的种类也相对匮乏，这在一定程度上限制了资产配置的广度。

同时，随着投资者风险偏好分化，市场需要更为复杂的产品设计对冲权益市场风险，同时部分风险偏好更为激进的客户也需要另类投资为主动管理提供更高附加值，这就对底层的衍生品的品种和规模都提出了更高要求。

三是发挥自身优势，打通产业链上下游。从摩根大通、高盛和纽约梅隆的经验来看，资产管理行业有两个核心竞争力，一是客户渠道，二是在特定资产领域的投资能力。资管行业的协同需要打通产业上下游，充分发挥各金融机构的优势和长处。

资管行业中各类机构各有优劣，未来更多是从产业链的角度扬长避短、共同发展。以银行理财为例，其主要优势在于客户渠道，在标准品的投资上相对较弱，那么可以考虑通过 MOM/FOF 等手段，与券商资管、公募基金等投资机构进行合作，打通产业上下游；公募基金的优势在于多年积累的投资管理经验，但本身没有销售渠道，也可以通过与银行、互联网平台等机构进行合作，扩大客户群。

（四）国内资产管理行业的监管发展趋势

《中国金融稳定报告（2019）》中指出，“人民银行将继续认真落实党中央、国务院的决策部署，把握好防风险的时机节奏，加强监管协调，积极稳妥实施资管新规。坚守风险底线，保持战略定力，完善配套制度，坚持审慎包容监管，以对外开放为契机，推动资管行业高质量发展，切实服务实体经济”。这也为资管新规下的资管行业监管发展指明了方向。

一是完善配套制度，补齐监管短板。自资管新规发布以来，中国人民银行、银保监会、证监会、银行业协会、基金业协会等对照资管新规的要求和精神，陆续出台了《关于进一步明确规范金融机构资产管理业务指导意见有关事项的通知》《商业银行理财业务监督管理办法》《商业银行资产管理子公司管理办法》等配套细则和操作文件。

预计未来监管还将在资管新规的框架下，继续完善管理细则。例如，出台标准化债权类资产认定规则。2019 年 10 月，中国人民银行会同银保监会、证监会、外汇管理局发布了《标准化债权类资产认定规则（征求意见稿）》，拟对标品和非标品的划分界限进行明确，未来这也是资管新规执行落地的重要配套文件。

二是坚守风险底线，坚持审慎包容监管。继续加强预期引导，坚守风险底线，明确资管新规基本方向不动摇，继续优化监管规则和监管方式。

三是推动稳健经营，加强真实风险管理。引导金融机构坚守业务本源，强化风险管理，推动金融机构做好真实风险管理，坚守“受人之托、代客理财”的信托责任，根据风险实质进行风险定价。

四是发展直接融资，服务实体经济。着力培育长期投资者和合格投资者，充分发挥资管产品直接融资功能，为实体企业特别是民营企业补充长期真实的资本。

五是扩大对外开放，促进行业转型。推进我国资管行业对外开放，借鉴外资经验，取长补短，提高资产管理水平。

三、2020年资管行业展望

（一）新冠肺炎疫情对资管行业的影响

2020 年初突发新冠肺炎疫情，国内经济活动停摆、短期经济走势受到影响，也压制了资本市场风险偏好。尤其是国际疫情扩散后，国内可能面临疫情回流的风险、部分行业的全球产业链也受到影响，对于资管行业短期的投资业绩和业务开展都产生了一定冲击。

但中长期来说，资管行业的发展立足于居民收入水平和理财需求的提升。随着疫情的控制和消退，结合逆周期调节政策，新冠肺炎疫情对于宏观经济的冲击应当是短暂的，预判不会带来长期的居民收入下降和理财需求消退。预计本次疫情不会对行业发展的方向产生中长期的影响。

（二）2020年资管行业展望

1. 产品净值化，投资策略多元化

资管新规框架下，2019 年银行理财、券商资管、信托等全面压降通道业务和资金池业务，同时大力推动发展净值化产品。

2020 年是资管新规过渡期到期之年①②。预计各机构将继续推动发展净值化产品，力争在过渡期结束前完成整改任务。具体到各资管业态，一是银行理财预计将发挥其在固定收益类产品上的先天优势，通过银行理财子公司，大力发展净值型的现金管理类及债权类产品。二是券商资管和信托将继续压降通道业务，积极发展主动管理型产品。但由于资管新规实施前通道类业务占比较高，主动管理类产品短期难以成为业绩支撑，预计规模仍处于下行通道中。

三是公募基金，作为资管行业中专注标品投资的业态，资管新规下需要压降的分级基金、保本基金规模占比相对较小，预计按期完成整改，行业规模保持稳定增长。

但应当注意到的是，资管新规将各资管业态放到同一起跑线，不同业态之间的竞争日益加剧，资管机构也需要结合自身的优劣势，不断寻找超额收益，布局新的资产类别。

未来的资管产品也将呈现多元化的特征：一是投资标的多元化，股票、债券等标准品固然受到鼓励，非标投资也将在明确定义、比例等要求后规范开展，商品期货、外汇等衍生品种也将不断扩容；二是投资策略多元化，除了传统的主动管理之外，权益市场的被动产品、量化策略、衍生品对冲等也将不断创新推出。

2. 行业逐渐形成差异化竞争格局

尽管资管新规目的是统一各类资管机构的准入标准和监管要求，但是由于各类资管机构的禀赋差异，仍会呈现差异化的竞争态势。

① 2020 年 2 月 1 日，银保监会副主席曹宇就金融支持疫情防控和金融市场稳定答记者问，表示“按照资管新规要求，稳妥有序完成存量资管业务规范整改工作，对到 2020 年底确实难以完成处置的，允许适当延长过渡期”，http：//www.cbirc.gov.cn/cn/view/pages/ItemDetail.html? docId = 888978&itemId = 915&generaltype = 0。

② 2020 年 2 月 7 日，中国人民银行副行长潘功胜在国新会上答记者问，“（延迟资管新规执行）是可能的。中国人民银行和银保监会正在做技术上的评估”，http：//www.scio.gov.cn/xwfbh/xwbfbh/wqfbh/42311/42494/index.htm。

图5 资管行业产业链（示例）

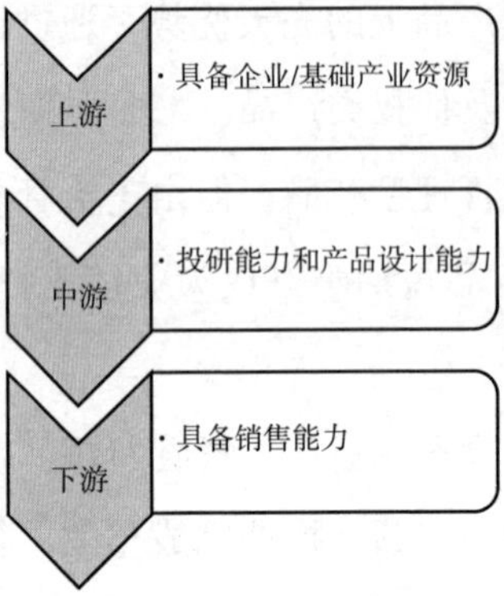

	销售能力	投研/产品设计能力	企业/基础资产资源	风险吸收能力/资本金
银行	√		√	√
保险	√			√
信托			√	√
基金		√		
券商	√	√	√	√
互联网金融	√			
PE/VC		√	√	

未来资管行业有望逐步形成“全产业链资管巨头”+“精品资管”的差异化竞争格局。其中，单一的资管机构将视自身的资源禀赋，寻找产业链定位、做深做细、提升专业技能，集中发展优势（见图5）；而全产业链往往通过金控平台等形式实现，通过股权关系将“外部成本”“内部化”，使得企业间协调成本低廉。

3. 资本市场继续对外开放

2019 年，国内资本市场对外开放迈上了新台阶。具体到资产管理行业，主要体现在两个方面。

一是面向投资者的开放程度不断提升，产品额度扩容、互联互通更加顺畅。2019 年中，国家外汇管理局表示将研究适度放宽取消 QFII 额度管理；同时，从沪港通、深港通到债券通、GDR，国外投资者有更多投资于中国优质资产的途径。

二是外资金融机构的限制全面放开。2019 年 7 月 20 日，国务院金融稳定发展委员会公布了进一步扩大金融业对外开放的有关举措，鼓励境外金融机构参与设立、投资入股商业银行理财子公司；允许外方与中资银行或保险公司的子公司合资设立外方控股的理财公司；允许外资投资设立、参股养老金管理公司（见表3）。

资本市场一系列的开放措施给国内资管行业带来深远影响：一是境外投资者进入国内市场，为资管机构带来了新的机构客户；二是境外机构进入国内市场，也将带来其优秀的投资理念和管理方式，既能够倒逼境内机构提升实力、推动国内资管机构国际化发展，同时也加剧了竞争；三是境外投资者占比提升将对资本市场的行为产生影响，也需要国内资管机构进行相应的策略调整和应对。

表 3　我国金融机构外资持股比例逐步放宽政策

时间	开放政策	具体规定
2002 年 6 月	1/3 的最初上限	证监会颁布《外资参股证券公司设立规则》，允许境外股东持股比例不超过 1/3
2012 年 8 月	放宽上限至 49%	证监会修订《外资参股证券公司设立规则》，规定境外股东持股比例或者在外资参股证券公司中拥有的权益比例累计（包括直接持有和间接控制）不得超过 49%
2015 年 8 月	港资、澳资合并持股比例最高可达 51%	根据内地与香港、澳门签署的《关于建立更紧密关系的安排》（CEPA）补充协议十，港资、澳资合并持股比例最高可达 51%
2018 年 4 月	外资持股比例可达 51%	中国人民银行行长易纲宣布将证券公司、基金管理公司、期货公司、人身险公司的外资持股比例的上限放宽到 51%，三年以后不再设限
2019 年 7 月	提前于 2020 年内取消证券公司等外资股比限制	国务院金融稳定发展委员会办公室宣布了一系列金融业进一步对外开放的政策措施，其中包括将原定于 2021 年取消证券公司、基金管理公司和期货公司外资股比限制的时点提前到 2020 年

资料来源：国务院、中国人民银行、中国证监会。

4. 科技促进资管行业发展

科技对于资管行业的发展产生了深刻影响，主要体现在以下三个方面。

一是大数据、人工智能等技术有助于提升金融服务效率。大数据技术为金融从业者了解客户需求提供了更快速、更广泛的途径，同时，人工智能也能帮助资管行业向更广大的客户提供投资顾问服务，提升行业运营效率、改善服务体验。

二是人工智能帮助投资决策。和传统的资产管理行业相比，人工智能在获取信息的能力和提高决策效率方面具有一定的应用价值。

三是互联网平台的发展，为资管行业打开了新的销售渠道，尤其是对于公募基金等缺乏零售途径的资管业态而言，互联网提供了一个直面客户的机会，能够直接触达广大中小投资者，扩大服务面、提升服务效率。

2018 年出台的资管新规，对于资管行业的规范发展产生了深远的影响，2019 年资管行业各个业态的变化，也基本遵循了资管新规的精神——压降通道、打破刚兑、消除多层嵌套、禁止资金池、规范非标业务。

2020 年是资管新规过渡期的到期之年，资管行业将继续对照资管新规的要求，做好最后的到期整改。与此同时，资管行业也孕育着新的发展机遇，从 2020 年的资管行业发展趋势来看，一是产品净值化，投资策略多元化；二是行业将按照自身优势禀赋，找准产业链定位，形成健康的差异化竞争格局；三是资本市场将继续对外开放，境外投资者进入国内市场，不仅是新客户、也是竞争者，将倒逼国内资管行业提升实力、不断发展；四是大数据、人工智能等技术的应用，将有助于扩大服务广度、提升服务效率、协助投资决策；同时，互联网平台在 2020 年仍是资管行业销售的重要渠道。

2019 年中国海外投资回顾与 2020 年展望

朱 培
中国建投投资研究院研究员

投资提示

- 在全球境外投资减少、海外并购热度明显下降的背景下，中国企业海外并购投资在总量和规模上都延续下降趋势，但在全球价值链高端领域布局持续向好发展，“一带一路”沿线国家投资持续快速发展。

- 中国企业在欧洲和北美地区的海外投资降幅最大，亚洲和拉丁美洲则表现最佳，并购资金主要流向技术含量和附加值较高的新兴行业及领域。“一带一路”沿线及亚洲国家投资和承包工程仍然是中国对外承包工程的亮点。

- 中国企业持续拓展海外并购投资渠道，不断提高在全球市场上的核心竞争力，面对全球投资监管趋严和海外投资需求减弱等不利因素，中国企业理性选择投资方向及行业，投资人身份向多元化发展。

- 面对2020年全球经济增速继续下行、国家风险水平日趋上升、货币宽松政策压低投资收益预期、行业分化加剧以及境外投资经营环境受限等风险因素，中国企业海外并购应该把握好难得的投资窗口期。

- 海外投资可以适度增加欧洲区域的投资规模，同时继续关注“一带一路”沿线的投资机遇，切实把握好科技创新时代带来的投资机遇，谨慎选择区域投资的方向，真正做到“走出去”用好海外优质资源，“引进来”弥补自身产业不足。

一、2019年中国企业海外并购投资情况

（一）投资规模稳中有降，区域投资规模差异变大

在全球境外投资减少、海外并购热度明显下降的背景下，2019 年中国企业海外并购投资无论是总量上还是规模上都延续下降趋势。中国企业在全球价值链高端领域的布局持续向好发展，“一带一路”沿线国家投资持续快速发展。商务部数据显示，2019 年，中国全行业对外直接投资 8079.5 亿元人民币，同比下降 6%（折合 1171.2 亿美元，同比下降 9.8%）。其中，中国境内投资者对全球 167 个国家和地区的 6535 家境外企业进行了非金融类对外直接投资，累计投资 7629.7 亿元人民币，同比下降 4.3%（折合 1106 亿美元，同比下降 8.2%）。2016～2019 年中国非金融类对外直接投资趋势见图 1。对“一带一路”沿线国家投资 128 亿美元，占对外投资总量的比重上升 0.5 个百分点，累计投资已超过 1000 亿美元。

2019 年，全球对外并购总额从 2018 年的 800 亿美元下降 29%，至 570 亿美元，为六年来最低水平。中国企业海外并购投资仍延续下滑趋势，其中在欧洲和北美地区的投资降幅最大，亚洲和拉丁美洲则表现最佳。数据显示，2019 年中国对欧洲投资下滑 40%，对北美投资下降 27%，总体降至 190 亿美元，为 2010 年以来的最低值，与 2017 年 1070 亿美元的峰值相比下降 83%。有关数据显示，2019 年中国海外并购投资项目完成共计 243 个，并购金额 1472 亿元，同比下降 54.9%（见图 2）。其中，2019 年上半年中国海外并购总金额 515.4 亿元，同比下降 75.7%，下降趋势比较明显。

图1　2016～2019年中国非金融类对外直接投资趋势

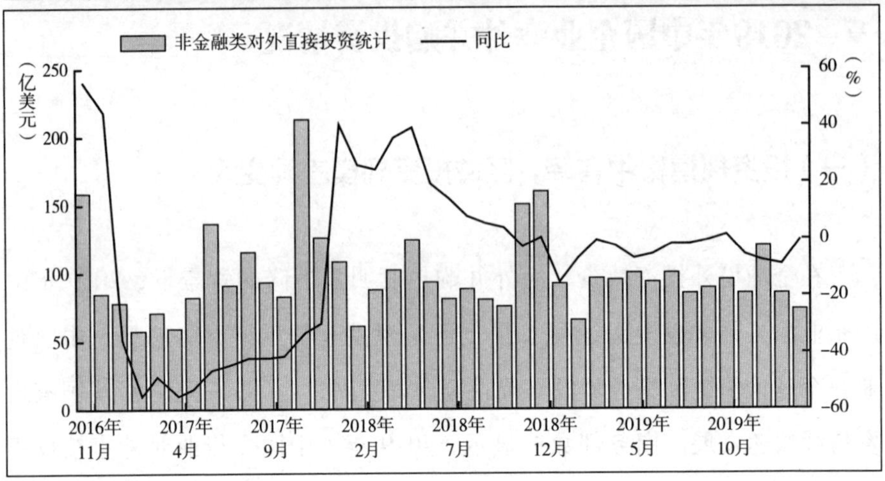

资料来源：商务部官网。

图2　2010～2019年中国跨境并购投资项目金额及数量

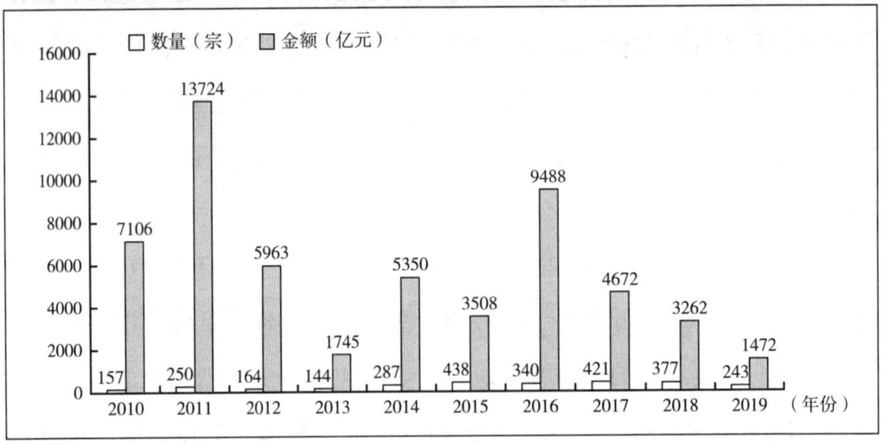

资料来源：Wind资讯。

（二）投资结构持续优化，制造业与消费升级成为热门并购领域

2019年，中国企业海外并购涉及16个行业大类，其中材料、工业、公用事业、可选消费和养老健康等领域的并购交易金额都在百亿元以上，

工业、信息技术、材料、可选消费和医疗保健领域的并购数量位列前五名（见表 1）。2019 年，中国交易金额最大的一笔海外并购为安踏收购亚玛芬体育，交易金额约为 371 亿元。亚玛芬是芬兰著名运动品牌，旗下拥有众多细分领域的顶级品牌（见表 2）

表 1 2012 ~2019 年中国企业海外并购案例数量（按行业）

单位：宗

行业	2015 年	2016 年	2017 年	2018 年	2019 年
工业	92	74	92	67	50
信息技术	85	62	77	64	36
材料	42	36	50	44	29
可选消费	79	70	67	61	28
医疗保健	36	34	43	43	26
日常消费	16	13	18	9	10
金融	26	23	20	12	9
能源	17	4	5	5	2
公用事业	6	6	5	6	1
房地产	28	15	18	7	0

资料来源：Wind 资讯。

表 2 2019 年中国企业海外并购最具代表性的十大交易

单位：亿元

收购方	被收购方	被收购方所属国家	交易金额
安踏	亚玛芬体育	芬兰	371
闻泰科技	安世半导体	荷兰	268
韦尔股份	豪威科技	美国	152
上海莱士	GDS	德国	132
物美集团	麦德龙（中国）	德国	119
欢聚时代	BIGO	新加坡	101
蒙牛乳业	贝拉米	澳大利亚	101
鼎晖投资 & 远大医药	Sirtex	澳大利亚	92
北京君正	北京矽成（ISSI）	美国	72
苏宁易购	家乐福（中国）	法国	48

资料来源：晨哨网。

从细分行业看，中国企业海外并购更青睐高端制造业、信息技术、生物医药、消费品等行业，行业结构更趋多元和优化。2019 年 1 ~11 月，中国企业海外投资资金60%流向租赁和商务服务业、制造业、批发和零售业等领域，占比分别为32.5%、17.7%和11.2%，其中流向制造业、批发和零售业的对外投资分别同比逆势增长6.4%和24%。按照投资金额统计，最受欢迎的领域为消费品、科技、媒体和通信及金融服务业，占同期投资总额的56.6%；按投资数量统计，最受欢迎的领域为TMT、先进制造和运输及消费品行业，其中，TMT与消费品行业占同期投资总额的53.7%（见图3）。中国企业海外并购资金主要流向上述技术含量和附加值较高的新兴

图3　2019年前三季度中国企业海外并购前五大行业

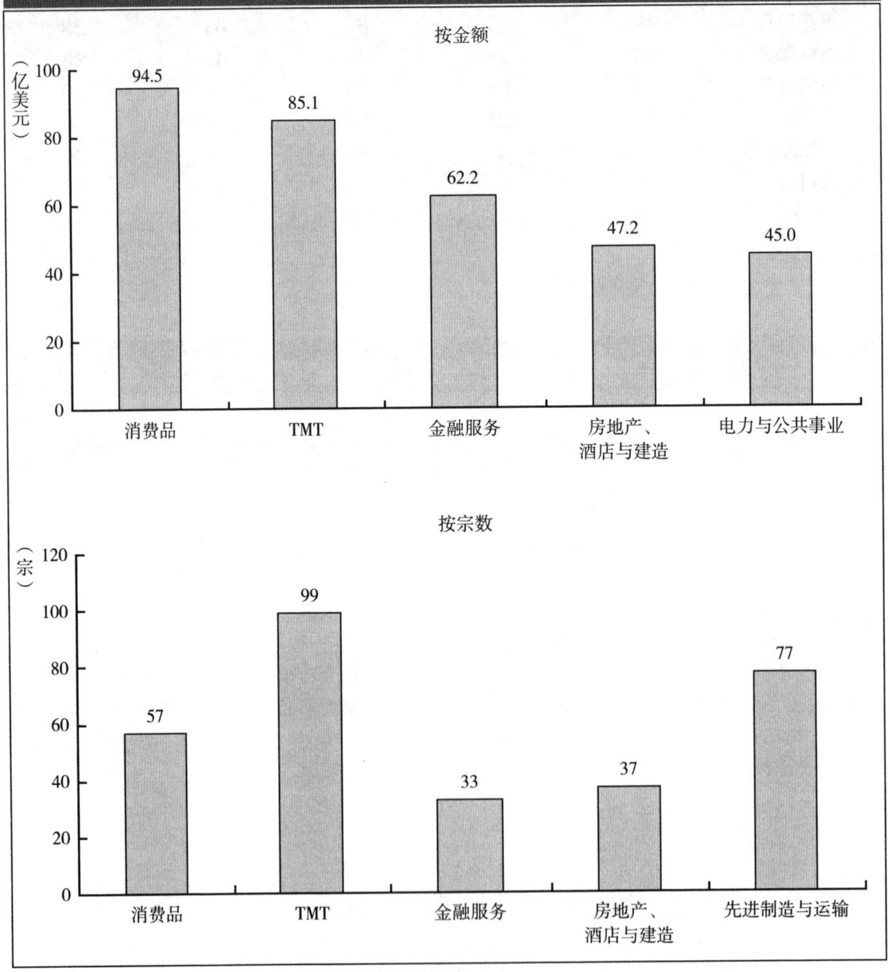

资料来源：ThomsonOne、Mergermarket、建投研究院。

行业，这样不仅有助于提升中国企业在全球产业链中的定位，还有助于满足企业自身转型升级和国际化发展的需要。

（三）海外并购投资向太平洋沿岸转移，亚太地区持续受关注

2019 年，全球并购交易出现下降趋势。根据富而德的数据，2019 年全球并购交易价值为 32194 亿美元，并购交易宗数为 42145 宗。其中，北美地区、亚太地区和欧洲地区位列并购金额前三位。从并购数量来看，科技、媒体和电信是全球并购表现较好的领域。

中国企业对亚太地区继续保持投资热度，对欧美市场则继续保持观望态度。数据显示，中国企业在亚洲并购金额为 146.5 亿美元，同比增长 33.1%，投资额占中企全球投资总额的三成以上。在大洋州并购金额为 57.2 亿美元，增长 18.1%，在 2019 年前三季度中国海外并购目标国家的前十名中，亚太区域国家占据六席（见表 3）。与之相反，受地缘政治风险和欧美等国对外商投资审查政策等因素的影响，中国企业在欧洲和北美洲的投资大幅度减少。2019 年前三季度，中国企业在欧洲的并购金额为 129.3 亿美元，同比下降七成，投资主要流向消费品、TMT、先进制造和运输等领域，而中国企业在北美洲的并购金额仅为 41.3 亿美元，同比下降 67.0%，主要投向 TMT、金融服务、采矿和金属领域（见图 4）。

表 3　2019 年前三季度中国海外并购前十个国家

单位：亿美元

序号	国别	并购金额
1	英国	96.5
2	澳大利亚	53.2
3	新加坡	43.5
4	秘鲁	38.2
5	美国	33.2

续表

序号	国别	并购金额
6	印度	31.9
7	泰国	31.4
8	日本	19.5
9	韩国	14.5
10	瑞典	11.1

资料来源：ThomsonOne、Mergermarket。

图4　2019年前三季度中国企业在各大洲并购金额及宗数

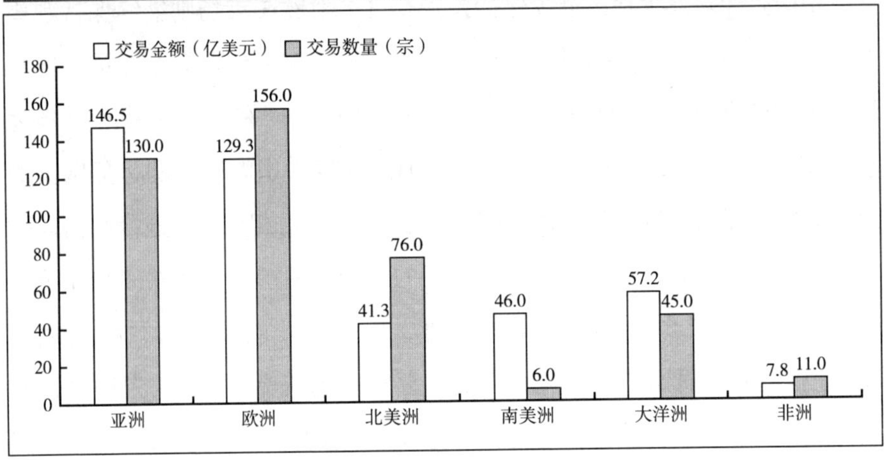

资料来源：ThomsonOne、Mergermarket、建投研究院。

另外，中国企业对非洲的并购投资增长稳中加快，中国已经连续10年为非洲第一大贸易伙伴。目前，中国企业在非洲投资的主要特征：一是投资由资源和基础设施部门移向制造业和服务业；二是民营企业投资增长，且投资多样化。中国国有企业在非洲的投资项目主要集中在基础设施、能源、建筑和资源相关领域，而受投资资金规模有限的影响，中国民营企业倾向于投资制造业、贸易和物流等资本密集度较低的领域。目前，民营企业在非洲的投资占中国企业在非洲投资总额的90%。

（四）“一带一路”沿线外承包工程仍是合作亮点

2019 年，中国企业对外承包工程的投资布局更加广泛，对外承包工程明显提质增效。商务部数据显示，2019 年 1～11 月，中国对外承包工程共完成营业额 9295.5 亿元人民币（折合 1349.7 亿美元），同比下降 2.2%；新签合同额 14361 亿元人民币（折合 2085.2 亿美元），同比增长 12.5%（2017～2019 年变动情况见图 5），其中上亿美元项目 379 个，比上年增加 31 个，5000 万美元以上项目 682 个，比上年同期增加 18 个。在中国企业承揽的对外承包工程项目中，基础设施建设类项目合同额 1577.2 亿美元，占新签合同总额的 75.6%。中国对外承包工程企业共对外劳务合作派出各类劳务人员 43.5 万人，11 月末在外各类劳务人员 101.3 万人，较上年同期增加 0.2 万人，为东道国创造就业岗位 77 万个，带动了当地发展，实现了互利共赢。

图 5　2017～2019 年对外承包工程营业额

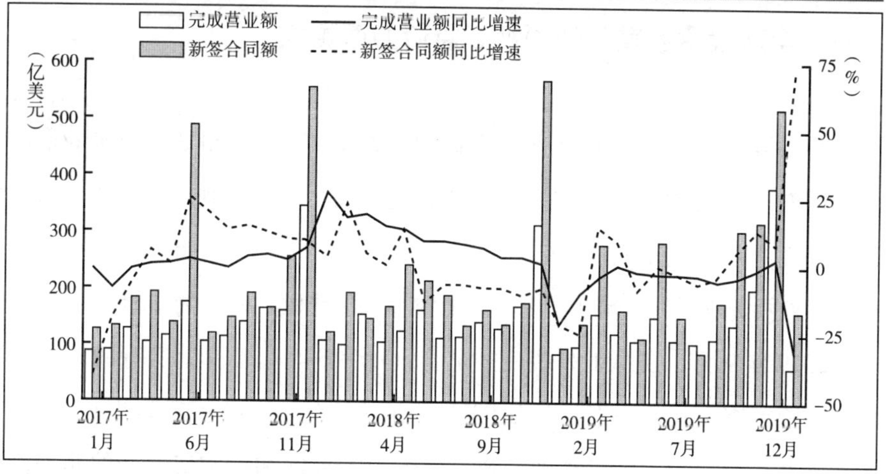

资料来源：商务部官网。

从“一带一路”沿线投资和承包工程看，商务部“走出去”公共服务平台数据显示，2019 年 1～11 月，中国企业与“一带一路”沿线的 62 个国家新签对外承包工程项目合同6944份，新签合同额1548.9亿美元，占同期我国对外承包工程新签合同额的59.5%，同比增长23.1%；完成营业额979.8亿美元，占同期总额的56.7%，同比增长9.7%。其中，中国企业对“一带一路”沿线的56个国家非金融类直接投资合计150.4亿美元，同比下降3.8%，占同期总额的13.6%，主要投向新加坡、越南、老挝、印度尼西亚、巴基斯坦、阿联酋、泰国、马来西亚、柬埔寨和哈萨克斯坦等国家。

二、2019年中国海外投资新变化

2019年，全球投资营商环境复杂多变，中国企业仍坚持拓展海外投资渠道，积极布局先进制造、高科技和消费等领域，努力在全球市场上扩大自身的品牌影响力，提高核心竞争力，国际化经营也从探索发展、快速量变阶段转向提质增效阶段，并购仍是中国企业海外投资的首选方式。

（一）全球投资监管趋势更严、监管力度更大

2019年，全球投资安全监管措施大幅增加，已达到2003年以来的最高水平。美、德、欧盟和日本等国家或地区先后出台了一系列入境投资监管法规和制度，提高并购审核门槛，加强对外商投资的审查。受此影响，中国企业在海外投资规模明显减少，海外并购整体趋于谨慎，避险情绪增加。

2019年9月，美国对外投资委员会（CFIUS）对于此前实行的《外国投资风险审查现代化法案》（FIRRMA）进行了修改，将审查范围进一步扩大到涉及关键技术、关键基础设施、敏感个人数据和特定房地产的非控制性投资，新增了一类交易的强制申报义务，即非美国政府直接或间接持有49%以上股权的投资者，如果获得涉及关键技术、关键基础设施或敏感个人数据（不包含特定房地产）的美国企业超过25%的投票权，则该交易需

要向 CFIUS 进行强制申报。这项监管提案标志着美国政府进一步扩大和提高了对入境的外国投资和交易进行审查的范围、力度和复杂程度。2019 年 11 月，美中经济安全审查委员会向国会提交 2019 年度对华战略竞争建议报告，总结了近期中美在经贸、安全、政治和外交等领域的竞争态势，从多个维度把中国对美国可能造成的影响进行了分析评估，并向国会提出了政策建议。由此可见，美国对中国各领域的防范意识在不断加强。以上法案和报告的发布，再叠加中美贸易摩擦及谈判的不确定性，使得中国在北美区域的并购投资受到严重影响，跨境投资交易规模锐减七成以上，中国企业在北美投资阻力明显加大。

2019 年 1 月，被称为德国史上最严厉的外资审查法案——《对外贸易和支付法案》修正案正式生效。根据该法案的规定，在涉及国家安全的基础建设领域与核心技术领域，将非欧盟投资者并购德国企业的审查红线从持股 25% 下调至 10%。此外，德国政府对 1961 年出台的《对外经济法》前后进行了 13 次修订，后续又出台了《对外经济条例》。这些法规和条例出台的目的是既要保护德国企业不受外国资本的冲击，还要保护关键的核心技术，以防止削弱本国在欧盟经济中的主导地位。虽然这些法规和条例适用于所有国家的投资者，但其首先对中国企业在德国的并购投资产生了比较明显的影响，尤其在高科技和基础设施建设等领域的收购甚至引发了商业冲突和争议，目前中德之间在此方面的紧张和摩擦已成为一种新常态。

2019 年 4 月 10 日，《欧盟外商投资审查条例》正式生效。依据该条例，欧盟将加大对能源、运输等关键基础设施和人工智能、机器人等关键技术领域的投资审查，同时将投资者是否受第三国政府控制或重要资助作为考量因素。该条例的出台标志着欧盟作为一个整体在构建外资安全审查机制方面迈出关键一步，表明欧洲整体对入境的外商投资监管趋严。由上可见，对于赴欧投资的中国企业来说，必须高度关注欧盟外资监管的规章制度变化，适时调整企业在欧盟及各国的投资策略。

（二）全球海外投资需求减弱，中企理性选择投资区域及行业

从投资区域上看，受多个国家外商投资收紧政策的影响，2019 年中国企业在欧美地区的并购投资环境越来越差，投资信心遭受严重打击，投资资金和规模锐减，尤其是民营企业在欧美地区的并购投资活动下滑趋势尤为严重。为此，中国企业开始调整海外投资的方向，海外投资开始逐渐从欧美地区转向亚太区域，主要包括东亚、东南亚和大洋洲的一些国家。

从投资行业上看，中国企业谨慎选取国外的优质行业，投资资金更多地流向了高技术含量和高附加值的新兴产业、高端服务业和消费品等行业。中国企业把海外并购资金主要投向了 TMT、生命科学及消费品等，具体看，半数以上的资金流向租赁和商务服务业、制造业、批发和零售业等行业。其中，流向制造业、批发和零售业的对外投资都有明显的增长。这些投资趋向符合中国的政策要求，即海外并购必须要服务和支持中国经济的高质量发展。而此前投资较多的房地产业、体育和娱乐业对投资没有新增项目，非理性投资得到有效遏制。总之，2019 年中国企业在海外投资上继续保持理性趋势，投资变得更为谨慎、专业，投资偏好有明显转向。

（三）民企海外并购依旧活跃，投资人身份多元化趋势明显

有报告显示，2019 年中国的民营企业海外并购依旧表现活跃，仅上半年，在中国企业海外并购的项目中，国企和民企分别发生 134 宗和 260 宗，民企并购数量明显超过国企。同时，随着云计算、大数据等技术的发展和应用，中国企业在跨境电子商务领域取得了明显的技术优势。其中，阿里巴巴、腾讯、网易、京东等中国互联网企业巨头都在海外并购中有不俗表现。另外，还有报告分析指出，近期，私募股权基金、风险投资基金等财务投资者与产业类战略投资者合作进行海外并购的趋势愈加明显。随着财

务投资者在海外并购投资中占比不断增加，这些投资人的并购视野变得越来越广，不但持续之前对初创企业的早期投资热情，还逐渐开始关注同产业类投资者联合投资的成熟企业，比如云锋基金联合鱼跃、万东医疗等收购意大利医疗设备商百胜，鼎晖投资联合远大医药收购澳大利亚肝癌治疗器械生产商 Sirtex 等。

（四）国内政策调整有利于境内外投资的合作与交流

2019 年，中国政府为应对国际投资环境和监管环境的复杂变化，陆续出台了有关法规和措施，对境内企业出海投资有关国家和区域，投资基建、高科技等相关敏感行业加大审查和管控力度。2019 年 1 月，商务部、国家统计局、国家外汇管理局结合近期我国对外投资业务特点及高质量发展的需求，对 2016 年 12 月印发的《对外直接投资统计制度》进行了修订和补充。该文件提出了有关增加“质量控制”的相关内容，将境内投资主体是否按照统计制度要求报送对外直接投资统计资料，列入商务部市场监管“双随机、一公开”执法事项。5 月，商务部印发了《对外投资备案（核准）报告实施规程》，旨在加强对外投资事中事后监管，推动对外投资健康有序发展。此外，有关监管部门还就对外承包工程、对外劳务合作等方面出台了管理办法。

在加强出境资本管控同时，国内有关政府部门还大力推进新政策和营造良好的境内投资环境，以吸引更多的优质境外资本在中国直接投资。2019 年 3 月，第十三届全国人民代表大会第二次会议通过了《中华人民共和国外商投资法》，对外商投资准入、促进、保护、管理等做出了系统的、统一的规定，旨在进一步推进中国对外开放的政策，积极鼓励和促进外商入境投资，保护外商投资合法权益，规范外商投资管理，推动国内市场经济健康发展。12 月 12 日，《中华人民共和国外商投资法实施条例》已经国务院第 74 次常务会议通过，将自 2020 年 1 月 1 日起施行。7 月 30 日《鼓励外商投资产业目录（2019年版）》《外商投资准入特别管理措施（负面清单）（2019年版）》《自由贸易试验区外商投资准入特别管理措施（负面清单）（2019年版）》已正式施行（见表4）。其中，鼓励外商投资产业目录增加到415项。

上述制度的出台在境内外资金监管和助力国内市场发展中发挥了积极效应。2019年，中国的消费品行业海外并购势头逆势上升，从其背后原因来看，国家出台相关制度激发了国内消费市场的发展潜力，拓展了行业发展空间，同时还刺激了中国企业在消费品海外市场上持续投资，这样不仅开拓了全球市场，也可以将境外同行业的一些优质价值链元素“引进来”，更好地服务于国内市场，同时还促进境内外更多的投资资金的交流与合作。

表4　2019年中国对境内外投资监管规章制度

时间	发布/通过机构	制度名称	主要内容及变化
2019年1月	商务部 国家统计局 国家外汇管理局	《对外直接投资统计制度》	全面防范和严肃惩治商务统计造假，保障统计数据质量，调整并优化对外直接投资的有关报表
2019年1月	商务部	《对外承包工程业务统计调查制度》（修订版）	根据业务管理变化，调整了统计调查范围。明确部分统计原则。增加质量控制内容和附录部分“向国家统计局提供的统计资料清单”
2019年1月	商务部	《对外劳务合作业务统计调查制度》（修订版）	在“组织方式和渠道”中，将商务部统计管理涉及有关中央管理企业的统计权限下放至地方商务主管部门
2019年3月	十三届全国人大二次会议	《中华人民共和国外商投资法》	宣布了一系列投资便利化以及市场开放的措施，有力地促进了境内外投资资金的交流与合作
2019年6月	国家发改委 商务部	《外商投资准入特别管理措施（负面清单）（2019年版）》和《自由贸易试验区外商投资准入特别管理措施（负面清单）（2019年版）》	在服务业、制造业、采矿业、农业领域推出了新的开放措施，在更多领域允许外资控股或独资经营

续表

时间	发布/通过机构	制度名称	主要内容及变化
2019 年 7 月	商务部	《对外投资备案（核准）报告实施规程》	加强对外投资事中事后监管，推动对外投资健康有序发展
2019 年 7 月	国家发改委 商务部	《鼓励外商投资产业目录（2019 年版）》	进一步扩大鼓励外商投资范围，促进外资在现代农业、先进制造、高新技术、节能环保、现代服务业等领域投资，促进外资优化区域布局，更好地发挥外资在我国产业发展、技术进步、结构优化中的积极作用
2017 年 7 月	国家发改委 商务部	《外商投资准入特别管理措施（负面清单）（2019 年版）》	外资准入负面清单条目由之前 48 条减至 40 条，压减比例 16.7%。负面清单进一步缩减，外商投资范围进一步扩大。进一步推进服务业扩大对外开放，放宽采矿业、制造业、交通运输业等准入措施
2019 年 7 月	国家发改委	《自由贸易试验区外商投资准入特别管理措施（负面清单）（2019 年版）》	外资准入负面清单条目由 45 条减至 37 条，压减比例 17.8%
2019 年 9 月	商务部等 19 个部门	《关于促进对外承包工程高质量发展的指导意见》	确立对外承包工程高质量发展的主要目标，积极鼓励设计咨询“走出去”，促进投建营综合发展，积极培育创新发展动能，努力提升可持续发展能力。进一步完善对外承包工程促进、服务、监管、保障四个方面的措施

资料来源：建投研究院整理。

三、2020年中国海外投资风险与机遇

2020 年是我国全面建成小康社会、“十三五”规划收官之年。面对错综复杂的国际局势，加之新冠肺炎疫情给全球经济带来的冲击及影响，预计海外并购投资市场的竞争会愈发激烈。中国应该审慎应对可能会遇到的各种风险和挑战，谨慎评估和选择海外投资机会。

（一）全球经济增长延续下行趋势不变

全球经济增长衰退的预期升温，经济增长动力明显不足。国际货币基金组织（IMF）和经济合作与发展组织（OECD）等机构在2019年四季度纷纷下调了对2020年全球经济增长的预期，尤其是美国、新兴市场和发展中经济体经济增长预期均被下调。另外，根据权威机构50余位专家的预测，美国2020年经济增速为1.8%，低于2019年的2.3%，更低于2018年的2.9%，商业投资仅增长1.1%，是2019年增速的一半，工业生产增速将明显放缓。中国经济在2020年也将减缓增长步伐，预测经济增速约为6.0%。世界两大经济体的增速预期都减缓足以表明，2020年世界经济增长形势不容乐观，其背后的潜在风险可能会逐步通过进出口贸易、大宗商品价格波动等途径传导至更多国家，部分新兴市场和发展中经济体受此影响会非常明显，世界经济必将继续呈现疲软增长态势。

（二）全球国家风险水平总体日趋上升

2020年，多国面临选举的政治局面，将进一步加剧全球政治动荡。随着单边主义和保护主义势力的不断抬头，全球或将面临前所未有的安全风险，全球的治理体系也必然会受到严重威胁。中国在加入全球经济一体化进程的同时，已经深深融入全球风险治理体系中。国内权威机构发布的2019年《国家风险分析报告》的研究结果显示，2020年全球国家风险评级展望情况为“正面”的有9个国家，为“稳定”的有166个国家，为“负面”的有17个国家，风险上升的国家数量有所增加。

2020年，全球面临的地缘政治风险和经济紧张局势将主要表现在以下几个方面。一是美国和中国在亚太地区的地缘政治纷争有升级可能，中美之间贸易争端的全球性消极影响或将持续扩散，并对世界政治格局产生深刻影响。二是欧洲传统政治面临极右翼挑战，政策不确定性或将增加，欧洲一体化进程或遭遇挑战。受新冠肺炎疫情的影响，欧盟已经接受了英国提出的延长过渡期的要求。这使英国脱欧谈判不确定性再度加剧。后续由此引发欧洲内部的分化、边缘化与脆弱性增强，右翼势力或将持续崛起。三是非洲地区的政治风险再次分化，一些国家显著改善，一些国家则严重恶化。四是中东局势仍将持续紧张，也门冲突、乌克兰问题等一系列地区冲突不断演化，部分国家执政党与反对党严重对立甚至深陷政治危机，地区的安全风险持续攀升，短期内难以改善。五是亚太地区的美朝谈判破裂仍然存在风险。美、朝、韩三国可能会继续沟通，但能否取得实质性进展尚不可知。

（三）货币政策转向再宽松压低了境外投资的收益预期

2019 年，全球有超过 30 个国家先后宣布降息，2020 年全球主要央行仍将继续采取低利率与量化宽松的货币政策，这在某种程度上会引起汇率波动，导致海外投资的风险变大。一方面，货币再宽松所造成的低利率环境可能会引导投资者过度追逐高收益率的标的，进而带来更多的风险隐患；另一方面，货币再宽松虽然可以降低企业和个人的融资成本，刺激居民个人消费，同时也鼓励企业跨境投资，但是全球低利率环境必将压低海外投资的收益率。

（四）营商环境复杂和行业分化加剧境外投资经营环境受限

当一国企业进入东道国投资时，营商环境的优劣对企业的投入成本和经营效率有重要影响。首先，目前全球大国和地区间博弈、冲突愈演愈烈，由此引发的地缘政治风险、经济政策和贸易规则的不确定性等因素越来越多，可能会使全球营商环境变得越来越复杂多变，这一点可以从全球外商直接投资的变化情况上得到证实。联合国贸易和发展会议发布的《2019 年世界投资报告》指出，全球外国直接投资同比已连续 3 年下降，预计 2020 年也难有大幅改善。其次，多边贸易体制遭到挑战以及国际投资体制日益碎片化，也在不同程度上对企业投资和经营环境造成不利冲击。

未来全球营商环境仍将充满不确定性，企业面临的经营环境难言明显改善。另外，全球政治经济格局的反复重组调整以及贸易摩擦等逆全球化思潮对特定行业也将造成较大冲击。2020 年，以油气和矿产为代表的大宗商品价格将持续低位徘徊且价格波动幅度较大，通信、汽车和钢铁等行业的全球技术供应链受到威胁，行业发展承压。总之，全球行业风险凸显且差异化显著，行业发展分化趋势进一步加剧。

（五）2020年中国海外投资机会

2020 年，受年初新冠肺炎疫情冲击的影响，全球经济不太景气，尤其是疫情严重的国家。在疫情冲击、经济增长预期下降、地缘政治冲突日趋严重以及民粹主义抬头等多种因素叠加的背景下，中国企业出海并购投资的步伐将进一步减缓。虽然预期国内经济增长速度会变缓，但是中国人民银行和财政部等部门出台一系列政策措施，加大对企业扶持力度，维护金融市场稳定。同时，中国有望率先走出疫情阴霾，比其他国家和地区提前实现经济复苏。由此可见，中国对外投资在 2020 年可能出现回弹，中国企业应该适时把握好海外投资机会。

1. 适度增加欧洲区域的投资规模

有关数据显示，目前欧洲的经济虽然还处于筑底阶段，但是其对外贸易局势已经开始出现一些好转的迹象，投资信心指数也出现了止跌回升迹象。具体表现：一是就业水平、工资收入以及劳动力成本等方面表现向好，为欧洲经济增长提供了有力的支持；二是 2020 年欧洲央行大概率会继续保持宽松的货币政策，多个国家的赤字率较低，财政收支、债务压力显著改善，政府会有更多的政策空间来刺激经济发展。预期欧洲各国政府会在气候保护、机械工程、数字化、人工智能等领域加大投资，中国企业可选择相关领域适度增加跨境投资规模。

2. 持续关注“一带一路”沿线相关国家的投资机会

国际货币基金组织（IMF）分析并预测，5 年之后贡献全球经济成长的国家将重新洗牌，前 10 个国家将有 5 个亚洲国家入围，包括中国、印度、印度尼西亚、土耳其和日本，其余入围的国家包括美国、俄罗斯和德国，另外还有南美洲的巴西和非洲的埃及。由此可见，未来亚洲在区域经济上的重要性将逐渐增加，区域内有关国家和地区将继续成为中国企业海外并购最受关注的目的地，中国企业可重点关注东盟、日本、韩国以及印度等地的投资机会，扩大对相关国家的投资规模。

3. 切实抓住科技创新时代带来的投资机遇

2019 年，日本、法国和美国等多个发达经济体在消费领域的一些跨国公司先后出资并购了数字技术公司或人工智能公司，希望通过科技力量来弥补自身科技优势不足的短板，从而提升企业在全球市场上的竞争力。在这种趋势的引领下，2020 年，中国企业也应该顺势而为，重点关注和投资前沿科技领域，把海外并购投资的目标锁定为境外人工智能、生物技术和区块链等领域的先进科技公司，以此解决企业自身供应链优化、科技理念优化和产品质量提升等方面的问题。

四、2020年中国海外投资策略

2020 年，我们将面临一个价值观冲突愈演愈烈的逆全球化格局，全球并购投资的方向也正在加速重组，以科技主导的全新并购模式将为我们的技术进步和产业更新提供更多的发展机遇。因此，一定要打开视野，审慎判断和选择我们未来全球并购之路的投资策略。

（一）把握好难得的投资窗口期，谨慎选择区域投资的方向

当今世界，经济全球化正在面临严峻的挑战，包括疫情冲击、地缘冲突、贸易摩擦、气候变化、网络安全等，这些挑战无疑给中国企业海外投资带来了巨大的风险。西方某些发达国家倡导的单边主义、保护主义严重扰乱了国际秩序，但是从另一方面讲反而为中国企业加快国际化进程创造了良好机遇。美国通过贸易保护政策引导境外的美国企业回撤到本土，引导境外资金回流本国。此时，中国资本必将成为许多国家外商投资的重要来源之一。中国企业应当把握好这个难得的投资窗口期，结合企业自身发展战略和外部市场需求，合理优化投资布局，谨慎选择海外投资区域和领域

（二）“走出去”用好海外优质资源，“引进来”弥补自身产业不足

2020 年，在“一带一路”倡议推动下，中国必将加速在亚太地区的投资力度，中国企业应该更加积极地寻求亚太地区的优质资源，从供应链角度来保障战略性资源和先进技术的供给。在选择境外投资区域和国家时，要注意选择目的地国家拥有全球领先优势的产业。比如，亚太区域内，可以关注韩国和日本在电器/电子产品及机械设备、化学工业品和仪器仪表领域的相关投资机会，俄罗斯和澳大利亚等国的优质矿产和石油、天然气等能源资源，同时在北美、欧洲和日本还可以寻求汽车和机械制造等行业的投资机会，力争在产业链上有更深更广的布局。另外，中国企业还应该加大在芯片设计和制造、高端装备制造、可再生能源和新能源等领域的研发投入，逐步提高对有关产品的自给能力和生产能力，研发并生产出拥有自主品牌和技术的新产品，这样不仅可以降低生产成本、提高营收，还可以降低国内对相关高端技术产品进口的依赖性。随着产业升级和国内市场

的持续扩大，后期中国企业在高科技和消费行业的海外并购投资将会继续保持一定的热度。

（三）灵活调整对外并购方式，适时选择做理性的被动投资者

近年来，中国的海外并购投资方式日趋多元化，包括渠道拓展、绿地投资、资产收购、股权并购等多种形式，其中采用全资收购和控股收购的居多。但是，企业在实施海外并购的过程中，并购的思路和方式一定要根据企业自身的具体情况进行选择和调整。今后，中国企业在实施海外并购时不必一定采取控股型的并购方式来控制被收购企业，而是要考虑双方各自优势，尤其是要根据企业自身发展需求来选择合适的并购方式，如参股收购、技术转让、技术支付和产品分享等。采用这些并购方式的优势：一是可以降低全资收购和控股收购等方式带来的估值偏差、资金链吃紧和投后管理等方面的风险；二是可以绕开东道主国家对入境资金监管趋严等方面的贸易壁垒；三是能够尽快学习和掌握被收购方的关键技术、管理经验并为己所用；四是选择作为被动投资者取得分红收益，不参与企业日常经营；五是通过初步合作了解标的企业的运作，为日后进行控股收购打下良好基础。总之，中国企业应该以提升企业核心竞争力为投资目标，在此基础上采取理性的并购决策与操作策略，最终才能实现技术进步和产业升级的目标。

2019年中国并购重组市场回顾与2020年展望

王　申

博士，中国建投投资研究院研究员

投资提示

- 2019 年，整个并购市场活跃度快速下降，全年只有 2199 个完成并购交易案例，比上年下滑约三分之一，披露并购金额 10353.76 亿元，均比上一年度下滑近一半。

- 分行业看，2019 年，我国并购重组的热点领域主要集中在信息技术、先进制造、医疗健康、互联网、能源及矿产、金融、消费、新能源等行业，热点中既有互联网、清洁技术、半导体、生物技术等新兴产业，也有传统制造、消费、工程建筑、房地产等传统领域。

- 分地区看，中国并购交易集中在东部沿海发达地区，海外并购集中在发达国家。

- 2019 年中国并购重组市场特点有：（1）产业整合成为并购重组主要目的；（2）海外并购脱虚向实，先进制造和信息技术领域是并购重点；（3）国企资本运作水平进一步提升；（4）民营资本成并购重组的主力军。

- 展望 2020 年：（1）并购交易额将低于上年的水平，中小企业并购重组占比将增加，但项目平均交易规模会下滑；（2）并购更加聚焦于产业整合，行业重点是制造业和信息技术；（3）未来随着地缘政治风险减弱，将会有更多企业在 2020 年开展跨地区并购交易，除了欧美地区，“一带一路”沿线将成为并购交易新热土。不过，受此次疫情的影响，预计全年的海外并购交易数量将下滑，并购交易额将不会超过 2019 年。

一、2019年中国并购重组市场概括

（一）2019年政策调整有利于并购重组业务

2019 年 10 月，中国证监会发布《关于修改〈上市公司重大资产重组管理办法〉的决定》，进一步取消了“净利润”认定指标、缩短“累计首次原则”计算期限至 36 个月、允许符合条件的企业在创业板重组上市、恢复重组上市配套融资等。

再融资既可以成为重大资产重组的配套政策，同时本身对于减轻企业资产负债率也有重要意义。11 月 8 日，中国证监会对外发布《上市公司证券发行管理办法》《创业板上市公司证券发行管理暂行办法》《非上市公众公司信息披露管理办法》、《科创板上市公司证券发行注册管理办法（试行)》，针对再融资规则公开征求意见。再融资新规的出台反映出监管倡导资本市场为实体经济服务的导向，突出了资本市场的融资的功能。

2019 年以来，监管层在多个领域加快推进市场化宽松，如提高上市公司质量，完善并购重组制度，松绑再融资业务，科创板试点注册制以及股指期货松绑等。并购重组可以说是实现资本市场吐故纳新和优胜劣汰的重要手段，加之目前小市值的潜在壳资源不断增加、借壳成本继续走低等特点，将导致未来 A 股并购重组案例不断增加。

（二）2019年中国企业并购交易低迷

最近几年来，我国的并购市场快速发展，但是也经历了波动。根据私募通的数据统计，2010 年，整个并购市场仅有 713 个完成并购交易案例，披露并购金额 2657.20 亿元，到 2017 年、2018 年达到高峰，2017 年有

3566个完成并购交易案例，披露并购金额16905.81亿元，2018年有3119个完成并购交易案例，披露并购金额19747.90亿元。

但是到了2019年，整个并购市场活跃度快速下降，全年只有2199个完成并购交易案例，比上一年下滑约三分之一，披露并购金额10353.76亿元，比上一年度下滑近一半（见表1）。

在并购规模上，1亿元以上项目占据绝大多数。2019年，1亿元以上的并购案例共有874个，占案例数的39.75%，并购金额共计10057.58亿元，占总交易额的97.14%，平均并购金额11.51亿元/个；10亿元以上并购案例数182个，占案例数的8.28%，并购金额共计7611.06亿元，占总交易额的73.51%，平均并购金额41.82亿元/个。

表1　2010～2019年企业并购交易情况

并购结束时间	总案例数（个）	披露并购金额（亿元）	平均金额(亿元/个)
2010年	713	2657.20	4.53
2011年	1223	4320.56	4.09
2012年	1341	4446.81	3.81
2013年	2059	8468.09	4.68
2014年	2712	12365.82	4.88
2015年	2729	10387.65	4.52
2016年	3201	15608.75	6.09
2017年	3566	16905.81	5.73
2018年	3119	19747.90	8.49
2019年	2199	10353.76	5.92

注：部分并购交易没有披露交易额，所以平均金额高于披露并购金额除以全部案例数。余表同。
资料来源：私募通。

从并购类型来看，2019年，国内并购交易案例共2049个，占比93.18%，交易额8708.35亿元，占比84.11%，单个国内并购交易平均金额5.35亿元；海外并购交易案例共81个，占比3.68%，交易额640.07亿元，占比6.18%，单个海外并购交易平均金额10.00亿元；外资并购交易案例共49个，占比2.23%，交易额864.05亿元，占比8.35%，单个外资并购交易平均金额20.09亿元（见表2）。

表 2　2019 年企业并购类型情况

并购类型	数量（个）	数量占比（%）	金额(亿元)	金额占比（%）	平均金额(亿元/个)
国内并购	2049	93.18	8708.35	84.11	5.35
海外并购	81	3.68	640.07	6.18	10.00
外资并购	49	2.23	864.05	8.35	20.09
其他	20	0.91	141.29	1.36	10.87

资料来源：私募通。

从并购类型的跨年对比来看，2017 年以来，国内并购交易数量占比都在 90% 以上，交易总额逐年下滑，从 2017 年的 11143.51 亿元下滑到 2019 年的 8708.35 亿元，但是单个项目平均金额逐年提高，单个项日平均交易额从 2017 年的 3.99 亿元提高到 2019 年的 5.35 亿元（见表 3）。

表 3　2017 ~2019 年中国企业的国内并购完成交易情况

年份	数量（个）	数量占比（%）	金额（亿元）	金额占比（%）	平均金额(亿元/个)
2019	2049	93.18	8708.35	84.11	5.35
2018	2855	91.54	10029.04	50.79	4.69
2017	3369	94.48	11143.51	65.92	3.99

资料来源：私募通。

海外并购交易数量占比在 4% 左右，受监管趋严和国内民营企业去杠杆影响，国内企业参与的海外并购交易金额快速下滑，从 2017 年的 4863.59 亿元下滑到 2019 年的 640.07 亿元，单个项目平均交易额也逐年下降，从 2017 年的 42.29 亿元减少到 2019 年的 10.00 亿元（见表 4）。

表 4　2017 ~2019 年中国企业的海外并购完成交易情况

年份	数量（个）	数量占比（%）	金额（亿元）	金额占比（%）	平均金额(亿元/个)
2019	81	3.68	640.07	6.18	10.00
2018	153	4.91	2209.19	11.19	17.96
2017	141	3.95	4863.59	28.77	42.29

资料来源：私募通。

（三）2019年中国并购重组市场热点行业

从企业并购的行业分布来看，并购数量排在前十的行业依次是 IT（199 个，占 9.05%）、机械制造（199 个，占 9.05%）、生物技术/医疗健康（191 个，占 8.69%）、半导体及电子设备（184 个，占 8.37%）、化工原料及加工（175 个，占 7.96%）、能源及矿产（159 个，占 7.23%）、金融（135 个，占 6.14%）、清洁技术（129 个，占 5.87%）、建筑/工程（128 个，占 5.82%）（见表 5）。

从行业并购金额来看，排在前十名的行业依次是能源及矿产（1319.58 亿元，占 12.74%）、金融（1026.93 亿元，占 9.92%）、互联网（839.48 亿元，占 8.11%）、半导体及电子设备（752.19 亿元，占 7.26%）、清洁技术（700.22 亿元，占 6.77%）、化工原料及加工（694.60 亿元，占 6.71%）、连锁及零售（573.60 亿元，占 5.54%）、房地产（552.20 亿元，占 5.33%）、IT（541.16 亿元，占 5.23%）、机械制造（502.79 亿元，占 4.86%）（见表 5）。

综合来看，2019 年，我国企业并购重组的热点领域集中在信息技术、先进制造、医疗健康、互联网、能源及矿产、金融、消费、新能源等行业，热点中既有互联网、清洁技术、半导体、生物技术等新兴产业，也有传统制造、消费、工程建筑、房地产等传统领域。

表 5　2019 年企业并购交易行业分布

行业	数量（个）	数量占比（%）	金额(亿元)	金额占比（%）	平均金额(亿元)
机械制造	199	9.05	502.79	4.86	3.03
IT	199	9.05	541.16	5.23	3.81
生物技术/医疗健康	191	8.69	438.88	4.24	2.69
半导体及电子设备	184	8.37	752.19	7.26	4.64

续表

行业	数量（个）	数量占比（%）	金额(亿元)	金额占比（%）	平均金额(亿元)
化工原料及加工	175	7.96	694.60	6.71	4.79
能源及矿产	159	7.23	1319.58	12.74	10.31
金融	135	6.14	1026.93	9.92	9.17
清洁技术	129	5.87	700.22	6.77	6.80
建筑/工程	128	5.82	337.40	3.26	3.34
房地产	95	4.32	552.20	5.33	7.27
连锁及零售	82	3.73	573.60	5.54	9.40
互联网	76	3.46	839.48	8.11	16.46
汽车	72	3.27	382.49	3.69	6.71
农/林/牧/渔	55	2.50	138.97	1.34	2.84
食品 & 饮料	53	2.41	486.05	4.69	11.85
娱乐传媒	50	2.27	190.13	1.84	5.94
物流	40	1.82	191.31	1.85	7.36
电信及增值业务	31	1.41	73.88	0.71	4.62
纺织及服装	15	0.68	50.42	0.49	4.20
教育与培训	12	0.55	23.23	0.22	2.58
广播电视及数字电视	4	0.18	121.36	1.17	40.45
其他制造业	1	0.05	0.25	0	0.25
其他	114	5.18	416.64	4.02	4.53

资料来源：私募通。

与 2018 年相比，受移动互联网红利消失和行业投资回归理性的影响，2019 年 IT 与互联网行业的并购交易下滑最大。

2018 年，IT 行业排名第一，共 384 个并购案例，占比 12.31%，并购金额 2365.49 亿元，占比 11.98%；但 2019 年，IT 行业并购交易只有 199 个案例，同比下滑近一半，并购金额只有 541.16 亿元，只有 2018 年的四分之一。

互联网行业 2018 年有 117 个并购案例，同比下降约三分之一，交易额 2026.55 亿元，同比下降近六成。

（四）2019年中国企业并购交易地区分布

按照并购标的所在的地区分布来看，中国企业并购交易集中在东部沿海发达地区。2019 年，并购交易金额排名前五的地区分别为北京（187 个，1743.35 亿元）、江苏（228 个，1140.33 亿元）、广东（306 个，1010.47 亿元）、上海（151 个，976.80 亿元）、浙江（229 个，976.80 亿元），这 5 个地区同时也是并购交易案例数的前五名。并购交易金额紧随其后的第 6 ~ 10 名是河南、天津、湖南、河北和山东（见表 6）。

表 6　2019 年中国企业并购标的所在地区前十名

地区	数量（个）	金额(亿元)	平均金额(亿元/个)
北京市	187	1743.35	13.41
江苏省	228	1140.33	6.10
广东省	306	1010.47	3.99
上海市	151	976.80	8.35
浙江省	229	856.74	4.79
河南省	50	531.33	14.36
天津市	42	326.46	8.59
湖南省	57	273.16	6.21
河北省	46	222.13	5.29
山东省	110	194.19	2.16

资料来源：私募通。

在境外并购方面，发达国家和地区仍是主要的并购目的地。2019 年并购交易金额前五名分别为西班牙（2 个，339.26 亿元）、美国（17 个，243.34 亿元）、中国香港（26 个，212.62 亿元）、加拿大（3 个，112.94 亿元）、英属维尔京群岛（4 个，63.93 亿元）。

（五）2019年私募基金并购投资与退出情况

私募基金是并购市场的重要组成部分，帮助存量企业改造升级，在企业并购重组中发挥重要作用，是成熟企业发展壮大、转型升级的长期伙伴。

2019 年，共计 236 只私募基金完成并购，共计投资 661.57 亿元。并购投资规模最大的云锋新创股权投资旗下上海麒钧投资中心（有限合伙）以 24.01 亿元收购美年健康 5.34% 股权；其次是建投创发基金旗下石家庄鹏海创业投资基金（有限合伙）以 21.00 亿元收购君乐宝 26.7% 股权（见表 7）。

表 7　2019 年私募基金完成并购部分案例

被并购方	行业	金额(亿元)	投资机构	私募股权基金
美年健康	医疗健康	24.01	云锋新创股权投资	上海麒钧投资中心
君乐宝	制造业	21.00	建投创发基金	石家庄鹏海创业投资基金
诚合基石	金融	16.61	诚合资产管理	杭州天马诚合投资合伙企业
Silverac Stella	制造业	15.94	海鑫汇投资	宁波共创联盈股权投资基金
美锦能源	能源及矿业	15.23	国兵晟乾投资	福州经济技术开发区晟乾创盈股权投资合伙企业
中航投资	金融	15.00	国同新航	国同新航(苏州)产业投资基金合伙企业
沃森生物	综合	13.78	嘉兴裕保	无锡中保嘉沃投资合伙企业
普莱德	能源及矿业	13.50	鼎晖百孚	天津鼎晖瑞普股权投资基金合伙企业
尤夫股份	化学工业	13.44	泓甄帝通	上海垚阔企业管理中心
光洋控股	消费升级	11.99	东方富海创投	深圳富海光洋股权投资基金合伙企业

资料来源：CVSource。

2019 年，共计 556 只私募基金以并购的方式成功退出，回笼金额约 1128.27 亿元。2016 年退出基金数量有大幅下滑，2016 年至 2019 年退出基金数量上下微幅波动，2019 年私募基金回笼金额达到近五年内最大值（见表 8、表 9）。

表 8　2015～2019 年私募基金并购退出数量及回笼金额

年份	基金数量（只）	披露并购金额（亿元）
2015	1046	881.07
2016	552	1050.51
2017	572	688.71
2018	550	740.01
2019	556	1128.27

资料来源：CVSource。

表 9　2019 年私募基金并购退出部分案例

退出标的	行业	金额(亿元)	退出机构	基金
盛跃网络	IT 及信息化	47.3	火线资本	上海曜瞿如网络科技合伙企业
		29.29	七酷一村投资	宁波盛杰股权投资合伙企业
		20.29	上海华麟	上海华璨股权投资基金合伙企业
豪威科技	IT 及信息化	27.24	中芯科技股份	绍兴市韦豪股权投资基金合伙企业
		20.96	通沛股权投资	青岛融通民和投资中心
德展投资	金融	25.33	中节能华禹	中节能华禹（镇江）绿色产业并购投资基金
爱旭科技	能源及矿业	24.33	和谐天明	义乌奇光股权投资合伙企业
中策橡胶	制造业	24.01	磐信言钊投资	杭州元信东朝股权投资合伙企业
居然新零售	消费升级	17.83	瀚云资本	杭州瀚云新领股权投资基金合伙企业
		17.83	云锋新创	上海云锋五新投资中心

资料来源：CVSource。

二、2019年中国并购重组市场特点

（一）产业整合成为并购重组主要目的

随着中国经济步入存量时代，为了生存和增长，企业之间的竞争趋于

激烈，因此，基于产业整合的并购交易成为并购交易的主要目的。

根据Wind资讯的统计，2019年我国并购交易的目的，按交易金额占比排序，排在前几名的依次为：横向整合（22.41%）、多元化战略（20.08%）、战略合作（17.53%）、资产调整（15.77%）、买壳上市（3.36%）、垂直整合（1.89%）、业务转型（0.40%）、财务投资（0.26%）。

综合来看，产业整合的交易金额占比最高，横向整合、战略合作与垂直整合的交易额合计占2019年并购交易总额的41.83%。此外，资产调整和多元化战略是上市公司并购交易另外两个重要原因，分别占15.77%和20.08%。

从2019年完成交易的前十大国内并购项目来看，有一半的交易都是基于产业整合（见表10）。

比如，大冶特钢以发行股票的方式，购买兴澄特钢86.5%的股权，最终交易价为231.79亿元，由于中信集团是大冶特钢和兴澄特钢的实际控制人，所以这次大冶特钢对兴澄特钢的收购可以视为企业的重组，中信集团所持有的特钢板块将整体上市，整合产业链，成为A股最大的特钢企业。

2019年11月，融创地产将以125.53亿元的价格收购武汉CBD持有的泛海建设100%股权，交易涉及泛海控股旗下北京、上海两地几乎所有的地产存量资源，通过横向整合交易，融创增加了一二线城市的地产资源储备，巩固了市场龙头地位。

2019年9月，华峰氨纶以120亿元收购华峰新材100%股权，目的则是整合同一控制人下聚氨酯产业链。华峰新材与华峰氨纶同属于聚氨酯产业链，但细分领域不同，华峰氨纶主要从事氨纶产品的研发、生产和销售，华峰新材主要从事聚氨酯原液、聚酯多元醇和己二酸的研发、生产和销售。通过收购华峰新材，华峰氨纶实现产业链整合延伸，进入聚氨酯行业中的聚氨酯制品材料制造领域以及基础化工原料行业的己二酸制造领域，丰富了业务类型和产品线，有助于提高华峰氨纶抗风险能力、盈利能力和可持续发展能力。

表10　2019年十大国内并购交易完成案例			
并购方	被并购方	行业	并购金额(亿元)
双汇发展	双汇集团	肉制品及副产品加工	390.91
居然新零售	武汉中商	其他连锁及零售	356.50
世纪华通	盛跃网络	网络游戏	298.03
大冶特钢	兴澄特钢	冶炼/加工	231.79
中原特钢	中粮资本	其他金融	211.86
中公教育	亚夏汽车	汽车销售渠道	185.00
盈峰环境	中联环境	环保	152.50
韦尔股份	豪威科技	应用软件	130.23
融创地产	泛海建设	房地产开发经营	125.53
华峰氨纶	华峰新材	其他化工原料及加工	120.00
津智资本	中环集团	电子设备	113.74

资料来源：私募通。

（二）海外并购脱虚向实

2019年，上市公司海外并购交易脱虚向实，更注重服务实体经济，金融、房地产领域的并购交易项目寥寥无几。海外并购项目中，按金额排序，前7个行业分别是材料460.56亿元，工业340.56亿元，公用事业253.92亿元，可选消费105.32亿元，医疗保健92.46亿元，信息技术87.30亿元，日常消费22.96亿元（见表11）。

先进制造和信息技术是中国企业海外并购的重点领域。在先进制造领域，材料、工业的并购金额分别名列第一、第二；在TMT领域，虽然中美之间在该领域的并购数量减少，但中国公司仍在全球其他国家和地区寻求更广泛的技术供应商。

表 11　2019 年上市公司公告海外并购交易行业分布			
行业	数量（个）	金额（亿元）	金额同比（%）
材料	29	460.56	-27.71
工业	49	340.56	-34.69
公用事业	1	253.92	131.44
可选消费	28	105.32	-87.24
医疗保健	26	92.46	-57.08
信息技术	36	87.30	-33.07
日常消费	10	22.96	-71.88
能源	2	17.07	1322.50
金融	9	11.10	-91.81
电信服务	1	3.44	11.00
房地产	0	0.00	-100.00

资料来源：Wind 资讯。

从 2019 年完成交易的前十大海外并购项目来看，主要集中在信息技术、医疗健康和消费三大领域，对应着国内的产业升级和消费升级需求（见表 12）。

表 12　2019 年十大中资海外并购交易			
收购方	收购标的	交易额	标的简介
沙钢股份	Global Switch	65 亿英镑	欧洲最大数据中心公司
长实集团	Greene King	46 亿英镑	英国最大酒吧运营商及酿酒厂
安踏集团	Amer Sports	46 亿欧元	芬兰运动品牌
闻泰科技	Nexperia	268 亿元	荷兰整合器件制造企业
紫光集团	Linxens	22 亿欧元	法国芯片组件商
韦尔股份	豪威科技	152 亿元	CMOS 图像传感器芯片
物美集团	麦德龙（中国）	19 亿欧元	大型连锁超市
上海莱士	GDS	132.46 亿元	血液检测
欢聚时代	BIGO	14.5 亿美元	海外视频社交平台
鼎晖投资 & 远大医药	Sirtex	19 亿澳元	澳大利亚肝癌治疗器械生产商

资料来源：晨哨并购。

（三）国企资本运作水平进一步提升

2018 年 12 月份召开的中央经济工作会议明确，要推动国资国企改革，按照政企分开、政资分开和公平竞争的原则，做强做优做大国有资本。要实现以管企业为主向管资本为主的转变，改组成立一批国有资本投资公司，组建一批国有资本运营公司，积极推进混合所有制改革。这将推动国有企业并购重组交易的发展。

各地成立国有资本投资运营公司，陆续对国有资产做资本化运作。比如，2019 年 1 月，天津市多家国有上市公司公告，天津市政府同意由天津津智国有资本投资运营有限公司并购天津市国资委所持天津中环电子信息集团有限公司 51% 股权、天津百利机械装备集团有限公司 100% 股权。通过推进天津市管企业结构调整，落实了天津市国有企业的混合所有制改革，推动了企业的发展。截至 2019 年 12 月，天津共 13 家市管企业完成混改，涉及资产 4984 亿元，涉及职工 78730 人，共引入社会资本 447.50 亿元，带动二级及以下混改企业 480 余家。

聚焦主业是国企并购的另一个推动力。2019 年“两会”期间，国务院国资委主任肖亚庆表示，从中央企业现状来看，在主业方面总体上进步很大，但仍存在资源分散、主业不突出的现象，也存在某个专业上同质化竞争、无序竞争的问题。2019 年将加大结构调整力度，积极稳妥推进装备制造、船舶、化工等领域战略重组，持续推动电力、有色、钢铁、海工装备、环保等领域的专业化整合，扎实推进区域资源的整合。

以中国船舶、中船防务的资产重组为例，2019 年 8 月 14 日的公告显示，中国船舶作为中船集团船海业务整合平台，将收购中船集团核心军民船资产，交易标的资产评估价值高达 366.2 亿元。此外，公告还提到，中船集团与中船重工正在筹划战略性重组，这是央企进行战略重组的典型案例。

此外，还有中国中丝集团整体无偿划转进入中国保利集团、成立国家管网公司等案例。这些国企重组并购的目的都是梳理产业链、整合资源、推动混改，发挥市场机制的作用。

（四）民营资本成并购重组的主力军

全国工商联党组成员、专职副主席邱小平近日在“2019（第十六届）中国并购年会”上表示，近年来，中国市场对外开放加快，民营经济不断发展壮大，在民营企业发展过程中，越来越多的企业利用并购进行市场整合、产业升级，以期提升创新力，增强竞争力。民营企业目前在国内并购和海外并购交易的数量中分别占到了 90% 和 75% 的份额，已经成为我国并购市场的主力军。

在经济全球化不断加深和中国经济转型升级的大背景下，我国并购市场正朝着市场化、专业化、国际化方向迈进，民营企业并购经典案例层出不穷。2019 年，民营资本并购规模最大的是双汇发展作价 390. 91 亿元吸收合并双汇集团。双汇发展是我国肉类行业内规模最大、实力最强的龙头企业，业务涉及猪肉产业链中的各个方面，主要从事生猪屠宰及生鲜冻品业务、肉制品业务及其他业务（包括饲料、生猪养殖等）。本次重组完成后，双汇发展将进一步聚焦肉业主业，通过产业升级和资产整合增强竞争力。

物美集团收购麦德龙（中国）控股权也是民营企业并购的另一个经典案例。2019 年 10 月，麦德龙集团、物美集团和多点 Dmall 联合宣布，物美集团就收购麦德龙（中国）控股权已与麦德龙集团签订最终协议，交易完成后，物美集团将在双方设立的合资公司中持有 80% 股份，麦德龙继续持有 20% 股份。物美集团选择麦德龙是因为其长期坚持高标准的食品安全管控，执行欧洲食品安全标准，每一家卖场都取得 HACCP 认证，因此麦德龙品牌 = 食品安全，物美集团认为麦德龙的商品定位是符合我国消费升级需求的。麦德龙看中物美集团，则是为了通过多点 Dmall 专有的运营系统，进一步提高麦德龙（中国）的运营效率和优化客户的购物体验。同样重要的是，物美集团和多点 Dmall 将带来融合了线下和线上服务与技术的数字化零售专长，并将帮助麦德龙（中国）提升数字化能力并加快在方兴未艾的中国零售市场的发展。

出海并购方面，民营企业也动作频频。2019 年 3 月，欢聚时代宣布完成对海外视频社交平台 BIGO 的全资收购，交易总额约 14.5 亿美元。2019 年 6 月，中国闻泰集团斥资 268 亿元收购荷兰安世半导体（Nexperia）。2019 年 9 月，鼎晖投资联手香港上市公司远大医药（鼎晖投资被投企业）以 19 亿澳元收购澳大利亚肝癌治疗器械生产商 Sirtex（SRX）完成交割。

但跨境并购不是一蹴而就的事情。民营企业在考虑进行海外并购之前，首先要在国内做好经营，在充分考量风险、控制风险的基础上再进一步“走出去”。企业要做海外投资并购时，必须要了解所投资的公司，要研究对方的企业文化和运作方式，了解他们的产品，真正做到与它们合二为一，以理性的方式来进行运营。

三、2020年中国并购重组市场展望

（一）并购重组交易量企稳

《中共中央　国务院关于营造更好发展环境支持民营企业改革发展的意见》出台，为民营企业注入了新的活力，解除了民营企业的行业限制。同时国有企业正在进行大规模结构性调整，大力推进混合所有制改革，这为国内企业包括民营企业参与并购重组带来了难得的机遇。在全面推进混合所有制改革的进程中，要不断激发民营经济参与混合所有制改革的积极性和主动性，金融机构和资本市场将赋予民营经济与国有经济平等的市场经济地位。

展望 2020 年，在国内深化改革开放的引领下，我国企业的并购意愿将趋于稳定；不过受此次新冠肺炎疫情影响，商务活动停滞，并购重组交易

谈判难以推进，2020 年交易数量预计会有所下滑。企业（尤其是中小企业）经营愈加困难，出售意愿增强且估值面临调整，此类并购重组交易将增多。综合来看，预计 2020 年并购交易额相比上年的水平将有所下滑，中小企业并购重组占比将增加，项目平均交易规模会下滑。估值方面，由于市场趋于理性，加之疫情影响、注册制逐步推进、壳资源价值下降，预计并购重组的估值将有所下降。

（二）将更加聚焦产业整合

展望 2020 年，并购重组大概率将更聚焦于产业协同整合。

在传统行业面临转型升级的背景下，政府更支持研发投入较高的新兴产业参与并购重组实现产业升级，因此，化工、机械、材料等行业将继续成为 2020 年并购重组交易的重点领域。此外，随着 5G 应用加速推进、集成电路国产化不断推进，信息技术企业为扩大业务规模或延伸产业链布局而实行并购交易的热情不减。

同时，并购企业将更加关注并购风险，重视后续整合对并购成功的重要性。企业从并购初始就要确定合适的整合目标，制定清晰的整合方案，在并购完成后通过有效整合实现收购企业与标的企业的真正融合。

在交易类型上，行业横向整合将继续占主导，在市场集中度提升、经济结构调整的大势下，中小企业日子将更加难过，从而导致同业并购重组继续火热，小额并购比重可能继续提升。此外，企业更加注重产业链整合，向产业链上下游和关联产业延伸，打造产业协同优势。因此，产业链纵向整合及战略并购也是 2020 年的并购重组交易重点。

（三）海外并购谨慎前行

2019 年在市场更加不确定的情况下，规模较小的境外交易活动仍然活跃，表明中国投资者对西方发达经济体和亚太国家市场的兴趣不减。其中，中国在东南亚、澳大利亚以及中东欧的投资比2018年明显增长，能源、农牧业，以及与“一带一路”相关的基础设施建设等都成为投资并购的重点。

过去两年，地缘政治不确定性上升以及监管机构加强审查，导致许多企业高层和董事会对于在本土市场以外扩展业务缺乏信心。以上市公司公告的海外并购案例统计来看，2019年，海外并购虽然数量有所上升，但并购金额却下滑了一半以上（见表13）。

表13　2019年上市公司宣布海外并购交易案例情况

年份	数量（个）	金额（亿元）	同比变化（%）
2019	184	1054.71	-51.88
2018	150	2191.93	192.20
2017	93	750.15	287.90
2016	22	193.39	-76.95
2015	84	839.05	13.33
合计	533	5029.23	—

资料来源：Wind资讯。

未来随着地缘政治风险减弱，更多企业有意愿在2020年开展跨地区并购交易，除了欧美地区，“一带一路”沿线将成为并购交易新热土。不过，中国企业将更加关注并购风险，投资上会保持谨慎，预计规模较小的海外并购交易将更受欢迎。

此外，此次疫情对于海外并购有重大负面影响，疫情限制了全球的商务出行，导致正在进行和潜在的交易受到重大负面影响，估值也会有变化，短期处于买方市场，有利于中国企业出海并购，估值也会有所下滑。预计全年的海外并购交易数量将下滑，并购交易额将不会超过2019年。

行业投资篇

2019年房地产市场回顾与2020年展望

王　申

博士，中国建投投资研究院研究员

投资提示

- “房住不炒”是中央对房地产行业的定位，“一城一策”维持市场稳定，而防范金融风险是房地产政策的另一个关注重点。

- 商住走势分化。从全国住宅价格走势来看，2019 年房价总体保持稳定，百城房价同比增速从年初的 4.90% 回落到 3.17%，12 月为 3.34%，略有反弹。商业地产则受经济增速下滑、供给增多等影响，存在供过于求的风险。

- 随着房地产行业的增速放缓，行业的竞争压力加大，破产案例增多，房地产行业市场集中度快速上升。

- 展望 2020 年，政府将继续通过“因城施策”稳定市场预期，鼓励城市更新和发展租赁业务；行业“马太效应”加剧，市场集中度提升；租售并举推动类 REITs 业务发展；城市间竞争加剧；房地产企业将深耕相关多元化业务，努力寻找新业态。

一、2019年房地产市场回顾

（一）坚决贯彻“房住不炒”

“房住不炒”是中央对房地产行业的定位。2016 年底的中央经济工作会议首次提出，“房子是用来住的，不是用来炒的”，中共中央政治局多次提出要“加快建立促进房地产市场平稳健康发展长效机制”。此后，与房地产相关的部门陆续出台了与之相配套的政策，涉及房企融资、购房者信贷等方面。在政策压力和行业周期的共同作用下，最近 3 年房地产市场趋于平稳，价格有所回落。

但是 2019 年 3 月、4 月，房地产市场出现小阳春，土地拍卖热度快速上升，中共中央政治局会议重提“房住不炒”“一城一策”的房地产调控，同时银保监会开始排查房地产金融风险，中国人民银行确保区域差别化住房信贷政策的实施。2019 年 12 月召开的中央经济工作会议再次强调，“要坚持房子是用来住的、不是用来炒的定位”（见表 1）。

表 1　2019 年我国房地产行业定位

时间	机构	政策内容
2019 年 3 月	政府工作报告	更好解决群众住房问题，落实城市主体责任，改革完善住房市场体系和保障体系，促进房地产市场平稳健康发展
2019 年 4 月	中共中央政治局	重提坚持“房子是用来住的、不是用来炒的”定位，落实“一城一策”、因城施策、城市政府主体责任的长效调控机制
2019 年 4 月	住建部	对 2019 年一季度房价、地价波动幅度较大的城市进行了预警提示
2019 年 4 月	银保监会	继续遏制房地产泡沫化，控制居民杠杆率过快增长
2019 年 7 月	银保监会	加强房地产信托领域风险防控
2019 年 7 月	中共中央政治局	坚持“房住不炒”的定位，落实房地产畅销管理机制；首次提出“不将房地产作为短期刺激经济的手段”

续表

时间	机构	政策内容
2019 年 8 月	中国人民银行	新发放商业性个人住房贷款利率以最近一个月相应期限的贷款市场报价利率为定价基准加点形成
2019 年 12 月	中央经济工作会议	坚持“房住不炒”的定位，全面落实因城施策，稳地价、稳房价、稳预期的长效管理调控机制

资料来源：新闻公告、建投研究院。

在“房住不炒”的定位下，虽然经济增速继续下滑，但全国调控房地产政策保持整体偏紧，同时各地根据自身市场运行情况通过“一城一策”高频微调。2019 年以来，部分房价过快上涨的城市出现政策收紧，如苏州、西安、呼和浩特等；部分市场偏弱的城市通过调整限购、限价、人才政策、落户政策、公积金等多种方式进行偏松调整，如深圳、南京、珠海等。在房地产市场“以稳为主”的基调下，“一城一策”将继续灵活实施。

此外，防范金融风险也是房地产政策的重点之一，主要原因在于，我国的居民杠杆率快速上升（见图 1）。

图1 2008 年以来各经济体的居民杠杆率

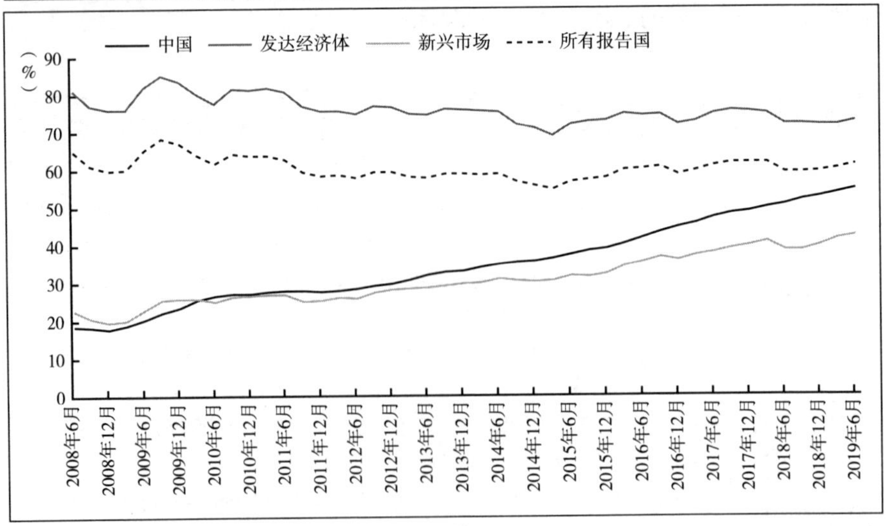

资料来源：Wind 资讯，国际清算银行，建投研究院。

根据中国社会科学院国家资产负债表研究中心的统计，截至 2019 年 9 月，我国居民部门的杠杆率高达 56.31%，超过新兴市场，不过低于国际平均水平，离发达国家的 70% 还有一段距离。

但是，我国居民杠杆率水平增速很快。2016 年以来，我国居民杠杆率水平从 40% 上升到了 56%，每个季度上升约 1 个百分点（见图 2）。

图 2 我国的居民杠杆率

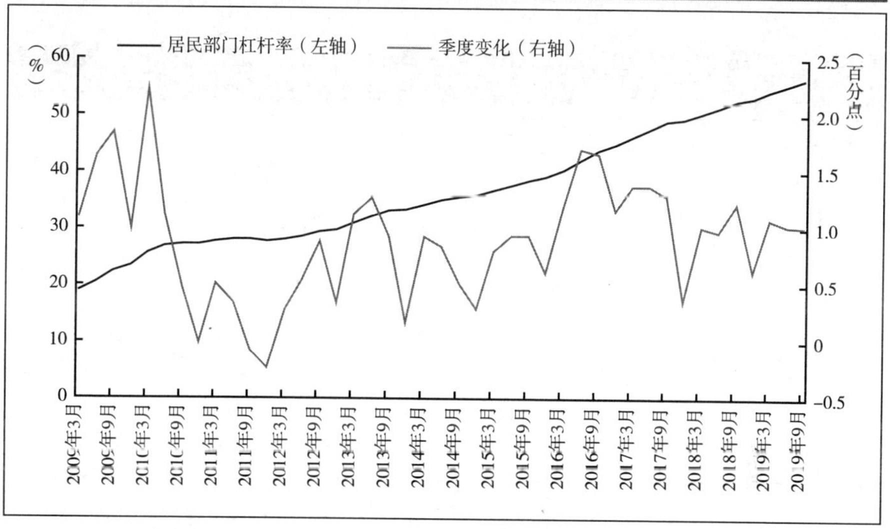

资料来源：Wind 资讯，国家资产负债表研究中心，建投研究院。

我国居民的中长期负债主要是住房按揭贷款，截至 2019 年末，主要金融机构个人购房贷款余额为 30.07 万亿元，占 GDP 的 30.34%；个人房贷同比增长 16.7%，远高于名义 GDP 的增速。

2019 年，监管部门严控资金违规进入房地产。截至 2019 年三季度末，投向房地产的信托资金余额为 2.78 万亿元，较二季度末大幅减少 1480.67 亿元，环比下降 5.05%，这是 2015 年四季度以来房地产信托规模首次出现季度环比负增长。

因此，我国在继续贯彻“房住不炒”定位的同时，短期内政策聚焦防范化解房地产领域的金融风险。

（二）商住价格走势分化

2019 年，国房景气指数稳步上升。一季度是快速上升期，房地产市场小阳春，但是政策快速出手，二季度景气指数维持稳定，三季度开始缓慢上升，截至 2019 年 12 月，国房景气指数为 101.13，依旧位于景气区间（见图 3）。

图 3　国房景气指数

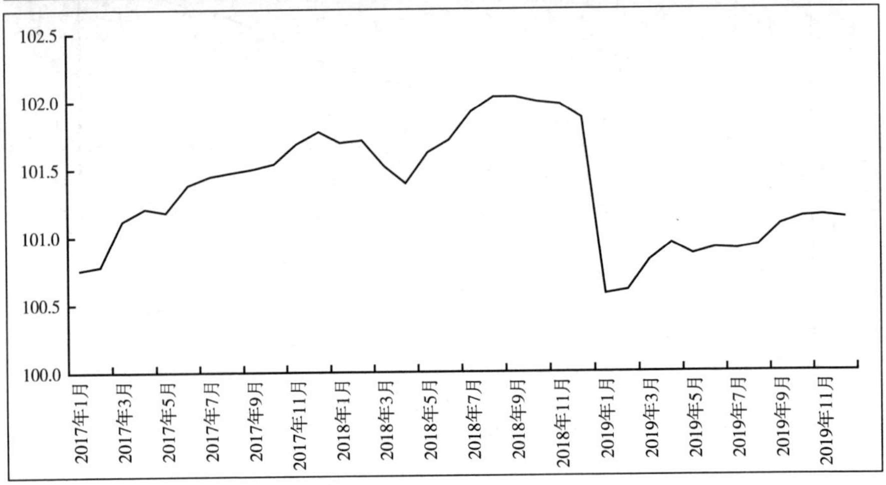

资料来源：Wind 资讯，国家统计局，建投研究院。

中央定调“房住不炒”，各地方政府“因城施策”，基本实现了稳地价、稳房价、稳预期。从全国房价走势来看，2019 年房价总体保持稳定，延续了房价增速平稳下行的趋势，2019 年，百城房价指数同比增速从年初的 4.90% 回落到 3.17%，12 月为 3.34%，略有反弹（见图 4）。

分城市来看，2019 年，一线城市房价基本保持稳定，2019 年 12 月同比上涨 0.71%；二线城市房价增速不断回落，同比增速从年初的 6.75% 回落到 12 月的 4.24%；三线城市房价增速快速下滑，从年初的 8.39% 回落到 12 月的 4.60%（见图 5）。

图 4　百城房价指数同比变化

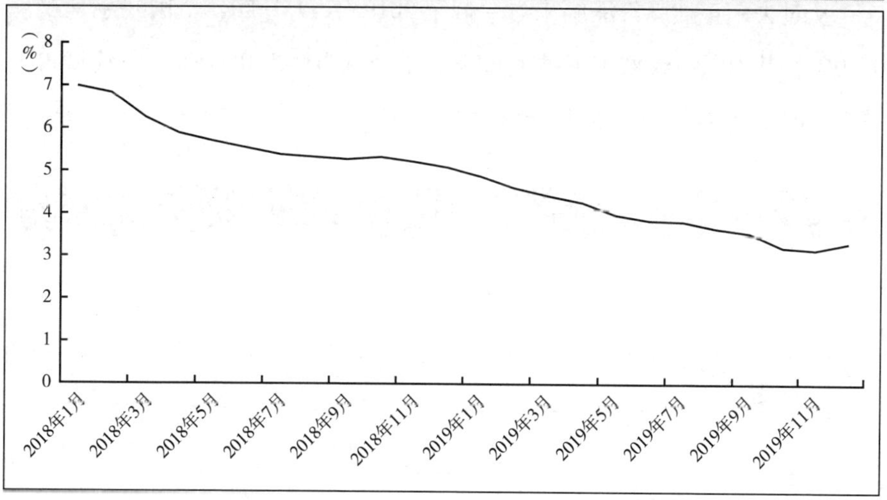

资料来源：Wind 资讯，建投研究院。

图 5　百城房价同比变化（分城市）

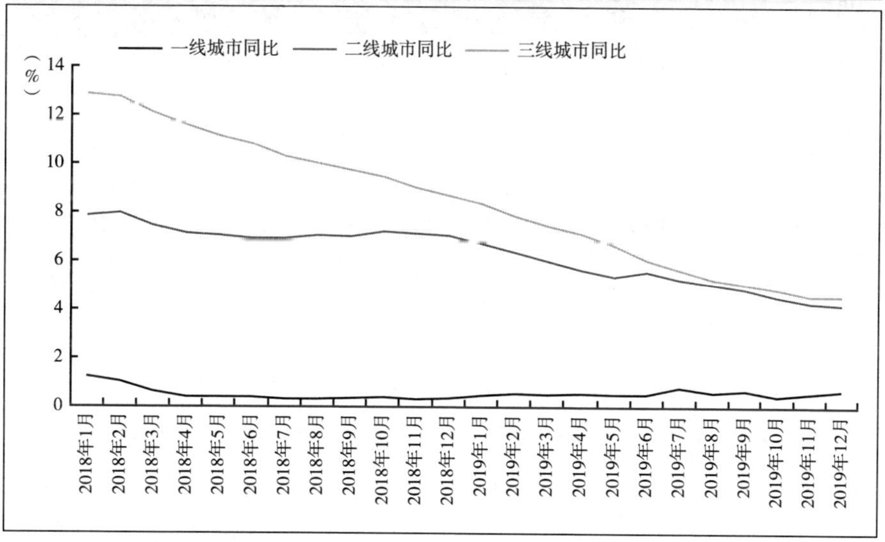

资料来源：Wind 资讯，建投研究院。

在二手房方面，2019 年二手房市场成交显清淡，导致挂牌价整体平稳。2019 年三、四月份开始有一个小阳春行情，其后又趋于平稳，10 ~ 11

月连续两个月小幅度下滑，12 月又有所翘尾。

从过去一年挂牌价涨幅来看，截至 2019 年 11 月底，全国二手房微涨 0.90%，其中，一线城市下跌 1.68%，二线城市微涨 0.90%，三线城市上涨 2.16%，四线城市上涨 1.26%（见图 6）。

图 6　全国二手房出售挂牌价指数

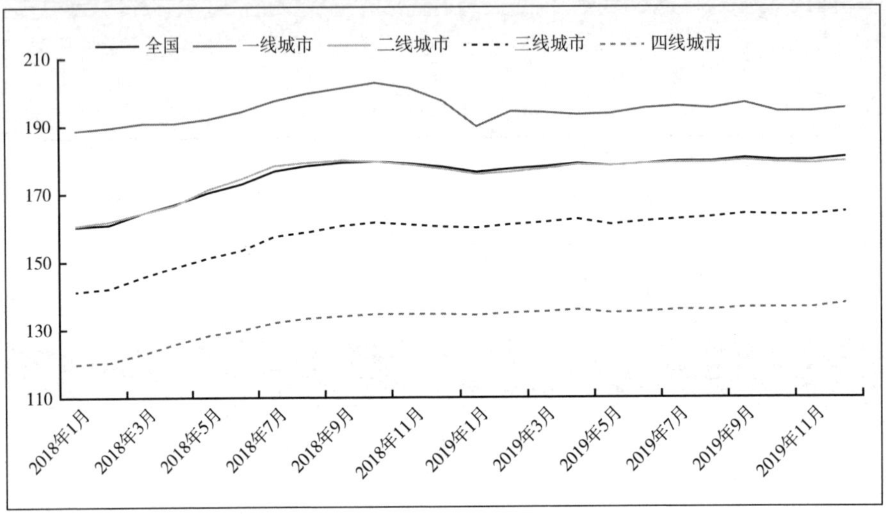

资料来源：Wind 资讯，建投研究院。

在商业地产方面，受经济增速下滑等影响，加之地方政府为了产业升级加速出让商业服务用地，再加上“地标性”建筑、超高建筑拔地而起，导致商业地产存在供过于求的风险。

近几年写字楼供应量迅速增加、去化较慢，加上 P2P、互联网科技、共享经济等新业态企业大量退租，导致空置率持续上升。戴德梁行数据显示，过去一年，全国一线城市整体写字楼市场空置率攀升，达到近 10 年最高点，目前平均在 10% 左右；二线城市写字楼平均空置率则更高，平均在 28% 左右。租金方面，据中国指数研究院报告，2019 年四季度一线城市商圈写字楼中，有 25% 的租金环比上涨，75% 环比下跌；二线城市商圈写字楼中，有 50% 的租金环比上涨，40.9% 环比下跌，9.1% 与上期持平。

以北京为例，从 2018 年下半年开始，北京市甲级写字楼空置率一路走高，截至 2019 年 12 月，北京市甲级写字楼空置率高达 14.99%，月租金 375 元/平方米，比年初下跌 29 元/平方米，租金跌回到两年前的水平，而且空置率高企将导致租金继续下滑（见图 7）。

图 7　北京市甲级写字楼出租情况

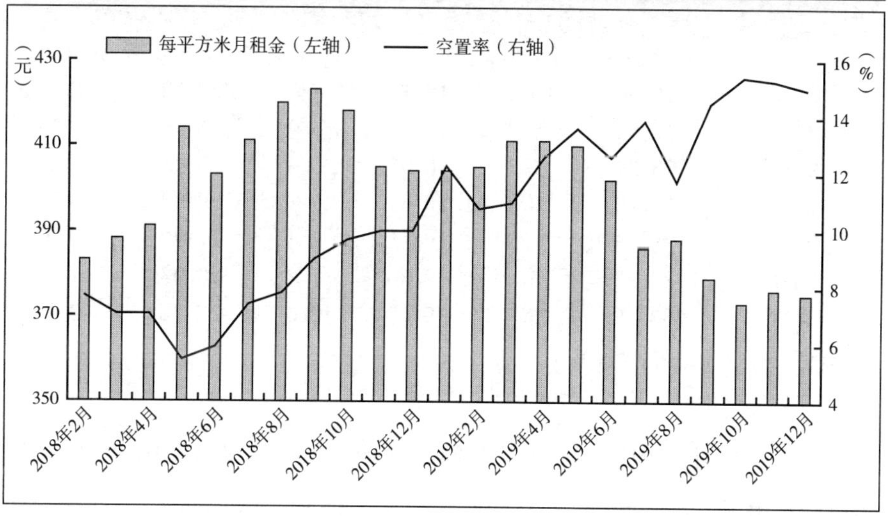

资料来源：Wind 资讯，中原地产，建投研究院。

零售地产方面，我国人均零售面积逐年走高，受供给持续增加和网络电商的共同影响，日子也不好过。以购物中心为例，重点城市人均购物中心商业面积已达 0.6 平方米，相对应的，纽约市这一数值为 0.74 平方米，因此在绝对总量上供给已接近成熟市场体量。

（三）房地产开发销售平稳

2019 年 1～12 月，全国房地产开发投资 132194 亿元，比上年增长 9.9%，增速比 1～11 月回落 0.3 个百分点，比上年加快 0.4 个百分点。其中，住宅投资 97071 亿元，增长 13.9%，增速比 1～11 月回落 0.5 个百分点，比上年加快0.5个百分点。

2019年，全国房地产施工面积89.38亿平方米，同比增长8.7%；新开工面积22.72亿平方米，同比增长8.5%；竣工面积9.59亿平方米，同比增长2.6%（见表2）。

表2　2013~2019年房地产开发情况

年份	房地产施工面积		房地产竣工面积		房地产新开工面积	
	亿平方米	同比（%）	亿平方米	同比（%）	亿平方米	同比（%）
2013	66.56	16.1	10.14	2.0	20.12	13.5
2014	72.65	9.2	10.75	5.9	17.96	-10.7
2015	73.57	1.3	10.00	-6.9	15.45	-14.0
2016	75.90	3.2	10.61	6.1	16.69	8.1
2017	78.15	3.0	10.15	-4.4	17.87	7.0
2018	82.23	5.2	9.36	-7.8	20.93	17.2
2019	89.38	8.7	9.59	2.6	22.72	8.5

资料来源：Wind资讯，建投研究院。

在销售方面，2019年全年，全国房地产销售面积为17.16亿平方米，同比减少0.1%；销售额为15.97万亿元，同比增长6.5%（见表3）。2019年房地产市场韧性较强，全国销售面积从年初的负增长转为年底的接近零增长，且销售额增速快于销售面积增速（见图8）。

表3　2013~2019年房地产销售情况

年份	销售面积		销售额	
	亿平方米	同比（%）	万亿元	同比（%）
2013	13.06	17.3	8.14	26.3
2014	12.06	-7.6	7.63	-6.3
2015	12.85	6.5	8.73	14.4
2016	15.73	22.5	11.76	34.8
2017	16.94	7.7	13.37	13.7
2018	17.17	1.3	15.00	12.2
2019	17.16	-0.1	15.97	6.5

资料来源：Wind资讯，建投研究院。

图 8　月度房地产累计销售情况

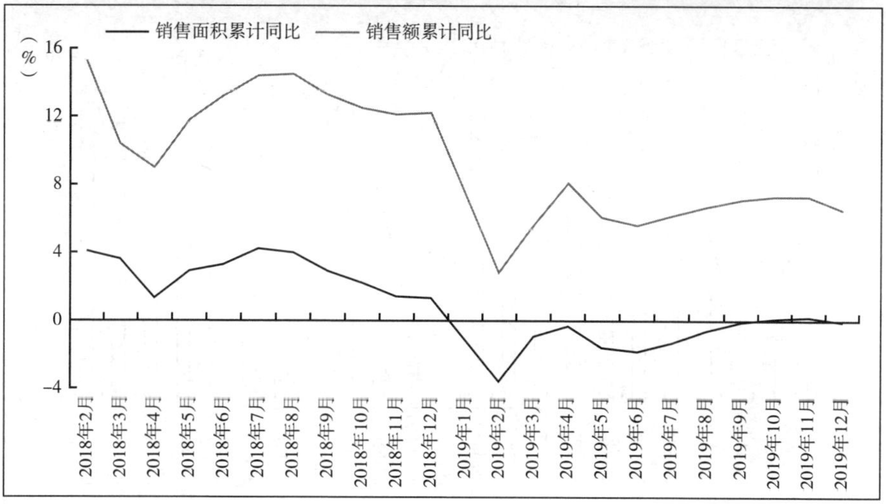

资料来源：Wind 资讯，建投研究院。

就全国而言，2019 年的房地产开工销售情况较好，新开工面积依旧正增长，不过施工面积增速快于销售面积增速，说明房地产的库存压力仍然较大。

（四）房地产资金来源平稳

2019 年，房地产开发企业到位资金 17.86 万亿元，比上年增长 7.6%，比上年加快 1.2 个百分点（见图 9）。

分房地产开发资金来源看，受政策调控影响，国内贷款资金占比从 2017 年起逐渐下滑到 2019 年底的 14% 左右；个人按揭贷款占比保持平稳，一直在 15% 左右；自筹资金占比从 2017 年初的 30% 左右提升到 2019 年底的 32.6%；定金及预收款则从 2017 年初的 26.7% 提升到 2019 年底的 34.4%（见图 10）。

综合来看，房地产企业的开发资金略显紧张，在银行、信托等国内贷款资金来源紧张的情况下，房地产企业通过自筹资金及加快售房节奏——向客户收取定金及预收款的方式来筹措开发资金。

图 9　房地产开发资金到位情况

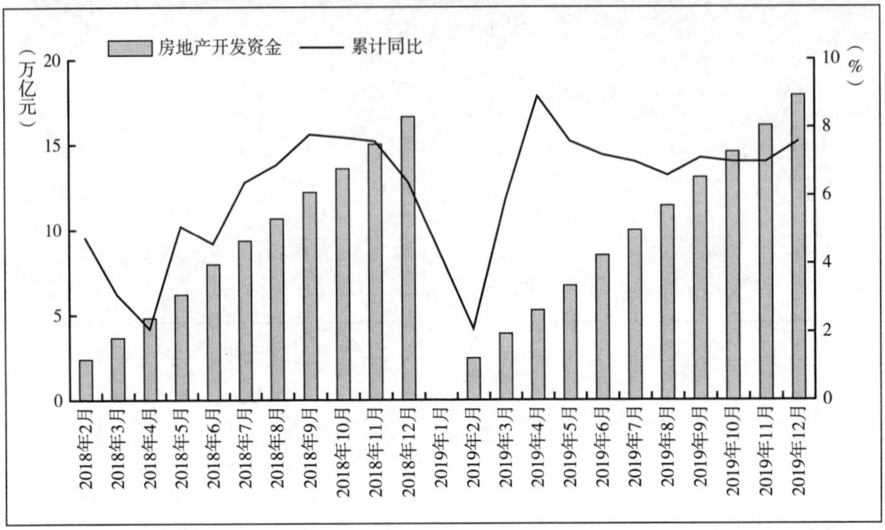

资料来源：Wind 资讯，建投研究院。

图 10　房地产开发资金来源分类占比情况

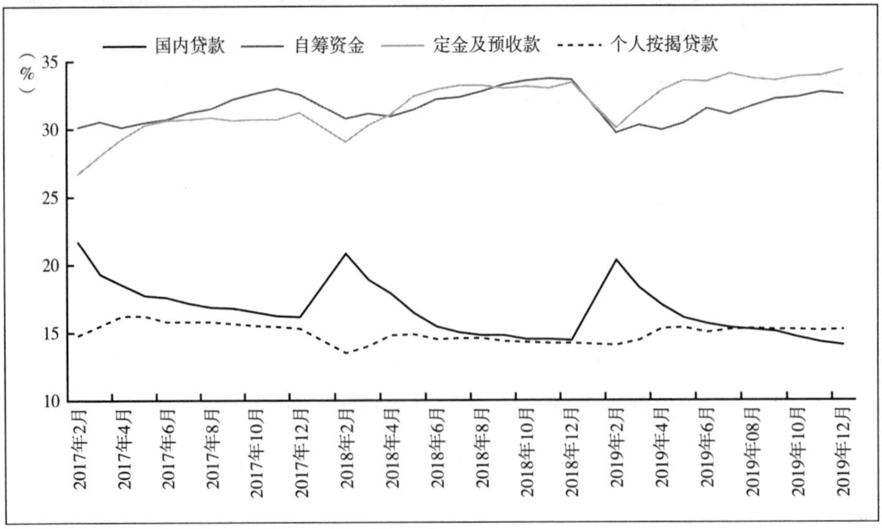

资料来源：Wind 资讯，建投研究院。

此外，海外融资也是大型房地产企业筹措资金的新增来源之一。2020 年 1 月 7 日，中原地产研究中心统计数据显示，2019 年全年，受监测房地产企业海外融资总额达到752 亿美元，同比上涨52%，发债总额创下新高。

（五）房地产库存仍高

从商品房待售面积来看，住宅去库存相对较好，2016 年开始住宅的待售面积连续4 年下降，2019 年底为22473 万平方米，同比减少10.4%；办公楼去库存不理想，2019 年底待售面积3800 万平方米，同比上升4.1%，处于历史最高水平；商业营业用房的库存有所消化，2019 年底为13282 万平方米，同比减少3.7%，不过仍处于较高水平。

表4　2011～2019 年我国商品房库存情况

年份	商品房待售面积（万平方米）			同比变化（%）		
	住宅	办公楼	商业营业用房	住宅	办公楼	商业营业用房
2011	16904	1230	5895	35.8	10.8	11.9
2012	23619	1555	7130	30.6	23.0	17.0
2013	32403	1954	9345	37.2	25.7	31.1
2014	40684	2627	11773	25.6	34.4	26.0
2015	45248	3276	14664	11.2	24.7	24.6
2016	40257	3631	15838	-11.0	10.8	8.0
2017	30163	3664	15204	-25.1	0.9	-4.0
2018	25091	3649	13793	-16.8	-0.4	-9.3
2019	22473	3800	13282	-10.4	4.1	-3.7

资料来源：Wind 资讯，建投研究院。

为了应对较高的库存，房地产企业不得不降低拿地的速度。国家统计局数据显示，2019 年1～12 月，房地产开发企业土地购置面积25822 万平方米，比上年下降11.4%，降幅比1～11 月收窄2.8 个百分点，上年增速为14.2%；土地成交价款14709 亿元，下降8.7%，降幅比1～11 月收窄4.3 个百分点，上年增速为18.0%。

（六）市场竞争加剧

房地产行业是资产密集型行业，对资金的依赖度极高，负债率也是所有行业中除金融业最高的。随着房地产行业的增速放缓，行业的竞争压力加大，2009 年以来房地产开发企业资产负债率持续上升（见图 11）。

图 11　房地产开发企业资产负债率

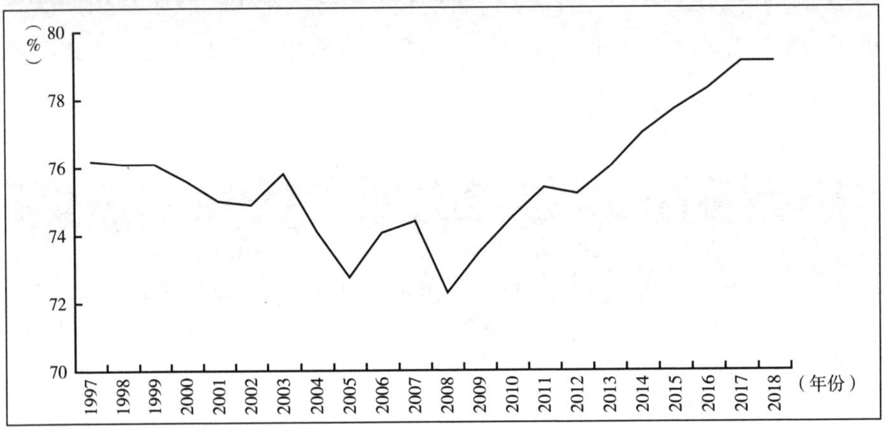

资料来源：Wind 资讯，建投研究院。

2019 年房地产行业资金环境收紧、市场下行，房地产企业资金链紧绷，不少中小型房企承受不住市场下行压力而申请债务重整乃至破产。截至 2019 年 11 月 20 日，人民法院网站消息指出，宣告破产的房企已经增加到 446 家，比 2018 年有所上升。

相对而言，房地产龙头企业的经营实力和融资能力更强，反而能逆市扩张，房地产市场的并购活动增多。《证券日报》记者查询 iFinD 数据后发现，以最新公告时间为准，截至 11 月 28 日，2019 年 A 股房地产企业并购案例已达 467 宗，涉及买方现金支付总价值 4688 亿元。其中，已完成 208 宗，失败 30 宗，剩余 229 宗仍在进行中，涉及买方现金支付价值总额为 2508 亿元。

从市场集中度指标来看，行业 CR10 和 CR50 呈现快速提高趋势。2011 年到 2019 年，房地产销售金额 CR10、CR50 分别提高了 1.44 倍、1.53 倍，销售面积 CR10、CR50 分别提高了 2.45 倍、2.56 倍。

表 5　房地产行业市场集中度

年份	CR10		CR50	
	销售金额	销售面积	销售金额	销售面积
2011	10.75%	5.78%	20.90%	10.56%
2012	12.76%	7.72%	24.57%	14.21%
2013	13.72%	8.62%	26.23%	15.88%
2014	16.92%	10.44%	31.15%	18.72%
2015	17.05%	11.41%	32.07%	20.11%
2016	18.72%	12.54%	35.29%	22.05%
2017	24.16%	15.38%	45.79%	27.56%
2018	26.89%	19.08%	55.10%	36.43%
2019	26.28%	19.95%	52.92%	37.55%

资料来源：Wind 资讯，建投研究院。

二、2020年房地产市场展望

（一）政策保障民生

1. 因城施策稳预期

房地产政策方面，预计将会延续现有的偏紧加微调的整体政策导向。在金融监管方面，将继续控制违规资金进入房地产，开发贷款增速保持低位，房贷利率将根据政策小幅调整。同时，在各地的房地产调控上，将根据各地的实际情况，因城、因区、因时施策，在保障刚需改善和保障性购房的基础上，抑制投机型需求。2019 年中央经济工作会议指出，“坚持房子是用来住的、不是用来炒的定位”，同时要“因城施策”，做到“稳地价、稳房价、稳预期”。

所以，2020 年，各城市的房地产调控政策自行决定，目的是房地产市场平稳健康发展。政策将因地制宜、更加精准，并逐步构建金融、住房、土地等长效机制，从中长期引导房地产供需平衡，维持房价不大涨也不大跌，维持预期稳定。

2. 城市更新要加速

2019 年中央经济工作会议还强调城市更新、老旧小区改造和发展租赁业务，这是房地产投资的新方向。

城市更新是房地产市场的新增长点之一。一方面，城市的产业结构变迁和升级①也给城市更新提供了驱动力，城镇的工业地产、商业地产的升级改造空间很大；另一方面，当城市进入存量房交易为主的发展阶段后，城市的住房土地供应必须要通过城市更新才能满足民生问题。

2019 年 3 月，在《政府工作报告》中提出“城镇老旧小区量大面广，要大力进行改造提升”；2019 年 4 月，住建部明确旧改将被纳入城镇保障性安居工程，给予中央补助资金；2019 年 6 月，国务院常务会议提出“加快推进城镇老旧小区改造”，文件指出：老旧小区改造涉及居民上亿人，能够促进住户户内改造并带动消费。北京、上海、广州、深圳等一线城市相继出台计划推进城市更新。另外，在新一线城市中，如西安、南京、杭州、长沙、佛山、东莞等也竞相发力，因地制宜加快城市更新改造进程。据住建部统计，目前全国各地上报需要改造的城镇老旧小区共有 17 万个，涉及居民上亿人。

展望 2020 年，城市更新的力度继续加强。由于增量商业开发成本越来越大、周期越来越长、区位越来越偏，存量商业的更新改造正成为新的商机。城市更新除了提升硬件之外，还要进行场景打造、项目定位、业态组

---

① 从国际经验看，一个大城市的发展一般会经历工业型经济向服务型经济的升级转变、低端服务向中高端服务优化发展、区域性中心向国际中心城市跨越的过程。

合等全方面升级创新，从而让老城区焕发新春。

3. 租赁模式谋出路

发展租赁业务是房地产行业发展方向之一。当前大中城市住房租赁市场需求旺盛、发展潜力大，但租赁房源总量不足。2017 年开始，政府从土地供给①、政策扶持②等方面大力支持住房租赁市场建设，各路资本密集布局住房租赁市场。虽然租赁业务盈利较难，但主要是“二房东”模式下的拿房成本居高不下，以及税负较重③。此外，受此次新冠肺炎疫情影响，房屋租赁业务大受影响，一方面支出固定，另一方面由于返程复工推迟，租赁收入下滑明显，导致企业现金流承压，部分租赁企业将被迫退出该市场。

展望 2020 年，房地产企业将通过探索规模化运营、标准化流程、精细化服务等经营模式，谋求好的盈利模式，探索租赁业务的出路。

（二）行业马太效应加剧

虽然 2020 年不是房地产行业最困难的一年，但是在疫情影响下，对于中小企业而言，日子将越来越难过，行业集中度会越来越高。

从融资来看，房地产是高杠杆行业，低融资成本又利于企业发展壮大。在这方面，龙头房企优势明显，不仅融资成本较低，而且融资规模较大。以香港联交所美元债为例，11 月以来，华润置地、中海地产、万科发行的美元中长期债券，融资规模在十亿美元左右，票面利率仅 3.5% 左右。

---

① 2017 年 4 月，住房和城乡建设部、国土资源部印发《关于加强近期住房及用地供应管理和调控有关工作的通知》，提出：“在租赁住房供需矛盾突出的超大和特大城市，开展集体建设用地上建设租赁住房试点。”

② 2017 年 7 月 18 日，住房和城乡建设部、国家发改委等九个部委联合印发《关于在人口净流入的大中城市加快发展住房租赁市场的通知》，从融资、土地供应、盘活租赁房等角度提出加快住房租赁市场的发展，广州、深圳、南京、杭州、厦门、武汉、成都、沈阳、合肥、郑州、佛山、肇庆等成为首批开展住房租赁试点的 12 个城市。

③ 2016 年 4 月“营改增”改革之后，企业出租房屋取得的收入按“现代服务—租赁服务”缴纳增值税，房屋租赁纳税比例从 5% 提升至 11%。根据规定。

而中小房地产企业的融资成本高企，不利于扩大经营。比如，以佳源国际控股为例，融资规模仅6750万美元，但票面利率则高达13.75%；力高集团发行2.5亿美元优先票据，利率为11.5%；华南城发行1.5亿美元票据，利率为11.5%。

在土地储备方面，龙头企业利用雄厚的资金实力远远领跑，而且大力布局一二线城市，未来能够获取相对稳定的收益。以恒大为例，截至2018年底，恒大在228个城市拥有项目811个，土地储备达3.03亿平方米，且一二线城市占比达66.2%。另据《中国房地产潜力榜TOP50》的统计，截至2019年7月底，稳居前三的是恒大、碧桂园、保利发展（保利地产），这三家总土储货值分别为28662.2亿元、27877.7亿元、23974.2亿元。而中小房企则多为地方性企业，不仅土地储备规模远远逊色，在三四线城市的开发风险也相对较高。

因此，展望2020年，市场定位失误、资金链紧张的中小型房地产企业更容易陷入经营困境，大鱼吃小鱼的故事将不断上演。

（三）租售并举推动类REITs业务发展

2019年中央经济工作会议鼓励发展住房租赁。

由于住房租赁具有“资产特定化、租金收入稳定、运营模式清晰”的特点，符合资产证券化对于基础资产及其现金流的相关要求，是适合开展资产证券化业务的行业。为了帮助住房租赁企业盘活存量物业资产、满足其融资需求，2018年4月，证监会、住建部首次联合对住房租赁资产证券化出台支持性文件。魔方公寓、链家自如等非房地产开发企业，以及碧桂园、恒大、保利地产等品牌房企都发行过长租公寓资产证券化产品或类似产品。在政策支持下，未来会有更多住房租赁企业通过资产证券化获得长期、低成本的融资支持。

目前，我国住房租赁企业主要使用ABS和类REITs两种资产证券化融资手段。由于法律制度尚未健全、税收政策有待完善出台、标的资产成熟度有待提高等，我国市场上暂未有真正意义上的 REITs，但类 REITs① 探索已然开始。截至 2018 年底，我国共发行类 REITs 产品 43 支，发行金额累计 903.21 亿元，类 REITs 已初具规模。

我国目前推出的类 REITs 仍是一个没有税收优惠、具有到期期限的私募偏债型产品。与成熟资本市场的公募 REITs 相比，我国类 REITs 大规模推广的最大障碍在于底层物业资产租金收益率偏低，这就意味着底层物业资产必须在类 REITs 到期之前产生足够高的增值收益，从而在扣除税费后，能够弥补租金收益率的不足。这就使得能够符合收益率要求的底层物业资产较为稀缺，从而制约了产品的融资规模。

在鼓励住房租赁资产证券化的政策支持下，未来我国在 REITs 产品的创新上会有进一步的突破。

（四）城市间竞争加剧

从发达国家经验来看，城镇化率超过 60% 后增速将放缓。2019 年，我国的城镇化率达 60.6%，比上年提高 1.02 个百分点。因此，未来我国的城镇化率水平在逐步提升的同时，将转向提高城市分工协作水平，因此，城市群、都市圈将会是未来城镇化的重点方向。

根据联合国《全球城市化展望》报告，中国迄今为止已经拥有 6 个人口规模在 1000 万人以上的超级大都市区以及 10 个人口规模在 500 万 ~ 1000 万人的大城市，到 2030 年中国将会形成更多的超级大都市区。

2018 年 11 月 18 日，中共中央、国务院发布的《中共中央　国务院关于建立更加有效的区域协调发展新机制的意见》明确指出，以京津冀城市群、长三角城市群、粤港澳大湾区、成渝城市群、长江中游城市群、中原

① 类 REITs 主要指以不动产为基础资产、主要以私募形式发行的资产支持专项计划。

城市群、关中平原城市群等城市群推动国家重大区域战略融合发展，建立以中心城市引领城市群发展、城市群带动区域发展新模式，推动区域板块之间融合互动发展。

2019 年中央发布了《粤港澳大湾区发展规划纲要》《长江三角洲区域一体化发展规划纲要》两个重磅规划，再加上 2015 年的《京津冀协同发展规划纲要》，我国经济最重要的三个增长极都确定了一体化发展目标，强调要在都市圈内部实现区域联动发展、区域一体化。

此外，提高城镇化质量是我国未来城镇化的重点方向。2018 年，户籍城镇化率为 43.37%，比常住人口城镇化率（59.58%）低了 16.21 个百分点。《2019 年新型城镇化建设重点任务》提出，加快农业转移人口市民化，加大户籍制度改革力度，500 万人以下城市全面放开放宽落户，同时推进常住人口基本公共服务全覆盖。

当前我国人口红利已过高峰，“工程师红利”是第二次人口红利机遇。因此，都市圈、城市群之间，甚至都市圈、城市群内部的城市对人才的竞争都在加剧。2017 年，以武汉为代表的二线城市率先发布了一系列人才引入方针，揭开了城市之间“抢人大战”的序幕；2018 年，全国共有 100 多个城市出台了关于人才的优惠政策，一二三四线城市均有涉及；2019 年，依旧有数十个城市在宽松落户、发放补贴、给予便利等方面出台优惠政策吸引中高端人才。

但是，城市间的竞争，导致都市圈城市并非均好，而是出现较大分化。例如，2019 年，长三角的苏州、无锡、常州成交同比增长较快，但区域内的扬州、淮安、江阴、连云港等同比出现了明显下滑；珠三角方面，东莞、佛山、珠海保持了可观的增长，但同处大湾区内的江门、肇庆、惠州等却出现了明显的下滑。背后逻辑在于，都市圈在承接产业与人口导入时也有明显分化，上述表现较好城市均为区域内综合实力靠前城市，强者恒强态势愈发明显。

因此，2020 年，房地产投资的重点区域是核心大都市圈、有产业支撑的二三线城市，但同时仍需判断产业发展及人口情况后再行投资。

（五）深耕相关多元化

多元化是房地产企业应对行业发展瓶颈的另一个重要发展方向。但是，切忌盲目进军不熟悉的领域，因为企业在跨界经营时往往会面临人才缺乏、经验不足、投资巨大等问题，为了追逐高成长、高收益，盲目进军股权投资、金融服务、高端制造等领域，可能会导致企业的资金链危机（见表 6）。2019 年，部分规模相对较大的房企，因战略定位、多元扩张、项目销售等问题，资金链也出现了问题。

表 6　2019 年部分陷入困境房企一览

企业	时间	原因
华业资本	2018 年 10 月	激进多元化
中弘股份	2018 年 11 月	高杠杆扩张
五洲国际	2019 年	三四线商业扩张
新光集团	2019 年 4 月	激进多元化
银亿集团	2019 年 6 月	激进多元化
三盛宏业	2019 年 10 月	错失先机、激进多元化、高位拿地

资料来源：中指研究院。

基于房地产的相关多元化是比较靠谱的选择，比如，万科的多元化业务主要集中于万科物业、住宅租赁、商业开发运营、物流仓储服务板块；恒大的多元化战略布局主要体现在文旅、大健康产业和高科技产业三大领域；保利地产提出“一主两翼”的发展战略，即以不动产投资开发为主，以综合服务与不动产金融为两翼，构建不动产生态发展平台；融创积极开拓文旅城项目，与地产业务形成良性互动。

展望 2020 年，在保持房地产开发主业不动摇的前提下，房地产开发企业将进一步试水相关多元化业务，形成与主业互动的局面。

（六）努力寻找新业态

我国经济结构转型也会推升对房地产新业态的需求，包括物流地产、养老地产、文旅地产等。

物流地产方面，近年来宏观经济稳健增长，电商和第三方物流迅速成长，工业、批发和零售业物流外包比例不断提升，此外，高新技术产业与装备制造业的高速发展，为物流地产的成长提供新动力，市场对现代物流地产的需求逐步提升。然而我国高端仓储总量严重不足，远低于发达国家平均水平，当前高端仓储设施缺口大、土地稀缺，物流地产供给受到明显限制。供不应求下，现代化高标物流园区进入高速发展通道，社会物流费用总额由2007年的4.55万亿元增长至2018年底的13.3万亿元，年均复合增长率超过10%。

养老地产方面，随着我国人口老龄化的加剧，加上第一批中产阶级退休在即，有望推高中高端养老消费需求，养老产业潜在市场规模可观，从而带动养老地产需求。不过，我国养老地产仍处于发展初期，2015年以来房企、险资等各路玩家纷纷试水养老地产，但是在土地成本较高以及资金回笼周期较长等因素制约下，“重销售轻服务”的现象较为普遍，绝大部分企业商业模式尚未清晰。未来几年，随着养老产业市场持续细分，房企与养老资源方的合作将更加深入，有望采取合作共建、收购、参股、并购等方式，充分整合各方资源，其中医养结合发展将是大势所趋。

未来随着房地产行业的不断细化，房地产结合新技术、探索新模式、产生新业态是大势所趋。展望2020年，房地产业在新业态方面的探索将越来越深入。

2019年医疗健康产业回顾与2020年展望

张英广　石宝华　韩知佑
张英广，中国建投投资研究院高级研究员
石宝华，中国建投投资研究院研究员
韩知佑，中国建投控股有限公司投资经理

投资提示

- 国家基本医疗保险以及基本养老保险是医疗健康领域的重要支付方式，但是目前均面临筹资瓶颈，发展补充支付的方式势在必行。从产业链发展的确定性来看，商业保险有望成为有效的补充支付手段，相关领域存在投资机会。

- 鉴于医保基金运营压力，医保控费将具有政策持续性。从产业链角度看，削减不必要的费用将是大势所趋，药品和医疗器械等领域均存在一定的利空。宏观来看，医保控费的措施将有利于行业的并购整合，具备成本及运营优势的企业最终胜出；微观来看，医保基金的控费具有引导作用，创新型具备临床价值和确切疗效的企业存在发展机会。

- 医疗健康产业受到健康需求、政策引导、技术进步、资本投入等诸多因素影响。随着人工智能等新技术在医药、医学领域应用的深入，创新药研发领域、基因测序技术、影像诊断、可穿戴设备等都将迎来新的发展机遇，建议关注创新型技术在医疗研发、医疗服务、智能设备方面的应用。

- 医疗健康服务供给侧结构性改革的机会在于高品质的康复护理、养老照护领域。2020 年，医养结合型的养老机构具有广阔的发展空间，同时与养老服务刚需紧密相关的康复护理产业市场需求巨大，新冠肺炎疫情的暴发更是凸显了这一领域巨大的投资机会。建议重点关注运营能力强的医养服务机构、连锁化布局的小型医护机构以及为家庭养老提供社会化服务的企业。

一、2019年医疗健康行业整体发展回顾

（一）行业发展背景

1. 人口老龄化进一步加深

2019 年末，中国 65 岁及以上老年人口达到 1.76 亿人，相比上年增加 945 万人；65 岁及以上老龄人口占比 12.6%，人口老龄化进一步加深（见图 1）。

2000 年，我国 65 岁及以上老年人口占总人数的 7%，预示着我国正式进入老龄化社会。2019 年，我国老龄化形势更加严峻，从老年抚养比数据可以看出，2019 年的老年抚养比为 19.6%。而且未来一段时间，随着 20 世纪 50 ~60 年代高峰期出生人口逐渐步入老年，我国的老龄化将以更快的速度发展。

图1 2000 ~2019 年中国 65 岁及以上老年人口及其占比变化

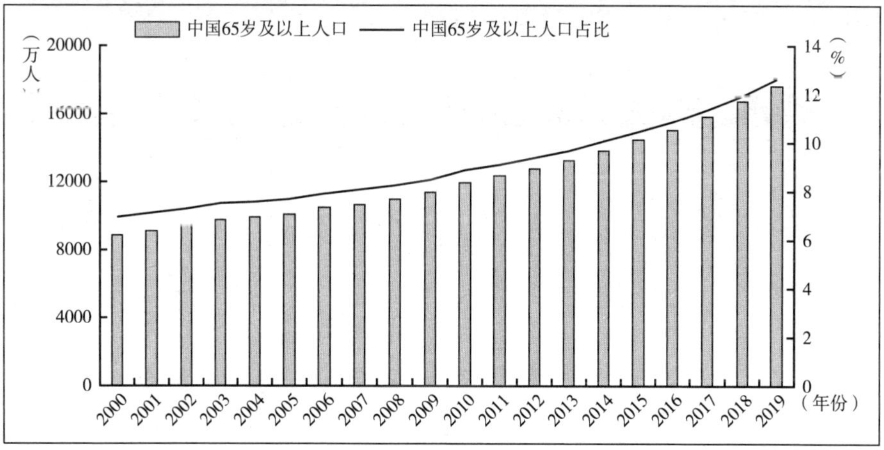

资料来源：国家统计局、建投研究院。

人口老龄化首先带来的是人口的结构性变化，2012 年，我国劳动年龄人口首次下降，16 ~59 岁劳动年龄人口数量及比重从 2012 年的 93727 万人、69.2%减少到2018 年的 89729 万人、64.3%。老年抚养比从 2007 年

的 11.1% 增长到 2019 年的 19.6%。其次，伴随着年龄增长，老年人群对于医疗养老的需求不断提升，65 岁及以上年龄组慢性病患病率迅速提升（见图 2），且 65 岁及以上年龄组的人均卫生健康保健支出也迅速走高（参考 2013 年数据，见图 3）。因此，老龄化促进了医疗健康产业的快速发展。

图 2　慢性病患病率随年龄增长加速上升

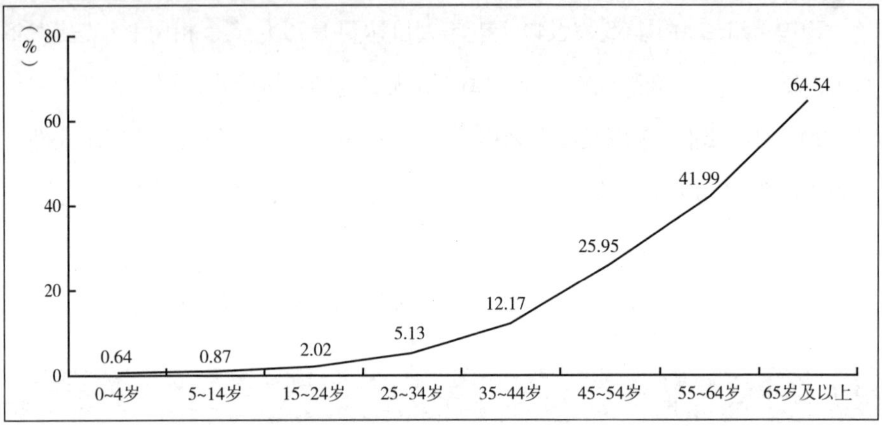

资料来源：2013 年卫生统计年鉴、华创证券、建投研究院。

图 3　2013 年不同年龄组医疗卫生费用支出

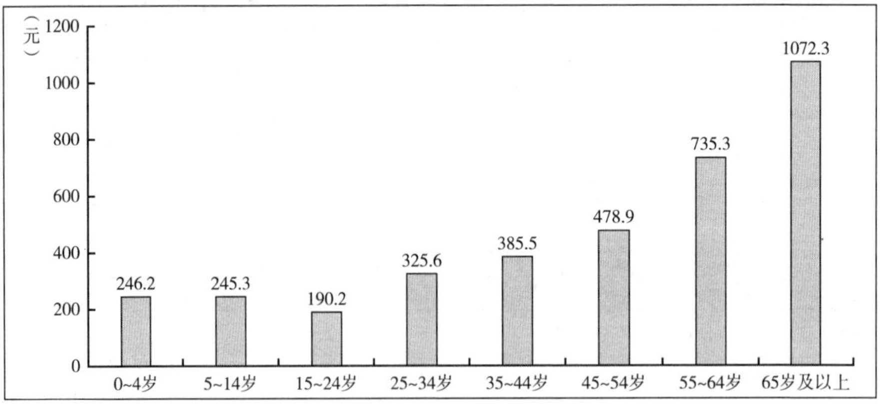

资料来源：人大经济论坛、建投研究院。

2. 卫生费用支出持续增加

自 2009 年启动新医改以来，我国医改已经取得了重大的阶段性成果。全国卫生总费用持续增长，且卫生总费用占GDP比重持续攀升。2018年，我国卫生总费用支出达到57998.3亿元，占GDP比重达到6.4%（见图4）。

图4 2000～2018年中国卫生总费用及占GDP比重

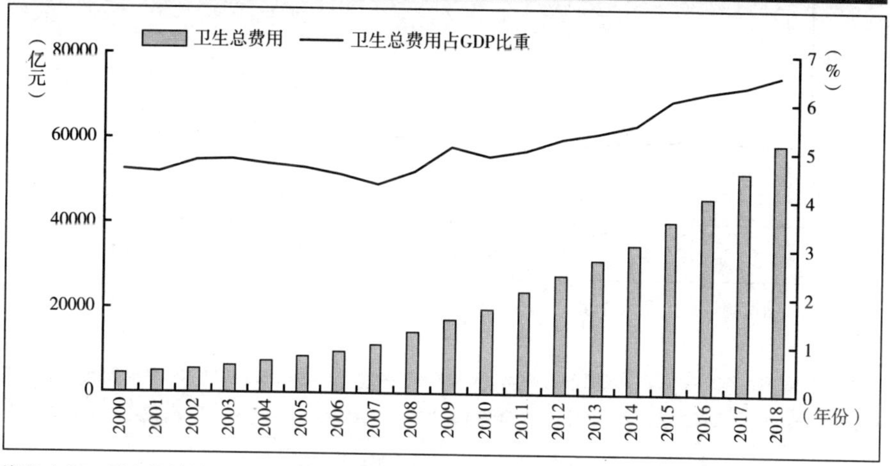

资料来源：国家统计局，Wind资讯，建投研究院。

中国卫生总费用虽然近年来保持持续增长，且占GDP比重达到6.4%，但相比于美国和日本仍然较低（见图5），考虑到美国医疗体制与我国存在较大的不同，因此日本的医疗费用支出更可参考。伴随着我国老龄化及人民健康意识的提高，卫生总费用有望进一步提高。

我国医疗保障基本实现了全面覆盖，医疗费用支出结构也逐步发生变化。相比2010年，2018年个人卫生支出下降明显，占比为28.7%；而社会卫生支出则占比较大，达到43%，同时政府卫生支出保持相对稳定，占比为28.3%。根据世界卫生组织医疗费用结构治理原理，按照3:5:2的比例，即财政支出大于30%，社会支出大于50%，个人支出小于20%，中国社会卫生费用仍然有进一步增加的可能，个人卫生费用可能进一步降低（见图6）。这也就是说，在发展全国性保障体系的同时，社会资本进入医疗健康领域，发展社会补充保障将有较大的发展空间。

图5　中国卫生总费用占 GDP 比重低于美、日

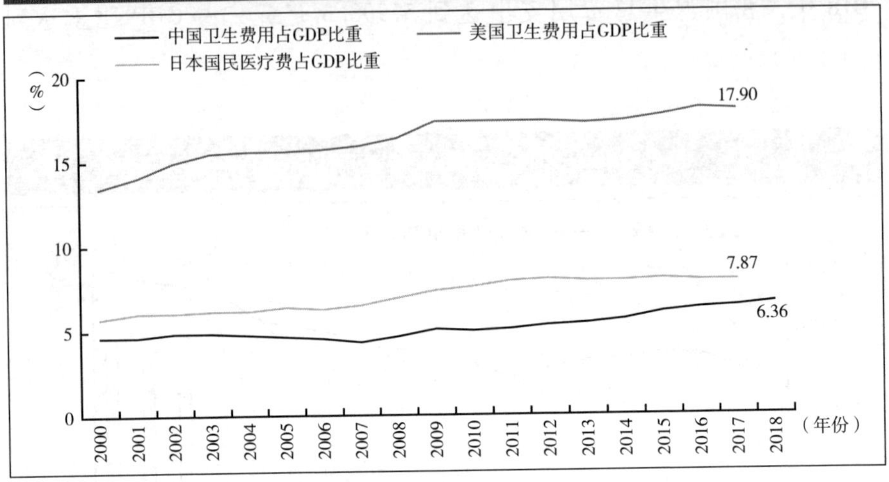

资料来源：国家统计局，Wind 资讯，建投研究院。

图6　2010 ~2018 年中国卫生费用构成变化

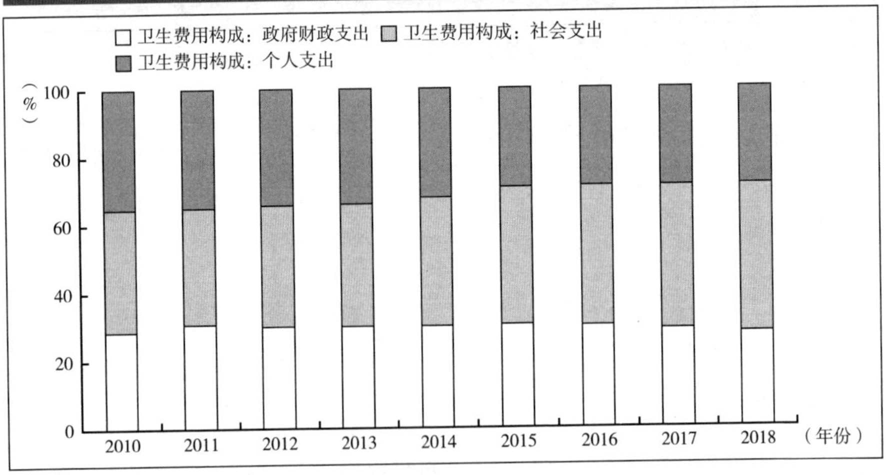

资料来源：国家统计局，Wind 资讯，建投研究院。

3. 基本医疗保险完成全面覆盖，医保基金运营面临压力

截至 2019 年三季度末，中国基本医疗保险参保人数达到 13. 48 亿人（见图 7），基本医保覆盖率达到 97% 。其中，城镇职工基本医疗保险参保人数 3. 25 亿人，城乡居民基本医疗保险参保人数达到 10. 23 亿人（2017

年开始，城镇居民基本医疗保险参保人数和新农合参保人数合并计算）。基本医疗保险已经实现了广覆盖的目标，全国性的医疗保障体系基本建立。未来，中国医保基金的增长将取决于筹资水平的提高。

图7 2009 年至 2019 年三季度中国基本医疗保险参保人数

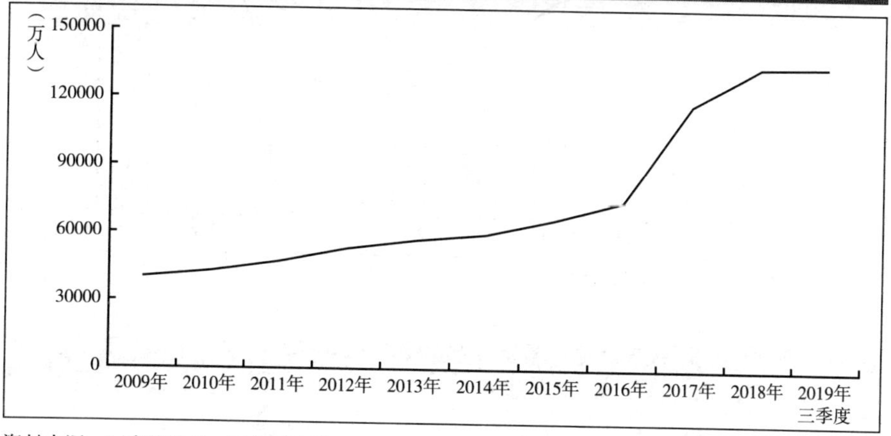

资料来源：国家统计局、建投研究院。

我国基本医疗保险基金经历了参保人数的扩容，基金收入增长在 2017 年出现了异常偏高的情形，2017 年开始，将新农合参保人数合并进行计算。2018 年，我国医疗保险基金支出增速再次超过医疗保险基金收入增速（见图 8），叠加我国参保人员红利消耗殆尽、人口老龄化等进一步加剧，医保基金支出增速与收入增速的差距可能进一步拉大，我国医保基金面临着巨大的运营压力。这也是我国进行医保控费，鼓励社会保险作为重要补充的底层驱动因素。

4. 基本养老保险负担逐步加大

截至 2018 年底，我国城乡居民社会保险参保人数 5.24 亿人，实际领取养老保险待遇人数 1.59 亿人，实际供养负担 3.3，相比于 2012 年的 3.61 下降明显（见图 9），城乡居民社会养老保险参保人数扩容存在瓶颈，后续老龄人口的增加将持续加重供养负担，老龄化已然成为我国基本养老保险基金运营的重大挑战。

2018 年底，随着我国社会养老保险参保人数的增加，养老保险基金收

图8　2009~2018年中国基本医疗保险基金收入及支出情况

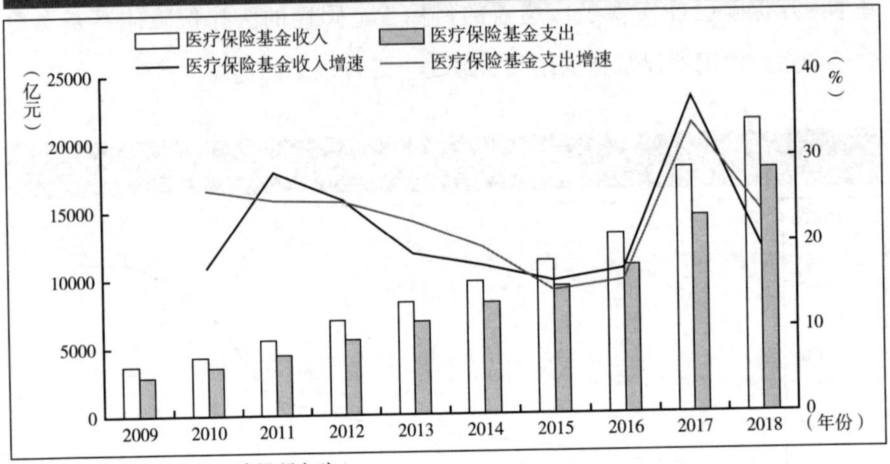

资料来源：国家统计局、建投研究院。

图9　中国基本养老保险运营情况

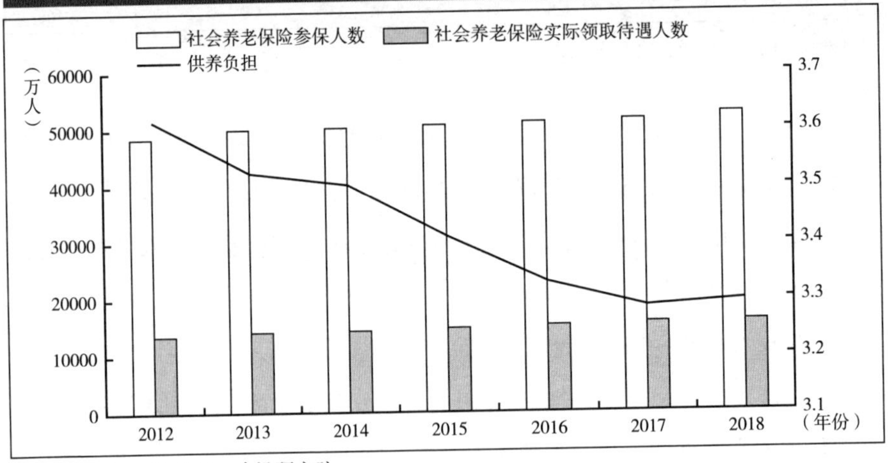

资料来源：国家统计局、建投研究院。

入增速较快。但从2012年起，我国社会养老保险基金支出增速整体高于收入增速（见图10），且自2018年开始，支出增速有进一步提高的趋势。部分地区养老保险基金已经呈现当年收不抵支的情形，养老基金运营压力明显。在这种背景下，鼓励社会资本进入养老产业领域，鼓励企业年金、商业养老保险等保障形式的发展，就是顺理成章的政策倾向。

图 10　2013 ~2018 年中国基本养老保险收入和支出增速对比

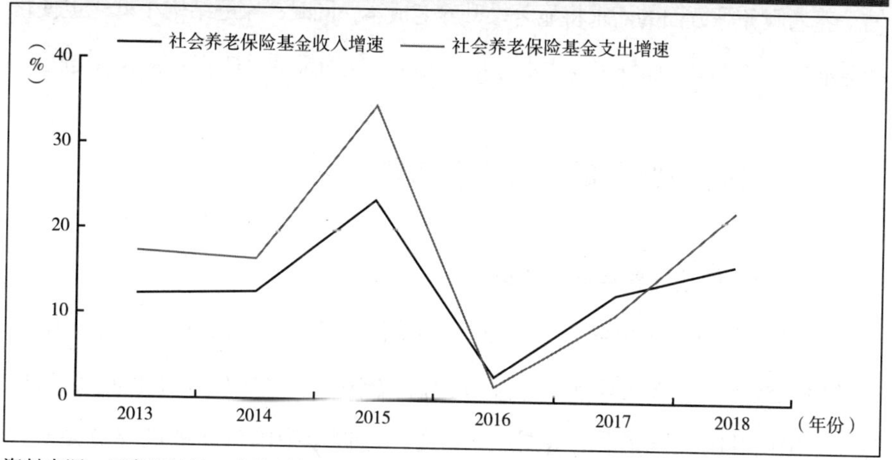

资料来源：国家统计局、建投研究院。

5. 社会养老成本不断攀升

根据中国保险资产管理业协会的数据，自 2016 年 12 月 31 日至今，中国养老成本呈现不断上升的趋势，截至 2019 年 10 月，养老成本上涨超过 15%，超过同期 CPI 涨幅（见图 11）。该指数涵盖了居住、医疗保健、食品、娱乐、旅

图 11　中国养老成本不断攀升

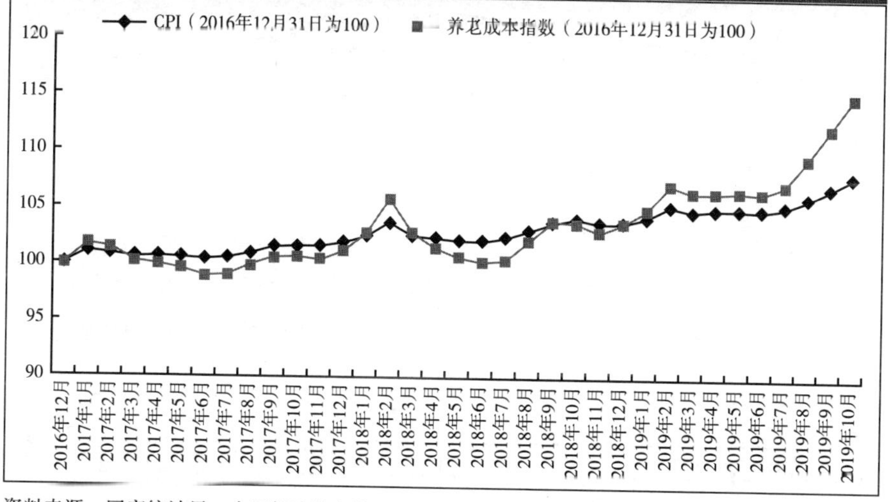

资料来源：国家统计局、中国保险资产管理业协会、生命保险资产管理有限公司、建投研究院。

游等方面，将居民个人和家庭的未来养老成本显性化。老年人群对于医疗保健、养老服务等方面的需求将显著推升养老成本，同时，家庭结构小型化也使得社会承担养老功能，部分养老成本逐步社会化，从而推动显性养老成本的提高。

（二）2019年行业重要政策及其影响

1. 健康中国战略路径逐步清晰

2019 年 7 月，国务院发布《关于实施健康中国行动意见》《健康中国行动组织实施和考核方案》，对健康中国战略的行动纲领进行了顶层设计，建立了国民健康保护体系的蓝图愿景。随后，健康中国行动推进委员会发布《健康中国行动（2019—2030 年）》，进一步明确了健康中国战略的目标和实施路径。这是自十九大将健康中国战略提升至国家高度之后，健康中国战略的又一重大进展。大健康产业将成为我国经济转型的重要产业领域。根据十九大报告的要求，我国将形成覆盖城乡居民的医疗保障体系、药品供应保障体系，优质高效的医疗服务体系和公共卫生服务体系（见图 12）。

图 12　健康中国战略规划涉及部分产业领域

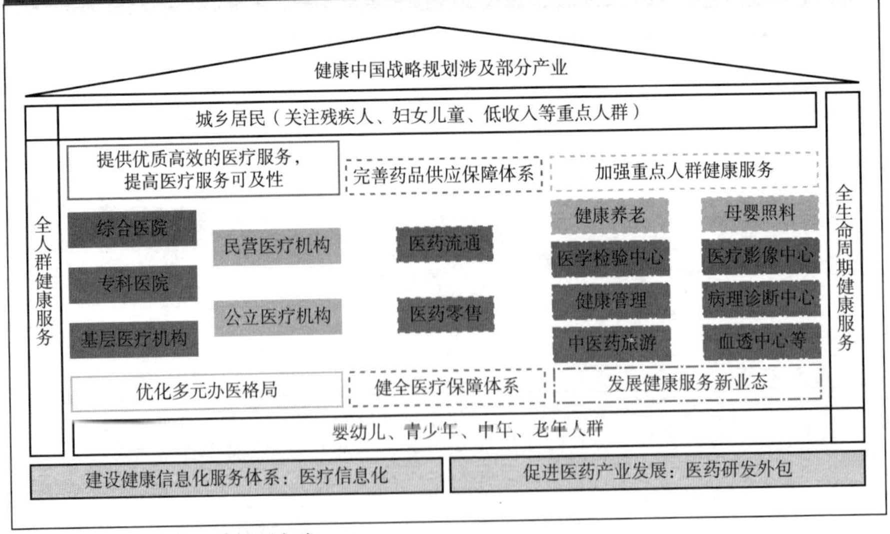

资料来源：公开资料、建投研究院。

2. 医保控费多措并举

我国基本医疗保险基金已经完成了广覆盖的政策目标，在筹资水平没有大幅提高之前，医保基金的运营将面临严峻的挑战。因此，医保控费将是未来一段时间医保基金得以持续运营的重要举措。2019 年，政策仍然在继续深化医保控费的深入改革，主要体现在三个方面。

第一，支付方式改革，国家医疗保障局大力推进基本医保支付方式改革，推行按疾病诊断相关分组（DRGs）付费试点，多元复合支付方式改革。推行总额预算管理下的多元复合式医保支付方式。旨在保障基本医疗需求，改变医保基金支付结构，减少医保基金支付，提高支付效率；另外，鼓励企业、个人参加商业健康保险及多种形式的补充保险，丰富健康保险产品，推高商业健康险对医保基金的补充作用。

第二，药品供应保障方面，药品集中采购扩围，2019 年 9 月，《联盟地区药品集中采购文件》正式发布，这是药品集中采购从"试点城市"到"跨区域联盟"的重要一步。2019 年 12 月，国家第二批集中采购计划发布，这标志着我国带量采购的常态化。医保目录实行动态调整，2019 年医保药品准入谈判中，多数药品降幅超过 50%，医保准入的动态调整机制，有效调整药品使用结构，降低药品价格，保障药品供应。

第三，规范医用耗材使用，制定医疗器械唯一标志系统规则，国家医保局推出 4 类全国统一主要编码，涉及疾病和手术操作、医疗服务、药品和耗材，对高值耗材重点治理，取消公立医疗机构医用耗材加成。

3. 医疗服务结构调整仍持续

2019 年，国家发改委等 21 个部门联合制定了《促进健康产业高质量发展行动纲要（2019—2022 年）》，指出到 2022 年，基本形成内涵丰富、结构合理的健康产业体系，优质医疗健康资源覆盖范围进一步扩大，其重点在于扩大医疗服务供给。第一，公立医院深化改革，构建公立医院医疗服务价格动态调整机制，推行医共体建设及分级诊疗，开展"互联网 + 医疗"的建设，提升 500 家县医院和 500 家县中医院的综合能力；第二，鼓励社会办医，增加医疗服务供给。支持社会力量开办诊所等医疗机构，加大政府购买服务力度。将医疗卫生服务延伸至社区、家庭，形成医疗服务体系的有效补充。

4. 政策持续发力促进养老产业发展

2019 年，政府在养老产业领域的政策方向，在于重点推进医养结合和促进养老服务业发展。2019 年 2 月，国家卫生健康委办公厅印发《关于开展“互联网 + 护理服务”试点工作的通知》，明确北京市、天津市、上海市、江苏省、浙江省、广东省作为“互联网 + 护理服务”试点省份，探索适合我国国情的管理制度、服务模式、服务规范以及运行机制。2019 年 9 月 20 日，民政部发布《关于进一步扩大养老服务供给促进养老服务消费的实施意见》，提出了 6 个方面共 17 条具体措施，围绕“就近可及、买得到、买得起”等方面做文章，解决老年人“不愿消费、不能消费、不敢消费”的问题，进一步培育发展养老服务市场，推动养老服务消费健康有序发展。2019 年 10 月 25 日，党中央、国务院决策部署深入推进医养结合发展，鼓励社会力量积极参与，进一步完善居家为基础，社区为依托，机构为补充的医养结合的养老服务体系，更好满足老年人健康养老服务需求。

整体来看，在医保基金、养老保险基金运营均面临挑战的大背景下，未来政策走向将从以下两方面发展：第一，基金精细化管理，保障基金持续平稳运行，包括医保控费，养老基金筹资管理，发展社会类补充支付手段等；第二，鼓励多元化供给，包括药品供给、社会医疗机构、社会养老服务等方面。

（三）2019年行业投融资趋势

2019 年，医疗健康仍然是投资的重要领域，行业投融资金额仅次于信息技术，截至 2019 年 12 月中旬，行业投融资金额达到 804. 9 亿元；投融资数量仅次于信息技术和可选消费，截至 2019 年 12 月中旬共计 474 起（见图 13）。资本对于医疗健康板块仍然保持着相当高的关注。

图 13　中国 2019 年各行业投融资情况

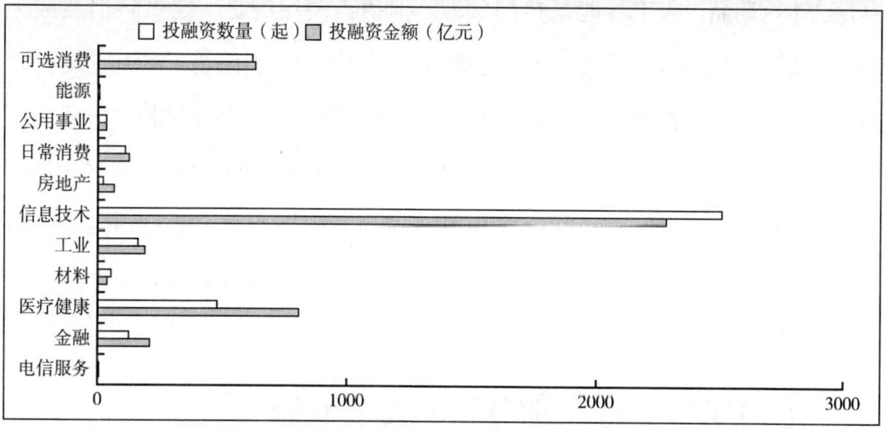

资料来源：Wind 资讯，建投研究院。

相比 2018 年，医疗健康行业投融资金额和数量均大幅下降。2018 年，医疗健康行业完成投融资 880 起，2019 年，完成投融资 568 起，同比下降 35.5%；2018 年，医疗健康行业投融资总额超过 1000 亿元，为 1041 亿元，2019 年略有增长，达 1059 亿元（见图 14）。与此同时，2019 年单笔投融资金额相比 2018 年增长 57.6%，表明医疗健康行业的公司有不少获得了后续融资，且资本更加关注相对成熟的企业。

图 14　医疗健康行业历年投融资情况

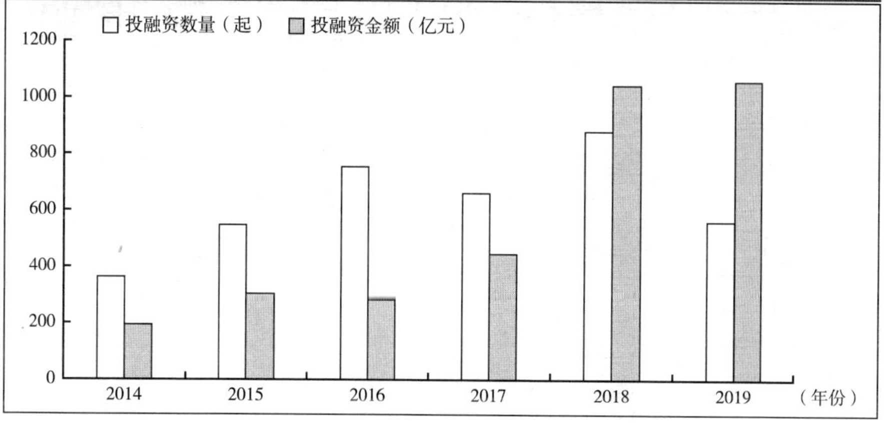

资料来源：Wind 资讯，建投研究院。

根据动脉网2019年三季度的投融资数据，生物技术、医疗器械、医疗信息化、生物药品、人工智能是热门领域。但值得关注的是，健康险悄然成为2019年养老健康领域的重要一角。健康险是当前医疗支付困境下的补充支付方式，健康险在我国仍然处于初期发展阶段。2018年，平安医保科技、康语、医互保等10家公司完成天使轮和A轮融资，其中，平安医保科技以超过70亿元人民币的估值完成其A轮融资。2019年，健康险领域有更多的公司完成了融资，包括圆心惠保、诺惠医疗、栈略数据等。新兴业态值得我们更多的关注。

二、2019年相关行业细分领域发展回顾

医疗健康产业是一个产业链长、子行业众多的产业领域。各个子行业之间存在较大的差异，包含医药、医疗器械、医药流通和商业、医疗产业服务、医疗服务、健康保健、养老服务、医疗信息化等（见图15）。

图15　医疗健康产业图谱

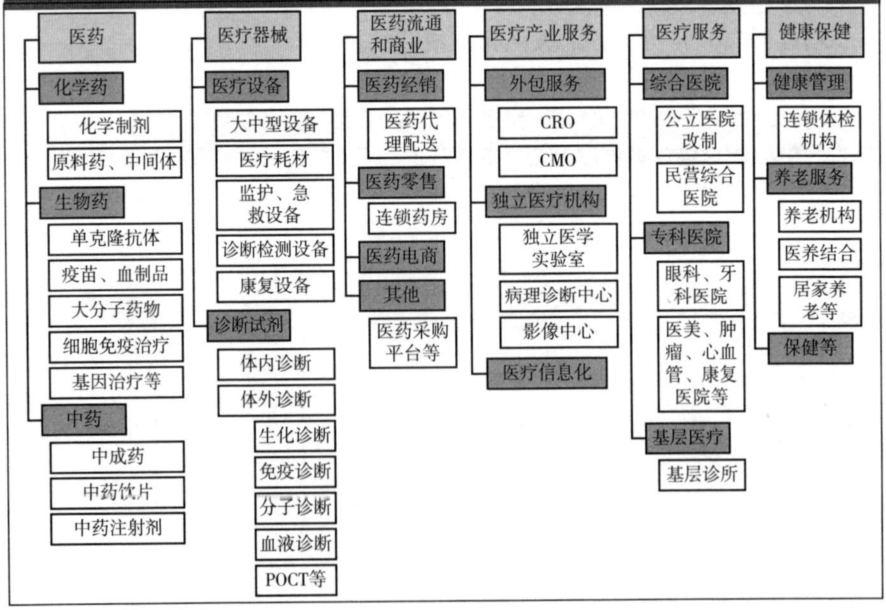

资料来源：建投研究院。

（一）医药行业：营收利润增速下行，结构调整逐步深入

2010 年以后，我国医药制造业销售收入和利润增长率均出现下滑趋势（见图 16）。主要受到多轮次的招标降价及控费等医改政策的影响，医药制造业进入结构性高质量发展阶段；2019 年医药行业仍然持续了这一趋势，仿制药供给结构进一步优化，创新药发展进入快车道，港股对生物科技公司的新政以及科创板的推行均助力创新药企业迅速登陆资本市场，市场对于创新药企业的支持跨出了一大步。

图 16　2006 ~2018 年我国医药制造业销售收入及利润增长率

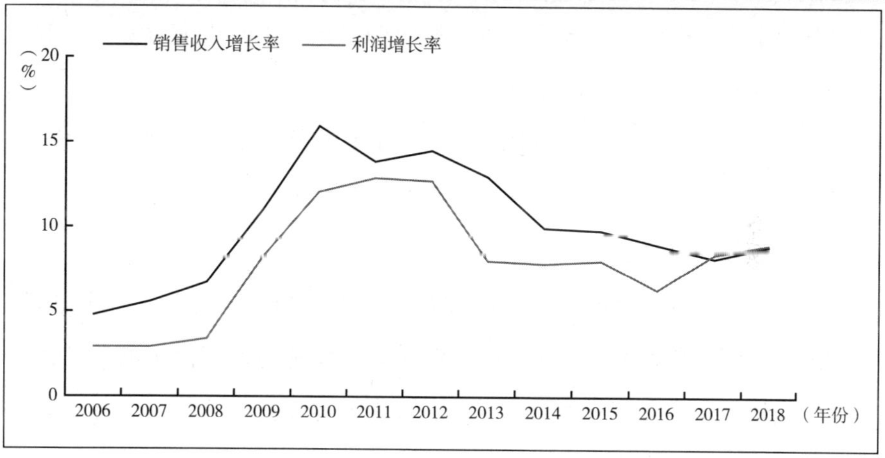

资料来源：Wind 资讯，建投研究院。

受到患者疾病谱的客观变化以及医保支付的主动调控，医药行业在增速下滑的同时，内部结构发生了重要的调整。肿瘤、糖尿病、心脑血管疾病等发病率的快速提升产生了极大的治疗需求，带来了新的行业风口。预期 2020 年，医药行业结构性调整仍将持续，为了有效解决医疗需求和有限医保支付能力间的矛盾，监管部门出台了多项措施，逐步实现腾笼换鸟，促进医药行业内部分化，2019 年行业医药行业呈现如下特征。

1. 加大药品使用监控力度

近年来，全国多个省份先后出台重点药品监控目录，限制药物的过度使用，2019 年政策要求更加严格。2019 年 7 月，《第一批国家重点监控合理用药药品目录（化药及生物制品）》正式发布，结束了各地监控目录制定标准不一的局面，意味着药品使用监管将在全国范围内推广。此外，取消地方医保目录和按疾病诊断相关分组（DRGs）付费模式的推出也将进一步限制药物滥用，节约医保资金，为有临床价值的治疗性药物节约医保支付空间。

2. 降低仿制药和专利到期原研药价格

2012 年始，监管部门开始推进仿制药一致性评价工作，提升国产仿制药质量，为药品进口替代奠定基础。2018 年 12 月和 2019 年 9 月，两轮带量采购的实施使得国产仿制药和进口原研药在同一平台上充分竞争，有效降低了药品价格。未来，随着更多药品被纳入带量采购范围，国内仿制药价格将全面下降，产品质量过硬、成本领先的品种有望在竞争中突围；2019 年 12 月底，国家第二次集中带量采购是这一趋势的持续。

3. 持续鼓励研发创新

近年来，我国密集出台了多项政策鼓励新药研发，逐步与国际接轨，多维度支持创新药发展（见图 17）。创新药研发是为临床尚无有效治疗手段的疾病提供新的或更优的治疗方案，或者对原研药进行首次仿制，具备研发创新能力的企业将持续获得发展机会。

（二）医疗器械：创新发展、国产替代是主题

随着人民收入水平的提升，人口老龄化及医疗需求的逐步释放，我国医疗器械市场近年保持了较高的增长率水平，高于同期全球医疗器械市场的增长水平。根据《中国医疗器械蓝皮书》，我国医疗器械市场规模从 2006 年的 434 亿元增长至 2017 年的 4425 亿元，年均复合增长率达到 23.5%（见图 18）。截至

2016 年底，我国药品和医疗器械人均消费额的比例仅为 1∶0.35，远低于 1∶0.7 的全球平均水平，更低于发达国家 1∶0.98 的水平，预计我国医疗器械市场仍然具备较大的发展空间。

图 17　国内近年重要创新药鼓励政策

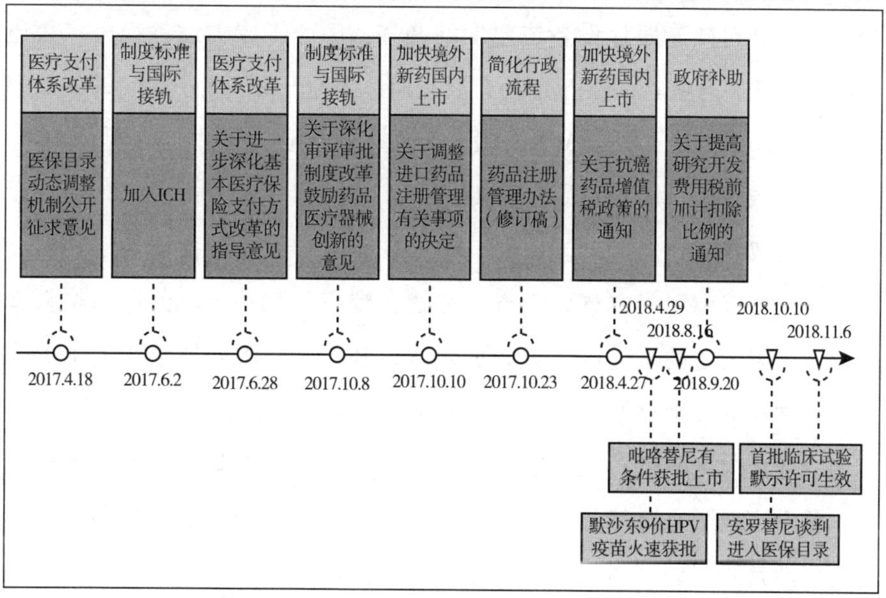

资料来源：NMPA，人社部，财政部，兴业证券，建投研究院。

图 18　2006～2017 年中国医疗器械行业市场规模及增速

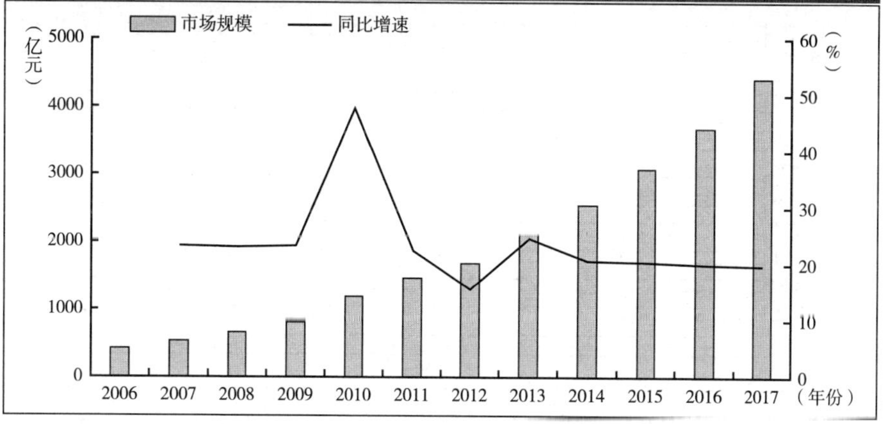

资料来源：《中国医疗器械蓝皮书》，建投研究院。

2019年，我国医疗器械市场逐步进入创新发展阶段，在政策鼓励、技术发展及产业链逐步完善的过程中，我国医疗器械企业逐步加大研发投入，在中低端产品市场已经产生了不少自主创新医疗器械品牌。但自主研发能力相对薄弱、核心技术和关键部件依赖国外进口的局面还没有根本扭转。根据《中国医疗设备》杂志中《国产医疗设备成熟度调查与分析》一文对国产医疗设备成熟度的调查：国产影像类设备绝大多数还处在成长期，有些产品甚至还处在婴儿期，约80%的CT市场、90%的超声市场、80%的磁共振（MRI）设备市场均被外资企业占据（见图19）。在部分领域，进口设备的覆盖率甚至可达100%。生命支持类国产医疗设备已进入成熟期，电刀、监护仪、输注泵等国产医疗设备技术已相对成熟，市场占有率和用户整体满意度都处在较高的水平上。消毒与材料类中消毒灭菌设备类别的国产设备成熟度比较高，心脏起搏器、人工关节等植入性器械类别仍处于成长期。我国医疗器械行业进口替代刚刚开始，国内企业集中度较低。但是在部分细分领域，国产设备已经逐步取得突破，基本实现了进口替代。整体上看，未来一段时间，创新发展、国产替代仍然是我国医疗器械行业发展的主旋律。

图19 我国医疗器械市场竞争格局

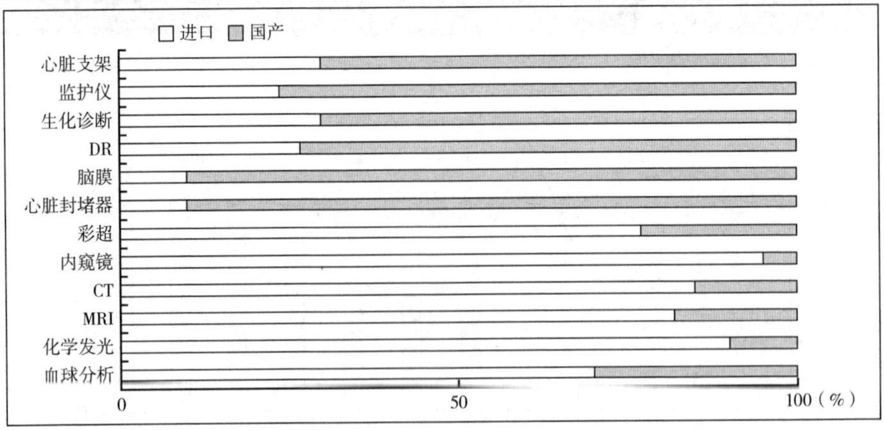

资料来源：兴业证券，建投研究院。

（三）医药商业：行业集中度提升

2017 年 1 月，国务院要求在药品采购中逐步推行“两票制”，截至 2019 年 10 月，“两票制”已在全国 31 个省区市全面执行。同时，2017 年 7 月 1 日起实行的“零加成”政策逐步推进，对医药流通行业发展形成了一定的压力。

2017 年，我国药品流通行业市场规模达到 20016 亿元，扣除不可比因素，同比增长 8.4%，相比之前两位数的增长，行业增速下滑（见图 20）。

图 20　2008 ~2017 年我国药品流通行业市场规模

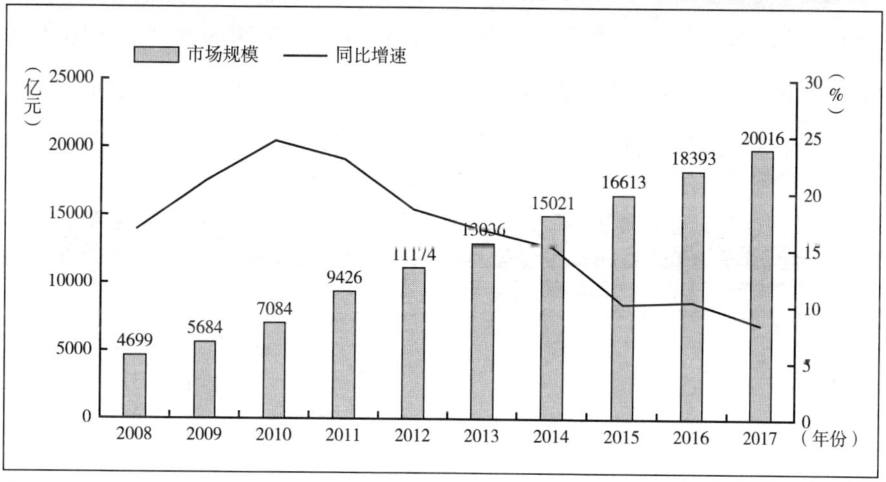

资料来源：Wind 资讯，建投研究院。

行业早期呈现出的“多、小、散、乱”的特征在“两票制”、零加成等医改政策下不断改善，流通企业集中度不断提高，以九州通为例，2017 年收购企业 35 家，市场份额由 2016 年的 3.2% 提升至 3.5%。小企业逐步退出，行业内医药批发企业数量从 2012 年的 16300 家降低到 2017 年的 13146 家（见图 21），并且随着医改的深入，行业会逐渐回归到流通行业的本质，逐步形成全国性龙头和地区性龙头并存的竞争格局。

图21 2012～2017年我国医药批发企业数量变化

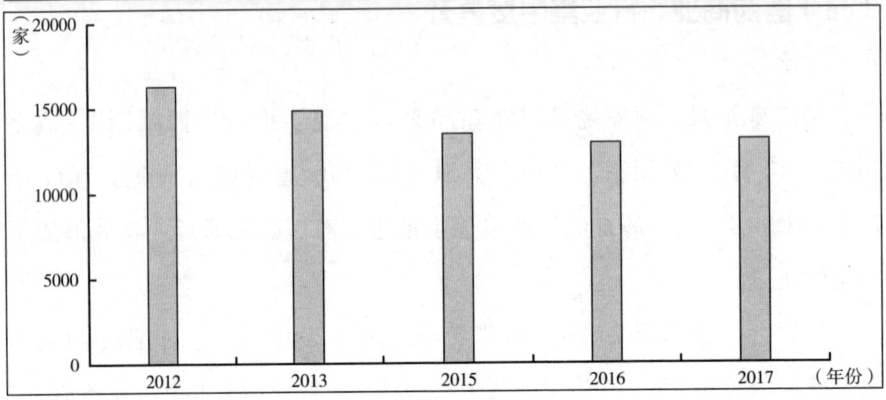

资料来源：商务部市场秩序司、建投研究院。

近年来，在医药分家、处方外流等政策的引导下，连锁药房作为重要的销售终端越来越受到重视，连锁药店行业获得了迅速的发展。我国药品零售市场规模在2018年接近4000亿元，同比增速7.49%，预期随着医改的逐步深入，连锁药店仍然会呈现出较大的增长空间（见图22）。

图22 2011～2018年我国药品零售市场规模变化

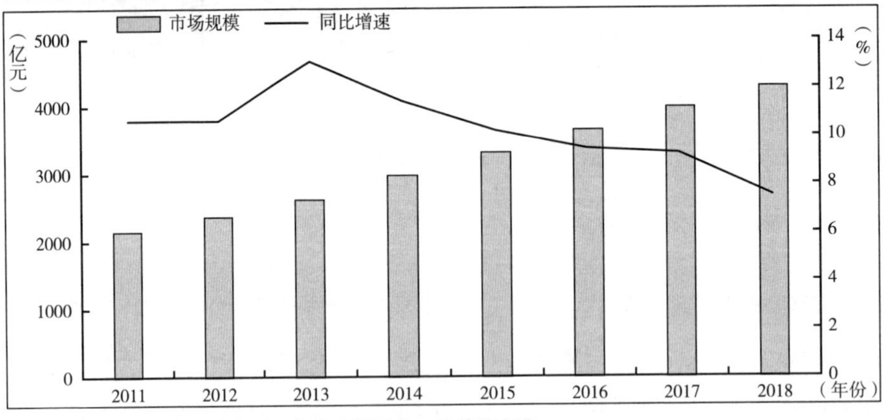

资料来源：商务部市场秩序司、中信建投证券、建投研究院。

药店分类分级管理的政策使得行业向规范化方向发展，结合税费改革，整治执业药师挂证现象，将逐步淘汰经营不规范的中小连锁及单体药店；此外，各类资本加快布局连锁药店，包括高瓴资本、基石资本、华泰、阿里等；政策和资本助推行业整合，促进行业集中度提升（见图 23）。未来，连锁药店行业的集中度有望进一步提升，且依托于连锁药店的衍生商业模式将逐步获得发展。

图 23　2010 ~2018 年我国药品零售市场集中度变化

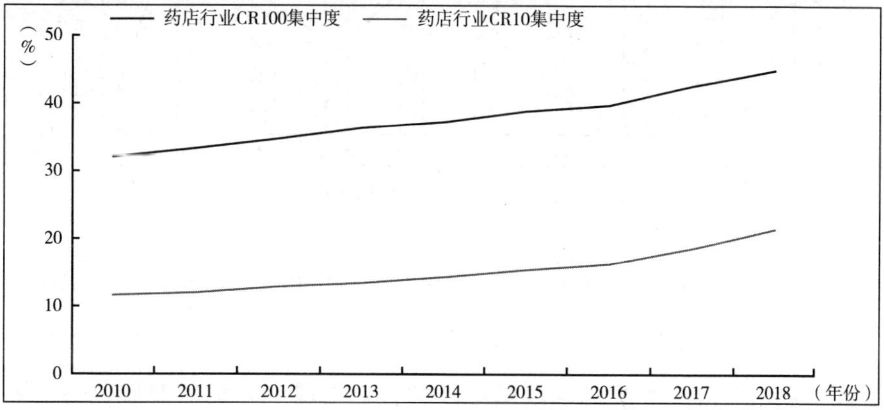

资料来源：米内网、中国药店、NMPA、中信建投证券、建投研究院。

（四）医疗服务：医疗服务重构

医疗服务根据其承担的医学功能的差异，可以将其分为预防、治疗、康复三种服务形态，当前承担预防医学服务功能的机构仍然以医疗机构为主，此外，体检机构以及新出现的健康管理机构也是积极的参与者（本报告主要研究体检机构和健康管理机构）；承担治疗功能的机构主要是医院及基层医疗机构，包括综合医院、专科医院、基层社区卫生院、诊所等；承担康复功能的主要是康复医院、康复门诊以及一些护理机构。

根据历年《中国卫生统计年鉴》，中国各类医疗机构的健康体检人次在 2016 年以前持续增长，但在 2017 年整体人次有所下降，主要受到了民营体检机构的冲击（见图 24）。

图24　2008～2017年我国医疗机构健康体检人次变化

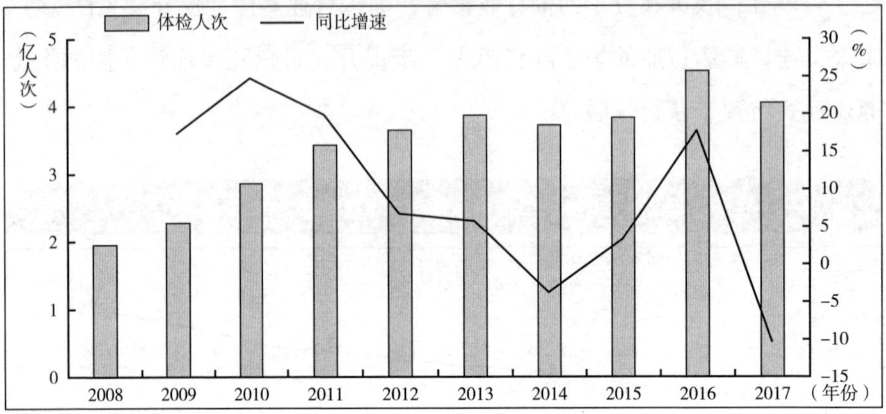

资料来源：历年《中国卫生统计年鉴》、太平洋证券、建投研究院。

2019年，中国体检市场的主体仍然是医疗机构，包括医院、基层医疗机构、专业公共卫生机构以及其他卫生医疗机构。近年来，民营体检机构快速发展，体检人次及机构数量不断增长，出现了以美年健康、爱康国宾、慈铭体检、民众体检等为代表的全国性或区域性体检机构，与此同时体检服务不断向高端发展。2019年4月，阿里宣布对爱康国宾进行私有化，2019年10月，阿里向美年健康增资，成为其第二大股东，由于慈铭体检已经被美年健康收购，至此，排名前三的国内民营体检机构均与阿里建立了联系，阿里成为中国体检行业的重要竞争者。未来，伴随着阿里的强势入局，体检行业可能存在更多的变化。

在国家政策的持续支持下，民营医疗机构获得了迅速的发展，这种发展不仅表现为数量上的增长，同时也表现为承担的医疗功能越来越多。近年来，民营医疗机构迅速发展，2015年，民营医院数量首次超过公立医院，民营医院已发展成为我国医疗体系的重要补充（见图25）。

在分级诊疗政策的推动下，基层医疗机构也逐步获得了迅速发展。2017年，国家鼓励建立分级诊疗制度，分级诊疗制度要求基层医疗机构能够提升医疗服务能力，承接更多的基层患者。根据2018年《中国卫生统计年鉴》，我国三级医院诊疗量仍然保持增长，且增长速度快于基层医疗卫生机构诊疗量。但与此同时，基层医疗卫生机构诊疗人次在经历了 2014 ~2016 年的停滞之后，在 2017 年表现出了增长态势，表明我国 2017 年分级诊疗政策的推出获得了初步效果（见图 26）。2019 年，政策对于基层医疗机构、县级医院能力建设等均提出了要求，提高县级医院及基层医疗机构的能力势在必行，医疗资源下沉也将是未来一段时间的发展趋势。一级医院及基层医疗机构将是未来承担医疗服务的重要战场。

图 25　2010 ~2017 年我国公立与民营医院数量对比

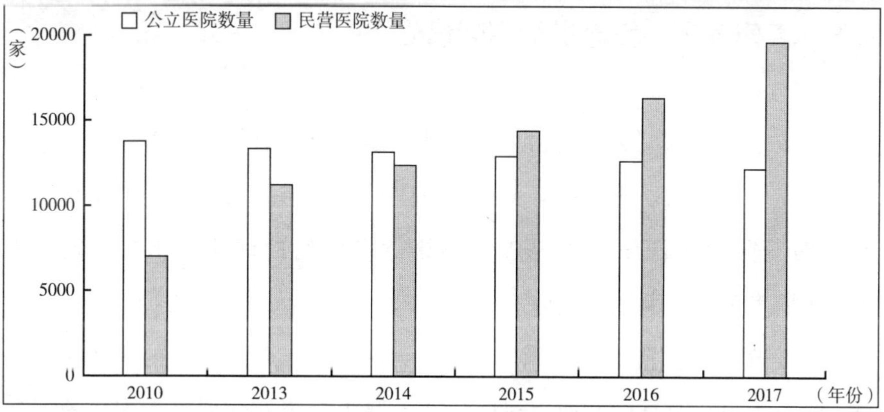

资料来源：《中国卫生统计年鉴》（2010 ~2017 年）、建投研究院。

图 26　2010 ~2017 年我国各级医疗机构诊疗人次数变化

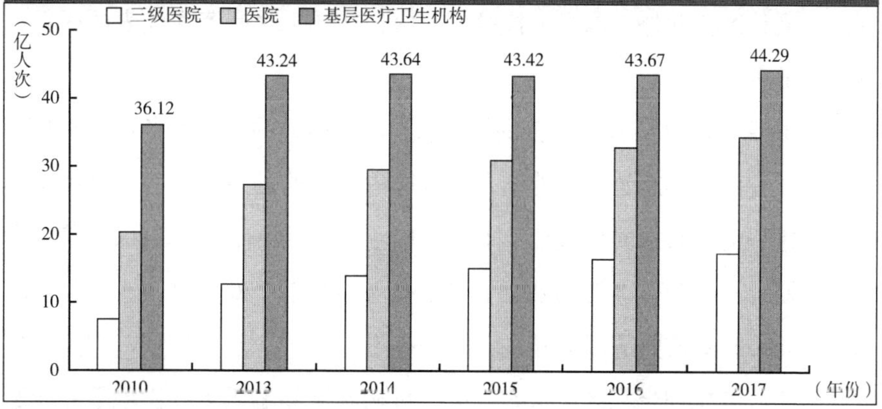

资料来源：《中国卫生统计年鉴》（2011 年、2012 年 ~2018 年）、建投研究院。

企业医院改制掀起了医院投资的高潮，但高潮之后是行业价值的回归。2017 年 8 月，国资委等六部委联合发布《关于国有企业办教育医疗机构深化改革的指导意见》，要求在 2018 年底前要完成国有企业办医疗机构的移交改制或管理工作。2017 年，据不完全统计，社会资本参与接近 100 个医院项目的建设、改制和剥离；2018 年，新里程对四川省煤炭产业集团下属医院的战略投资、中航集团企业医院的整体改制等集中剥离改制掀起了高潮；但是，资本推高医院投资成本，使得市场出现不理性的情况；2019 年，不少前期医院投资者寻求退出，医院投资向其本质回归。

（五）健康养老：养老供给不断优化

2019 年，为应对人口老龄化的挑战，国家层面对于健康养老行业给予了强力支持。我国当前面临着养老服务体系供给与需求不匹配，支付能力不足等问题。回顾近两年的发展，养老服务供给的优化是重要的发展主题，主要表现在以下几个方面。

（1）鼓励社会资本进入养老领域。当前，参与养老市场的主体包括房企、险企、国企及其他企业。根据亿欧大健康的统计数据，大多数地产公司通过自己投资建设、资金合作和业务合作等方式涉足养老地产、医养结合和智慧养老等领域。据不完全统计，约有 10 家保险公司投资了 20 多个保险养老社区。此外，以光大控股、中信、首开、北控等为代表的国企也在进入养老领域。

（2）探索医养结合，改善供给结构。医养结合的养老服务模式是近年来养老产业的布局趋势。医养结合是健康中国战略的重要内容，是我国养老领域重要的探索方向。截至 2019 年 10 月，全国共有近 4000 家医养结合机构，医疗机构与养老机构建立签约合作关系的有 20000 多对，已经初步形成了 4 种相对成熟的服务模式：医养签约合作，养老机构设立医疗机构，医疗卫生服务延伸至社区、家庭，医疗机构开展养老服务，实现了养老服务的升级重构。[①]

（3）保刚需之外，逐步向非刚需市场拓展：从我国老年群体的整体消费能力来看，未来较长时间内，医疗健康、养老照护等刚需性养老服务仍然为消费主线。但非刚需性需求也逐步表现出来，养老机构、老年服务企业已经逐步开始关注老年群体的非刚需性需求，尤其是在险企、房企等兴建的新型养老社区内。非刚需性需求的满足，能够进一步扩大客户群体，增强养老客户黏性，从多个层面满足老年群体的多样需求。

截至 2019 年 6 月底，全国共有各类养老机构 2.99 万个，社区养老服务机构和设施 14.34 万个，养老服务床位合计 735.3 万张。其中，超过 50% 的养老机构和近 40% 的养老床位由社会力量举办，养老服务供给结构不断优化。

（六）健康保险：健康保障型保险具有较大的提升空间

我国社会医疗保险由政府牵头，自 20 世纪 90 年代提出基本医疗体系"广覆盖"后，到十八大提出"全覆盖"，随着国家加快推进医疗保障体系改革，商业健康险将成为医保的重要补充。近年来，中国商业健康险原保费收入快速增长，但健康险保险行业总保费比例较低，2018 年占人身寿险行业保费收入比重仅为 20%。截至 2018 年底，人均健康险保费支出（保费密度）为 390 元，保险消费收入占比（保险深度）仅为 0.6%（见图 27）。

根据《2018 中国商业健康保险发展指数报告》针对 28 家保险公司的调研结果，截至 2017 年，28 家被调研的保险公司共向市场投放 2432 个健康险产品，产品仍以医疗险产品为主（54.7%），责任期限均以短期为主（占比 70.7%）。2019 年，我国商业健康险筹资水平进一步走高，且健康

① 《加快推进医养结合，打造健康中国》，人民财评，2019 年 10 月 10 日。

险产品种类略有增加。预计健康险未来发展趋势是产品与服务相结合，打造一体化的健康管理服务体系。

图 27　中国健康险密度及深度不断提高

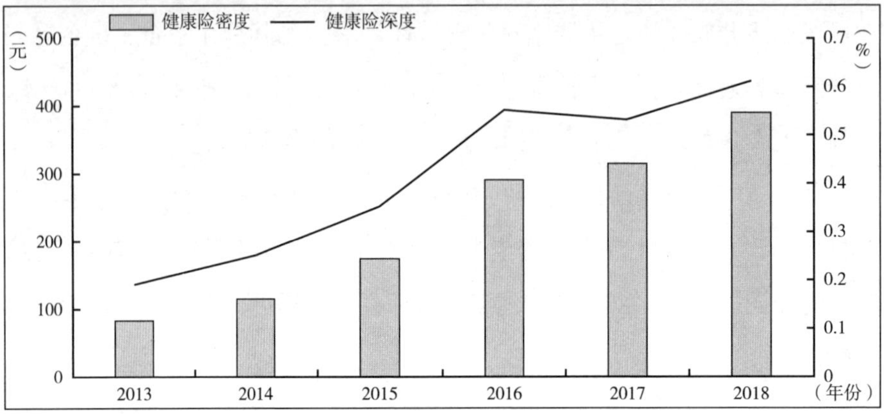

资料来源：《2018 中国商业健康保险发展指数报告》、中银国际证券、建投研究院。

健康险市场行业集中度高，多集中在大型寿险公司。健康险按照销售方式主要区分为短期意外健康险或长期健康险，其中人寿寿险公司主营长期健康险，包括重疾险及医疗险；财险公司以销售意外险为主。2017 年行业健康险原保费收入达 4386 亿元，其中，人寿寿险公司贡献健康险保费收入 3994 亿元，占比达 91.1%。财产险公司受到监管约束，仅能经营短期意外险，短期意外险具有保单金额低、保障期限短、各家产品同质化严重等特点，其竞争力远低于寿险公司。

2017 年，43 家外资保险公司（包含外资人身险及财产险公司）原保险保费收入为 361.7 亿元，占健康险保费收入比例为 8%（见图 28）。外资保险公司业务发展较为缓慢，市场份额相对偏低，主要原因是外资保险公司进入中国保险市场，仍受到业务开展地域的监管限制，部分中外合资险企存在合作模式的内在矛盾，以及拓展分支机构的外在困难，暂时难以施展拳脚。但近期监管对于外资保险公司的进一步开放政策，有望改变这一困境。外资保险公司具有长期资本供给、多元化及创新型的保险产品优势，逐步放宽外资保险准入门槛，将会给中国健康险市场带来新的改变。

图 28　2017 年中国健康险市场各类保险公司市场份额及占比

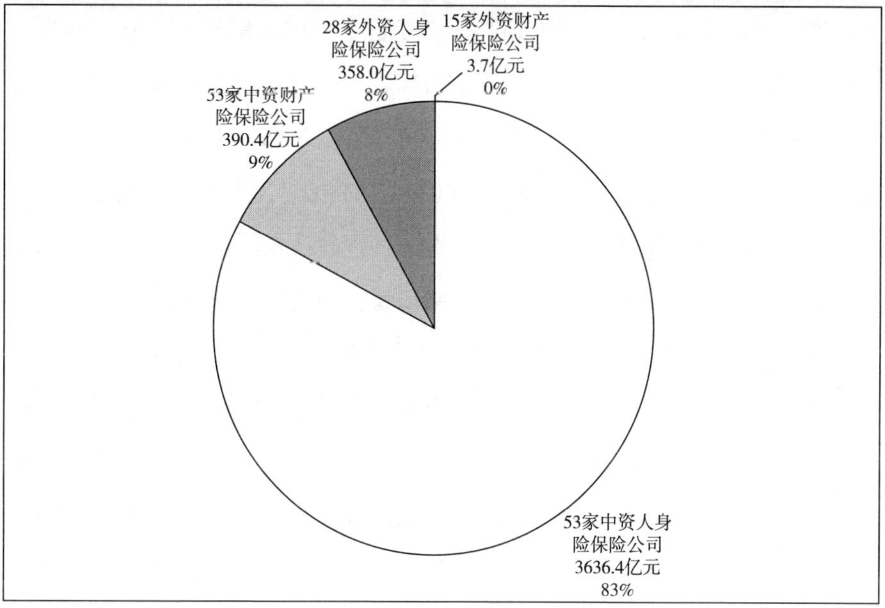

资料来源：《2018 中国商业健康保险发展指数报告》、中银国际证券、建投研究院。

三、2020年医疗健康产业发展趋势展望

近年来，在政策驱动下医药行业处于深刻变革进程中，同时随着人口结构的变化和人群疾病谱的变化，消费能力提升，医疗水平提升带来医疗服务升级，以及养老供给端不断优化，叠加政府不断强化的健康中国战略，都将引导健康需求释放，医疗健康行业具有确定性的投资机会。

2020 年初突发的新冠肺炎疫情目前在全球蔓延，对医疗健康产业影响巨大。与疫情相关的产品及互联网医疗需求激增，从中长期来看，疫情会促进医疗行业改革，对于医疗健康产业发展起到助推作用。

（一）研发端：创新药仍然值得关注

全方位政策鼓励创新药研发，逐步与国际接轨，中国创新药产业链前景可期。2015年以来，在提升药品研发质量上，国家陆续出台临床数据自查核查、化学药注册分类改革、仿制药一致性评价等政策；在鼓励和加快创新药研发方面，全面推行药品上市许可持有人制度、优先审评审批加快新药上市制度，取消临床实验基地的GLP认证制度，采取备案制度，缓解现阶段临床试验产能短缺，规定新药临床试验申请60天时限，加快创新药上市审评、现场检查的进度，破除限速步骤，加快新药研发进程。

此外，针对创新药税收优惠和医保等配套政策密集落地。2018年4月，财政部发布《关于抗癌药药品增值税政策的通知》，抗肿瘤药增值税从17%调整至3%；2018年9月，财政部、国家税务总局、科技部联合对外发布，我国将提高企业研发费用税前扣除加计扣除比例；2018年10月，国家医疗保障局印发通知，将阿扎胞苷等17种经过谈判的抗癌创新药纳入2017年新版医保乙类范围，并确定了医保支付标准。2019年12月，新一轮的医保谈判正式结束，从谈判结果来看，不少重磅创新药品纳入医保目录，创新药进入医保的数量和速度均有提升，医保支付对于创新药的支持力度逐步加大。但是仍然要注意医保准入的降价风险。

2020年，政策对于创新药的支持将继续加强，创新药企业将会持续得到市场支持，与此同时，我们也需要关注创新药企业产品线的布局特征和竞争风险。此外，CRO、CDMO市场有望继续受益。CRO、CDMO企业纳入医药研发环节中，替代部分研发工作，帮助医药研发企业控制成本，缩短研发周期和减少研发风险。经过几十年的发展，CRO、CDMO行业已经拥有一个相对完备的技术服务体系，提供的服务几乎涵盖了药物研发的整个流程，成为全球制药企业缩短新药研发周期、实现快速上市的重要途径。2020年，随着政策和市场对于创新药的关注，CRO、CDMO行业仍然会有相对确定性的发展机会。新冠肺炎疫情对我国研发实力提出了更高的要求，尤其是在企业研发能力方面，或许本次疫情能够让更多的企业意识到研发创新基础能力的重要性。

（二）生产端：仿制药行业竞争加剧

随着近年来药品审评进度和审评标准的变化，新获批上市的品种特别是符合新的一致性评价的品种逐步上市。部分原先竞争格局较为稳定的品种随着新进入者的加入迎来变量，对原有占主导地位的品种形成冲击，对价格、市场准入、竞争策略甚至医保策略都产生了一定的影响。2018 年以来，带量采购政策给仿制药行业带来了重大的影响，2019 年集中采购全面推广，部分原研药厂商加入竞争，部分仿制药降价幅度令人咋舌。2020 年，政策会加速医药行业洗牌，任何单一品种依赖的仿制药企都将面临发展压力。2020 年初的新冠肺炎疫情可能加快行业出清，不具备成本优势、运营效率低下的仿制药企业首先受到影响，但与此同时，国外疫情的快速发展也可能给部分仿制药企带来全球化的契机。只有通过不断的研发创新，丰富自身产品组合，实现企业转型，才有发展的机会。

（三）流通端：行业集中度进一步提升

近年来，对于药品和医疗器械流通环节整治力度不断加大，压缩流通端不合理费用已成为行业共识。常规化、制度化飞行检查监管取代 GSP 认证，医疗反腐力度加大，营改增改革叠加药品“两票制”改革，行业覆盖网络和规模效应逐步显现。2017 年、2018 年两年是“两票制”密集执行的阶段。2019 年，关于医疗器械的“两票制”也在部分地区开展，流通行业集中度有明显提升。2020 年，药品“两票制”全国执行，叠加医疗器械的“两票制”改革，流通行业，尤其是医疗器械流通领域将进一步规范，具备广泛覆盖网络，形成规模效应以及不断开拓增量业务的流通企业有望在市场中获得持续增长，市场集中度进一步提升。新冠肺炎疫情之下，流通企业作为连接产品和服务终端的纽带，发挥了重要作用，随着疫情中心向国外转移，国外医疗物资出现较大的缺口，我国大型流通企业或可借此扩展国际渠道。

（四）零售端：行业连锁趋势继续

2015 年，新版 GSP 推行，其中对药店的信息化仓储、冷链管理、执业药师配备等都明显提高了要求，大幅度压缩了小型零售药店生存空间，药品零售终端面临整合。与此同时，公立医院控制药占比、药品零加成、医保定点备案制等多项政策利好龙头企业连锁扩张，处方外流叠加消费升级推动药品终端进入黄金发展时期。2020 年，预期头部零售企业将从外延并购和精益发展两方面发力，行业整合和管理提升将是零售领域的发展主题。新冠肺炎疫情发展初期，部分药店管理及销售出现混乱，部分防护物资出现乱涨价的情形，后续伴随着零售终端连锁化率的提高，药品零售终端管理能力的提升或许会走上快车道。

（五）医疗服务：行业结构性改革仍持续

医疗服务机构是整个医疗服务最终的场景和落脚点，医疗服务结构性改革将是整个医改的重要环节。改革目的包括提高医疗服务可及性，提高医疗机构运营效率，提高医疗服务质量，形成发展有序的医疗服务市场。

深化医疗改革的重要一环是形成有序的分级诊疗体系，2015 年，国务院正式提出分级诊疗制度的建设指导意见，并与此同时放开医师多点执业，持续推进家庭医生签约服务；破除以药养医机制，促进医疗服务价值回归，形成有序的、基础的、可及性高、覆盖率广的医疗体系。

2020 年，关于医疗服务的改革将进一步深化，政策鼓励社会资本进入医疗领域，利用社会资本弥补公立医疗机构的不足，满足人民群众日益增长的医疗保健需求。社会资本在公立医疗薄弱科室、高端定制化医疗服务、基层医疗服务等方面均有发展机会，此外，已有的社会办医疗机构将步入精细化发展时期，管理提升和效率提升是关键。本次新冠肺炎疫情期间，我国医疗服务行业表现出两个明显的不足：第一，基层医疗机构未发挥出应有的作用；第二，对湖北省公立医疗服务资源形成了明显的挤兑。接下来，继续深化医疗体制改革、强化基层医疗机构的服务能力、提高民营医疗机构的发展水平将是重要方向。

（六）养老服务：刚需市场是关注重点

2020 年，政府将继续大力支持社区居家养老，实现 90% 以上的老人实现居家社区养老，进一步推广养老驿站、日间照料中心、长者照护之家、居家护理站、社区综合为老服务中心等，为社区家庭提供全方位的健康照护服务。以北京为例，截至 2018 年底，北京已建成运营 680 个养老服务驿站，80% 养老服务驿站完成连锁化运营。虽然养老驿站的盈利模式尚处摸索阶段，但这类养老服务企业在城市的快速布局能力将成为企业的未来竞争力。目前，这类企业主要通过收购、合作以及招投标的形式布局养老服务网点。可以预见，政府对这类企业的扶持政策力度还会继续加大，通过一系列措施支持社区养老服务企业的连锁化、综合化、品牌化运营，培养具有可持续发展能力的品牌企业。受新冠肺炎疫情影响，相对于养老服务机构，社区居家养老服务受到的影响较大，从积极的角度看，疫情带来的影响将有利于快速推动社区居家养老服务进一步整合资源，大胆改革创新，积极探索和拓展新的业务发展模式，借助于互联网、人工智能等先进技术手段推进智慧居家养老，实现线下和线上的融合发展。

2020 年养老服务机构的市场化趋势将会更加明显，民办养老机构将成为发展主体。小型化、专业化、医疗化、连锁化将成为养老机构发展的主要态势。对于已经形成一定规模的养老企业，2020年应进一步加快全国性连锁布局。随着产业成熟度的提升，养老服务运营能力以及企业专业化、连锁化扩张所形成的品牌将成为养老服务企业的核心竞争力，具有一定规模化的龙头企业将涌现。疫情的暴发使市场更加关注具有一定医疗服务能力的养老机构，势必加速养老机构快速推进医养结合。对于已具备一定医养结合能力的养老机构，其医疗服务能力将进一步提高。

根据全国老龄办预测，到2020年我国将有超过4200万失能老人和超过3000万的80岁以上老人，合计占到老年总人口的30%。而且我国空巢和独居老年人持续递增，预计2020年达到1.18亿人。这些失智失能、高龄、空巢、独居老人的刚需养老服务需求将发展成为一个巨大的市场，会逐步由一线服务供给延伸到服务供给所必需的医养服务、康复护理、生活照料、养老用品、专业辅具等多元化业务领域，尤其是疫情过后相关延伸业态领域的服务内容将会更加丰富，将会发展成为下一个竞争点。

（七）支付端：医保显著影响行业发展，商业保险存在发展机会

2012年以来，医保总额控制、支付方式和标准的改革政策成为医保政策的主要方向。由于医保的精细化管理，国家开始在用药结构上进行调整，辅助用药的使用受到了控制。2017年，医保目录进行了第三次修订，并引入了动态调整机制；完善制度和医保覆盖的同时，也在一定程度上增加了医保基金的压力。此外，创新药物和进口药物加速登陆市场，进一步增加了医保的负担。

医保运行压力的凸显，使得商业保险有望迎来较大的发展机会。2020年，医保保基本的主线不会改变，高端需求、衍生需求及补充需求等均是商业保险重点发展的领域。2020年1月3日，《关于促进社会服务领域商业保险发展的意见》印发，该《意见》提出了促进社会领域商业保险发展

的多项举措：①完善健康保险产品和服务，鼓励保险机构提供医疗、疾病、照护、生育等综合保障服务；②积极发展多样化的商业养老年金保险、个人账户式商业养老保险；③支持保险资金投资健康、养老等社会服务领域。开年的政策即为 2020 年商业保险领域发展奠定了基调。

四、2020年医疗健康产业投资机会分析

医疗健康产业是受政策影响很大的行业，而政策的制定则基于行业当前发展现状及未来发展的趋势，深刻理解行业发展逻辑是发现投资机会的重要前提。整体来看，2020 年医疗健康产业的投资机会体现在以下几个方面。

第一，医疗健康领域的重要支付方式是国家基本医疗保险以及基本养老保险，而基本医疗保险基金与基本养老保险基金均面临筹资瓶颈，其保基本的定位将越发明确，因此，发展补充支付的方式就势在必行。从产业链发展的确定性来看，商业保险有望成为有效的补充支付手段，商业保险领域（包括健康险、商业养老保险、医保控费等）存在较好的投资机会，相关细分领域包括专注于商业健康险、商业养老保险的企业，部分支持商业健康险发展的医疗大数据企业，以及医保控费、保险成本控制相关的创新性企业

第二，鉴于医保基金运营压力，医保控费将具有政策持续性。从产业链角度看，削减不必要的费用将是大势所趋，因此药品、医疗器械、流通领域均存在一定的利空。宏观来看，医保控费的措施将有利于行业的并购整合，具备成本及运营优势的企业将最终胜出；微观来看，医保基金的控费具有引导作用，其鼓励创新的导向很明确，创新型、具备临床价值、确切疗效的企业存在发展机会。主要关注创新型医药企业、平台型医疗器械企业，以及具备突破性技术的创业企业。此外，支持医药产业创新发展的

CRO、CMO 领域也具备快速成长的确定性。

第三，医疗健康产业受到健康需求、政策引导、技术进步、资本投入等诸多因素共同影响。近年来，大健康领域技术进步带来了非常难得的发展机遇。2019 年 12 月，七部门印发《关于促进“互联网 + 社会服务”发展的意见》，鼓励新技术创新应用，培育壮大社会服务新产品、新产业、新业态，将有利于推进大数据、云计算、人工智能、物联网等新一代信息技术在社会服务领域的应用。随着人工智能等新技术在医药、医学领域应用的深入，创新药研发领域、基因测序技术、影像诊断、可穿戴设备等都将迎来新的发展机遇，重点关注创新性技术在医药研发、医疗服务、智能设备方面的应用。

第四，医疗健康服务供给侧结构性改革的机会在于高品质的康复护理、养老照护领域。医养结合通过医院、专业康复护理机构、居家社区养老照护等机构分工协作，资源得到充分有效利用，从而链接成一个医养产业链。2020 年，医养结合型的养老机构具有广阔的发展空间，同时与养老服务刚需紧密相关的康复护理产业市场需求巨大，新冠肺炎疫情的暴发更是凸显了这一领域巨大的发展机会。分级诊疗的实施、医疗资源的下沉，也将为居家社区养老及养老服务机构提供更加便捷的医护资源和服务配置。医养有效融合以及受疫情影响推动的线上线下融合发展将更有利于各类养老服务机构的发展，建议重点关注运营能力强的医养服务机构、连锁化布局的小型医护机构以及为家庭养老提供社会化服务的企业。

2020 年先进制造业发展趋势及投资展望

万建发　朱　培

万建发，中国建投投资研究院秘书长
朱　培，中国建投投资研究院研究员

投资提示

- 近十年来，受经济周期回落以及贸易摩擦影响，世界制造业增长缓慢，全球制造业景气度明显回落。当下，全球产业链正在发生重要变化，制造业明显呈现智能化、高端化、绿色化、自动化、服务化、品牌化等趋势，竞争格局蓄势待变。

- 目前，中国制造业面临较大的下行压力，PMI 景气指数连续六个月跌至荣枯线以下，但是随着宏观经济及相关产业政策的调整，我国制造业的发展逐渐呈现行业集中度快速提升、产业外迁阶段性加速、科技创新和数字化转型驱动制造业发展的特征和趋势。

- 先进制造业的细分领域中可重点关注高端装备制造、汽车制造、电子信息制造、医药医疗制造等行业的投资机会。1. 高端装备制造重点关注航空装备和工程机械装备等可以通过自主创新、进口替代来实现价值链提升的产业；2. 汽车制造重点关注与未来汽车产品在电动化、智能化、网联化和共享化结构性变革相关的领域；3. 电子信息制造重点关注 5G、芯片、智能物联等产业；4. 医疗健康制造重点关注生物技术、创新药械与智能医疗等领域。

21 世纪以来，全球产业结构不断调整，制造业因此受到了巨大的挑战和冲击。2008 年发生的经济危机，让世界上不少国家将目光重新转向制造业。中国则在改革开放之后凭借制造业的迅速发展在国际上确立了明显优势。然而，传统粗放的制造模式难以持续，以先进技术为生产手段是未来制造业发展的必然趋势。本文从中长期视角分析先进制造业的发展环境，研判其趋势变化和投资机会。

一、世界制造业格局及发展趋势

（一）全球制造业增加值占比降中趋稳，景气度回落

自 20 世纪 80 年代以来，全球制造业增加值在 GDP 中的占比呈下降趋势，从 1980 年 24% 左右下降至 2018 年 15% 左右（见图 1）。从近年来情况看，日本和德国的制造业增加值占比相对稳定，下降幅度较小，在 20% 左右

图 1　全球制造业增加值占比趋势性下降

资料来源：Wind 资讯，建投研究院。

波动；中国的制造业增加值占比先升后降，降幅一度较快，目前稳定在近30%；美国的制造业增加值占比从1980年的20%下降到2015年的11.3%（见图2）。2010年以来，全球制造业增加值占比下降趋缓，稳定在15.6%左右的水平。

图2 近年来中美日德制造业增加值占GDP比例变化

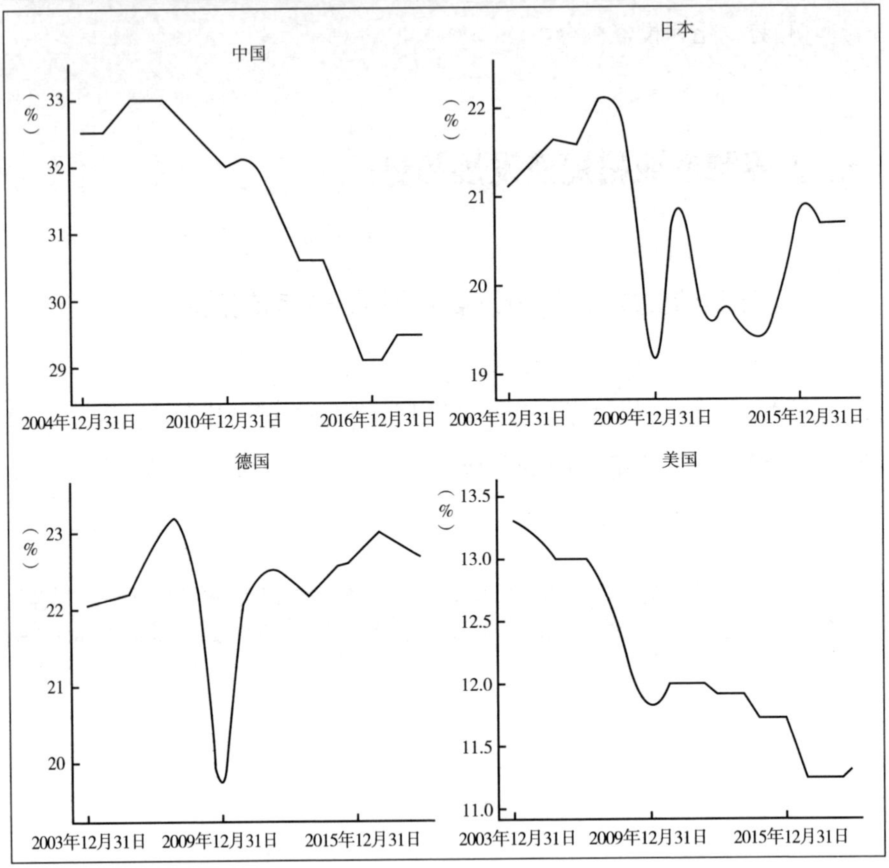

资料来源：Wind资讯，建投研究院。

近年来，受经济周期回落以及贸易摩擦影响，全球制造业景气度明显回落。摩根大通全球制造业PMI指数自2019年5月以来跌落至荣枯线以下（见图3）。美国工业产能扩张触顶，制造业新订单同比降幅扩大，产能利用率呈缓慢回落趋势。欧元区制造业动能更为疲弱，2019年10月欧元区制造业 PMI 回落到 45.9，为近十年来最低水平，产能利用率也触顶回落。日本制造业 PMI 处于荣枯线以下，产能利用率指数同比降幅扩大至 -4.84%（见图 4）。

图 3 全球制造业 PMI 跌落至荣枯线以下

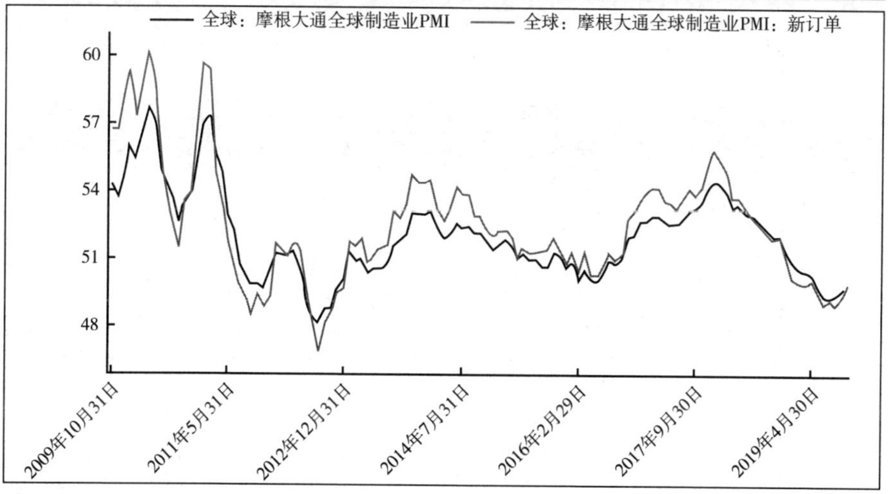

资料来源：Wind 资讯，建投研究院。

图 4 世界主要经济体产能利用率触顶回落

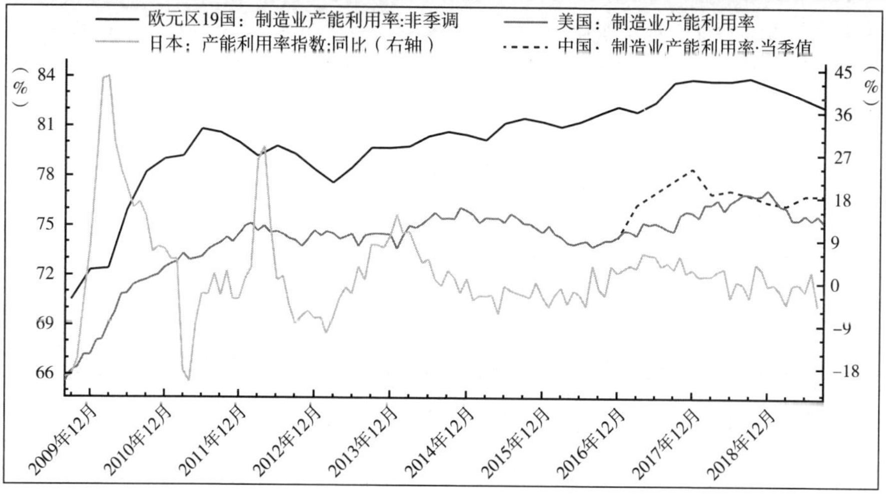

资料来源：Wind 资讯，建投研究院。

从长期趋势来看，近十年来世界制造业增长缓慢，年均增速低于世界经济平均增速（见图5）。其主要原因有三：一是生产率增长出现停滞，劳动力成本上升和资本回报下降叠加，导致全球制造业增长动能减弱；二是新技术革命对经济增长的贡献尚未抵消旧经济收缩带来的减速效应；三是贸易和投资保护对要素流动及全球价值链的阻碍效果逐渐显现，并在长期内产生负面影响。

图5　世界制造业年均增速低于世界经济平均增速

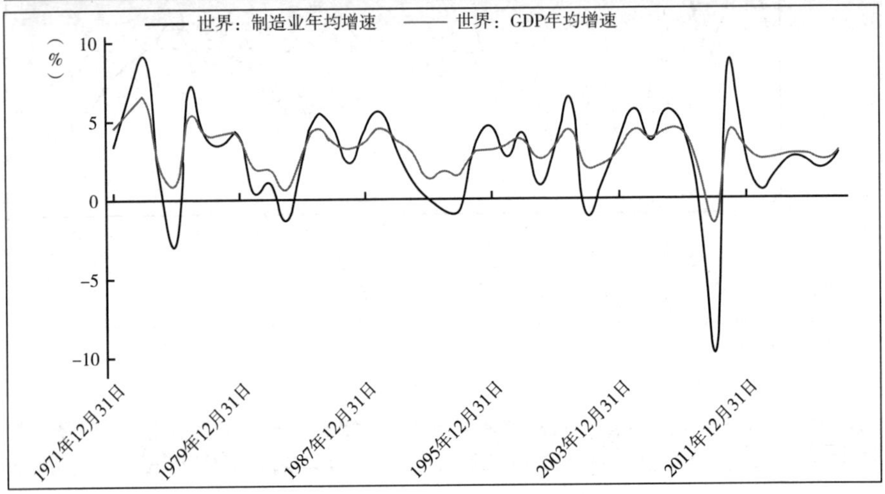

资料来源：Wind资讯，建投研究院。

（二）全球新一轮制造业转移与要素重组加快进行

总体趋势上看，全球产业链正在发生重要变化。最明显的一个变化是，产业链特别是处于中低端的产业链，正在向具有劳动力红利、人力资本红利和市场红利的国家转移。从全球范围的制造业布局来看，此前大体经历了三轮大规模转移。目前，第四轮产业转移已经开始，正在从中国向东南亚、南亚、非洲、拉美一些国家和地区转移，特别是劳动力密集型产业很多转移到印度、越南、泰国、马来西亚、印度尼西亚等国家。第二个变化是产业链高端、顶端和新材料、新技术、核心关键零部件等，在向知识高地和创新高地转移。第三个变化是价值链中高端环节的竞争强度提升，对技术转移和知识产权保护的诉求上升，甚至出现全球创新要素流动受阻的趋势。第四个变化是供应链在地化趋势增强，并呈现区域化集聚特征。第五个变化是全球产业链从垂直分工向水平甚至网状分工转变，制造形态和贸易形态也将随之发生变化。

全球制造业分工格局变化的原因是多方面的：首先，金融危机以来，制造业部门比重大幅降低的发达国家重新开始注重制造业，通过再工业化战略引导制造业回流。其次，我国制造业生产要素成本上升的速度非常快，且绝对成本要高于新兴国家，导致我国制造业面临前堵后追的压力。再次，美国发起的全球性贸易战是不可忽视的外部变量，在一定条件下会倒逼全球产业链、供应链进行不断调整。最后，新技术革命正在改变各种生产要素的相对优势，带来供应链、价值链的重组和洗牌。从趋势上看，这一格局的调整具有长期性和诸多不确定性，带来的机遇和挑战也是双向的。

（三）新一轮科技革命推动制造业发生深刻变革

科技作为人类社会发展的原动力，正在塑造和影响全球的政治经济格局。纵观世界科技发展，技术转移和扩散周期为 50 ~ 60 年，每一次科技红利的衰退，必将推动人类培育和创造新的一轮科技创新。科技与经济之间存在双螺旋增长模式，经济伴随着技术的扩散，经历复苏—繁荣—衰退—萧条周期性变化；同时，新的技术不断出现和扩散，支撑经济呈现总体增长趋势（见图 6）。值得注意的是，在原有技术红利消退、新的技术红利尚未培育起来这段时间内，全球经济增长会处于一个短暂的缓慢增长或停滞期。目前，我们正处在这样一个交替阶段。

图6　经济与技术的双螺旋增长模型

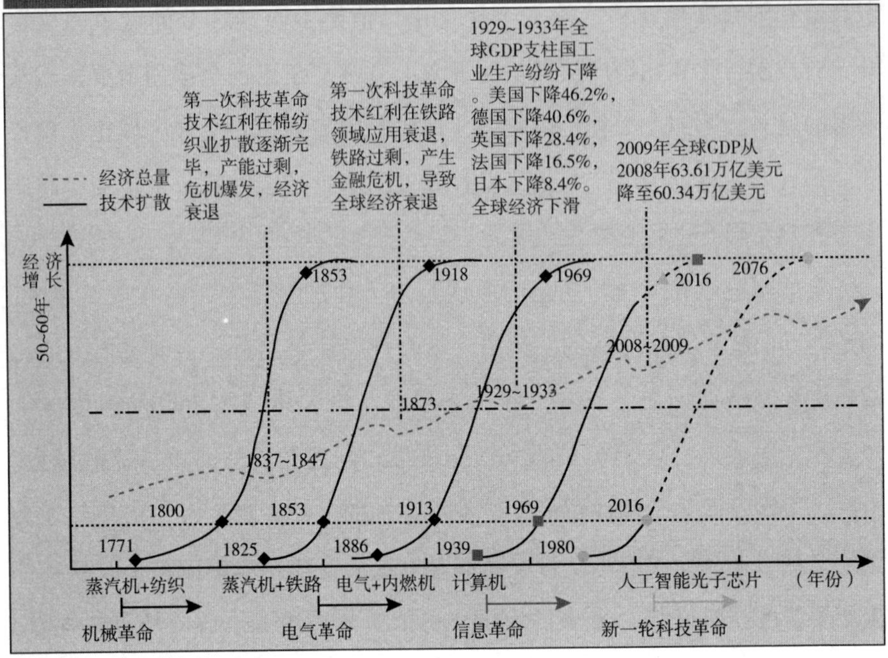

资料来源：建投研究院。

从当前科技发展来看，科技在多个领域获得突破性进展。能源技术将引起世界能源变革；量子技术、暗物质等科技将解构世界；基因测序、基因编辑、干细胞技术、脑科学等生命技术将推动人类生命变革。从技术成熟度和系统性来看，以人工智能、5G通信技术、大数据等为代表的智能化技术已经成熟，最有可能率先推动人类社会变革，驱动人类进入“智能时代”（见图7）。

图7　新一轮科技革命的核心技术领域

信息技术	生命技术	材料技术	能源技术	其他科技
·人工智能 ·云计算 ·物联网 ·大数据 ·5G通信 ·区块链 ·VR/AR ·芯片 ·边缘计算	·基因组学 ·脑科学 ·细胞免疫治疗 ·干细胞和再生医学 ·合成生物学	·智能材料 ·仿生材料 ·超导材料 ·石墨烯 ·柔性显示材料 ·纳米材料 ·纤维材料	·非常规油气 ·再生能源 ·智能电网 ·氢能 ·可控核聚变	·3D打印 ·空间探测技术 ·量子通信技术 ·超宏观物质科技 ·超微观物质科技

资料来源：建投研究院。

新一轮科技革命具有团聚爆发、交叉融合、跨多学科领域的特征，目前还处于启动阶段。其孕育和发展，微观上将改造传统生产模式和服务形态，带来制造方式、制造效率、制造理念的变革；宏观上将推动产业结构转型升级，激发新的经济增长动能，同时也会造成新的结构性矛盾，引发创造性破坏的担忧，带来科技伦理、治理等层面的新挑战。

（四）全球制造业呈现智能化、高端化、绿色化、自动化、服务化、品牌化等六个重要趋势

第一是智能化。随着“大物移智云”等新一代信息技术的发展以及信息化水平的普遍提高，数字技术、网络技术和智能技术日益融入产品研发、设计、制造的全过程，推动产品生产方式的重大变革。主要发达国家和跨国企业均把智能制造作为新一轮发展的主攻方向，一些跨国企业也纷纷加大对智能化改造、先进机器人研发的投入力度，传统制造加速向以人工智能、机器人和数字制造为核心的智能制造转变。

第二是高端化。高端制造具有高技术密集、高附加值、高资本投入、高度品牌化等特点，处于产业链的顶端，反映一国制造业的综合实力，因而成为各国战略竞争的制高点。我国也正在推动制造业技术向中高端层面发展，明确了高端制造领域的主攻方向，突出以工业化与信息化深度融合为抓手，推动中国制造从大国向强国转变、从中低端向中高端跃升。

第三是绿色化。绿色制造是指在保障产品质量和功能的同时，努力提高能源的使用效率，将产品制造过程中的环境污染降到最小，进而实现可持续发展。为实现制造业从粗放型向绿色环保方向转变，我国对能源消耗、污染物排放等指标做出了明确规定，不断推动传统技术改造和工业设计埋念的转变，美国、德国、日本等国也十分重视绿色制造产业的发展，制造业向绿色制造发展是实现可持续发展的必经之路。

第四是自动化。受劳动力成本攀升的压力，全球重视和推进工业自动

化。工业机器人密度是自动化水平的重要指标，中国已经成为全球工业机器人最大市场。根据国际机器人联合会数据，中国工业机器人保有量近几年增长迅速，2018 年底中国工业机器人密度达到 140 台/万工人，年均复合增长率达 35.6%，保有量已超过全球平均水平（99 台/万工人）。但与另外三大工业机器人市场大国对比，中国的差距仍很明显，韩国的工业机器人密度为 774 台/万工人，日本为 323 台/万工人，德国为 338 台/万工人（见图 8）。

图 8　工业机器人密度：中、日、韩、德对比

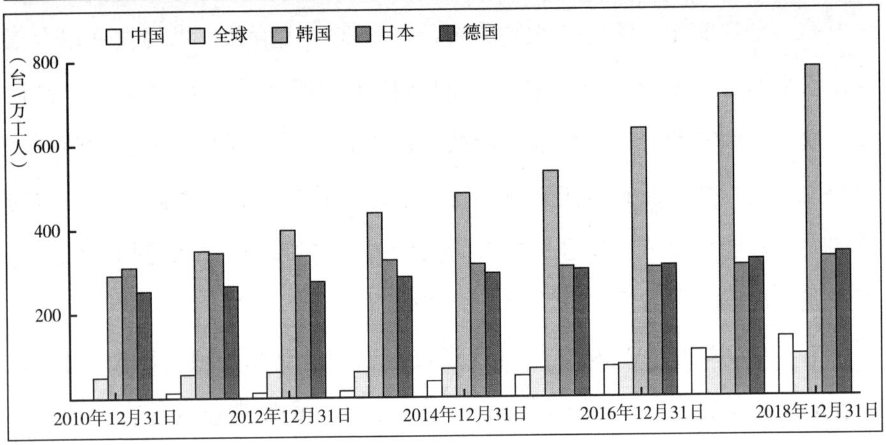

资料来源：Wind 资讯，建投研究院。

第五是服务化。根据已有国际经验，制造业发展到一定阶段后，其附加值和市场竞争力的提升更多地是靠生产服务业的支撑。随着制造业和服务业融合程度不断加深，服务化已经成为引领制造业升级和实现可持续发展的重要力量，是制造业向中高端迈进的重要标志之一。服务型制造日渐成为新的产业形态，推动制造业企业从单一产品提供商向产品与整体解决方案提供商转变，产业价值链重心由生产端向研发设计、产品销售、品牌推广和售后服务等环节转移，推动全生命周期管理、电子商务等新业态和新模式快速兴起。

第六是品牌化。据经济合作与发展组织统计，知名品牌占全球商标总量比重仅为 3%，却占据全球市场 40% 的份额和 50% 的销售额。在全球经济竞争中，作为一种高度稀缺资源的知名品牌，正被少数发达国家所垄断。根据 2018 年《世界品牌 500 强》榜单，美国占据 223 席，继续保持世界品牌第一强国位置；法国、英国、日本、中国、德国、瑞士和意大利是品牌大国的第二阵营。中国入选的 38 个品牌中，制造业品牌不及一半（见表 1）。在当下中国制造业蓬勃发展的背景下，品牌价值日益成为影响企业在市场上获得竞争优势的重要因素。

表 1　2018 年《世界品牌 500 强》入选最多的国家前十

排名	国家	品牌数量			代表性品牌	趋势
		2018 年	2017 年	2016 年		
1	美国	223	233	227	谷歌、苹果、亚马逊、可口可乐、通用电气	↓
2	法国	43	40	41	欧莱雅、路易威登、香奈儿、卡地亚、迪奥	↑
3	英国	42	39	41	沃达丰、英国石油、联合利华、汤森路透、汇丰	↑
4	日本	39	38	37	佳能、索尼、丰田、松下、日本电报电话	↑
5	中国	38	37	36	国家电网、腾讯、海尔、中国工商银行、五粮液	↑
6	德国	26	26	26	宝马、梅赛德斯－奔驰、大众、思爱普、奥迪	→
7	瑞士	21	21	19	雀巢、瑞信、劳力士、欧米茄、瑞银	→
8	意大利	15	14	17	吉驰、普拉达、法拉利、菲亚特、葆蝶家	↑
9	荷兰	9	8	8	壳牌、飞利浦、喜力、荷兰国际集团、毕马威	↑
10	韩国	7	7	6	三星、现代汽车、乐天、连我、SK 集团	→
10	瑞典	7	6	6	宜家、H&M、诺贝尔奖、伊莱克斯、绝对伏特加	↑

资料来源：国家金融与发展实验室。

（五）全球制造业竞争格局蓄势待变

从全球制造业竞争格局来看，目前美国综合实力依然最强，处于第一梯队，欧洲、日本处于第二梯队，中国处于第三梯队，发展中新兴经济体和部分资源型国家处于第四梯队。这个格局短期内不会改变，未来的变化，可以从七个维度观察判断（见图9）。

图9　全球制造业竞争格局的七维度比较

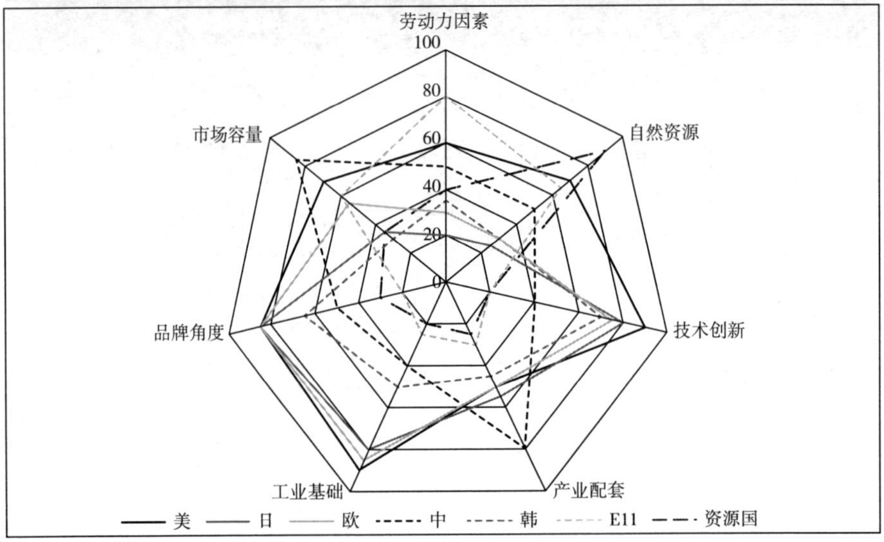

资料来源：建投研究院。

一是劳动力因素。人口的老龄化将降低制造业的效率并提高成本，目前全球主要经济体都面临老龄化问题，其中最严重的是日本，其次是欧洲，中国的人口红利已处于末期，已步入老龄化阶段，美国因为有移民而处于有利位置，人口最有优势的是东南亚、印度、墨西哥等发展中国家和地区。不过，从长期角度看，人工智能、自动化技术的发展使得普通劳动力不再稀缺，劳动力因素对制造业竞争力的影响将弱化。

二是自然资源。原材料和能源的丰富能有效降低一国制造业的成本，提高竞争力。全球主要的资源地比如中东、澳大利亚、巴西、俄罗斯、非洲等国家和地区基本都只有资源产业，制造业都很弱。在主要制造业国家和地区中，欧洲、日本、韩国等的自然资源都比较匮乏。

三是技术创新。美、日、欧在技术创新方面处于领先地位，韩国、以色列等处于第二梯队，中国经过长期的技术引进—消化—吸收—再创新，或通过并购，正大力追赶。东南亚、印度、墨西哥等国家和地区仍处于劳动密集低端产业承接阶段，技术创新能力弱。

四是产业配套。全面的产业配套体系能有效降低制造业成本、提高市场反应速度。中国拥有全球最全面的产业体系，几乎任何行业在中国都有完整的产业链。美、日、欧都转移了低端产业，保留了相对高端的制造业。韩国产业结构相对单一，在优势产业上有较全面的产业配套，而其他产业较为薄弱。

五是工业基础。基础材料、制造工艺、基础元器件和核心零部件，需要长时间的积累和摸索。美、日、欧发展工业早，在这方面有很深的积淀；中国工业发展时间相对短，在工业基础方面次之，国内很多高端制造领域遭遇瓶颈，在工业基础方面仍待突破。东南亚、印度、墨西哥则处于很弱的阶段。

六是品牌角度。品牌代表了消费者对产品的认可度，也是企业获取溢价的来源。

七是市场容量。制造业一个很重要的竞争力是成本，而成本优势的发挥需要规模效应支撑。中、美拥有全球最大的单一市场，本土市场就足够培养一个行业巨头，能在这两个市场上成为领头羊的企业基本上在全球也能名列前茅。欧洲作为一个整体市场容量巨大，但就单个国家而言，市场容量非常有限；日本人口规模尚可，市场空间次之；印度人口规模庞大，消费能力尚弱，潜力较大；而其他市场或局限于人口，或局限于消费能力，市场容量待发掘。

综合来看，全球制造业总体竞争格局相对稳定，各国相对优势出现一些新变化，中国制造业高质量发展成为未来十至二十年全球制造业竞争格局调整的重大变量，也是世界广泛关注的焦点。

二、我国制造业宏观尺度的风向及趋势特征

（一）受周期回落和贸易摩擦影响制造业遭遇下行压力

2019 年以来，我国制造业受周期回落和贸易摩擦冲击，面临较大的下行压力。

从景气指数看，我国 PMI 连续六个月跌至荣枯线以下，反映制造业稳中放缓。中小型企业 PMI 持续下滑，生产经营承压，稳就业压力加大。分项数据看，受国际贸易环境恶化等不确定性影响，小企业新出口订单指数创五年新低。生产、新订单指数持续回落，供需两端双双收紧。不过，2019 年下半年以来，生产、从业人员指标走势基本趋稳，库存周期已接近走出底部区域，供求关系正在好转，将进入需求增加、供给减少的被动去库存阶段，显示制造业下行压力逐步释放（见图 10）。

对比中美制造业 PMI 数据来看，中国受贸易摩擦的影响要小于美国，工业生产的景气状况也好于美国，表现出更强的韧性。2019 年 9 月，美国 PMI 分项数据较中国 PMI 分项数据下降斜率更为陡峭，库存、新出口订单等数据降幅扩大，供需两端收紧的情况较中国更为严重。

从投资情况看，2019 年前三季度制造业投资较为低迷，9 月末累计同比增长 2.5%，不及固定资产投资增速 5.4% 的一半（见图 11）。从子行业分析，近一半的行业投资出现负增长，而上年同期只有烟草制品、农副食品加工、酒饮茶制造、纺织服装、运输设备制造等五个行业出现负增长。

图 10　中美 PMI 数据反映贸易摩擦对制造业影响

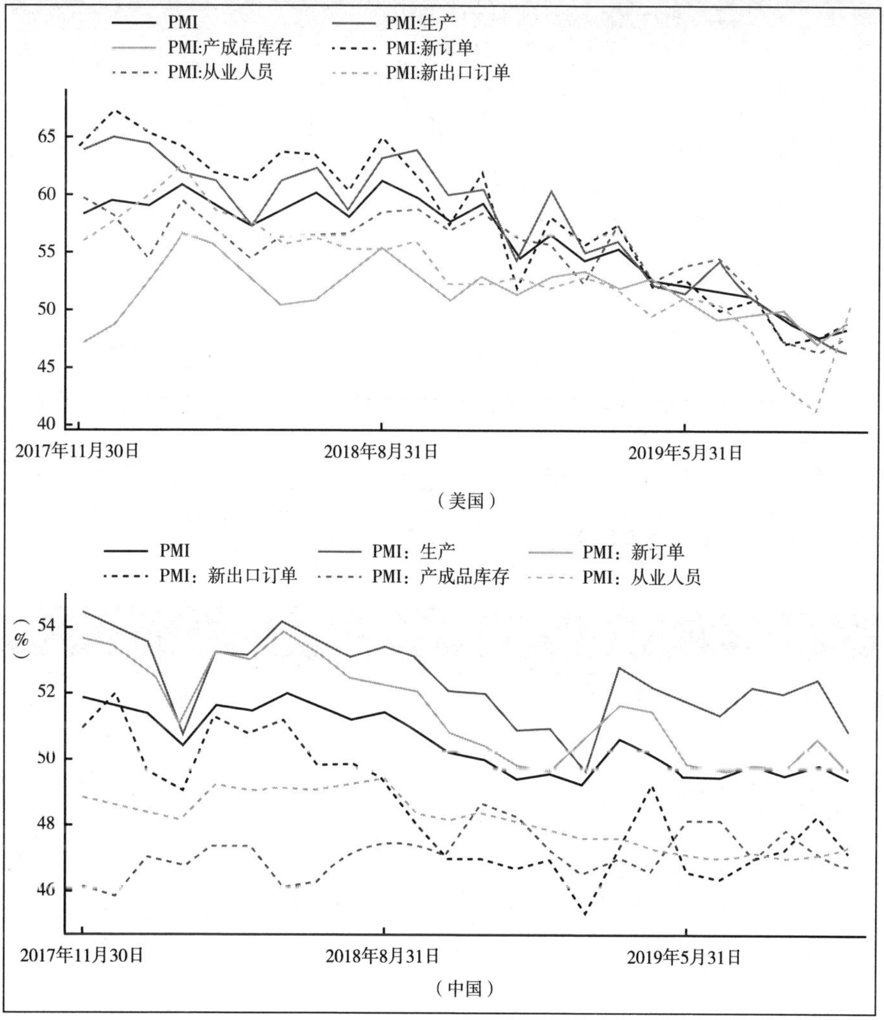

资料来源：Wind 资讯，建投研究院。

其中，黑色金属冶炼加工、仪器仪表制造、计算机电子设备制造、专用设备制造、医药制造等行业投资保持较高增速，高技术制造业增速超过两位数；电气机械及器材制造、纺织业、造纸、运输设备制造、农副食品加工、化学纤维制造等出现负增长（见图 12）。

图 11　制造业投资陷入低迷

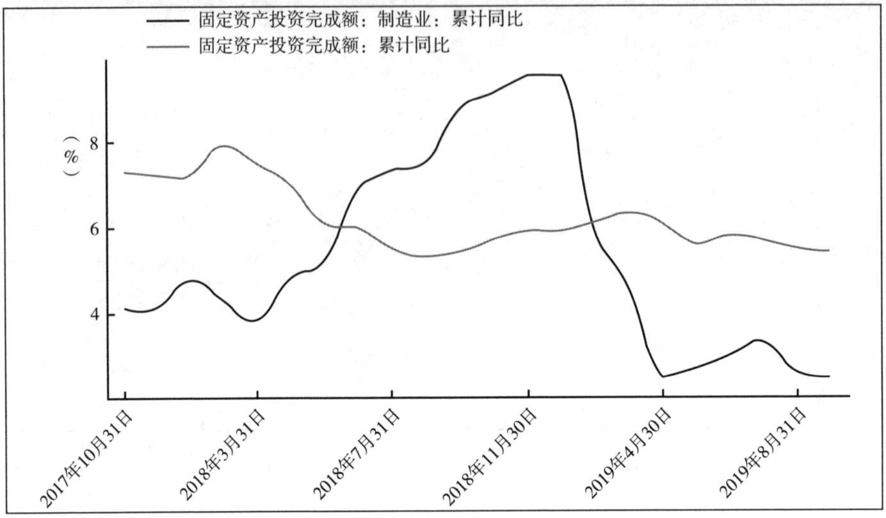

资料来源：Wind 资讯，建投研究院。

图 12　制造业细分行业投资增速分化

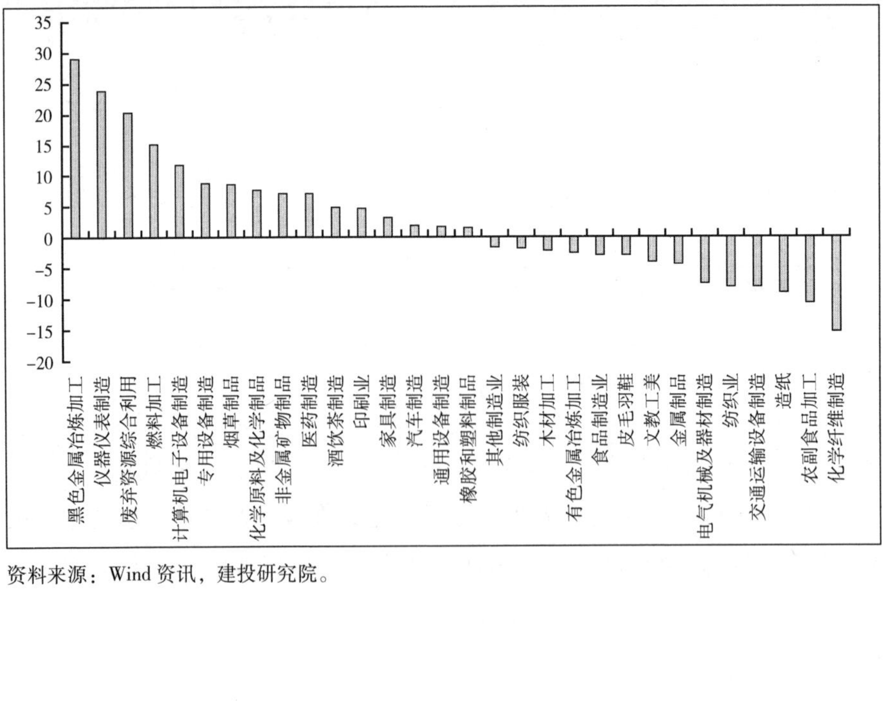

资料来源：Wind 资讯，建投研究院。

从经济效益情况看，工业企业利润下滑较快，9 月份利润总额当月同比增幅为 -5.3%，累计同比增幅为 -2.1%，远低于上年同期 14.7% 的增速。其中主要是国有企业和股份制企业利润降幅较大，分别从上年同期的 23.8%、19.32% 下滑到 -6.86%、-0.53%。与此同时，制造业资产负债率有所上升，从上年同期的 55.7% 上升至 56.1%，主要是私营企业杠杆率有所抬升（见图 13）。

短周期内制造业面临的困境是内外部因素综合作用的结果。一般来讲，制造业盈利数据领先于投资数据一年，预计 2020 年制造业投资的下行压力依然较大。

图 13　制造业利润转向负增长、杠杆率抬升

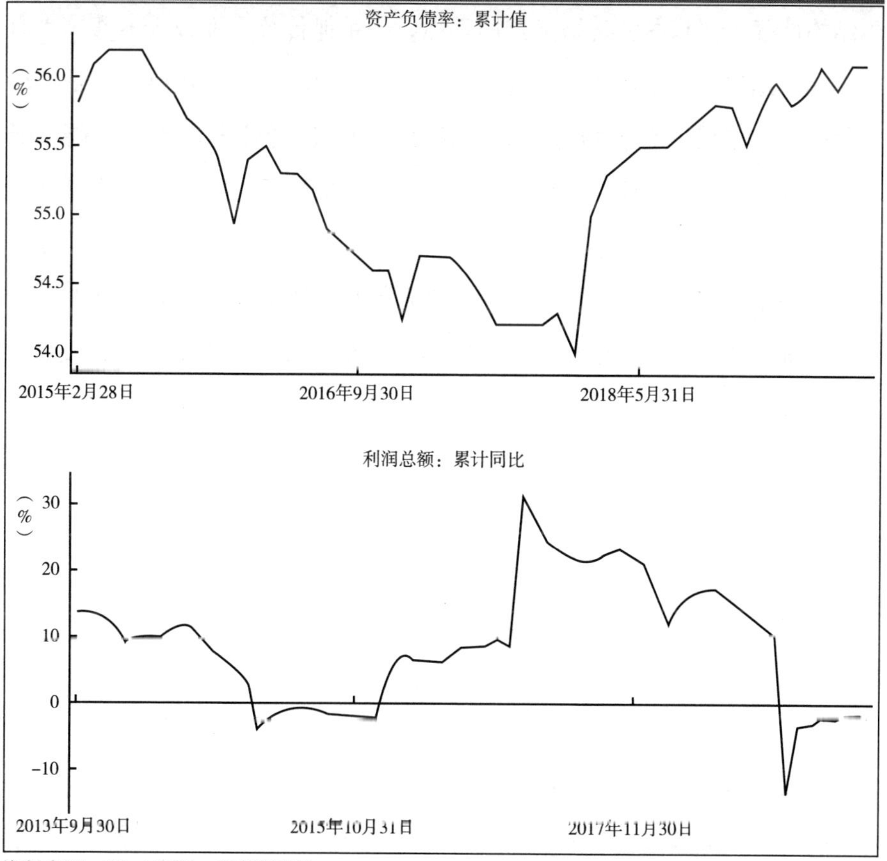

资料来源：Wind 资讯，建投研究院。

（二）我国制造业迈向高质量发展

我国制造业经过多年高速增长，“有没有”的问题已基本解决，“好不好”的问题日益突出，主要表现为低端产品过剩、高端产品不足、大而不强、发展质量不高。制约我国经济发展的因素主要是结构性的，矛盾的主要方面在供给侧。优化结构是适应生产要素条件变化、推动制造业高质量发展的关键所在。

从政策导向上看，制造业高质量发展的着力点在以下方面。一是提升技术创新能力，突破关键基础材料、核心基础零部件、先进基础工艺、产业基础技术等制约我国制造业发展和质量提升的技术瓶颈。二是深化供给侧结构性改革，基本思路是坚持两手抓，一手抓传统产业改造升级、“僵尸企业”退出，一手抓新兴产业培育，推动新旧动能接续转换。三是推动工信融合、军民融合、制造与服务融合，加快制造业向高端、智能、绿色、服务方向转型升级。四是形成制造业开放新格局。加快制造业对外开放步伐，积极融入全球价值链分工。以“一带一路”建设为重点，引导更多的中国企业到相关国家投资兴业，建立高水平研发中心、制造基地和工业园区等，推进产能合作和技术创新合作。五是优化营商环境，加大制造业减税降费力度，引导金融支持服务实体经济，建立健全外商投资准入前国民待遇加负面清单管理机制，强化知识产权保护，为全球投资者营造稳定、公平、透明、法治化、可预期的营商环境。

2019 年，虽然面临下行压力，但制造业表现出了中国经济的韧性。尤其是先进制造业，为我国制造业的价值重塑奠定了基础。整体来看，利用科技赋能、智能升级实现制造业的转型升级正在深化。

一是行业增加值增速较高。全年全国规模以上工业增加值比上年增长 5.7%。其中，高技术制造业和战略性新兴产业增加值分别比上年增长 8.8%和 8.4%，增速分别比规模以上工业快 3.1 个和 2.7 个百分点。2019

年 12 月，制造业采购经理指数（PMI）分项指数中，生产指数、新订单指数和供应商配送时间指数分别为 53.2%、51.2% 和 51.1%，均高于临界点。

二是投资增速持续高于整体水平。全年高技术产业投资增长 17.3%，快于全部投资 11.9 个百分点，其中高技术制造业和高技术服务业投资分别增长 17.7% 和 16.5%。

三是高技术产业盈利能力表现坚韧。2019 年 1～11 月，全国规模以上工业增加值同比增长 5.6%；规模以上工业企业实现营业收入 95 万亿元，同比增长 4.4%；营业收入利润率为 5.91%，同比降低 0.39 个百分点。从细分来看，1～11 月，在 41 个工业大类行业中，28 个行业利润总额同比增加，13 个行业减少。

四是高技术产业进出口稳步上升。从进出口数据来看，2019 年我国外贸进出口总值 31.54 万亿元，同比增长 3.4%，其中，出口 17.23 万亿元，增长 5%；进口 14.31 万亿元，增长 1.6%。从具体产品来看，出口商品以机电产品和劳动密集型产品为主，机电产品所占比重接近六成。

（三）行业集中度进入快速提升阶段

2012 年后我国宏观经济波动下降，宏观经济的周期性因素有所弱化，行业集中度等结构性因素显得更为重要。在经济转型阶段，传统行业市场规模增速下降，受外部政策和内部竞争加剧等因素影响，行业集中度一般会提升。

以上市公司中各个细分行业的前四大公司主营业务收入占比（即 CR4）为集中度指标，2018 年我国主要上中下游行业 CR4 显著提升。其中上游行业 CR4 由 2005 年的 45% 上升至 2018 年的 58%，中游行业 CR4 由 2005 年的 32% 上升至 2018 年的 46%，下游行业 CR4 由 2005 年的 25% 上升至 2018 年的 57%。近年来我国中上游行业集中度提升主要归结于供给侧改革等政策性因素，下游行业集中度提升主要由消费升级等因素主导（见图 14）。

从未来趋势看，我国制造业行业集中度仍有很大的提升空间。其主要驱动因素来自三个方面：一是供给侧改革的推动，部分落后产能、僵尸企业、环保不达标企业进一步退出，客观上有助于提升市场集中度；二是来自市场力量的推动，资本重组与并购强化行业龙头的地位，在经济下行周期存量博弈加剧，资源继续向头部企业集中；三是消费升级的因素，消费需求的品质提升，对于产品质量、品牌选择和创新要素提出更高要求，使得充分竞争行业的竞争结构发生改变。从国际经验来看，后工业化国家进入成熟期的制造业都会出现行业集中度不断提升的过程，在细分领域如汽车、钢铁、机械设备、电子、通信、运输设备等资本和技术密集型行业中，具备国际竞争优势和龙头地位的企业不过几家；既使在充分竞争的消费品制造行业中，市场集中度也经历了一个长期提升的过程。

图 14　行业集中度在快速提升，下游表现更加突出

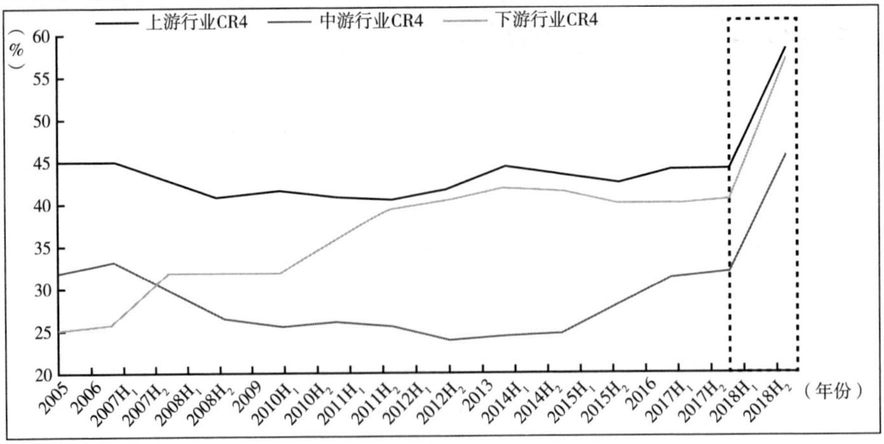

注：上游行业包括采掘、工业金属等，中游行业包括钢铁、水泥、化学原料等，下游行业包括食品饮料、家电、汽车、地产等；上中下游 CR4 为行业加权平均。

资料来源：Choice，国金证券研究所。

从出口拓展角度看，下游的家电、中游的化纤、粗钢、机械等行业集中度具备上升潜力。从成本竞争角度看，电气设备、家电、有色金属、汽车、机械设备、化工、建材等行业集中度仍具备上升潜力。从产能削减角度看，由政府主导的行业并购整合，重点将发生在钢铁、煤炭、电力行业。

（四）出现产业外迁阶段性加速的现象

2012 年以来，伴随我国人口结构变化、劳动力成本快速上涨，劳动密集型产业的比较优势逐步削弱。以纺织、制鞋等为代表的部分低附加值制造业，向劳动力成本更加低廉的东南亚地区快速转移。近年来，我国对外直接投资的制造业规模快速增长，每年对外直接投资净额从 2008 年的 17.66 亿美元增加至 2017 年的 295 亿美元，占对外直接投资总额的比重也从 3.2% 升至 18.6%（见图 15）。与此同时，部分全球布局的外资企业也在重新调整生产布局，将部分产能陆续迁至越南、印度尼西亚等东盟国家，在中国大陆地区的份额持续回落。

图 15 中国制造业对外直接投资规模和占比变化

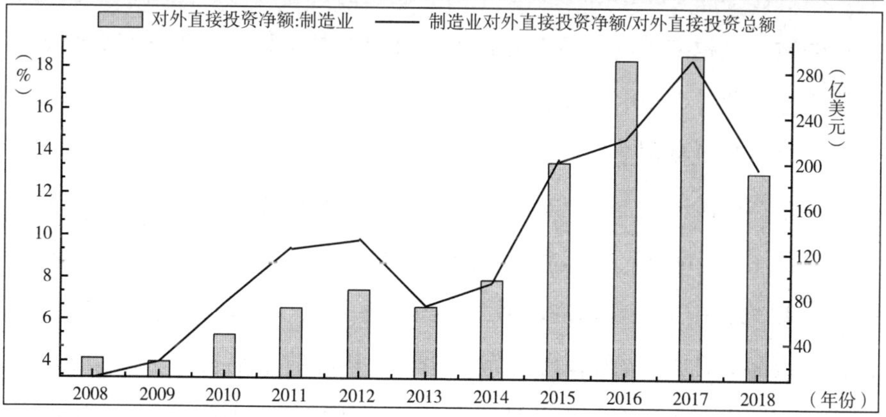

资料来源：Wind 资讯，建投研究院。

2018 年以来，我国对外直接投资总额有明显下降，但对东南亚多个国家和地区的投资仍高速增长，产业外迁呈现加速迹象（见图 16）。马来西亚、印度尼西亚、越南等国，是我国对东南亚制造业投资的主要去向。

图 16　东南亚地区是我国制造业对外直接投资的重要去向

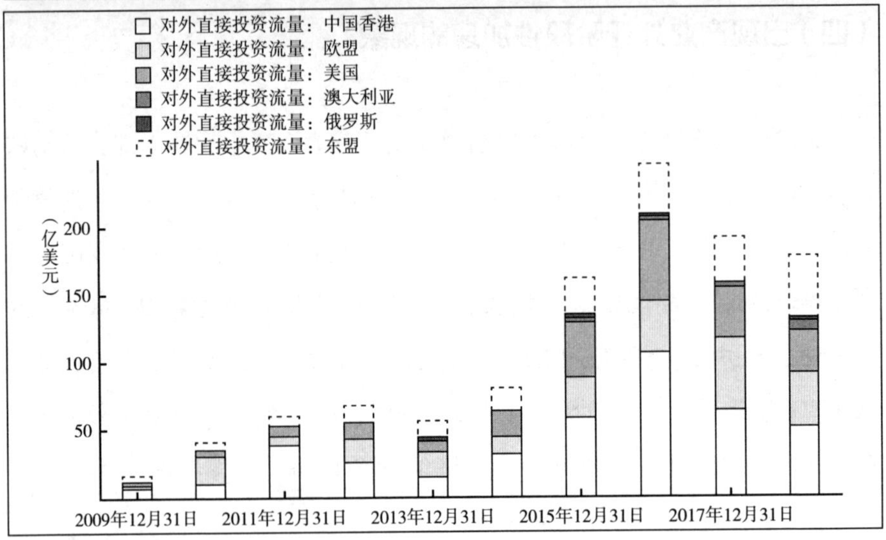

资料来源：Wind 资讯，建投研究院。

与过往不同，2018 年以来对东南亚地区的产业迁移，主要集中在电子制造领域。以越南为例，2018 年前上市公司在越南投资多为纺织服装等劳动密集型产业，而 2018 年起对外投资加速的上市公司主要分布在电子元器件、计算机和机械制造等领域。

外迁产业阶段性加速且出现结构性变化，与中美贸易摩擦升级有直接关系。由图 17 可见，3000 亿美元征税清单中电子信息类产品是重点。2019 年以来，中国在美国进口中的份额快速下降，而美国进口中越南等地的份额快速抬升，“贸易替代”特征明显。伴随终端消费电子产品被纳入征税范围，未来一段时间部分消费电子组装和零部件生产企业，或仍存在继续外迁的可能。

图 17　3000 亿美元征税清单中电子信息类产品是重点

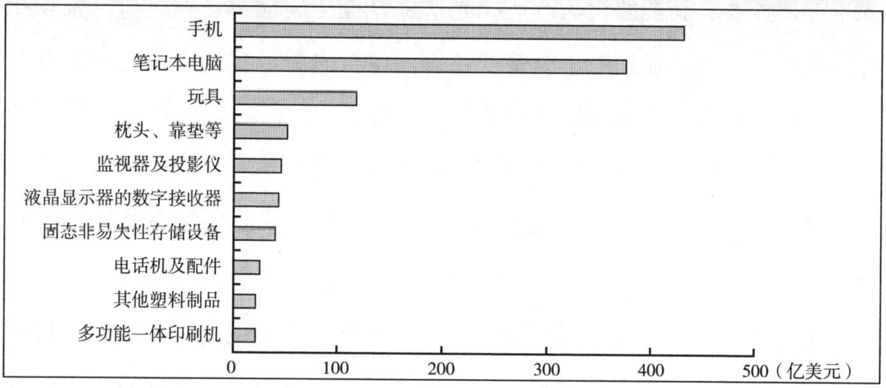

资料来源：长江证券研究所。

但是贸易摩擦并不能完全解释我国产业外迁的趋势。随着我国产业结构沿着复杂度更高的路径不断演进，将发展较为成熟的标准化零部件生产环节转出，本身符合国际产业迁移的一般规律，也有助于为产业结构进一步转型升级腾出空间。尽管产业外迁出现阶段性加速，但总量层面并未出现大规模外迁现象。从制造业生产能力来看，东盟五国加在一起的制造业增加值，不足我国制造业增加值的两成，单个国家的投资总量也仅相当于我国单个省份的水平，承接我国产业迁移的能力较为有限。这也意味着，我国产业短期大规模迁移较难发生。

（五）创新型城市崛起助推先进生产力重新布局

另一个不容忽视的趋势是制造业内移的规模更为可观。一方面，东部地区对中西部地区产业转移不局限于传统低端产业，而是重点扩展到电子信息、装备制造、新能源等高端产业。同时，国内产业转移逐步打破东部向中西部单向转移的态势，部分中西部地区的龙头优势企业也开始将总部和研发基地迁往东部地区，充分利用当地的科技、人才和总部企业聚集优势。

另一方面，发达经济体部分中高端产业迁入的趋势也在持续。典型的如半导体产业、新能源汽车产业、光伏、氢能等新能源产业、航空发动机等高端装备产业、通信电子设备产业等。综合来看，我国产业转移正在步入全面优化产业链布局和转型协调的新阶段。

从经济地理维度观察，我国一批中心城市群发展，特别是创新城市崛起，极大地促进了先进生产力的重新布局。创新要素和创新活动继续向北、上、广、深、杭等创新型城市聚集，中高端制造在武汉、合肥、成都、重庆、长沙、西安、郑州等中西部城市布局并突飞猛进，创新型城市呈多点开花趋势，大中小城市在产业要素迁移中重新进行地理意义上的功能定位和梯次布局。

（六）科技创新驱动成为共识但差距依然明显

我国经济从要素投资驱动向创新驱动转型，技术创新成为制造业升级的重要共识。其中，研发投入成为一个重要的衡量指标。2018 年我国研发支出规模已接近 2 万亿元，研发支出增速稳定在 10% 以上（见图 18）。制

图 18　1988 ~2018 年我国研发支出及增速

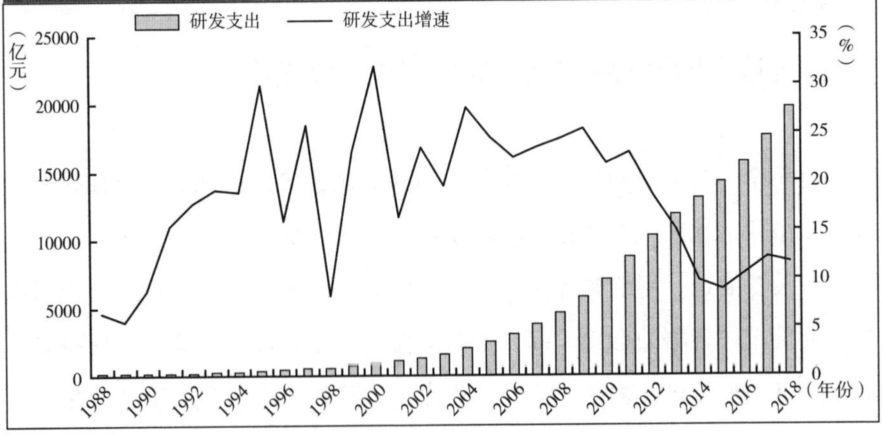

资料来源：Wind 资讯，建投研究院。

造业研发经费同样经历了高速增长期，截至 2018 年，规模以上制造业研发支出 1.29 万亿元，占我国总体研发支出比重高达 65.8%。另一方面，研发投入强度（研发经费支出/GDP）呈逐年增长态势。过去 20 多年我国研发投入强度在逐年上升，2018 年已经升至 2.19%。其中，制造业研发投入强度自 2011 年的 0.78% 增长至 2017 年的 1.14%。

但是与世界主要发达经济体相比，我国的研发投入强度还存在差距。2017 年，美国的研发投入强度为 2.8，日本、德国均超过 3%，韩国和以色列甚至达到 4.5 以上，并呈逐年上升趋势（见表 2）。

表 2 2009 ~2017 年中国与世界主要经济体研发投入强度比较

年份	中国	美国	日本	德国	英国	法国	韩国	以色列	意大利	巴西
2009	1.66	2.82	3.23	2.73	1.69	2.21	3.29	4.13	1.22	1.12
2010	1.71	2.74	3.14	2.71	1.67	2.18	3.47	3.94	1.22	1.16
2011	1.78	2.77	3.24	2.80	1.67	2.19	3.74	4.01	1.21	1.14
2012	1.91	2.69	3.21	2.87	1.60	2.23	4.03	4.16	1.27	1.13
2013	1.99	2.72	3.31	2.82	1.65	2.24	4.15	4.08	1.31	1.20
2014	2.02	2.73	3.40	2.87	1.67	2.28	4.29	4.20	1.34	1.27
2015	2.06	2.73	3.28	2.92	1.67	2.27	4.22	4.28	1.34	1.34
2016	2.11	2.77	3.14	2.93	1.69	2.25	4.23	4.42	1.38	1.27
2017	2.13	2.80	3.20	3.04	1.67	2.19	4.55	4.58	1.36	—

资料来源：Wind 资讯，建投研究院。

深入观察制造业部分细分子行业的技术投入比率数据发现，尽管大部分行业技术投入比率较十年前有所提升，但提升幅度普遍不大，其中电子计算机制造业、广播电视设备制造业、通信设备制造业、仪器仪表及文化办公提升幅度较大，机电设备制造业、家用电器制造业等中端制造行业的技术投入比率增长较慢，计算机与软件服务业、汽车制造业、医疗仪器设备制造业三个重要发展领域的技术投入比率十年来反而有所下降，折射出我国制造业转型升级仍然困难重重，技术创新和追赶的压力依然较大（见图 19）。

图 19　2009 年、2018 年制造业部分细分子行业的技术投入比率

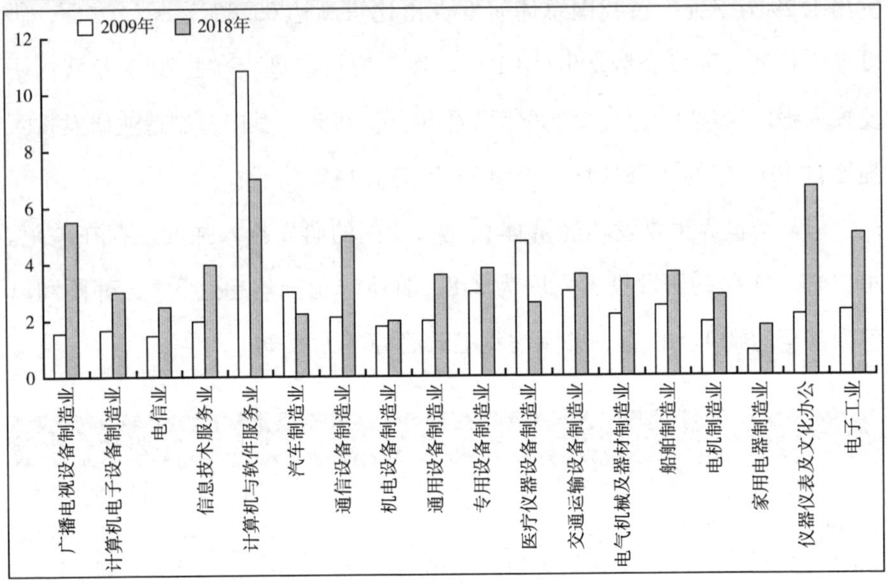

资料来源：Wind 资讯，建投研究院。

（七）数字化转型是制造业升级大势所趋

当前，数字技术向传统经济融合渗透的趋势日益明显，特别是制造业企业积极抢抓数字化转型的难得机遇。从全球看，世界主要国家纷纷开启数字化转型之路。德国“工业 4.0”意味着制造业智能化时代的来临，日本的数字化转型源于《2015I－Japan 战略》，英国也提出了《英国数字化战略》。在微观主体层面，全球领军企业加快数字化转型，数字技术已无处不在，为微观企业组织带来空前的变革。

我国高度重视数字化转型，将智能制造、产业互联网发展作为主攻方向。随着信息通信技术与制造业的不断融合，我国制造业企业加快数字化转型步伐，一个多主体分工合作、高效协同的数字化转型推进生态正在形成。到 2018 年，我国两化融合水平达到 53.0，相比 2012 年增长 17.5%（见图 20）。

图 20　我国两化融合水平进展迅速

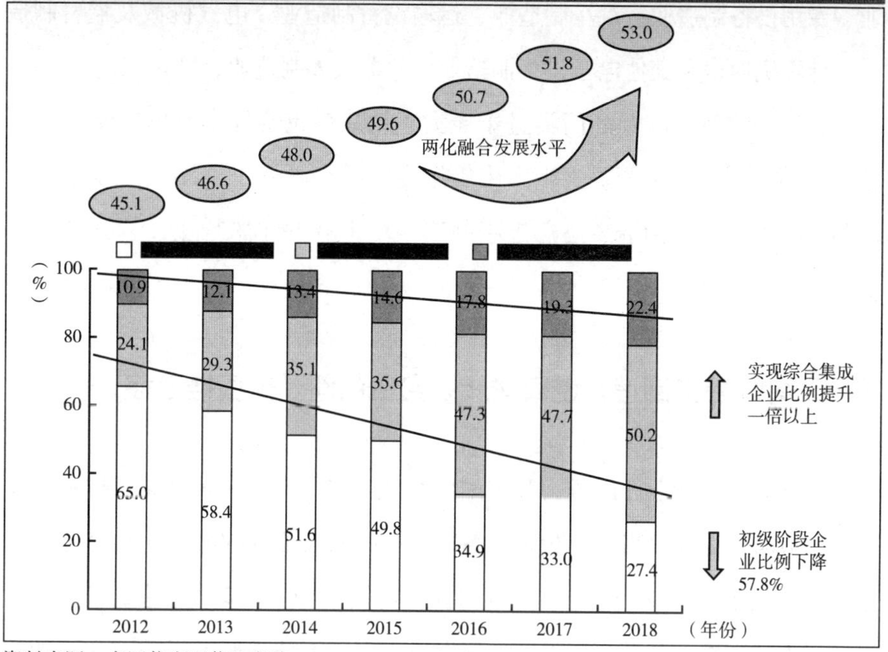

资料来源：中国信息通信研究院。

未来制造业数字化转型的着力点不外乎两个方面：一是提高运营效率；二是驱动收入增长。从本质上讲，数字化转型最终要落到可持续的数字化商业模式，以及能支持该商业模式成功运行的运营模式上。这一切有赖于构建数字化转型的关键能力，并最终会反映到终端产品的水平上。根据中国信息通信研究院的数据，两化融合水平居前的电子和交通设备行业，其产品智能化水平要明显领先于其他行业。

三、先进制造业中观视角的细分领域及机会展望

先进制造业虽然涵盖范畴较广，但其所指向的都是代表产业先进性、技术先进性、管理先进性的生产制造。目前，先进制造业没有一个广为认可的分类标准。综合产业特征和政策导向来看，根据国民经济统计分类，通常认

为以下 8 个制造业分行业较为符合“先进制造”的发展方向：通用设备制造业、专用设备制造业、汽车制造业、运输设备制造业、电气机械及器材制造业、计算机通信和其他电子设备制造业、仪器仪表制造业、医药制造业。

鉴于先进制造涉及的门类过于庞大，从战略重要性、市场容量、竞争结构、增加值变动、全要素生产率等维度，综合筛选出高端装备制造、汽车制造、电子信息制造、医疗健康制造四个重点关注的行业，就其中的投资机会做概要分析。

（一）高端装备制造：进口替代、自主创新、价值链上移

高端装备制造业已经成为我国国民经济的支柱产业，是全球科技和产业竞争的战略性阵地。当前，我国装备制造业中的大部分细分产业在全球价值链中仍然处于中低端位置，尤其是关键材料和核心零部件仍受制于人。但是，强大的制造业基础、高强度的研发投入、巨大的内部市场需求和不断的高科技人才供给，将促进我国高端装备在各领域逐渐实现量的积累和质的突破。从未来趋势看，我国将逐步改变世界高端装备产业格局，重塑世界高端装备产业链和价值链，崛起成为一支重要的国际力量。

高端装备制造业可划分为航空装备制造、卫星制造与应用、轨道交通设备制造、海洋工程装备制造、智能制造装备五大领域。未来的推动力量：一是自主创新，通过举国创新体制，进行核心技术突破、补齐短板，如航空发动机、航天装备、海工装备等；二是进口替代，通过巨大的国内市场需求，完善和提升产业链水平，如大飞机产业链；三是出口竞争，发挥龙头企业的作用，在优势领域提升产品竞争力，扩大全球市场份额，如工程机械装备、轨交装备等；四是抓住新一轮科技革命的契机，在新兴制造领域加大研发投入、抢占先机、缩小差距，如智能制造装备等。

由于高端装备制造是资本和技术双重密集型行业，进入门槛高，技术投入强度大，资本回收周期长，战略竞争意义大，因此总体上对一般投资

机构而言机会并不多。从资本市场表现来看，高端装备制造行业的盈利水平也相对偏弱。有些细分领域值得中长期关注，如机器人行业。

当前我国工业机器人发展处于期望膨胀后的回落调整期，受汽车等传统行业需求下滑的影响，2019 年机器人行业触底，2020 年产能利用率回升，行业景气度有望改善（见图 21）。

图 21　未来十年我国机器人市场规模预测

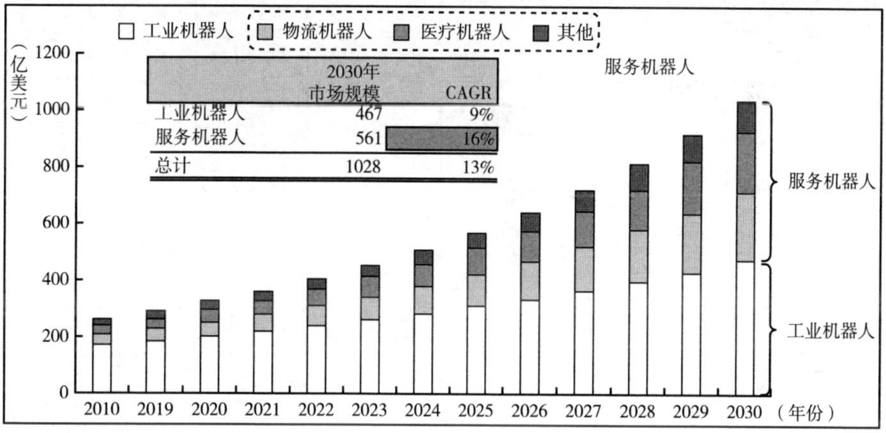

资料来源：中金公司。

行业长期发展立足三大驱动力：制造业转型升级的“推力”、人力成本高企倒逼机器换人的“拉力”、政策扶持的“催化力”。关注以下两个方向。

一是工业机器人在非汽车行业应用的国产替代。我国非汽车行业工业机器人密度为 33 台/万工人，只有日本的 15%，本体销量结构中高端本体占比不足 6%。考虑到未来几年国内工业机器人市场有望达到 50 万 ~60 万台，国产本体的销量将有可能占据整个市场的 80%。重点关注下游应用覆盖国产化加速替代领域（新能源汽车、汽车零部件、3C、食品饮料、新能源、仓储物流等）。

二是服务机器人。随着技术进步，服务机器人将会融合 5G、人工智能等智能化时代红利而进一步爆发。服务机器人涵盖的范围非常广泛，包括医疗、物流、农业、商业、家庭服务等方面。AI 和 5G 技术在机器人中的应用，对服务机器人的发展是一个极大的催化（见图 22）。

图 22　服务机器人产业投资地图

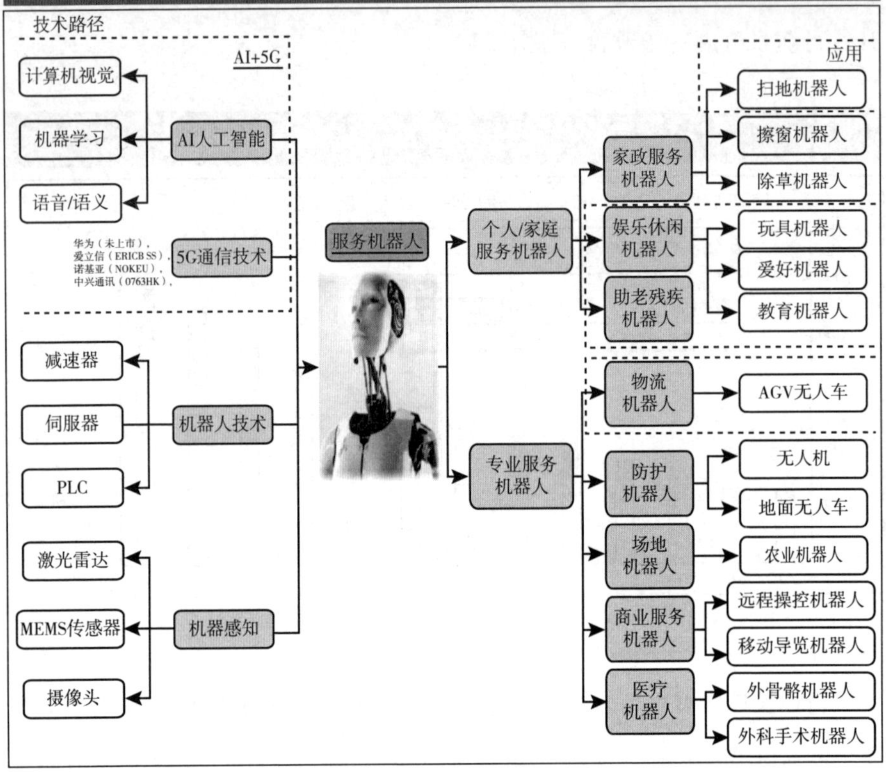

资料来源：中金公司。

根据 IFR 的测算，到 2030 年，预计机器人的市场规模达 1028 亿美元，约为智能手机市场的 20%。其中服务机器人将达 561 亿美元，维持 16% 的年复合增长率，并快于工业机器人的年复合增速。

（二）汽车制造：智能化、电动化、网联化、共享化

汽车行业是国民经济中的支柱产业，汽车也是第一大消费品，在全部社会商品零售总额中占比在 15% 左右。汽车行业具有消费群基数大、产业

链条长、带动力强、技术复杂度高等综合特点，历来是各国产业竞争的焦点。世界汽车产业竞争格局基本是德、美、日、法、韩等少数几个国家在全球汽车产业链中处于竞争优势。中国是全球最大的汽车消费市场，也是汽车生产大国，但不是汽车产业强国，技术、品牌与世界强国相比还存在不小的差距，自主品牌处于中低端层次，在全球市场上所占份额不高。

近年来我国汽车产业进入周期性低谷（见图 23），汽车销量连续两年出现负增长，汽车行业增速下滑有多重原因：一是受经济下行的影响；二是因为贸易摩擦；三是前几年刺激汽车消费的政策透支了部分需求；四是汽车产业本身具有的周期性特征。

从市场需求看，我国汽车市场处于从增量需求转向存量替换的时期。根据多家机构研究，我国汽车市场未来的保有量区间为 5.2 亿 ~6.5 亿辆。在未来 30 年内，我国汽车年销量复合增长率为 1.5% 左右，行业未来增速将明显下滑，但仍然有足够需求支撑行业二十年增长的空间，长期增长趋势依然存在。

从竞争结构看，随着汽车行业需求从总量向结构特征转变，我国汽车产业市场集中度将历经一个长期提升的过程。国产品牌竞争越发激烈，呈现“强者愈强、弱者愈弱”的态势。目前，排名前八的企业在国产品牌整体中所占份额，在 2016 年为 64%，2019 年 1 ~5 月则升至 79%，短短三年间提升了约 15 个百分点，这个趋势仍会强化。

从产品形态看，新“四化”是未来汽车产业结构性变革的大势，也是最重要的趋势（见图 24）。

一是电动化。过去 5 年中国电动车市场的增速为平均每年 107%，遥遥领先于增速为 30% ~40% 的美国和欧洲主要国家市场。中国电动车（含纯电动和插电混动）年销量是第二大市场美国的 4 倍左右。未来汽车新能源化有可能成为中国汽车行业弯道超车的机会。目前新能源汽车处于行业政策退坡后的调整期，发展面临一定的困境，电动化的技术路线还在演进过程中，但从长期来看汽车能源动力变革是确定性的趋势。

图23　我国汽车行业供需收缩、市场低迷

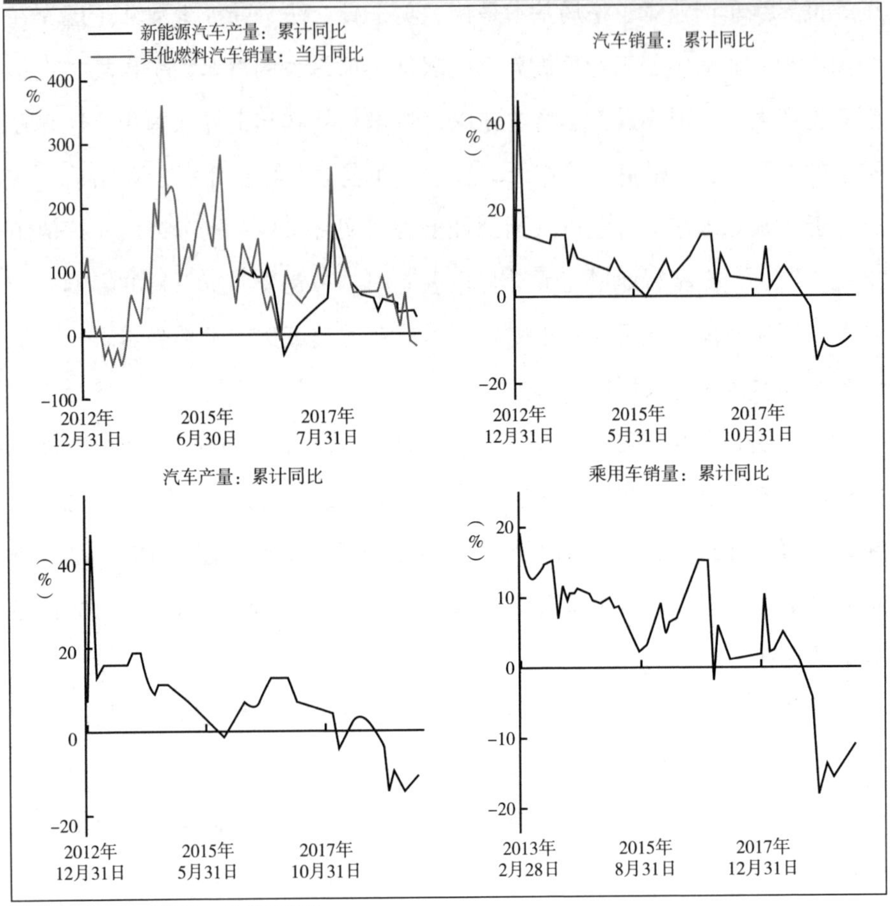

资料来源：Wind 资讯，建投研究院。

图24　汽车行业新“四化”趋势

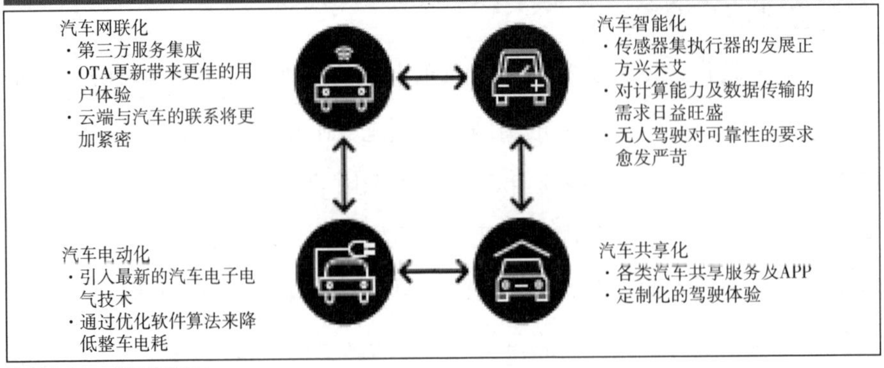

资料来源：麦肯锡研究。

二是智能化。随着信息技术革命的深入，汽车智能化成为市场热点。中国汽车市场智能化步入 L2 成熟应用阶段。同时主机厂、科技公司和出行服务商均在积极投入 L3 以上的研发。麦肯锡研究认为，中国可能于十年内实现高度自动驾驶的大规模应用。可以预见，智能化将重新定义汽车，使得汽车行业很大一部分价值从产品转向服务，从而推动汽车行业发生深刻变革。

三是网联化。车企与互联网企业合力推动汽车智能网联，中国汽车消费者对互联功能关注度远高于德国、美国等市场。根据麦肯锡的一项最新调查，有 69% 的中国汽车消费者表示，愿意为了更好的车联网体验而更换购车品牌，远高于德国的 19% 和美国的 34% 。汽车智能网联作为工业与信息化深度融合的重要场景，给市场带来无穷的想象力和创新潜力。

四是共享化。共享出行市场近些年来发展迅速，2018 年网约车全国的总订单达到 100 亿单，市场规模达到 2000 亿元。共享出行市场呈现“一超多强”的局面。未来随着汽车行业的革新和消费市场成熟，共享出行市场有着广阔的成长空间，共享出行服务价值链走向深化，与电动化、智能化、网联化趋势叠加共振。

（三）电子信息制造：5G、芯片、智能物联到数字世界

新一代信息技术作为七大战略新兴产业之一，是技术扩散性最强、对先进制造业赋能作用最明显的领域，政策大力支持、市场景气度高、多方资本助力，在中长期内持续成为投资热点。根据国务院有关规划及实施路线图，新一代信息技术的重点子方向是以新一代通信网络（5G）、人工智能、物联网、高性能集成电路、云计算为代表的高端软件、智能制造核心信息设备等。

我国信息技术制造业发展势头良好，重点产品产量居全球首位，产业投资保持高位，对外贸易增长保持较高水平，新技术创新实现多点突破。

与高端装备制造相比，我国信息技术制造与国际先进水平的差距相对较小。受景气周期影响，我国信息技术制造业营业收入增速整体呈下降态势，但行业利润增速开始企稳回升（见图25）。

图25　信息技术制造业营收、利润及投资增速

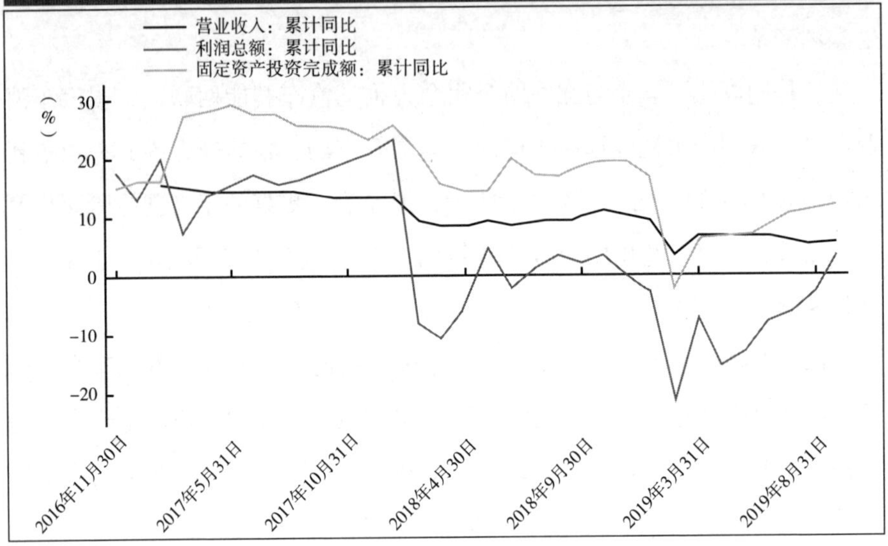

资料来源：Wind资讯，建投研究院。

从信息技术制造的投资逻辑来讲，主要围绕四条主线展开。一是信息基础设施。包括5G通信网络、算力基础设施的建设，是数字经济的基石，也是未来几年投资强度较大的领域。二是软硬件国产化。包括芯片、传感器、光电元器件、操作系统、数据库等。在中美科技竞争升级的背景下，国内信息产业的供应链安全问题突出，基础软硬件国产化的紧迫性显著提高。其中集成电路产业链是重点补短板的地方。此外，云计算处于景气周期，高性能服务器市场增长前景看好。三是智能制造的核心信息设备。包括基础通信设备、智能制造控制系统、新型工业传感器、制造物联设备、智能仪器仪表和检测设备、制造信息安全保障产品等。基于万物互联的趋势，这是打通制造业与信息技术融合的关键环节，也是高技术制造业投资增长最快的领域。四是需求驱动的应用。包括智能终端设备、工业互联

网、智能医疗、智能驾驶、智能物流、金融科技等，是未来应用场景中比较具有成长性的领域，需求增长带动上下游供应链的创新和发展，以及形成制造与服务相融合的数字经济生态。

（四）医疗健康制造：生物技术、创新药械与智能医疗

医疗健康是另一个投资热点，包含的细分领域非常广。单就制造与生产性服务领域来看，主要是三部分：一是生物科技，二是医药制造，三是医疗器械与服务。宏观上行业发展围绕技术驱动、需求驱动和政策驱动三大基本动力展开；微观上的逻辑主线是：提高国产化率、提高质量效率、创新性突破。

从市场层面看，医药行业一直保持快于 GDP 的增长。随着经济发展水平的提高以及人民健康意识的改善，我国医疗健康产业规模日益扩大，需求增长一方面来自人口老龄化，中国卫生部 2018 年数据表明，60 岁以上老年人慢性病患病率是全部人口患病率的 3.2 倍，老年人消耗的卫生资源是全部人口平均消耗卫生资源的 1.9 倍；另一方面来自医疗升级需求带来的人均消费的提高。2018 年我国卫生费用总额占 GDP 比重为 6.39%，低于美日水平。美国 2017 年医疗卫生支出占 GDP 比重为 17.9%，日本 2016 年医疗卫生支出占 GDP 比重为 10.93%。若同水平发展，则我国将有超过 10 万亿元的潜在需求待释放。

从政策层面看，我国医疗健康产业发展受政策影响较大，近几年来行业政策发生了一系列变化，包括医保控费、一致性评价、两票制、带量采购、鼓励药械创新、取消药品加成、分级诊疗、医疗信息化、健康大数据、提高设备国产化率、推动互联网 + 医疗等，其基本出发点是着眼于解决医疗健康领域的痛点问题，包括优化供给结构、降低成本、鼓励创新等，从中长期看有利于行业健康发展。在政策引导下，传统模式下的药械企业受到抑制，创新药、高性能医疗器械和数字医疗景气度提升（见图 26）。

图 26　近年来医改政策对行业的影响

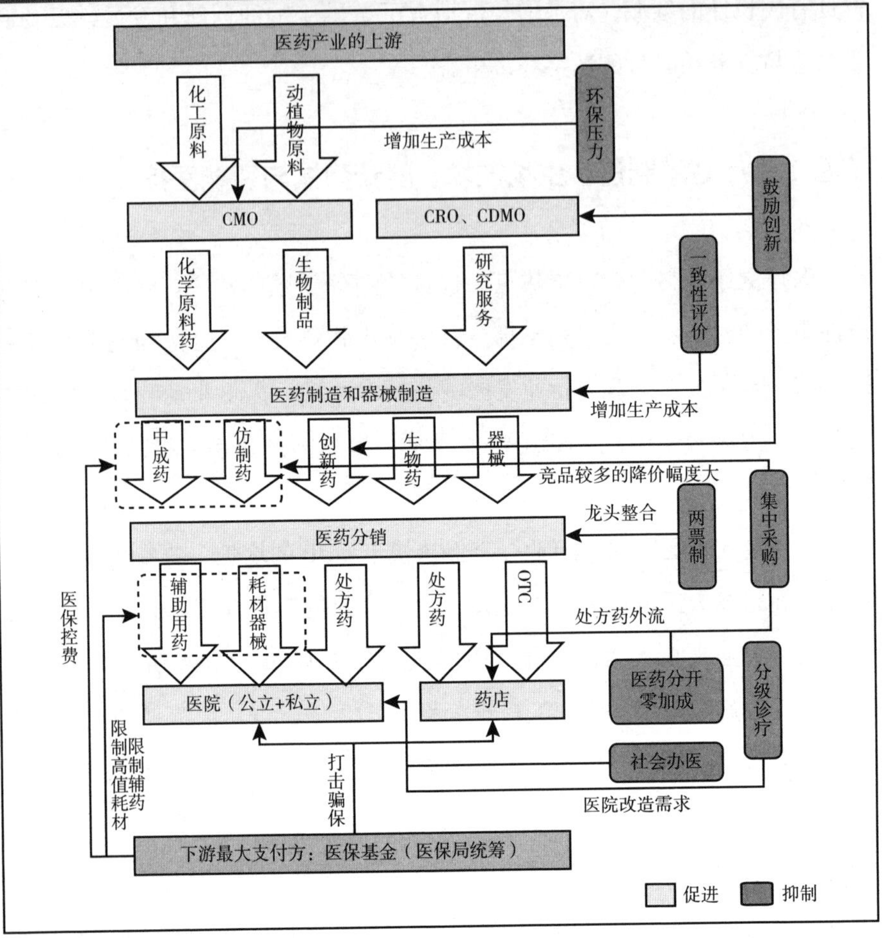

资料来源：银河证券研究所。

从技术层面看，生物技术、信息技术与材料技术交叉共振，推动医疗健康行业创新方兴未艾。在生物技术和生命科学领域，基因组学、脑科学、合成生物学、细胞免疫、干细胞与再生医学等科学技术蓬勃发展，催生了许多新兴产品、服务乃至新业态，如生物医药、基因测序、CAR－T、分子诊断、单抗等肿瘤药等；信息技术、人工智能与医疗结合，也催生出许多新的应用，如医疗机器人、智能影像诊断、医疗信息化、AI＋医疗等。材料技术的突破对医疗健康产业有巨大的促进作用，既包括传统的金属材料、可降解材料、复合材料等在工艺和功能上的创新突破，也包括新材料如生物传感、碳纤维、纳米材料等在医疗器械和诊断领域的应用。此外，3D 打印技术对医疗器械制造产生革命性的影响，目前医疗领域应用占 3D 打印市场的份额约为三分之二。业界预测，随着技术不断成熟，十年后 3D 打印有望成为主流的医疗器械制造技术。

在政策和市场引导下，创新驱动成为医疗健康制造的主要趋势，其中生物技术、创新药、高性能医疗器械是值得重点关注的创新方向。

文化消费产业发展研究及投资机遇

邹继征　龚先念　张璐璐　曹曼文
邹继征，中国建投投资研究院高级研究员
龚先念，博士，中国建投投资研究院研究员
张璐璐，博士，建投华文投资有限责任公司研究员
曹曼文，建投华文投资有限责任公司研究员

投资提示

- 5G落地加速，文化消费领域可能从内容端和平台端受益。在电视领域，高清、超高清视频将成为未来的主流。2019年3月国家出台《超高清视频产业发展行动计划（2019—2022年）》后，超高清概念成为全行业发力的重点。在游戏领域，云游戏将突破天花板，至少带来百亿量级的行业新增量。AR/VR等娱乐应用领域，技术上更便于实现，有望更早迎来投资机会。渠道端在5G环境下也有望出现新的流量平台。

- 随着消费升级，越来越多的消费者已经不满足于传统的物质消费、实体消费，文化消费融合是必然趋势。主题公园等文化衍生消费项目存在中长期投资机会。

- 随着国家版权政策制度逐渐规范，用户对于拥有更好的观影、听歌体验的需求日益增加，智能手机、平板电脑以及移动支付快速普及，线上付费用户快速增长，知识付费、视频付费行业存在较大发展潜力。

- 传统文化正在年轻人之中成为一种时尚潮流。国产动漫、主旋律影片成为投资热点。

- 我国的游戏产品无论从内容还是质量来看，在国际上都属于领先水平，已经具备向海外市场发行的条件。我国电视剧出口总体情况保持良好增长态势。因此，把握文化出海潮流，游戏出海、影视出海等方向蕴藏投资机会。

一、2019年文化消费产业发展回顾

（一）影视行业规模稳步增长，网络视听行业发展迅猛

1. 电影：影片优质内容为王，院线集中度提升

中国电影已经进入“内容为王”的时代，口碑传播拉动观影。近几年来，随着人们观影习惯的养成，中国电影市场保持着高速发展。根据国家电影专资办统计，2019 年中国电影总票房为 642.66 亿元人民币，较 2018 年同比增长了 5.4%，较 2018 年 8.7% 的增速进一步放缓。随着票价的提升，2019 年观影人次同 2018 年持平，整体上座率较 2018 年下降约 1.5 个百分点。中国电影进入稳定发展阶段（见表 1）。

表 1　2014 ~2019 年电影行业核心指标对比（“/”后数字为增速）

指标	2014 年	2015 年	2016 年	2017 年	2018 年	2019 年
票房（亿元）	294/ 37.1%	439/ 49.1%	455/ 3.8%	559/ 22.8%	610/ 8.7%	643/ 5.4%
观影人次（亿人次）	8.3/ 35.6%	12.6/ 51.9%	13.8/ 0.5%	16.2/ 17.4%	17.2/ 5.9%	17.3/ 0.52%
银幕数（万块）	2.4/ 33.3%	3.2/ 33.3%	4.1/ 28.1%	5.1/ 24.4%	6.0/ 17.7%	7.0/ 16.7%
平均票价（元）	35.3	34.8	33.1	34.4	35.3	37.1
整体上座率	14.3%	17.4%	14.1%	13.3%	12.2%	10.7%

资料来源：国家电影专资办，拓普数据。

近几年电影票房两极分化越来越明显，多部 40 亿元票房电影均诞生在近几年。这与影院的基础建设扩张有一定关联。近两年，票房过 30 亿元的影片均是靠口碑取胜的优秀国产片，其中《我不是药神》豆瓣评分 9.0 分（见表2），创国产片口碑新纪录，也是近年来难得的小成本、新导演、现实

题材却取得高票房的影片，打败了《复仇者联盟3》《毒液：致命守护者》《海王》等一系列好莱坞大制作IP电影。说明我国电影整体上进入平稳发展阶段，头部项目对整体票房的贡献巨大。而想要成为头部项目，靠原有的大导演、大制作模式已经行不通了，需要更加关注内容、剧本以及上映后的口碑传播。

表2 中国电影票房前十及豆瓣评分

电影名称	票房（亿元）	豆瓣评分
战狼2	56.83	7.1
哪吒之魔童降世	49.72	8.5
流浪地球	46.54	7.9
复仇者联盟4：终局之战	42.38	8.5
红海行动	36.5	8.3
唐人街探案2	33.97	6.7
美人鱼	33.86	6.7
我不是药神	31	9.0
我和我的祖国	29.37	8.0
中国机长	28.61（数据统计时仍在上映中）	7.0

资料来源：国家电影专资办，豆瓣网。

影院增速持续放缓，头部院线集中度提升。2019年，全国电影院银幕总数达69787块，同比增长16.7%。2019年，全国十大院线对比2018年排名大体相同，可见龙头院线的地位已相对稳定。其中，排名第一的万达院线2019年票房为88.71亿元，较2018年总体票房增长7.52%。自2012年起，万达院线连续8年荣登年度院线票房榜冠军宝座。未来五年，预计中国电影总体继续稳步向上，头部内容更加集中。

2. 影视剧：监管力度加大，网络剧质数齐升

2018年、2019年，传媒行业监管收紧，监管政策包括引导影视积极向上、严格演员选择标准、治理天价片酬、规范税收秩序、打击收视率造假、统一网台播出标准等。行业规范持续加强、监管趋紧在短期内仍将制约行业利润。但行业也在监管规范中回归初心，规范发展。

近几年，各大视频网站频频发力，网络剧逐渐进入了我们的生活。各大视频网站靠自制或者独播的网络剧迅速拉升付费用户数，2017 年优酷独播的《白夜追凶》、爱奇艺独播的《无罪之证》、腾讯视频的《双世宠妃》，2018 年爱奇艺独播的《延禧攻略》、腾讯视频的《如懿传》《双世宠妃 2》，2019 年优酷独播的《长安十二时辰》、腾讯视频独播的《陈情令》《庆余年》等均获得成功，网络剧也逐步摆脱了“粗制滥造”的标签，从剧本内容、演员阵容到后期制作都有了大幅提升，与电视剧集在制作水平上相差无几。未来，预计中国影视内容监管持续严格，主旋律内容将保持一定的比例，同时，网生内容继续保持活力，争夺头部资源。

3. 视频网站：短视频进一步爆发，电信系、广电系新玩家入局

2018 年，我国在线视频行业市场规模达到 1104.6 亿元，同比增长 26.6%。[①] 2018 年 12 月，爱奇艺、腾讯视频、优酷分别以 5.4 亿、4.5 亿、4.3 亿月活跃用户稳居前三。芒果 TV 和哔哩哔哩分别以 8004 万和 6497 万月活跃用户的规模保持在第二梯队。而搜狐视频、乐视、PPTV 等原先身处第二梯队的视频网站则一路下滑。今日头条系的抖音等短视频异军突起，并开始冲撞刚刚稳定的市场格局。广电系、电信系也在组建团队，加入竞争。2019 年，在线视频规模进一步扩大，2019 年 7 月，QuestMobile 数据显示，爱奇艺 App 月活跃用户数高达 5.90 亿，环比增幅高达 6.03%；腾讯视频 App 以 5.67 亿月活跃用户排名第二，环比增长 2.59%；排名第三的优酷 App 月活跃用户数为 4.38 亿，环比增长 5.42%。

2018 年 3 月，中央广播电视总台正式组建，重新对内部资源进行梳理，集中全部优势力量，应对与商业视频网站的这场竞争。2018 年 5 月，中国移动咪咕公司官方宣布正式成为 2018 年央视世界杯新媒体及电信传输渠道指定官方合作伙伴。这证实了咪咕视频成为首家获得央视世界杯全场次的新媒体权益的视频平台。借助世界杯这个契机，中国移动让咪咕视频

① 速途研究院：《2018 年在线视频市场研究报告》，https：//new. qq. com/omn/20190222/20190222A0KZ8B. html? pc。

悄然入局。2019 年 11 月 20 日，中央广播电视总台“央视频”5G 新媒体平台正式上线。这是中央广播电视总台基于“5G + 4K/8K + AI”等新技术全新打造的综合性视听新媒体旗舰。

从目前的情况来看，商业视频网站寡头趋势已经形成，即使有抖音、快手等新入局的短视频平台，但在核心的长视频格局上很难再引起颠覆性变化。但是未来的几年内，广电系、电信运营商先后入局，可能成为再次搅动格局的重要力量，让视频行业逐渐生出新“变量”。

（二）传统出版规模持续缩减，电子阅读成为新潮流

1. 图书出版占据半壁江山，行业具备较高的经营壁垒

内容出版发行板块作为传统的媒体行业，是传媒行业的重要组成部分之一。根据国家新闻出版署发布的《2018 年新闻出版产业分析报告》，2018 年，我国新闻出版产业营业收入继续增长，经济规模稳步提升。全国出版、印刷和发行服务实现营业收入 18687.5 亿元，较 2017 年增长 3.1%。[①] 图书出版发行作为重要的传统媒体行业之一，具有较其他传媒行业更强的意识形态属性，因此也具有较高的政策壁垒。国内的图书出版实行书号制度，需要出版社提前备案和申请书号。而在出版社的设立方面，国家制定了一系列严格的法律法规，以加强对该行业的管理，民营企业只能从事策划和发行业务，其出版业务只能采取与出版社合作的模式。因此在出版方面，国有企业具备较高的经营性壁垒。

2. 图书零售市场持续增长，网店为主要销售渠道

2019 年中国图书零售市场规模继续扩大，码洋规模达 1022.7 亿元，同比增长 14.4%，首次突破千亿元大关。电商图书零售码洋规模增长较快，同比增长 24.9%，规模达 715.1 亿元；实体书店零售码洋继续呈现负

① 国家新闻出版署：《2018 年新闻出版产业分析报告》，https://www.sohu.com/a/336824715_267807。

增长，同比下降4.24%，规模为307.6亿元（见图1）。[1]由此可见，两种渠道分化明显，图书的线上零售取代线下，成为目前的主要销售渠道。

图1　2013~2019年图书零售市场增速

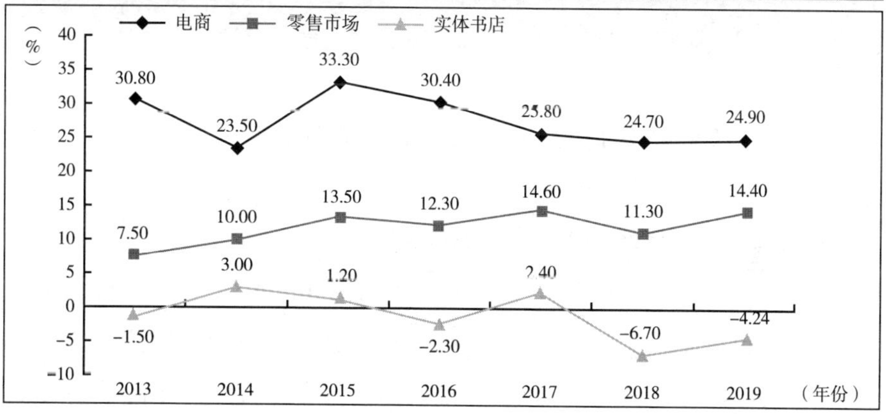

资料来源：北京开卷信息技术有限公司。

与此同时，在线阅读市场规模继续扩大。艾瑞咨询数据显示，2013~2018年，中国网络文学行业市场规模呈现逐年增长态势。2018年中国在线阅读行业市场规模达到153.5亿元，同比增长20.3%，增速开始放缓。2018年，中国在线阅读用户规模达到4.3亿人，同比增长13.2%。[2]结合行业的市场规模和用户规模的增速来看，可以预见中国在线阅读行业已进入一轮优质内容的积累期，行业呈现稳定增长趋势。

3. 图书出版社经营稳健，兼具防御和成长优势

近年来，受国家政策扶持、居民文化消费结构升级等因素驱动，传媒行业并购重组迎来快速发展期。影视及游戏行业通过并购扩大经营，获得较高增速的同时，也面临较高的商誉减值风险。相比之下，图书出版发行行业具

① 《2019中国图书零售市场码洋1022.7亿元》，https：//baijiahao.baidu.com/s? id=1655218088803605712&wfr=spider&for=pc。

② 《2019年中国在线阅读行业市场现状与发展趋势分析用户趋向年轻化》，https：//baijiahao.baidu.com/s? id=1654143345460228105&wfr=spider&for=pc。

有业态传统和经营稳健的特点，虽然受到数字阅读及新媒体等新业态的冲击，行业承受转型压力，但对并购重组一直较为谨慎。另外，从公司类型角度看，图书出版发行类公司以国企为主，国企经营策略相对谨慎，在当前情况下具有一定优势。在未来五年内，在出版刊号稳定的前提下，传统出版规模会保持稳定。网络出版将会持续发展，完成文化出海使命，贡献行业增量。

（三）游戏产业进入存量市场，游戏出海前景广阔

1. 中国游戏市场整体收入增幅明显放缓

2018 年，全球游戏产业收入共 1379 亿美元，其中 28% 来自中国。[①]《2018 年中国游戏产业报告》统计数据显示，2018 年中国游戏市场实际销售收入达到 2144.4 亿元，同比增长 5.3%，增速较 2017 年大幅下降 17.7 个百分点，增幅明显放缓（见图 2）。据统计，2019 年中国游戏产业实际销售收入 2308.8 亿元，同比增长 7.7%，整体收入增速小幅回升，保持平稳增长势头。[②]

图2　2008 ~2018 年中国游戏市场实际销售规模及增速

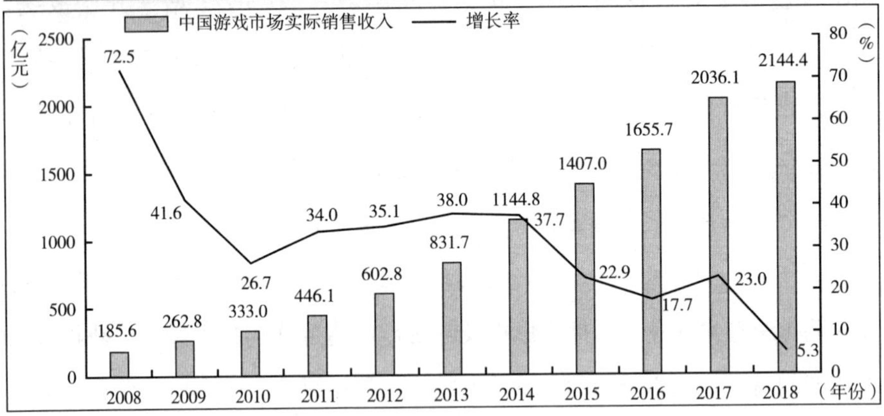

资料来源：《2018 年中国游戏产业报告》、伽马数据。

① MobData，https：//www. gameres. com/833101. html。

②《2019 年全球及中国游戏产业回顾，游戏行业向精品化转型趋势明显》，https：//baijiahao. baidu. com/s？ id = 1656306699928426624&wfr = spider&for = pc。

游戏用户规模方面，随着游戏市场的快速扩张，游戏市场竞争更加激烈，中国游戏用户规模进入稳定发展阶段。2018 年游戏用户规模达 6.26 亿人，同比增长 7.3%（见图 3），2019 年较 2018 年仅增加 0.1 亿人，同比增长 1.6%，这是连续第六年增幅在 10% 以内。随着人口红利的消失，中国游戏产业已经进入成熟稳定发展阶段。

图 3　2008 ~2018 年中国游戏用户规模及增速

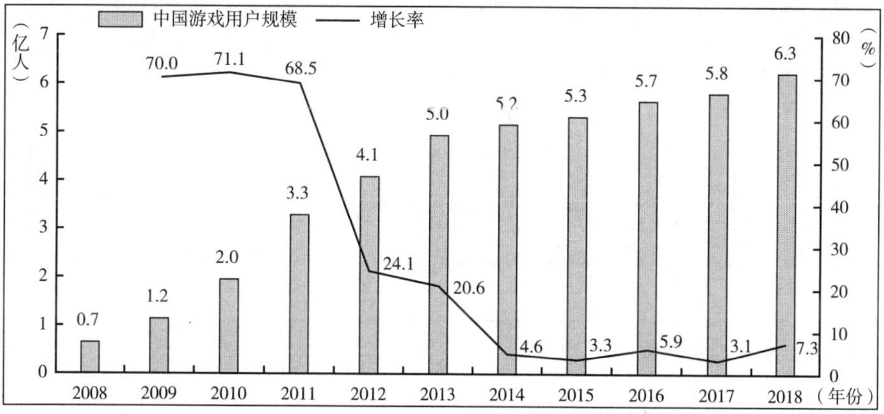

资料来源：《2018 年中国游戏产业报告》、伽马数据。

2. 腾讯、网易占据中国游戏市场 60% 份额

游戏市场仍是“2 + N”格局，腾讯、网易领跑，二者占据近六成市场份额（见图 4）。腾讯、网易、IGG、昆仑万维、游族网络为高增长、高市场份额的明星型上市企业。游戏行业中百亿级市值的公司约 10 家，包括 2019 年上市的哔哩哔哩和虎牙。

3. 游戏版号重启核发后，对游戏内容控制更加严格

2018 年 1 ~3 月，获得版号的游戏数量分别为 716 款、484 款和 727 款。2018 年 3 月，游戏行业主管部门发布了《游戏申报审批重要事项通知》，通知称所有游戏版号的发放全面暂停。直到 2019 年初，游戏版号申报重启。从 2019 年获得版号的游戏来看，棋牌类游戏下降明显，益智类游戏大幅提升。国家正在通过版号对游戏市场内容进行一定程度的调节。版号重启在未来的五年内将加速游戏行业格局的重塑，与电视剧行业类似，内容的严格监管从长远的角度来看将利好行业的健康发展。

图4　2018年游戏行业上市企业市场份额

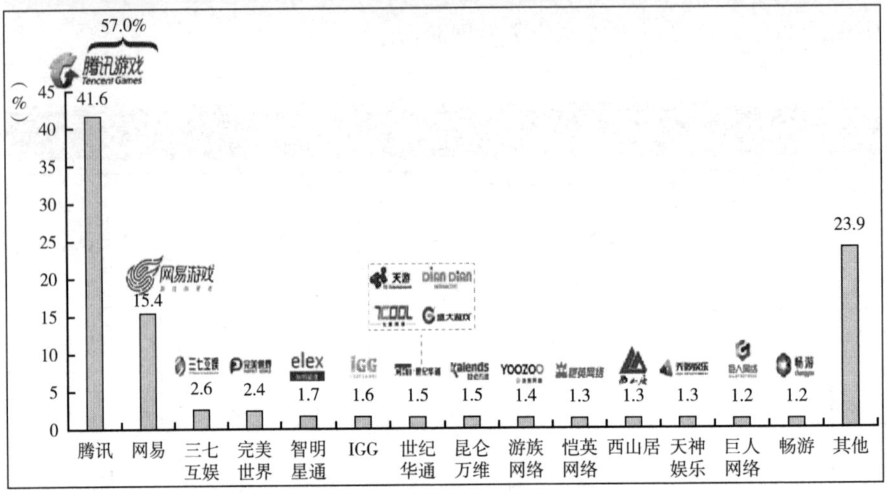

资料来源：MobData研究院。

（四）互联网竞争激烈，流量枯竭，新玩家搅局

1. 流量逐渐枯竭，变现瓶颈隐现，但竞争愈发激烈

过去十余年，中国互联网行业经历了快速发展。中国互联网从1996年起步，经历近10年的发展后在2006年互联网渗透率首次突破10%。此后迎来了中国互联网的黄金发展期，互联网渗透率快速提升，到2015年中国互联网渗透率已突破50%。如今，互联网用户渗透率接近六成，城镇渗透率已接近发达国家水平，提升空间逐步饱和，流量红利枯竭。

2. 在互联网各大领域，新的竞争者挑战原有格局

基于新的用户与新的需求，互联网各大领域出现新的竞争者，不断挑战原有竞争格局。

电商领域，2018 年淘宝和京东合计市场份额达 75.2%，相较 2013 年提升近 20 个百分点，头部平台的集中度提升明显。唯品会持续扩大市场份额，拼多多和网易系电商主打低价/性价比，借助用户新需求跻身前十平台。低线城市触网消费升级趋势与该部分人群对价格的敏感性有望给低/特价电商平台持续带来增量。

社交领域，腾讯系微信和 QQ 分列移动社交领域时长前两名。此外，在基于用户更细分社交需求产生的新产品（如抖音）的冲击下，社交龙头 App 的时长份额有所下滑。

资讯领域，根据易观千帆数据，2018 年，百度、今日头条、QQ 浏览器、腾讯新闻和 UC 浏览器为月活前五名。2016 年左右成立的趣头条凭借针对低线城市用户的获客手段，目前已经位列整体泛移动资讯领域时长第 6 名，未来有望继续受益于低线城市用户崛起的潮流。

互联网的格局处于不断的变化之中，不断有搅局者挑战 BAT 的权威。如今，在上市公司之中，阿里和腾讯一骑绝尘之后，美团凭借本地生活策略脱颖而出，2019 年股价势如破竹。拼多多和京东作为在电商领域阿里的竞争者，市值也都超越了百度。后面还有今日头条、蚂蚁金服等非上市公司在飞速发展。预计未来的几年内，阿里和腾讯的领先地位不会轻易撼动，但三至五名的竞争将异常激烈，互联网的洗牌将成为常态。

二、文化消费产业投资市场分析

（一）二级市场：传媒股泡沫破灭，连续三年下跌，于2019年企稳回升

根据申万传媒指数，传媒板块经历了 2015 年的暴涨、2016 ~ 2018 年的暴跌后，2019 年已经企稳回升，但仍跑输同期大盘和中小板、创业板

（见表3）。

传媒行业市盈率从2015年6月11日的峰值139.74，降低到2019年1月3日的低谷20.98，如今回调至40左右（见图5）。

表3 传媒板块二级市场历年表现

年份	申万一级行业指数：传媒①涨跌幅	沪深300指数涨跌幅	中小板指涨跌幅	创业板指涨跌幅
2019	21.84%	+37.95%	+42.71%	+46.33%
2018	-38.85%	-19.61%	-35.08%	-31.46%
2017	-20.35%	+21.78%	-1.25%	-15.32%
2016	-37.73&	-11.28%	-7.19%	-21.24%
2015	+92.14%	+2.47%	+72.81%	+85.29%

资料来源：Wind资讯。

图5 传媒申万行业指数：市盈率

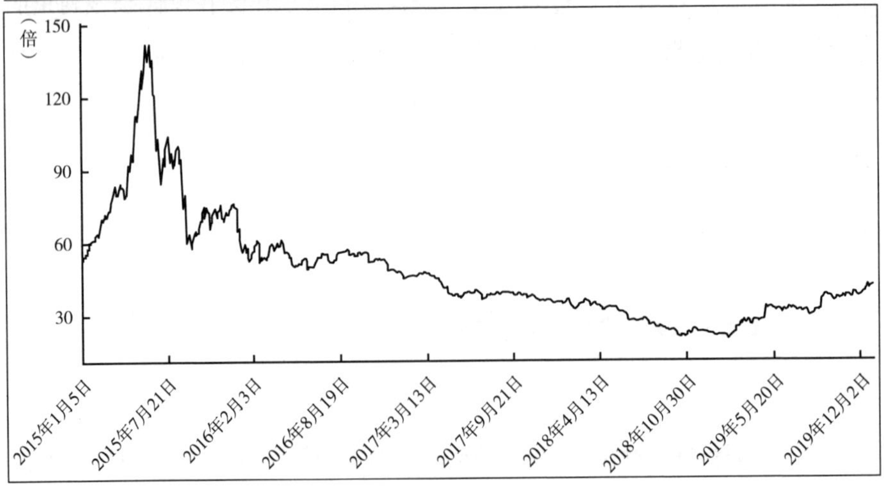

资料来源：Wind资讯。

① 申万一级行业指数：传媒，包含文化传媒、互联网传媒等。

与行业估值同时下行的还有行业的经营盈利能力。按照 Wind 数据库文化传媒分类，将 2014 年至 2018 年营业收入、归母净利润对比即可发现，行业归母净利润首次出现负增长的情况（见图 6、图 7）。2018 年行业归母净利润为负的主要原因为 2018 年底的商誉减值新规。文化消费行业成为商誉减值的重灾区。但是经过 2019 年的商誉减值，利空基本出清，行业在整体环境恶化的情况下扩张逐渐趋于理智。

图 6　传媒行业公司 2014 ~2018 年营业收入情况

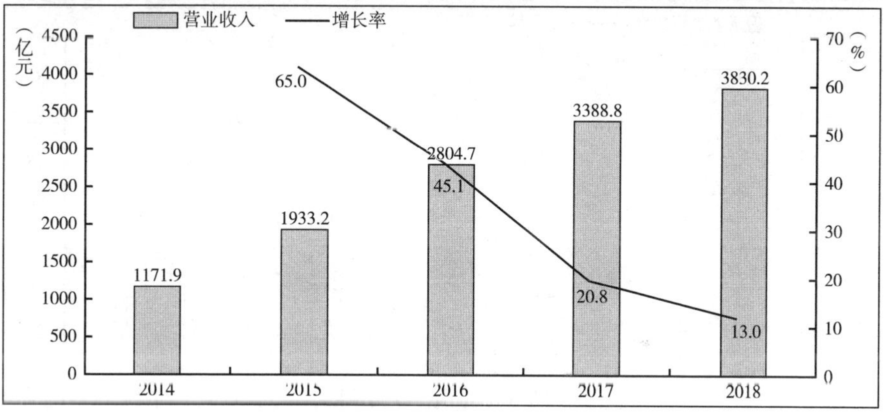

资料来源：Wind 资讯。

图 7　传媒行业公司 2014 ~2018 年归母净利润情况

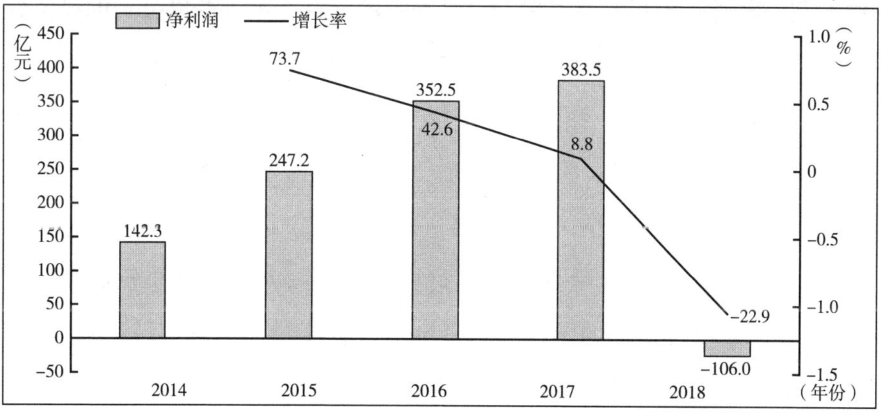

资料来源：Wind 资讯。

（二）一级市场：VC/PE 进一步降温，互联网大厂布局

天眼查数据显示，2019 年（截止到 11 月底），文娱板块共发生投融资事件 489 起，相比 2018 年减少了 152 起，相比 2017 年更是减少了 428 起，降幅接近一半（见图 8）。

图 8　2016 ~2019 年文化传媒行业投资数量

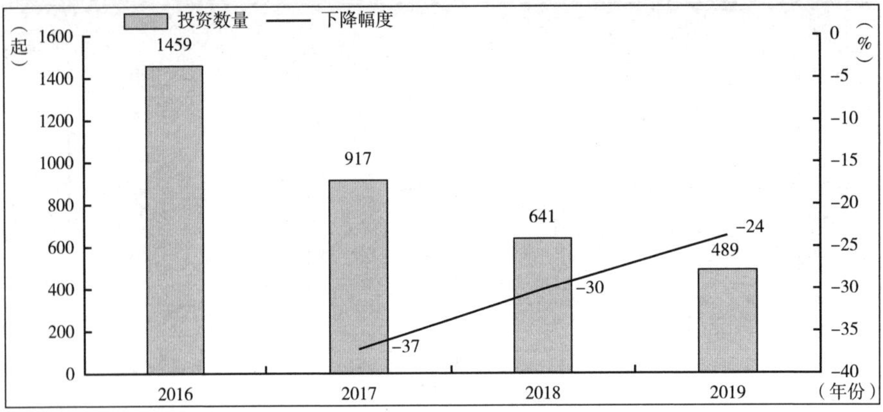

资料来源：天眼查，剁椒娱投。

2019 年文化消费领域排名前 10 的投资机构中，腾讯投资数量最多，达 18 起；此外，阿里、字节跳动、哔哩哔哩和百度等互联网公司的投资数量也较多，超过了启明创投等投资机构（见图 9）。在榜单前五名中，风险投资（VC）仅有 IDG 一家。这也符合当下一级市场的规律，前几年由于中国股权投资市场吹起大量估值泡沫，后期随着接盘资金不足，高估值的项目无法退出，大量中小 VC 陷入募资难的境地。即便头部 VC 仍有“余粮”，但面对新项目时出手明显谨慎许多。互联网大厂本身在各自赛道上优势明显，为项目提供的不仅仅是资金，还有流量、生态等一系列资源，投资变成双赢，对于项目方更具有吸引力。

从细分领域来看，2019 年，媒体以 88 起投资数量位居第一（见图

10）；影视、动漫、线下娱乐分别以55起、49起和39起位列第二、三、四位。后面依次分别是教育（文化培训方向）（37起）、短视频（36起）、游戏（28起）、直播（26起）、视觉技术（12起）、音乐（11起）、艺人经济（11起）、版权（11起）、网文（9起）、出海（8起）、体育（7起）、虚拟现实（6起）。

图9 2019年文化消费领域投资最多的10家投资公司

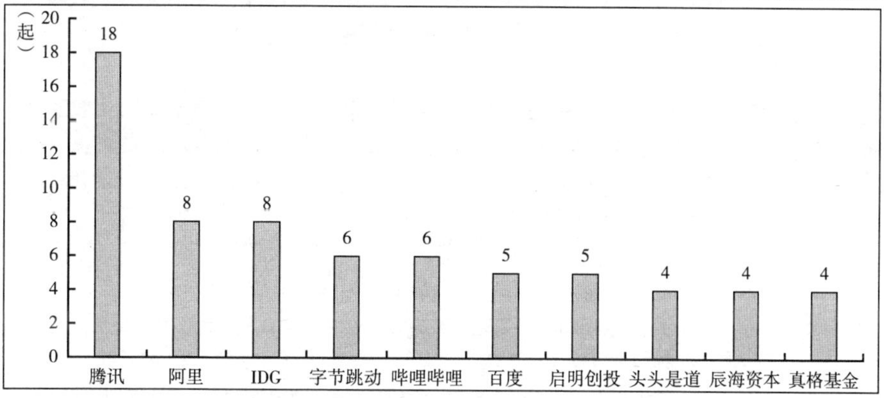

资料来源：天眼查，剁椒娱投。

图10 2019年文娱行业投资前10大细分领域

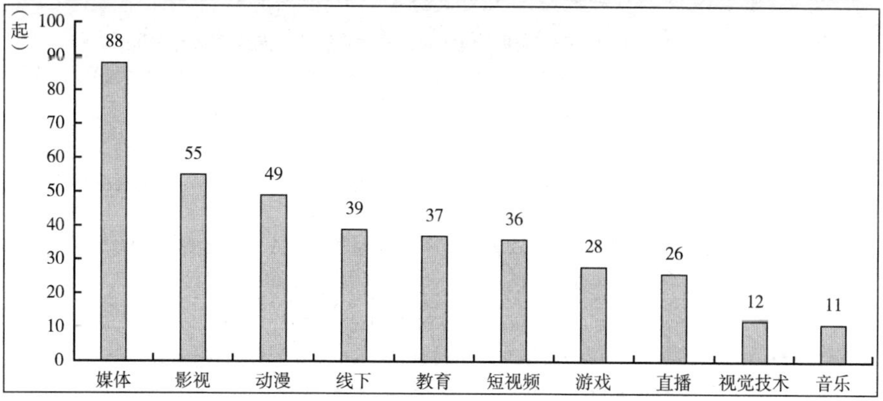

资料来源：天眼查，剁椒娱投。

（三）产业投资者加码布局，阿里和腾讯的大文娱版图

在5000亿元规模的泛文娱行业里，阿里巴巴和腾讯两家独大，占领动画、漫画、文学、影业、游戏、音乐、体育、电竞、视频各个泛娱乐细分领域。近几年的发展过程中，腾讯和阿里巴巴通过并购或内部孵化的方式，建立了自己的泛娱乐矩阵。如今行业潮水退去，阿里巴巴和腾讯依旧在围绕自己的泛文娱板块进行产业布局（见表4、表5）。

表4　腾讯互娱发展历程

2011年	1月，腾讯成立50亿元的产业共赢基金，3Q大战带来了腾讯的开放，腾讯提出泛娱乐概念； 5月，腾讯4.5亿元投资华谊，次年成立“互动娱乐事业群”（IEG）
2012年	7月，腾讯和动视暴雪达成战略合作，独家代理COD OL
2013年	微信电影票上线，之后升级为微影时代。2017年微影并入格瓦拉，成立猫眼微影
2014年	腾讯加大第三方投资并购，投资和收购的游戏公司已达60多家
2015年	3月，腾讯文学并购盛大文学，成立阅文集团，囊括了起点中文网、创世中文网、潇湘书院、红袖添香、云起书院、QQ阅读、中智博文、华文天下等知名网文平台； 9月，腾讯成立了两家电影公司——腾讯影业和企鹅影业
2016年	12月，腾讯和阿里巴巴共同领投博纳影业A轮25亿元融资； 同时，腾讯电竞成立，与互娱旗下腾讯游戏、腾讯文学、腾讯影业、腾讯动漫一齐组成泛娱乐五大业务矩阵
2017年	QQ音乐业务和中国音乐集团合并，更名为腾讯音乐娱乐集团； 同年，腾讯完成了对10家动画漫画公司的投资，其中包括玄机科技、动漫堂、铸梦文化、绘梦动画等； 腾讯还投资了二次元视频平台哔哩哔哩，此前投资斗鱼、映客、全民直播、龙珠直播等直播分发平台，同时投资了短视频平台快手
2018年	腾讯旗下的阅文集团百亿元并购新丽传媒； 2017～2018年，腾讯分拆出内容出版和音乐业务独立上市，自此成功完成从业务线到独立数字媒体集团化的孵化
2019年	12月，腾讯20亿美元领投快手F轮融资，继续稳坐快手第一大机构股东，投后持股比例接近20%

资料来源：根据网络资料整理。

表 5　阿里巴巴大文娱的发展历程

2006 年	6 月，马云以 53.5 万元的价格买下华谊兄弟 10.7% 的股权，正式成为无限售股东之一
2013 年	阿里收购虾米音乐和天天动听，成立大文娱的前身数字娱乐事业部；同年收购的书旗小说和 UC 书城为后来阿里文学的重要组成部分
2014 年	3 月，阿里控股文化中国，后将其更名为阿里影业； 4 月，马云和史玉柱成立的“云溪投资”投资电视网络运营商华数传媒，布局阿里家庭娱乐的一部分； 6 月，阿里成立游戏分发平台，收购 UC 旗下的 UC 九游，次年 3 月九游完成阿里游戏的整合
2015 年	3 月，阿里 24 亿元投资光线传媒，成为其第二大股东； 4 月，阿里全资收购优酷土豆，淘票票和娱乐宝资产注入阿里影业； 9 月，阿里体育成立，此前曾入股恒大
2016 年	9 月，阿里电竞成立； 12 月，阿里和腾讯共同领投博纳影业 A 轮 25 亿元融资
2017 年	3 月，阿里全资收购大麦网，后宣布成立阿里文娱现场娱乐事业群，包括大麦网、MaiLive 和麦座三大业务品牌
2018 年	7 月，阿里 150 亿元成为分众传媒二股东
2019 年	2 月，阿里紧随腾讯投资哔哩哔哩，持股约 8%； 曾经高调开疆扩土的阿里大文娱板块陷入泥淖，优酷跌落至行业第三，虾米音乐跌落前五，文学板块也被腾讯拉开差距

资料来源：根据网络资料整理。

可以看出，腾讯以十年的社交产品基础，衍生出游戏、音乐等周边生态，再通过一系列并购组成了现在的互娱板块。阿里巴巴起初依靠并购开辟出大文娱版图，但现在越来越注重与自己传统电商业务的结合，二者形成了差异化的成长路径。腾讯最初的泛娱乐策略规划明确，提出以 IP 为核心的泛娱乐战略，此后拓宽 IP 护城河并向下游的内容和游戏影业变现拓展；阿里则在不断的并购和新业务整合中探索出了以内容分发和衍生品销售为依托的泛娱乐模式，二者的模式都是原有优势业务的自然延伸，腾讯和阿里巴巴诞生时的基因决定了二者泛娱乐策略的差异性。在泛娱乐的目前发展趋势下，腾讯和阿里巴巴已经在泛文化娱乐领域形成事实上的垄断，依托自身强大的用户和平台优势，再通过并购不断拓展新业务，如现场娱乐、户外广告等。在A股和港股排名靠前的文化传媒上市公司中，频现两者身影（见表6）。其他公司已经成为大行业内的陪衬。

表6　A股、港股文化传媒板块阿里巴巴、腾讯布局

上市公司	阿里巴巴	腾讯
华谊兄弟	第四大股东	第二大股东
博纳影业	第三大股东	第六大股东
光线传媒	第二大股东	
万达电影	第二大股东	
分众传媒	第二大股东	
华数传媒	第二大股东	
阿里影业	第一大股东	
阅文集团		第一大股东
腾讯音乐		第一大股东
猫眼娱乐		第四大股东
哔哩哔哩	第四大股东	第二大股东
虎牙直播		第二大股东
斗鱼		第一大股东

资料来源：Wind资讯，同花顺港股。

（四）科技赋能文化，新一轮革命正在孕育生机

AI技术驱动文化传媒行业发展，始于资讯，兴于短视频。字节跳动的快速崛起验证了AI技术的强大生命力和对传统业态的颠覆可能。北京字节跳动科技有限公司成立于2012年3月，是最早将人工智能技术大规模应用于移动互联网场景的公司之一。公司产品布局于移动资讯、短视频、内容社区、教育等多领域，在其多产品矩阵中，以移动资讯App今日头条及短视频App抖音表现最佳。截至2018年6月，在新闻资讯App中，今日头条的用户使用时长位居第一；在移动视频App中，抖音的用户使用时长位居第二，在短视频领域位居第一。2018年上半年，“头条系”产品流量已

占据中国互联网流量的10.1%，跻身国内互联网流量Top4阵营。根据易观千帆统计，2020年2月，字节跳动旗下抖音短视频国内月活跃人数超过5.6亿，今日头条国内月活跃人数超过3.4亿。

今日头条率先把握移动端推荐算法需求，以先发优势迅速崛起。在今日头条的带动下，原来的传统新闻资讯平台也有所行动：2014年，搜狐新闻更新为5.0版本，开启个性化推荐；2015年，凤凰资讯开始投资一点资讯，腾讯新闻上线天天快报，新浪新闻增加个性化推荐比重，网易新闻推出个性化头条；2016年，阿里巴巴发布了“UC头条”，以算法分发作为主要模式，百度推出独立产品“百度好看”，利用百度积累的用户画像及技术基础进行个性化推荐。

“头条系”的迅速崛起，改变了传统互联网聚焦头部内容、千人一面的分发方式，将个性化长尾内容精准推送给匹配人群，实现了流量的深度变现，印证了技术重构互联网内容分发时代的到来。

三、2020年文化消费产业投资机会展望

（一）5G落地加速，超高清视频、AR/VR、云游戏等行业拥有爆发条件

2018年11月底，国家广播电视总局在贵阳召开推进全国“智慧广电”建设现场会，会议信息显示，工信部已经同意广电网参与5G建设，国网公司正在申请移动通信资质和5G牌照。这也标志着文化产业在政策推动下开始进入5G内容的规划建设阶段。2019年是中国5G商用元年。自2019年6月6日工业和信息化部正式颁发5G商用牌照以来，各大运营商正紧锣密鼓地布局5G。全国各省区市将5G列为2019年重点发展任务，并相继出台5G发展规划。工业和信息化部部长苗圩宣布，要稳步推进5G网络建

设，深化共建共享，力争2020年底实现全国所有地级市覆盖5G网络。

十年一代通信技术，驱动行业革新和经济发展。回顾前几代蜂窝技术，分别专注于语音（2G）、数据（3G）和移动宽带（4G）。即将到来的5G技术不仅仅是通信技术的升级，更是面向全新业务、智能生活、物联网的重要基础技术变革。正如4G时代催生了移动游戏和视频等内容端的大繁荣，随着5G、人工智能、云计算等技术全面落地，传媒内容端在交互、效果、模式创新等层面将迎来全新变革。

相比自动驾驶等工业领域，AR/VR等娱乐应用领域要求比较低，技术上更便于实现，有望更早迎来投资机会。例如，2019年3月NBA推出了一款适用于Magic Leap头戴设备的混合现实（mixed-reality）App，可提供沉浸式的NBA赛场观看效果。使用该头戴设备可在多个虚拟“屏幕”上观看实时NBA赛事、赛事回放及比赛亮点。未来，文化传媒领域可能从内容端和平台端受益。

1. 内容端，5G推动内容演变形态越来越富媒体化

用户内容需求和消费将持续高增长，尤其在游戏、视频等领域。在电视领域，高清、超高清视频将成为未来的主流。2019年3月国家出台《超高清视频产业发展行动计划（2019—2022年）》后，超高清概念成为全行业发力的重点。在游戏领域，云游戏将打破天花板。云游戏是以云计算为基础的游戏方式，在云游戏的运行模式下，所有游戏都在服务器端运行，并将渲染完毕后的游戏画面压缩后通过网络传送给用户。在客户端，用户的游戏设备不需要任何高端处理器和显卡，只需要基本的视频解压缩能力就可以了。从单机主机到端游到页游到手游，每次新媒介都带来百亿量级的行业新增量。主机游戏诞生于1958年，至2018年底已有479亿美元规模；端游发源于20世纪80年代，目前市场规模达322亿美元；页游规模从20世纪90年代至今有35亿美元；手游（智能手机+平板）爆发于2012年，至今规模超过685亿美元。据知名互联网数据中心Statista的汇总数据预测，云游戏市场规模已从2017年约4500万美元上升至2018年的6600万美元；而到了2023年，这一数字预计将猛增至4.5亿美元（见图11）。

图 11 全球云游戏市场规模

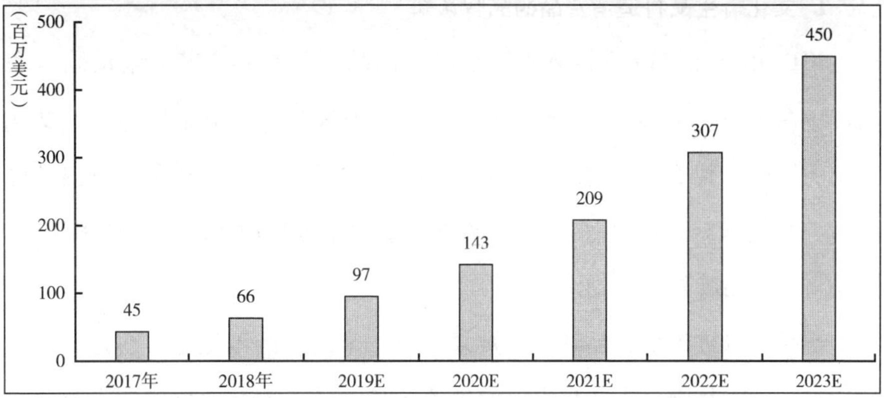

资料来源：Statista，招商证券。

接下来的几年内，云游戏发展进度在中国可能超过预期：一方面，2018～2019 年海内外头部厂商均在紧锣密鼓地布局云游戏；另一方面，监管层非常重视云游戏。2019 年 8 月 1 日，中宣部出版局局长郭义强在致辞中提到云游戏将对游戏产业业态产生重大影响，希望行业密切关注。

2. 渠道端，5G 环境下有望出现新的流量平台

2018 年 3 月 21 日，中国广播电视网络有限公司与中信集团及阿里巴巴签署战略合作框架协议，共同打造全国有线电视网络“全国一网”融合发展。国网未来也有望获得 5G 牌照，同时广电手握 700MHz 黄金频谱资源，未来发展超高清视频、AR/VR 内容、2B、2G 应用等具备广阔空间。

（二）文旅融合，主题公园等文化衍生消费项目存在中长期投资机会

随着消费升级时代的到来，越来越多的消费者已经不满足于传统的物质消费、实体消费，更多开始追求精神层面的体验和感受，追求个性化、有特色、有品位的消费。面对这种形势，推动文化与消费、旅游、体育和教育等行业有机融合，可以更好地满足人们对美好生活的追求，体验消费

升级带来的感受。

1. 文化衍生品打造消费品的品牌认知

2017 年，知名白酒品牌“江小白”出品原创青春文艺爱情动画《我是江小白》。这部动画在豆瓣得到了 7.4 的中等分数，但是作为品牌文化形象的推广，其十分成功。2019 年，知名零食品牌“三只松鼠”推出动画片《三只松鼠》，推出后多日，该片蝉联全国动画片白天时段收视率第一，成功将零食品牌打造成动漫 IP。

产品可以被模仿，品牌不能被复制。一个品牌能不能走得更远，做得更优秀，就看品牌之中文化内涵的价值含量。把更多文化价值植入消费产品或者消费服务中，是非常有创意的做法。未来，文化消费融合的想象空间巨大，文化消费产品既卖广告还能带货，完成生态闭环。

2. 文化消费品补充旅游场景新线下体验

在文旅部成立后，文旅融合立刻成为投资新风口。根据新旅界研究院监测，2019 年上半年，文旅行业共发生投融资事件 148 起，已披露的拟投资总额为 5531.76 亿元。与 2018 年上半年相比，投融资事件和金额均有所增长，其中事件数增长 55.8%，总金额增长 15.1%。文旅产业投资呈现稳定增长态势，文旅综合体是拉动主力。

从投融资事件的数量和金额来看，这一领域的主体投向依然是文旅特色小镇和文旅综合体。从投资事件数来看，文旅特色小镇、文旅综合体等综合性文旅项目占比达到 82%；从投资金额来看，这类项目投资额达到 5329.09 亿元，占目的地资源端总投资的 97.2%。文旅融合项目由于前期投入较大，需要操盘方有丰富的经验。虽然文旅行业受 2020 年春节期间新冠肺炎疫情影响严重，但是从长期来看，人民精神消费、文化消费需求不减。而且，此次危机有助于行业优胜劣汰，龙头企业将形成更强的竞争力。因此，文旅融合、主题公园等文化衍生消费项目依旧存在中长期投资机会。

（三）付费用户增加，知识付费、视频付费等行业存在发展潜力

“付费经济”时代到来主要有四点原因。首先，版权制度为付费行为提供了政策保障。随着我国对版权的保护力度逐渐加大，盗版的成本也逐渐提高，从法律上为付费模式提供了保障。我国政府各部门在最近几年先后出台了《关于推动网络文学健康发展的指导意见》《关于规范网络转载版权秩序的通知》《关于责令网络音乐服务商停止未经授权传播音乐作品的通知》《关于规范网盘五福版权秩序的通知》等文件，这些文件的发布对我国文化传媒领域的版权保护起到了纲领性的指导作用。其次，娱乐消费需求的不断增加是促进付费行为产生的直接原因。根据“十三五”规划纲要，到2020年我国文化产业要成为国民经济支柱性产业，而近些年我国总需求的一个特点是从物质型需求向服务型需求转变，相应的文化传媒业的支出也会逐年增加。再次，日益增长的“网生一代”是付费经济发展的群众基础。我国“80后”“90后”以及更年轻的群体非常习惯于互联网式的生活方式，所以对于近些年发展起来的文化传媒业互联网内容付费行为有更深的认同感。最后，移动支付为付费行为提供了技术支持。移动支付技术使得消费者随时随地进行线上支付，更加方便快捷，推动了互联网付费市场的发展。

1. 图片版权保护力度加强

近些年来，我国对于图片版权的保护力度不断加强。由于图片在互联网中分布较广并且可控制性较弱，因此图片市场一直以来的侵权现象屡见不鲜，我国图片的盗用经常出现在社交平台、自媒体和公众号等。随着近年来我国出台了图片版权相关的法律法规，行业规范也在逐步完善，同时对于图片侵权行为的惩罚力度也在逐渐加大。2017年7月，中国版权协会举办图片版权保护专题讨论会，会议指出要在“剑网行动”中加强对图片版权领域的保护。

图像识别技术使图片付费成为可能。一方面，图像识别技术可以检测互联网上窃用正版图片的行为，并且可以从前期的识别跟踪到后期的取证进行全流程的证据获取。另一方面，图像识别技术可以对图片进行检索，具体方式是自动识别每张图片中的物体并给这个物体加上标签，这样就提高了用户搜索图片的精确度并使得付费成为可能。

近年来，我国图片付费行业的公司逐渐开始资本化。我国图片付费巨头视觉中国于2014年在A股主板上市，图片搜索公司全景网络于2015年在新三板挂牌。依靠资本市场，视觉中国上市后已成为我国视觉内容服务行业领头羊，视觉中国同时也是全球领先的视觉内容版权交易公司。视觉中国的图片按应用属性可以划分为编辑类图片和创意类图片两种，前者的授权图片只能被用于签约出版物以新闻出版的形式刊载使用，如新华社、人民日报社等发布的新闻报道；后者主要用于广告或宣传印刷品、网页、App等商业用途。

2. 音乐、视频付费行业进入快速发展期

现在我国主要视频网站提供的付费服务拥有诸多优势，比如可以看视频免广告、拥有丰富的正版片库和更高清的播放效果等。网络综艺、电视剧、电影和动漫是付费网站的主要内容，未来随着视频网站内容的进一步丰富，付费内容的种类和数量预计都将进一步增加。内容多元化也将渗透到各垂直领域，如财经、体育、时尚、音乐等，满足更多用户的需求，通过优质多样的内容激发用户的付费意愿。

2019年暑期最火的视频为腾讯视频独播的《陈情令》，腾讯也通过《陈情令》这一视频净赚上亿元。在视频临近收官之时，腾讯视频官方微博宣布《陈情令》将采取超前点播模式，只要额外付费30元，腾讯VIP会员就可以提前解锁大结局。有媒体估计，参与此次超前点播的腾讯视频VIP用户超过260万，腾讯视频收益超过8000万元。2019年11月1日、2日，《陈情令》国风音乐演唱会在南京连唱两场，此前开票时，最高1980元、最低627元的门票5秒之内全部售罄。《陈情令》演唱会在腾讯视频直播，VIP 会员至少需要交费 30 元（非 VIP 会员 50 元）才可观看。11 月 2 日晚结束直播时，直播间总人数已达到 326.7 万人。作为播出平台的腾讯视频，轻松又将近亿元收入囊中。此外，《陈情令国风音乐专辑》目前以 20 元/张的价格在 QQ 音乐售卖，专辑页面显示已售出超过 100 万张。2019 年 9 月 16 日，周杰伦推出新歌《说好不哭》。此次周杰伦《说好不哭》在 QQ 音乐平台付费收听，单价 3 元，两天之内已经售出近 600 万张，销售额接近 1800 万元。

预计未来 5 年中国娱乐产业快速增长的主要引擎是付费用户的快速增长。促进我国视频、音乐行业付费模式发展的因素主要有三个：第一个是我国国家版权政策制度的逐渐规范，第二个是用户对于拥有更好观影、听歌体验的需求，第三个是智能手机及平板电脑的快速普及。这三点分别从政策、需求和硬件三个方面确保我国未来视频付费用户会逐年增长。

（四）宣扬优秀传统文化，国产动漫、主旋律影片成为投资热点

2019 年 5 月，由人民日报新媒体发起，以庆祝中国品牌日、彰显中国文化之美为目的的创意体验馆——“有间国潮馆”在北京三里屯正式开馆。围绕国货、国艺、国乐、国学、国漫五大内容，“有间国潮馆”设计了流光溢彩、人间乐事、国色天香、诗情画意、古今奇观、天工开物六大创意展区，以创意方式讲述中国品牌故事。

传统文化正在年轻人中成为一种时尚潮流。曾经饱受争议的汉服社群逐渐从小众迈向大众，成为许多年轻人追逐、热爱的文化元素；古筝、二胡等传统乐器走入了高雅的音乐厅，登上了弹幕视频网站的播放热榜；潮牌、球鞋这些年轻人热衷的时尚消费品，开始越来越频繁地呈现和使用传统文化的符号与要素；在小说、影视、游戏、文创等领域中，传统文化为原创者们提供着源源不绝的灵感源泉，而那些从传统文化之中脱胎而生、嬗变而成的文化作品，更是备受青少年群体的追捧和喜爱。“国潮”崛起

之下，中国美学创造、国风文学、国漫崛起的内容助力中国文化价值的重估。

1. 国产动画突破中国动画电影天花板

2012～2019年，动画电影市场中海外进口动画电影占比从高到低，从2012年美国的《冰川时代4》2.6%的占比到2019年中国的《哪吒之魔童降世》8.59%的占比，历经“七年之痒”。中国人可以用先进的动画制作技术、较低的动画制作成本，讲好中国的故事，并且被中国人民接受。未来，国产动画电影的市场占有率有望进一步提升，国产动画的下一步目标则是向世界人民输出好的中国形象。

2. 主旋律电影获得巨大商业成功

目前，在中国电影总票房排行榜上，前十部电影中有9部是国产电影，其中4部是主旋律电影（《战狼2》《红海行动》《我和我的祖国》《中国机长》）。主旋律电影获得巨大商业成功，说明我国的文化消费从追求眼球效应逐步转向追求文化价值。未来，文化消费投资将会回归理性、回归价值。

（五）把握文化出海潮流，游戏出海、影视出海等方向蕴藏投资机会

1. 海外游戏市场是新蓝海

近几年我国游戏行业发展迅猛，我国的游戏产品无论从内容还是从质量来看在国际上都属于领先水平，已经具备向海外市场发行的条件。在国内游戏行业集中度不断提高的产业背景下，一方面未来我国的游戏市场竞争将更为激烈、产业空间也相对有限，另一方面当前我国的手游在国内的发展也面临诸多挑战。首先，手机游戏的人口红利逐渐消失。其次，我国手游推广成本相对较高，对比全球，我们可以发现中国单个用户的获取成本虽然不高但是相应的用户平均价值也较低，这也使得我国中小厂商生存比较

艰难。最后，我国游戏行业监管逐渐趋严，2016 年国家新闻出版广电总局下发规定，未经总局批准的移动游戏不能在网上出版运营。2017 年文化部规定，网络游戏服务提供者应该采取技术措施限制未成年人玩手机游戏的时间，诸多的政策限制也加大了我国中小型游戏厂商在国内生存发展的难度。

海外游戏市场的业务拓展将成为我国游戏公司拓展的新方向。游戏工委数据显示，2016 年我国游戏厂商出口规模为 502 亿元人民币，同比增长 45.6%，首次超过进口规模（见图 12）。2018 年中国自主研发网络游戏海外市场实际销售收入达 95.9 亿美元，同比增长 15.8%，这一增速已经超过国内游戏市场实际收入增速 5.3 个百分点。现在，国内龙头游戏公司如腾讯、三七互娱等已经全面展开了海外平台的布局，深度聚拢用户，注重对用户的深度运营，为今后更好的游戏出海打通和拓展渠道。

图 12　2008 ~2016 年中国进出口游戏市场规模

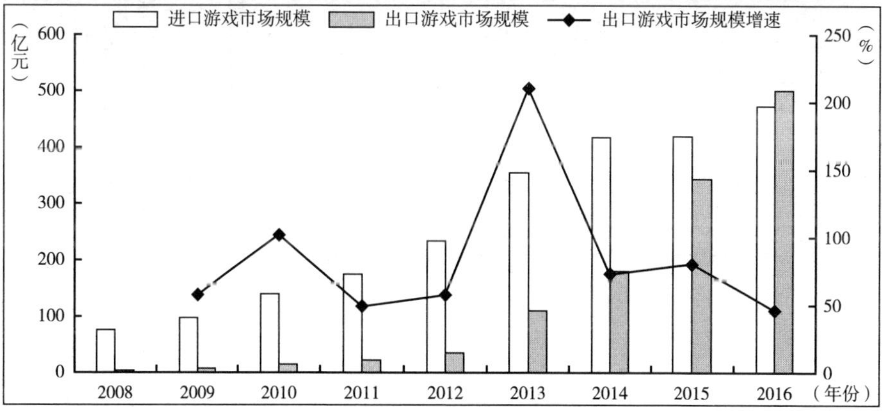

资料来源：游戏工委数据。

2. 影视出海蓄势待发

2017 年 9 月，国家新闻出版广电总局等联合下发《关于支持电视剧繁荣发展若干政策的通知》，表示支持电视剧“走出去”。同年 11 月，中国国际电视总公司发起成立“影视文化进出口企业协作体”，旨在打造对外传播中国影视作品的集成平台。同年 12 月，华策影视、华谊兄弟、爱奇艺等10家中国影视企业宣布成立中国电视剧（网络剧）出口联盟，以“抱团出海”形式改变单打独斗的行业旧习。

我国电视剧进出口市场在2015年迎来拐点：据统计数据，当年进口额2.95亿元，进口数量126部，出口额3.77亿元，出口数量381部，出口额自2008年以来首次超过进口额。我国电视剧出口总体情况保持良好增长态势，未来依旧存在巨大空间。电影方面，2017年我国电影海外收入达42.53亿元，同比增长11.19%，创历年新高（见图13）。但伴随未来我国经济的持续对外开放和“一带一路”的推进，我国电影有望继续开拓欧美、非洲、拉美等各地的市场。

图13　2012~2017年我国电影海外收入

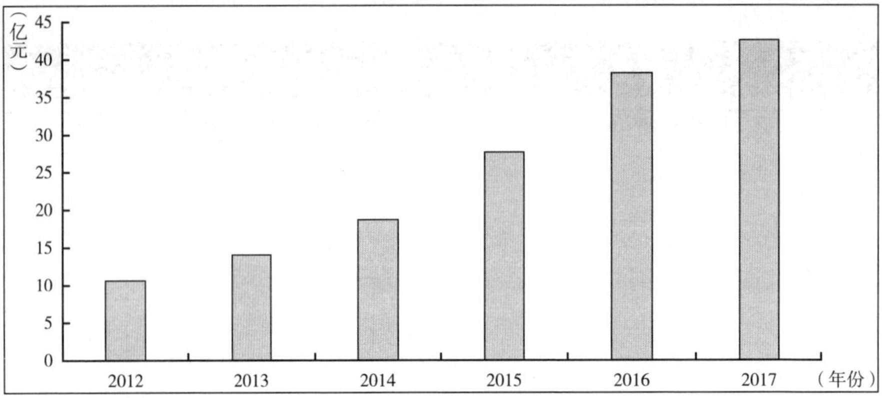

资料来源：Wind资讯。

近几年，影视出海渠道也从国家推荐转向中介机构市场化代理。2019年，《延禧攻略》改名为《璎珞·紫禁城燃烧的逆袭王妃》，于2月18日登陆日本电视台日本频道卫星剧场，并在播出时间上拿下了晚9点的黄金时段。YouTube上，截至2019年1月10日，《延禧攻略》单集最高播放量为421万次，远超《甄嬛传》的250万次，片尾曲《雪落下的声音》播放量达1356万次，剧集总播放量超1.2亿次。而据爱奇艺方面消息，《延禧攻略》已发行至全球90余个国家和地区，进入传统的电视台、光碟或蓝光影音领域。

信息科技业发展研究及投资机遇

祝伟清　方光鹏　高彦如　王海龙
祝伟清，高级研究员，中国建投投资研究院副秘书长
方光鹏，博士，中国建投战略发展部专职董事
高彦如，中级经济师，中国建投投资研究院研究员
王海龙，建投华科投后管理部经理

投资提示

- 2019年，我国数字经济规模居全球第二，科研能力持续增强，拥有良好的信息技术发展所需的基础设施以及庞大的市场空间，并高度重视信息技术产业发展，政策扶持力度较大，因此信息技术产业前景可期。中美贸易摩擦升级为科技战后，中国信息技术产业的自主可控性、安全性和先进性更为迫切。

- 在技术领域，应重点关注的技术发展方向有人工智能、5G、区块链、虚拟（增强）现实和量子信息技术。人工智能已渗透至各行各业，5G是新一代移动通信技术且中国在技术领域具备优势，区块链是国家推动的顶级风口，虚拟（增强）显示带来的沉浸式体验将是未来消费升级的重要方向，量子信息技术代表科技发展的未来。

- 结合技术发展趋势与我国政策产业环境，建议关注信息技术产业的四大应用领域。一是半导体芯片设计，包括人工智能芯片、物联网芯片、5G芯片、汽车电子等；二是信息安全，包括密码产业链、网络安全升级改造、新技术带来的新风险的防范等；三是金融科技，包括区块链金融、人工智能及大数据金融、金融云等；四是5G产业与应用，包括5G通信领域以及“5G+”行业（直播、智能制造、车联网、智能电网、医疗、教育、旅游、安防）。

科技是第一生产力，是国家实力的关键，是大国竞争的制高点。英国、法国、德国、日本、美国，均是依靠抓住某次关键的产业技术革命机遇而成功崛起的，最终成为世界的科技与经济中心。习近平总书记指出，“当今世界，正在经历一场更大范围、更深层次的科技革命和产业变革。互联网、大数据、人工智能等现代信息技术不断取得突破，数字经济蓬勃发展，各国利益更加紧密相连”。[①] 在这数字经济与工业经济交汇更迭的过渡时期，跨越发展的新路径正在形成，而新的产业和经济格局尚未定型，世界各国均面临重大战略机遇期，迫切需要网络信息技术和产业的创新驱动。信息技术产业作为发展数字经济的基石，是我国经济增长的新动能。

一、我国信息技术产业发展现状

（一）全球视角下我国信息技术发展水平

1. 研发经费与人力资本

当今世界的前沿科技研究，越来越离不开科研基础设施与高端精密设备的大量投入，国家在研发方面的资金投入是科研成果的前提保证。2016 年，美国 R&D 国内支出达到 5103 亿美元，位居世界第一；中国 R&D 国内支出达到 2378 亿美元，位居第二，但不及美国的一半（见图 1）。但 2000 ~ 2016 年，美国 R&D 国内支出增长不到 2 倍，年均复合增速仅为 4. 1%；而同期中国 R&D 国内支出增长超过 20 倍，年均复合增速达到 21. 3%，科技发展潜力巨大。2018 年我国研发支出规模已接近 2 万亿元（见图 2）。

从 R&D 支出的投向结构来看，中国目前的 R&D 活动主要侧重于试验发展阶段（2018 年占比达到 83%），基础研究和应用研究投入比例合计仅

① 资料来源：《习近平向第五届世界互联网大会致贺信》，新华网，2018 年 11 月 7 日。

16%。中国的研发支出中，企业占比较高，企业为了实现利润最大化，在研发投向上更加侧重于应用型研究，而对短期难以带来直接收益的基础研究投入不足。美国则在基础研究和应用研究领域相对投入更多的资源，合计占比达到36%（2015年数据）。尤其在联邦政府层面，基本以资助基础研究与应用研究为主，如孕育了ARPANET（阿帕网，互联网的前身）、GPS（全球卫星定位系统）等重要发明。

图1　主要国家R&D国内支出

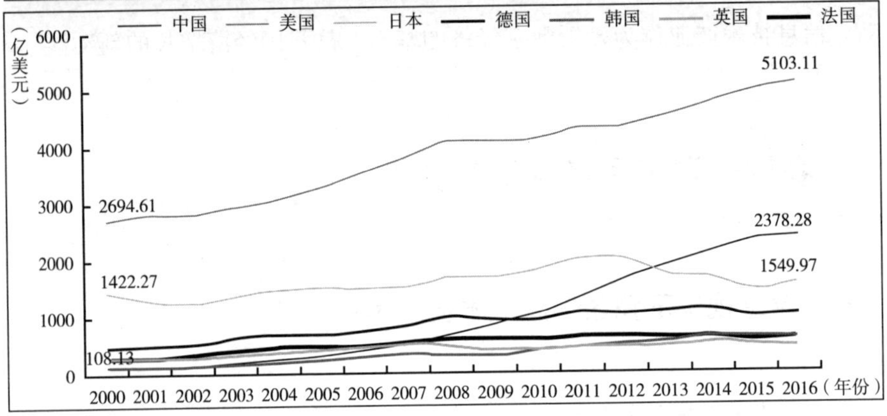

资料来源：UN，OECD，恒大研究院。

图2　我国R&D支出及增速

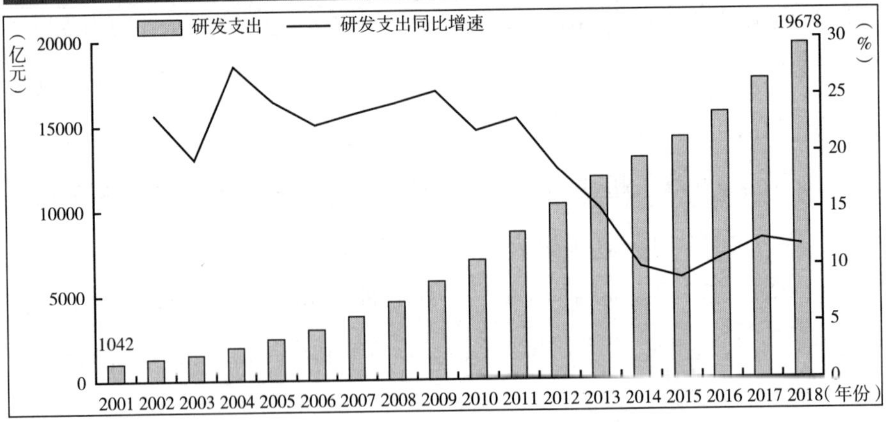

资料来源：Wind资讯，建投研究院。

从科学与技术领域全职研究人员数量来看，2015 年排名分别为中国（162 万人）、美国（138 万人）、日本（66 万人）、德国（38 万人）、韩国（36 万人）。尽管中国的研究人员在总量上已经超过美国，但中国每千人劳动力中研究人员仅 2.02 人，远低于美国、日本、韩国等发达国家。

图 3　每千人劳动力中研究人员

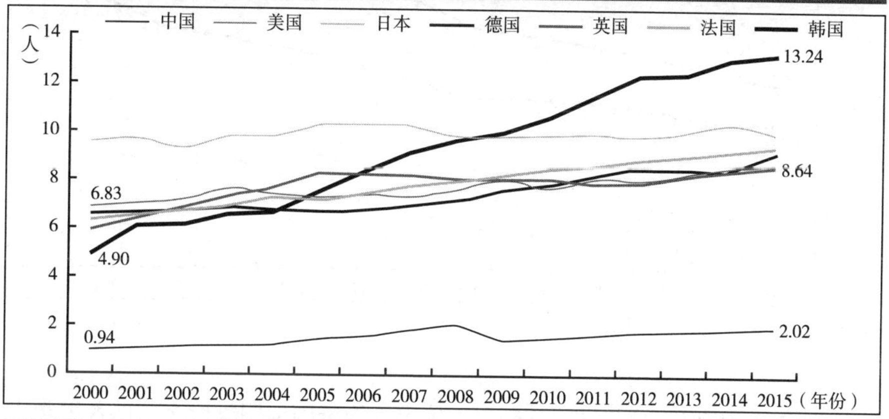

资料来源：OECD，恒大研究院。

2. 发明专利

据世界知识产权组织（WIPO）统计，截至 2017 年底，全球共有 1043 万件有效发明专利，其中保有量排名前五分别为日本（282 万件）、美国（236 万件）、中国（152 万件）、韩国（99 万件）、德国（67 万件）（见图 4）。从增量角度看，中国近年来在专利方面发力明显，在申请数量上已经大幅超越美国、日本；但是在专利的授权率与实际转化方面，中国仍有较长的路要走。

综合研发、人才与专利来看，我国科研能力持续增强。

3. 数字经济

数字经济包括：一是数字产业化，即信息通信产业，具体包括电子信息制造业、电信业、软件和信息技术服务业、互联网行业等；二是产业数字化，即传统产业由于应用数字技术所带来的生产数量和生产效率提升，其新增产出构成数字经济的重要组成部分；三是数字化治理，包括治理模式创新，利用数字技术完善治理体系，提升综合治理能力等。

图4　主要国家有效发明专利保有量

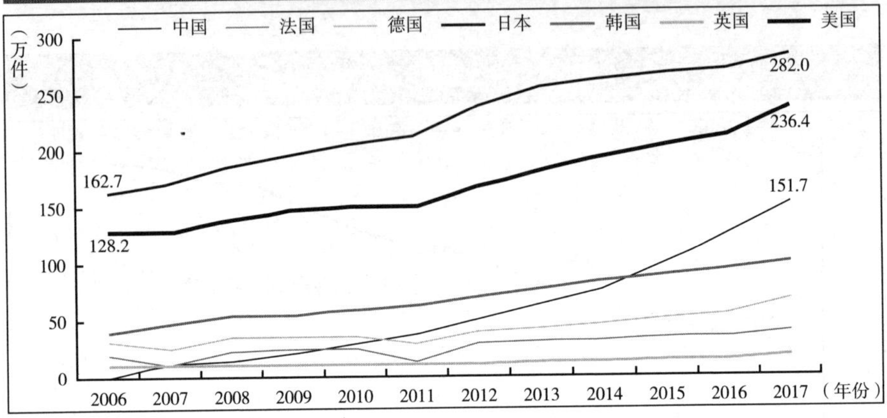

资料来源：WIPO，恒大研究院。

当前，全球经济增长动能减弱，不确定不稳定因素明显增多，但各国数字经济发展依然取得了明显成效。2018 年，美国数字经济规模蝉联全球第一，达到 12.34 万亿美元，中国依然保持全球第二大数字经济体地位，规模达到 4.73 万亿美元，德国、日本、英国、法国数字经济规模超过 1 万亿美元（见图 5）。

图5　2018 年全球主要国家数字经济规模

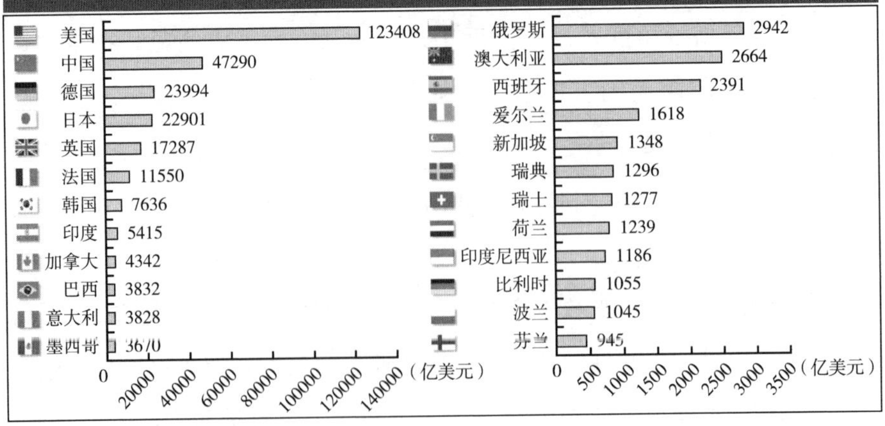

资料来源：中国信息通信研究院。

4. 全球视野下的比较优势

与欧美发达经济体相比，我国劳动力成本优势明显。而与发展中国家相比，我国基础设施优势明显，拥有信息技术发展所需要的物流、电力、网络基础设施等支持，也拥有大规模产业集群配套。而且，中国庞大的人口基数叠加消费增速持续增加，形成庞大的市场空间。

2008 年全球金融危机后，全球产能进一步加速转入国内，同时以 3G、4G 为代表的信息技术革命，推动国内科技产业飞速发展，到 2018 年，阿里巴巴、腾讯、华为、小米等代表国内经济转型的科技企业开始替代石油化工、银行等企业走到国内经济最前线，我国产业经历了一轮从工业化到信息化的转型。

5. 中国信息技术水平全球第二，前景可期

通过图 1 至图 5 可以看出，中国的研发经费、发明专利数量、数字经济规模、信息通信产业规模均居全球前两位。我国 GDP 约为美国的 2/3，但数字经济规模与信息通信产业规模均只约为美国的三分之一，中美科技实力在整体上仍存在较大差距。但是近年来中国科技实力在快速而醒目地崛起，在通信设备、集成电路、互联网金融等部分重要领域则开始取得关键进展和优势，被美国认为威胁到其所谓“国家安全”和科技垄断地位，从而引起了美方的警惕和焦虑，这可能正是中美贸易摩擦升级至科技战的重要原因。

2018 年 3 月的《301 报告》和 5 月的美方要价清单多次提及“中国制造 2025”计划。2019 年 5 月 16 日，特朗普更是不惜代价签署总统令，宣布美国进入“国家紧急状态”，以禁止美国企业与包括中国高科技旗舰企业华为公司在内的一切被控会“威胁”美国国家安全的公司进行商业交易，试图切断华为供应链。这说明，中美贸易摩擦本质是霸权国家对新兴大国的战略遏制，打着贸易保护主义的旗号对中国高科技领域的战略遏制和“围猎”。在这种情况下，中国信息技术产业的自主可控性、安全性和先进性就更为迫切。

（二）我国信息技术产业政策背景

放眼全球，国际巨头围绕系统平台升级、应用软件开发、数字内容集成、硬件更新换代的互动发展，加速构建“产品＋内容＋服务”的产业生态系统。全球资本和技术密集型ICT产业兼并重组步伐不断加快，寡头垄断格局日益强化，我国追赶和跨越的难度不断加大。中美贸易摩擦也凸显出信息技术产业在创新驱动发展方面的重要性。在这一背景下，我国高度重视信息技术产业发展，将信息技术产业确定为七大战略性新兴产业之一，产业政策不断，对信息技术产业扶持力度较大。

1. 将信息技术产业置于战略地位

我国政府将信息技术产业定为七大战略性新兴产业之一，在多个国家战略规划中都提及信息技术产业，将其作为培育经济增长新动能的有力手段。2015年5月，李克强总理签批《中国制造2025》，《中国制造2025》是中国实施制造强国战略第一个十年的行动纲领，其中提出以加快新一代信息技术与制造业深度融合为主线，以推进智能制造为主攻方向，将集成电路及专用设备、信息通信设备、操作系统与工业软件、智能制造核心信息设备明确为新一代信息技术产业四大方向，以满足经济社会发展和国防建设。2016年3月16日，十二届全国人大四次会议审查通过了《中华人民共和国国民经济和社会发展第十三个五年规划纲要》，提出牢牢把握信息技术变革趋势，实施网络强国战略，加快建设数字中国，推动信息技术与经济社会发展深度融合。同年12月19日，国务院印发《“十三五”国家战略性新兴产业发展规划》，更是直接指出战略性新兴产业是培育发展新动能、获取未来竞争新优势的关键领域，而信息技术产业则为战略性新兴产业之首。

2. 对信息技术领域多个细分行业展开重点扶持

信息技术产业被国家提至战略性新兴产业地位，其部分细分领域更是深受我国政府重视。在半导体领域，2014 年 6 月，国务院颁布了《国家集成电路产业发展推进纲要》，提出设立国家集成电路产业基金，将半导体产业新技术研发提升至国家战略高度。在人工智能领域，2017 年国务院印发《新一代人工智能发展规划》，加快人工智能深度应用，培育壮大人工智能产业，为我国经济发展注入新动能，确定“三步走”的战略指标：到 2020 年人工智能总体技术和应用与世界先进水平同步，到 2025 年人工智能基础理论实现重大突破，部分技术与应用达到世界领先水平，到 2030 年人工智能理论、技术与应用总体达到世界领先水平，成为世界主要人工智能创新中心。此外，2015 年国务院印发《促进大数据发展行动纲要》，2017 年工信部出台了《云计算发展三年行动计划》分别推动大数据和云计算两个细分领域的发展。

不仅如此，我国政府针对一些影响深远的细分领域还出台了产业标准和落地细则。例如，工信部印发了《车联网（智能网联汽车）产业发展行动计划》，就车辆网的通信标准、测试标准等问题，专门明确指出要全面实施《国家车联网产业标准体系建设指南》，完善制定车联网重点标准，支持构建集感知、通信、计算等能力于一体的智能基础设施环境。云计划方面，工信部印发《推动企业上云实施指南（2018—2020 年）》，就企业上云的整体考虑要求、如何选择模式、如何按需合理选择云服务、如何稳妥有序地推进企业上云、政府如何保障企业上云等方面给出了非常详细的解释说明和标准指引。

3. 扶持手段多样化

我国政府对信息技术产业的扶持还包括人才、资金、资本市场等方面。在人才方面，我国教育部发布《高等学校人工智能创新行动计划》，明确提出 2020 年、2025 年、2030 年三阶段发展目标，为我国人工智能发展提供充足人才筹备。在资金方面，我国为支持半导体产业发展设立了国家集成电路产业投资基金，目前国家集成电路产业投资基金一期已经投资完毕，总投资额为 1387 亿元，二期基金于 2019 年 10 月

22 日正式注册成立，注册资本高达 2041.5 亿元。在资本市场方面，国家主席习近平于 2018 年 11 月 5 日在首届中国国际进口博览会开幕式上宣布设立科创板进行注册制试点，科创板重点支持新一代信息技术、高端装备等高新技术产业和战略性新兴产业，为信息技术产业提供了新的融资渠道。

（三）2020年新兴技术发展趋势

Gartner 公司是全球知名的 IT 研究与顾问咨询公司之一，Gartner 每年会根据分析预测把各种新科技的发展阶段及达到成熟所需的时间绘制在一条曲线上，这条曲线被称为“Gartner 新兴技术成熟度曲线”，有助于市场了解当下热点及未来趋势（见图 6）。

图6　Gartner 2019 新兴技术成熟度曲线

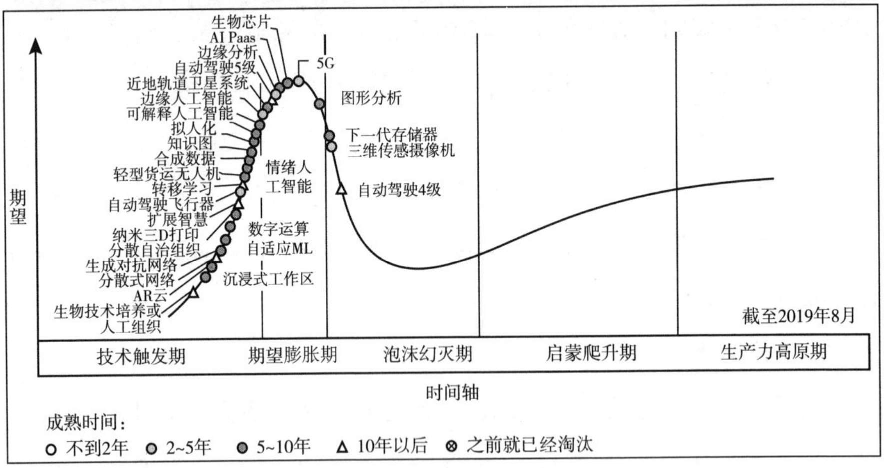

资料来源：Gartner。

成熟度曲线展示了新兴技术会经历的五个关键阶段，分别是技术触发期、期望膨胀期、泡沫幻灭期、启蒙爬升期和生产力高原期（见图 7）。

Gartner 由 2019 年新兴技术成熟度曲线总结出五大创新技术趋势。

图7 Gartner 新兴技术成熟度曲线的解释

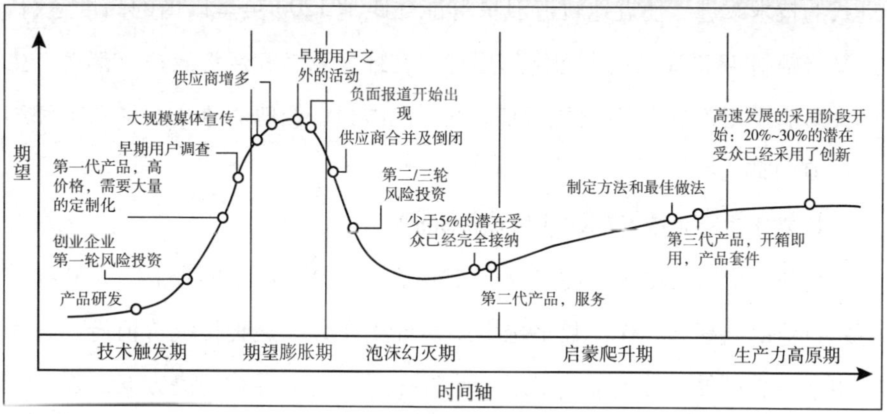

资料来源：电子测试测量之家。

1. 传感和移动

通过将传感器技术与人工智能相结合，机器可以更好地了解周围的世界，从而移动和操纵物体。传感技术是物联网运行和海量数据生成的核心技术。利用传感智能可以获得许多类型的感知，并将这些感知应用到许多场景中。相关技术可以关注：3D 传感相机、AR 云、轻型货运无人机、自动驾驶飞行器和自主驾驶 5 级、4 级。

2. 人类能力增强

人类能力增强技术发展迅速，可以帮助人类变得更健康、更强大和更有洞察力。能力增强的人类能够创造新的感知，改善人体物理功能，创建超越自然人类性能的假体假肢，甚至出现超人类的能力。相关技术可以关注：生物芯片、拟人化、增强智能、情感人工智能、沉浸式工作区、生物技术培育或人工组织等。

3. 后经典计算和通信

几十年来，经典核心计算、通信和集成技术通过对传统架构进行改进而快速发展，催生了更快的 CPU、更高的存储密度和不断增加的吞吐量。而后经典计算和通信开创了全新的架构。例如，下一代蜂窝网络标准 5G

将依赖核心网切片和无线边缘技术架构，而这些新架构又能推进一系列渐进式的技术改进，使近地轨道卫星群能在距地 1200 英里以内的高度运行，这又将辐射 48% 尚未接入网络的用户，在社会意义和经济效益上都将产生巨大影响。相关技术可关注：5G、下一代内存、低地球轨道卫星系统和纳米三 D 打印。

4. 数字生态系统（Digital Ecosystems）

企业不应只局限于关注自身产业链条，而要与更多的企业、人和物进行跨行业的共享和合作。数字化生态系统正在分解这种传统价值链，发展出更无缝、更灵活的连接。未来企业将在区块链上寻找解决方案。建议关注以下技术：数字运营、知识图谱、合成数据、去中心化网络和分布式自治组织（后两项即区块链）。

5. 高级人工智能和分析（Advanced AI and Analytics）

人工智能已经渗透到其他所有技术趋势中。随着新的算法和数据结构的实现，AI 技术的前沿正在迅速变化，应用于更广泛的场景。高级分析包括使用复杂技术、工具对数据或内容进行自主或半自主检查，通常超过传统商业智能（BI）。高级分析用于发现更深入的见解、做出预测或提出建议。因此，组织可以在利用智能的过程中有更大的选择和努力的空间。建议关注技术：自适应机器学习、边缘人工智能、边缘分析、可解释 AI、人工智能部分分配、转移学习、生成对抗性网络和图形分析。

二、半导体2019年发展现状与2020年投资机会

半导体产业是信息技术产业的基石。中国集成电路市场销售规模接近全球 1/3，是世界第一大半导体销售市场。半导体产业链规模庞大（设计、制造、封测、设备、材料），这里主要关注半导体设计（我国半导体产业中规模最大的细分行业）。目前我国芯片设计企业普遍营收规模小，行业

集中度有较大提升空间，部分国企拥有较强的国际竞争力。虽然产品范围已经涵盖了几乎所有门类，但总体上仍然处于中低端，高端通用芯片与国外先进水平差距大，高端产品技术与产能均有限，我国半导体芯片自给率很低，仅为10%左右。我国计算机系统中国产CPU、MPU，通用电子系统中的FPGFA/EPLD和DSP等核心集成电路的市场占有率几乎为零，这对国家国防安全和企业供应链安全都是非常不利的。

2014年6月，国务院颁布了《国家集成电路产业发展推进纲要》，提出设立国家集成电路产业基金，将半导体产业新技术研发提升至国家战略高度。且明确提出到2020年，集成电路产业与国际先进水平的差距逐步缩小，全行业销售收入年均增速超过20%，企业可持续发展能力大幅增强；到2030年，集成电路产业链主要环节达到国际先进水平，一批企业进入国际第一梯队，实现跨越式发展。

虽然相对于欧美国家我国半导体产业起步较晚，与海外龙头企业相比，在技术储备与人才梯队建设上都有较大的差距，但凭借我国政府的政策支持以及庞大的下游市场需求拉动，我国半导体产业定将扮演第四次集成电路转移承接者的角色。

半导体芯片的投资逻辑有两点：一是市场空间大，应用场景广，需求增长快；二是有一定的技术能力，存在进口替代能力，甚至供应全球的能力。因此，AI芯片、物联网芯片、5G芯片、汽车电子等多项细分领域具有良好投资前景。

（一）人工智能AI芯片

2019年，德勤发布《全球人工智能发展白皮书》，预测全球人工智能市场将在未来几年经历现象级的增长。2025年世界人工智能市场规模预期超过6万亿美元，2017～2025年复合增长率超过30%（见图8）。目前全球AI市场规模已超1万亿美元，中国市场超1000亿元，预计到2020年将增长至1600亿元，带动相关产业规模超1万亿元。传统市场规模较大的领域将继续领跑，而新领域增长速度加快。

图8 全球人工智能市场规模

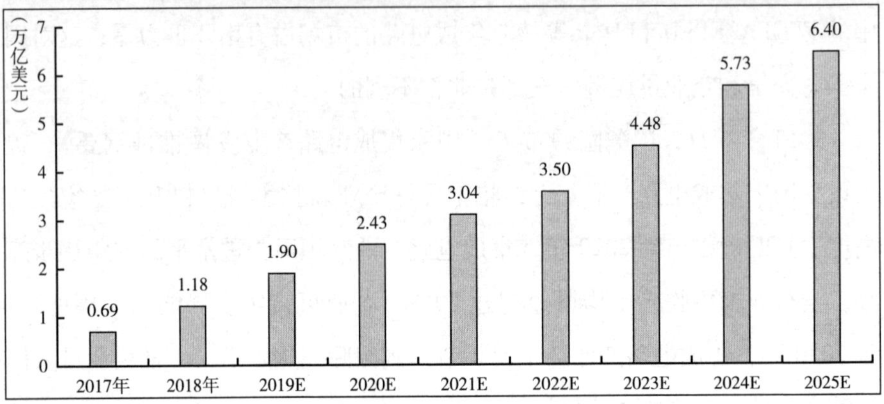

资料来源：德勤《全球人工智能发展白皮书》。

2019年，中国人工智能企业数量超过4000家，位居全球第二，在数据以及应用层拥有较大的优势，然而在基础研究、芯片、人才方面的多项指标上仍与全球领先地区有一定的差距。

人工智能需要海量数据收集以及分析能力，其背后必须有高性能的存储器、处理器以及数据通信芯片的支撑。《2016～2017中国物联网发展年度报告》数据显示，2016年全球人工智能芯片市场规模达到23.88亿美元，预计到2020年将达到146亿美元，增长迅猛，发展空间巨大。

AI芯片是一个全新的、还未被大公司充分定义的新的业务场景。在AI芯片领域，中国具有三大优势：一是一定规模的微电子人才储备和巨大的市场；二是人口众多且大量使用数字化设备，带来庞大的数据资源；三是人工智能应用的场景千变万化，所需算法侧重点不同，因此定制化芯片较多，是我国芯片企业的长项。未来，我国将出现人工智能芯片百家争鸣的盛况。

（二）物联网 IoT 芯片

Gartner 数据显示，在新一轮物联网技术革命和下游产业变革带动下，预计物联网产业发展将保持 20% 左右的增速。预计到 2020 年，全球物联网产业规模将达到 2.93 万亿美元，年均复合增长率将达到 20.3%。物联网下游应用市场传感器和通信器件市场将在下游的爆发式增长中迎来高增长。物联网芯片目前主要包括安全芯片、移动支付芯片、通信射频芯片和身份识别类芯片等，需求规模巨大。

（三）5G 通信芯片

5G 时代将从质与量两个维度刺激半导体市场的发展，首先，频段和载波聚合技术会增加射频元件的使用数量；其次，新技术提高了射频部分元器件的设计难度，带来元器件单机价值量提升，在半导体领域体现为射频芯片和滤波器两部分价值的提升。据中国信息通信研究院预测，5G 商用部署后，2025 年中国的 5G 连接数将达到 4.28 亿，占全球连接总数的 39%。智能手机使用的 RF 前端模块与组件市场 2016 年产值为 101 亿美元，到了 2022 年，预计将会增长至 227 亿美元。

（四）汽车电子

汽车正逐渐向电动化、轻量化、网联化、智能化发展，这些变革将使得汽车半导体芯片含量显著提升。整车半导体芯片含量提升主要来源于两个方面，一是电动化带来功率半导体、MCU、传感器等增加；二是智能化和网联化带来车载摄像头、雷达、芯片等增加。在智能化带来的增量方面，自动驾驶级别每提升一级，传感器的需求数量将相应增加。因此，汽车电子市场是高速增长极。

三、信息安全2019年发展现状与2020年投资机会

2013 年 6 月发生的“棱镜门”事件向世人显示了更深层次和更高隐蔽性的信息安全威胁，网络空间的威胁已经达到国家层级，有组织的网络攻击手段防不胜防。“棱镜门”事件后，我国政府高度重视网络信息安全工作，并将其上升至与政治安全、经济安全、文化安全并列的国家安全战略高度。在国家政策和市场需求的推动下，调查数据显示，2016 ~ 2018 年间我国信息安全市场规模增速一直维持在 20% 以上。2018 年我国信息安全市场规模达到 495 亿元，同比增长 20.90%（见图 9）。对比全球网络安全市场 7% 的复合增速，我国网络安全市场仍然保持着较快的增长。

图 9　2016 ~2021 年中国信息安全市场及预测

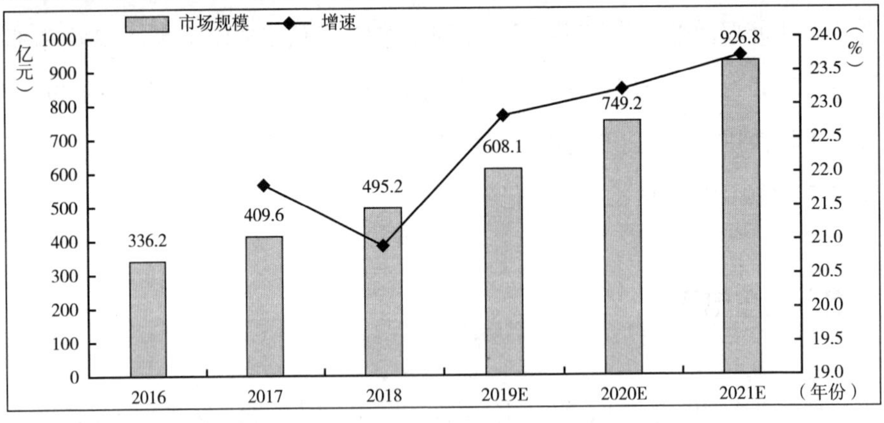

资料来源：前瞻产业研究院。

虽然我国信息安全市场维持了多年的高速增长，但我国现阶段信息安全市场建设量距离饱和尚远。2017 年我国安全投入占 IT 总支出的比重为 1.84%，相比于全球市场 3.74% 和美国市场 4.78% 的占比严重偏低。我国

计划到2020年形成10万亿规模的信息技术行业，按照1.84%的市场占比推算，我国的信息安全市场尚有三到四倍的增长空间，以下3个领域有望迎来高速发展。

（一）密码产业链

密码技术是保障网络安全的核心技术，密码算法和密码产品的自主可控是确保我国信息安全的重中之重。当前我国依然是大多采用国外制定的加密算法，存在大量的不可控因素，一旦被不法分子利用攻击，所产生的损失将不可估量。实现密码产品自主可控、软硬件全国产化替换，是防止后门漏洞的最有效方法，是保障网络安全的终极举措。国密算法具备自主知识产权，符合国家信息产品国产化战略。国产替代趋势进一步加强，加之存量市场上密码产品更新周期将至，两个因素叠加有望迎来高增长。

（二）人工智能对网络信息安全领域的升级改造

人工智能在判定特定行为模式方面具有优异表现。在信息安全领域应用人工智能技术，可以从海量网络数据、多样安全攻击手段中快速检测出网络攻击，并能依据网络环境变化进行自适应安全防御，人工智能在网络信息安全领域的优势主要包括大幅提升安全监测的精准度。网络流量规模巨大，安全设备及系统产生大量日志等重要安全信息，应用人工智能技术可以解决大规模数据处理分析、精准识别网络攻击、减少安全误报等安全挑战。及时发现复杂的攻击行为。复杂的网络攻击中，攻击者往往会采用各种逃避手段，将常见的攻击报文伪装成正常报文，避免被安全设备发现。基于人工智能技术，结合应用场景能够识别异常的网络通信，尽早发现复杂的网络攻击行为。

（三）新技术带来的新风险

云计算、人工智能、物联网等新一代信息技术在带来新动力的同时，也可能带来新的安全挑战，传统信息安全策略不一定适用于所有的新技术形态，而寻找应对新技术自身安全的解决方案在为信息安全产业带来挑战的同时也带来了机遇。

以云计算为例，因云模式下用户共享安全资源池的特性，使用防火墙隔离危机的传统安全产品不适用于云安全领域，必须推出专用的云安全产品。我国网络安全等级保护制度 2.0 将云计算纳入等级保护对象，其安全投入将成为合规性需求，因此我国云安全市场将从刚起步进入规模高速增长阶段。未来随着私有云渗透率的进一步提高，云安全产品的市场份额将进一步提升。

四、金融科技2019年发展现状与2020年投资机会

（一）全球金融科技发展现状

全球都十分重视金融科技的应用，各国政府出台了一系列支持和推动金融科技产业发展的政策措施。美国国家经济委员会 2017 年发布《金融科技监管框架》白皮书，提出从推进金融科技发展的角度来制定相关政策，在金融高科技创新中提高竞争优势。英国金融行为监管局（FCA）成立了专门部门，对金融科技进行产业政策支持和引导；同时提出“监管沙盒”理念，大力推动利用金融科技提升金融监管能力。英国财政部还提出“金融科技振兴”策略，对金融科技创新企业给予税收优惠。新加坡在 2015 年和 2016 年分别设立了“金融科技和创新专家组”及“金融科技

署”，牵头制定金融科技产业发展战略，强化对金融科技相关业务的监管，并启动2700万新元规模的产业基金促进金融科技领域的人工智能和数据分析技术发展。

CB INSIGHTS调查显示，2013～2018年全球金融科技投融资额增长近5倍，2018年全球金融科技投融资额达1118亿美元，投融资事件2196笔（见图10）。

图10 2013～2018年全球金融科技投融资金额及数量

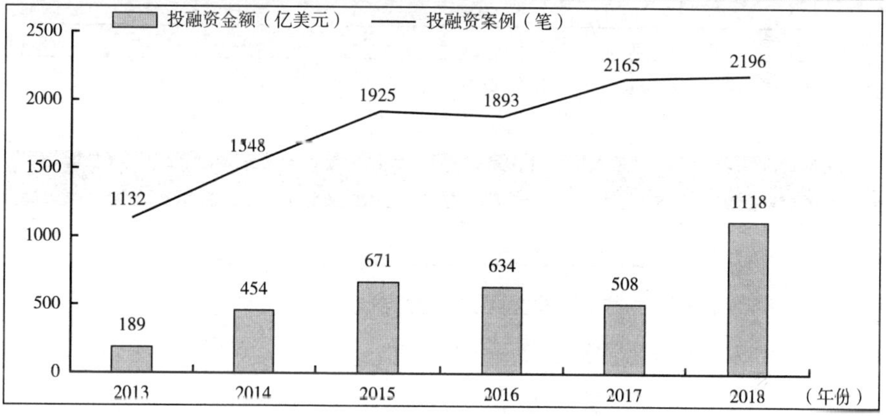

资料来源：CB INSIGHTS，建投研究院。

依托成熟的金融服务体系和雄厚的技术创新实力，北美地区的金融科技发展在全球范围内居于领先地位。近5年来，北美地区金融科技投融资总额全球占比均值为53.2%，高于亚洲和欧洲市场总和，但亚洲地区发展最为迅速，绝对增长和相对增长方面都超过欧美。中国金融科技企业投融资规模的全球占比从2014年的3.1%，大幅提升至2018年的16.4%，增速远超欧美等地区（见图11）。

在全球金融科技应用中，支付领域和借贷领域的金融科技应用最为广泛。毕马威发布的“2018全球金融科技100强”企业中，支付企业在榜单中占据主导地位，其中支付企业有34家上榜，借贷企业有22家上榜（见图12）。

图11　2014 年、2018 年全球金融科技投资地域分布情况

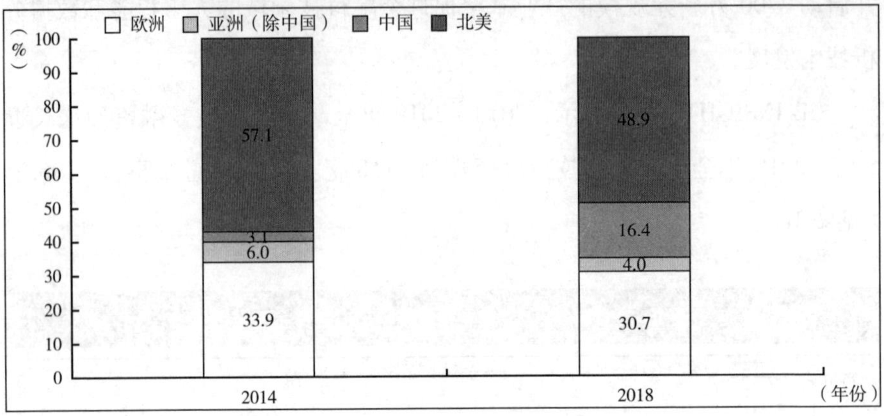

资料来源：毕马威，*The Pulse of Fintech H1 2019*。

图12　“2018 全球金融科技 100 强”企业所属业务领域

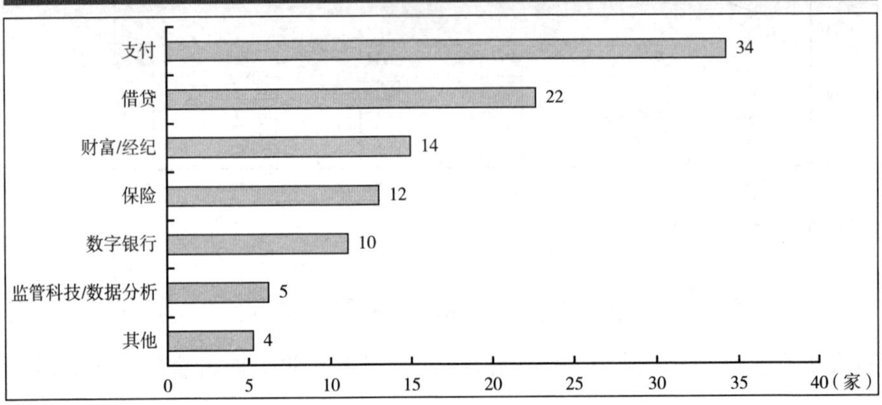

资料来源：毕马威，建投研究院。

（二）中国政府高度重视金融科技，市场发展居于全球领先地位

2017 年 5 月，中国人民银行成立了专门的“金融科技委员会”，6 月发布《中国金融业信息技术“十三五”发展规划》，明确提出要“加强金融科技和监管科技研究与应用”。另外，国务院印发的《新一代人工智能

发展规划》专门提出了“智能金融”的发展要求，指出要建立金融大数据系统，提升金融多媒体数据处理与理解能力；创新智能金融产品和服务，发展金融新业态。工信部印发的《大数据产业发展规划（2016—2020年）》和《促进新一代人工智能产业发展三年行动计划（2018—2020年）》，均明确将“金融”列为大数据应用和人工智能应用的重点行业领域之一。

我国金融科技产业在资本市场上表现十分突出，投融资规模增长迅速。2018年中国金融科技投融资达到205亿美元，约等于之前4年的投融资总和（见图13）。以蚂蚁金服、京东金融、度小满等为代表的金融高科技公司进入高速成长期，各自完成了金额庞大的战略融资。且蚂蚁金服、京东金融和百度在毕马威发布的“2018全球金融科技100强”企业中分别排名第一、第二和第四，在企业发展和用户规模方面居于全球领先地位。

图13　2014～2018年我国金融科技投融资总额与投资企业数

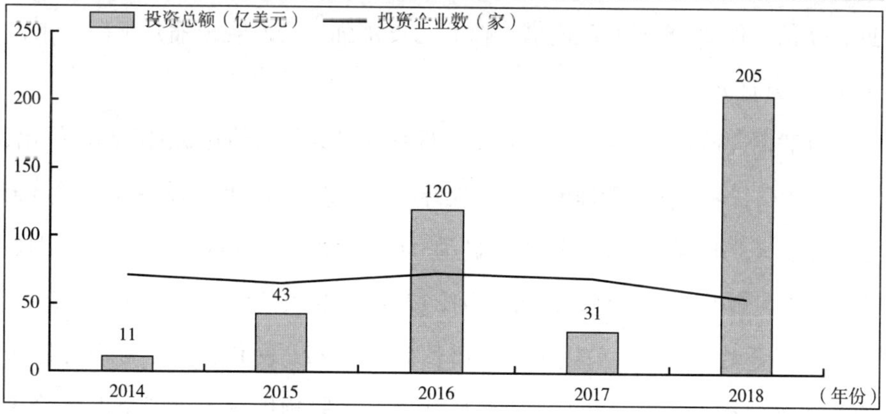

资料来源：Fintech Global，建投研究院。

中国金融科技产业发展迅速，涌现出一批在全球产业生态中占据重要地位的金融科技企业，以移动支付、网络信贷和互联网投资为代表的新金融应用最为突出。以手机支付为代表的新型移动支付已成为中国消费者应用最普遍的支付方式。我国移动支付持续保持快速增长，2018 年交易规模达到 277. 4 万亿元，居全球首位（见图 14）。

图 14　2011～2018 年我国移动支付交易规模和增长率

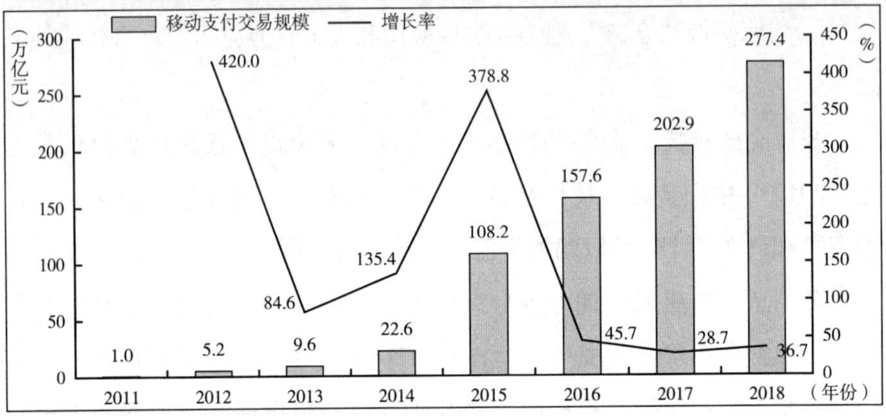

资料来源：中国人民银行，中国支付清算协会，建投研究院。

我国互联网信贷领域的交易规模也呈现迅猛增长态势。2017 年我国互联网信贷领域的交易规模已达 2. 8 万亿元，比 2011 年的 96. 7 亿元增长了近 290 倍。但 2018 年互联网借贷监管力度加强，交易规模缩减了一半，仅为 1. 28 万亿元。

互联网理财方面，随着以余额宝、理财通等为代表的互联网产品的推出，互联网理财领域的资产管理规模飞速提升。国家金融与发展实验室联合腾讯金融发布的《互联网理财指数报告》显示，截至 2018 年底我国购买互联网理财产品的网民规模达 1. 51 亿人，同比增长 17. 5%，网民使用率达 18. 3%。

我国金融科技经过前期爆发式增长后，在 P2P 网贷、数字货币等领域的违规风险不断累积，出现了一系列社会经济影响极为不良的金融风险事件。因此，2017 年起国家不断强化对金融科技领域的政策监管，针对移动支付、网络借贷、数字货币等热点领域出台了一系列监管强化政策，中国金融科技产业正逐步进入更加规范化发展的阶段。未来，监管科技将逐步成为金融科技应用的重点方向。

（三）分布式金融体系有望发展

区块链的“诚实”与“透明”，为区块链信任环境奠定基础，非常适合需要“多方共享”“高频重复”“交易链条长”的金融场景。重大变革预计将发生在以下领域。

1. 跨境支付

目前全球跨境支付主要通过 SWIFT（环球同业银行金融电讯协会）进行。SWIFT 解决了付款行和收款行之间没有直接商业关系的问题，但中间环节多导致汇款时间长、手续费高昂。基于区块链的跨境汇款技术长期可能挑战目前 SWIFT 在此领域的垄断地位。通过利用分布式账簿技术，解决金融机构之间的互信问题，在满足各地监管要求的前提下，区块链可以实现几乎实时的跨境支付，而且有望大幅降低交易成本（理论上可以大幅压缩 90% ~95% 的成本）（见图 15）。

图 15　现有 SWIFT 跨境支付成本对比运用区块链技术后成本

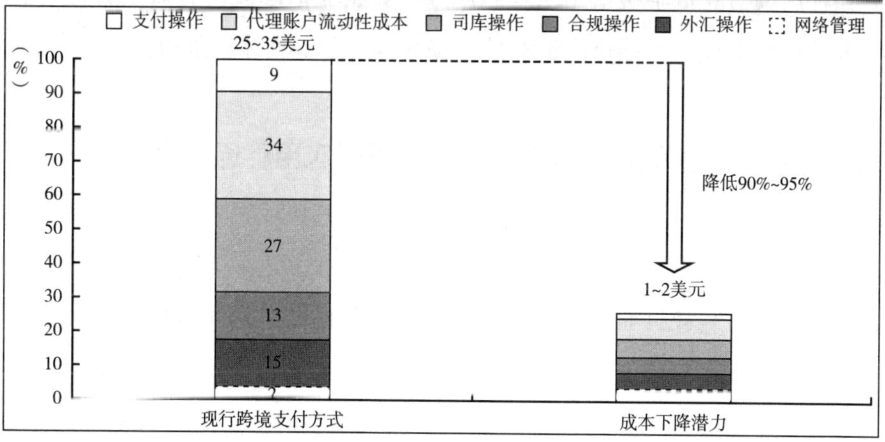

资料来源：麦肯锡，建投研究院，建投华科。

2. 交易后清算

区块链可以增加交易后清算透明度、缩短清算时间。当前主要股票交易市场的清算流程复杂、交易成本高昂，并且清算过程一旦出现错误，需要人工干预，在高频及大量交易时，人工效率较低，且中心化的系统容易遭受攻击，对安全性投入要求非常高。国际咨询公司 Oliver Wyman 估计清结算环节每年为市场增加了 650 亿～800 亿美元的成本。而区块链可以大幅减少现有清算长链条、多环节等问题，大幅缩减交易成本，提升效率，并且区块链的透明性使得交易环节更易被监管。

3. 电子票据

区块链电子票据与传统电子票据的区别在于其具有分布式存放、可追溯的优势。每一个相关方都将接入分布式账本，税务机关、开票方、报销方多方参与共同记账。从领票、开票到流转、入账、报销，全环节流转状态完整可追溯，解决了各主体间的信任问题。

4. 供应链金融

供应链金融是中小企业获得融资的主要方式之一。基于区块链的解决方案，供应链上各级供应商、经销商、物流企业、银行、增信机构都可接入区块链平台，分布式账本实现全供应链数据的实时同步与对账，降低了各实体间的协作成本与信用风险。此外，各企业信息流的有效整合，有利于发现协同效应，增强供应链黏性，提高全产业链整体竞争力。

（四）人工智能及大数据在金融服务领域应用将逐步深化

数据是金融科技行业技术角度的核心关键环节，在大数据时代，数据的价值是金融科技行业的核心竞争优势。对于目前数据体量异常巨大、数据类型异常繁多、价值密度极低的情况，通过强大的机器学习算法，结合大数据对模型进行迅速矫正是计算分析的未来趋势。金融大数据在客服、风控、反欺诈、营销等业务方面得到了广泛应用。

人工智能可应用于多种金融场景，如智能投顾、智能支付、智能客服、智能风控、智能营销、智能投研等，且渗透率不断提升。

（五）金融机构上云蕴含新机遇

美国市场研究机构 IDC《中国金融云解决方案市场跟踪研究》报告显示，2019 年中国金融云解决方案市场规模可望达到 9.3 亿美元，预期同比增长 40%，是金融行业整体 IT 解决方案市场规模的 2 倍；到 2023 年，市场规模将达到 35.9 亿美元。

云计算技术可以帮助金融机构通过统一平台，承载或管理内部所有信息系统，形成“数据仓库”。金融机构使用云计算技术通常采取从外围系统开始逐步迁移的实施路径，一般从渠道类系统、客户营销类系统和经营管理类系统等辅助系统开始，逐步到运维管理系统，一般不涉及核心业务管控风险。在这个过程中，云应用厂商将迎来巨大发展空间。

五、5G 产业2019年发展现状与2020年投资机会

（一）5G 提供了前所未有的用户体验和物联网连接能力

面对 2020 年及以后移动数据流量的爆炸式增长、物联网设备的海量连接，以及垂直行业应用的广泛需求，5G 移动通信技术在提升峰值速率、移动性、时延和频谱效率等传统指标的基础上，新增加用户体验速率、连接数密度、流量密度和网络能量效率四个关键能力指标。具体来看，5G 用户体验速率可达 100Mbps 至 1Gbps，支持移动虚拟现实等极致业务体验；连接数密度可达 100 万个/平方公里，有效支持海量的物联网设备接入；流量密度可达 10Mbps/平方米，支持未来千倍以上移动业务流量增长；传输时延可达毫秒量级，满足车联网和工业控制的严苛要求（见图 16）。

图16　5G与4G的对比

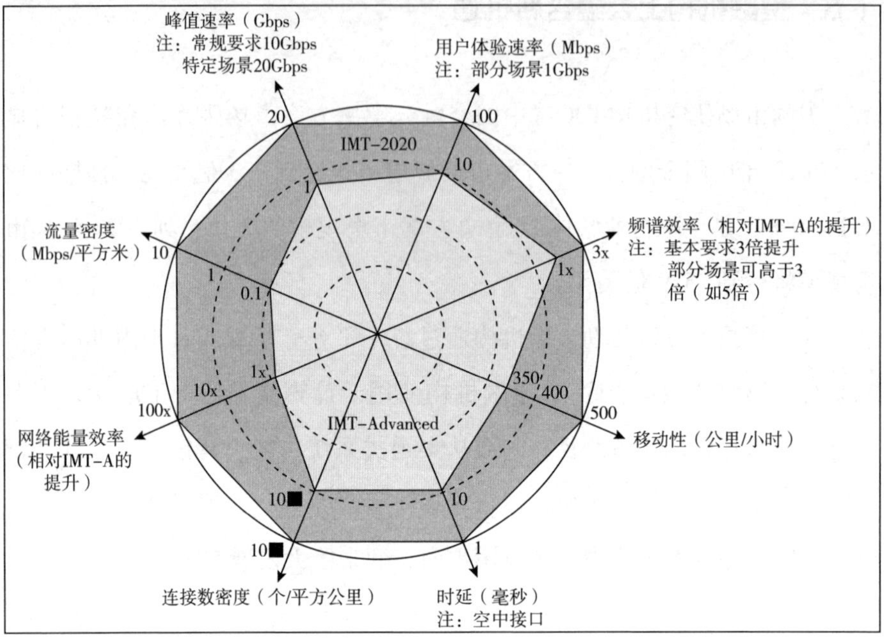

资料来源：中国信息通信研究院。

（二）5G推动经济社会数字化转型

未来，5G与云计算、大数据、人工智能、虚拟增强现实等技术的深度融合，将连接人和万物，成为各行各业数字化转型的关键基础设施。一方面，5G将为用户提供超高清视频、下一代社交网络、浸入式游戏等更加身临其境的业务体验，促进人类交互方式再次升级。另一方面，5G将支持海量的机器通信，以智慧城市、智能家居等为代表的典型应用场景与移动通信深度融合，预期千亿量级的设备将接入5G网络。更重要的是，5G还将以其超高可靠性、超低时延的卓越性能，引爆如车联网、移动医疗、工业互联网等垂直行业应用。总体上看，5G的广泛应用将为大众创业、万众创新提供坚实支撑，助推制造强国、网络强国建设，使新一代移动通信成为引领国家数字化转型的通用目的技术。

根据中国信息通信研究院的测算，到2030年，在直接贡献方面，5G将带动的总产出、经济增加值、就业机会分别为6.3万亿元、2.9万亿元和800万个；在间接贡献方面，5G将带动的总产出、经济增加值、就业机会分别为10.6万亿元、3.6万亿元和1150万个。

（三）5G投资机会

5G的发展将直接带来5G通信设备制造业、5G网络运营、5G智能终端等产业快速增长，进而对众多垂直行业的数字化、智能化改造甚至国家宏观经济产生重大的影响。我们将5G投资机会划分为两类，一类是5G通信网络自身的投资机会，另一类是5G应用投资机会。5G应用市场在5G通信基础设施成熟后，将迎来爆发。得益于5G网络的高速率、低延时、广连接的通信性能，5G应用端的投资机会众多，对多个行业都有改造升级潜力。

1. 5G通信领域

中信建投证券预测中国运营商5G主体投资（主要包括规划期与建设期的相关资本开支）规模将达1.23万亿元，较4G投资规模增长68%。其中，小基站、AAU-基站射频器件、光模块、无线设备及AAU-基站天线有望迎来大幅增长。

一是光模块将明显受益于5G发展，在中传和回传接口带宽方面需求超过100G，市场规模约为116.82亿美元。

二是天线与射频领域迎来新机会。5G对峰值速率、体验速率、空间容量的需求是4G的10～100倍，需要使用Massive MIMO（大规模多输入多输出技术）进行信号增益来提升频谱效率，因此市场对5G天线、PCB电路板、射频器材等的需求大幅增加。

三是SDN/NFV技术拥有新的投资机会。下一代移动通信网络的核心架构向着云化方向演进，SDN/NFV 将成为关键技术，适应 ICT 融合大趋势。

2. 5G + 智能制造

5G 特有的低时延、高可靠特性，使得无线技术应用于工业实时控制领域成为可能，5G 将成为未来工业有线控制网络有力的补充或替代。

在智能制造时代，工厂车间中将出现更多的无线连接，促使工厂车间网络架构不断优化，网络化协同制造与管理水平有效提升，保持对整个产品生命周期的全连接。未来工厂中所有智能单元均可基于 5G 无线组网，生产流程和智能装备的组合可快速、灵活地实现柔性调整，以适应市场的变化和客户需求越来越个性化、定制化的趋势。

3. 5G + 车联网

高带宽、高移动性的 5G 网络可以为车联网用户提供高精地图下载、道路环境感知、车辆之间的博弈和协作通信、实时路况信息、天气预报等服务，从而有效提高驾车体验和行驶安全性。通过在 5G 网络 MEC 边缘计算节点汇合车辆、路况和天气等信息，可以实现动态调整车辆行驶计划，协调车辆的运行策略，从而改善道路通行效率，提升交通安全性，实现复杂场景下的车辆编队行驶、车路协同、远程遥控驾驶、远程泊车等多种车联网业务场景。

4. 5G + 生活

5G + 高清视频直播：随着 5G 技术的发展，接入带宽的限制将被打破，视频业务将进入极速（5G）、极清（8K）、极智（AI）的超高清视频时代，衍生出 5G + 4K/8K 超高清视频直播、5G + 4K/8K VR 直播、5G + 智慧场馆、5G + 无人机直播、5G + 手机直播等系列解决方案，可以为新闻突发现场、异地多会场、体育赛事和音乐会场馆、马拉松、自行车赛、高尔夫、企事业和家庭活动等场景提供灵活快速的超高清直播、随时随地的实时高清视频互动连线等业务。

5G + 电网：随着能源互联网的发展，在发电、变电、输电、配电、用电等领域都需要安全高效的网络作为通信的基础。5G 低时延、高可靠、大带宽、大连接等优势以及 5G 网络切片能力，将成为解决智能电网通信问题的重要选项，可以很好地应用于配电自动化、广域保护、电力线路无人机巡检、变电站/光伏发电站智能巡检、配电房远程视频监控、智能抄表、资产管理等业务领域。

5G + 医疗：运用 5G、移动互联网、人工智能等新一代技术手段，面向基层提供远程会诊、远程心电诊断、远程影像诊断等远程医疗服务正在加快推进，基层医疗服务能力将不断提升。高速率、高可靠、低时延的 5G 网络将为随时随地开展远程医疗服务提供高效、快速、安全传输提供保障，促进远程医疗产业的发展、提升远程医疗服务水平和效率。

5G + 教育：5G 将加快超高清视频、VR/AR 在远程教育教学中的应用，发挥沉浸式、交互式优势，缓解跨校区、跨地域限制而存在的教育资源不均衡等问题。利用 5G MEC 边缘云能力，解决了 AR/VR 的终端成本、计算力等商业难题，聚集第三方 VR 教育内容，把优质教育资源引入移动互联网。

5G + 安防：5G 高清视频解决方案可实现不同监控区域、视角、距离的定制化安防需求，结合人工智能分析技术与 AR 显示技术，可快速、实时、高效地激发人脸识别、人脸比对、布控告警、车辆检测、车牌识别、车型识别等领域的应用潜力，助力智慧化安防。

疫情专题篇

新冠肺炎疫情对宏观经济的影响分析

张志前

经济学博士，高级研究员，中国建投投资研究院副秘书长

投资提示

- 新冠肺炎疫情是新中国成立以来在我国发生的传播速度最快、感染范围最广、防控难度最大的一次重大突发公共卫生事件，全国各地所采取的管控措施也远超2003年非典疫情时期。其对中国经济的影响将会大于非典疫情。

- 新冠肺炎疫情对第三产业、居民消费、投资、出口、就业等都会产生较大负面影响，同时由于食品等需求增加、供给减少，疫情也会在短期内推高CPI。为应对疫情冲击，宏观经济政策需要做适当调整，政策环境将更加宽松。

- 疫情对经济的冲击是暂时的、短暂的。如果此次疫情能在3月得到有效控制，那么它对中国经济的影响主要体现在一季度，此后，随着疫情的控制，经济增速将会逐渐恢复。

- 疫情面前容不得麻痹大意和侥幸心理。我们必须要像直面疫情本身那样，正视疫情对经济带来的影响。一方面，要全力防控疫情；另一方面，要切实做好稳经济工作，防止出现大的波动。

2019年12月，武汉市部分医疗机构陆续出现不明原因肺炎病人。2020年1月7日，确认此次不明原因肺炎的病原体为新型冠状病毒。此事件最开始没有受到人们的足够重视。2020年1月20日，习近平总书记对此事件做出重要指示。此后，中共中央政治局连续几次召开会议，研究部署这次疫情阻击战，全国各地都采取了一系列防控疫情的紧急措施。1月23日，武汉市宣布封城。1月31日，世界卫生组织将本次新冠肺炎疫情列为国际关注的突发公共卫生事件。2019年底，当我们在讨论经济增速是否应该保6%的时候，并没有人把这次肺炎疫情的暴发考虑在内。毫无疑问，此次疫情将会对中国经济产生重大影响。

此次疫情究竟会对我国经济产生多大的影响？2003年春季暴发的非典疫情曾使全球8000多人感染，其中中国7759例；导致800多人死亡，其中中国730人。非典疫情也有明显的地域分布特性，主要发生在北京市和广东省。非典疫情在2003年一季度逐渐传播扩散，2003年二季度进入暴发期，至2003年6月逐渐得到控制，2003年三季度后疫情逐渐消失。非典疫情对我国经济造成短暂的冲击。对非典疫情的防控工作集中在2003年二季度展开，其对经济的影响也主要体现在2003年二季度。2003年四个季度，我国GDP当季同比增速分别为11.1%、9.1%、10%和10%，二季度GDP增速较前值下滑2.0个百分点，之后快速反弹，增长回归正常轨道。对比2003年暴发的非典疫情，本文就本次新冠肺炎疫情对中国经济的影响做一个初步分析。

一、对产业的影响

从供给侧看，疫情对经济的影响在各行业的表现是不同的。传染病疫情发生之后，为了阻断病毒的传播，主要控制人与人之间的接触和交往，因而对于服务业影响较大，而对于生产行业影响相对较小。根据历史数据，2003 年非典疫情暴发后，第三产业单季增速从 2002 年末的 11.3% 大幅下滑至 2003 年三季度的 8.8%，且恢复较慢，全年增速较上年下滑了 1 个百分点，对经济拖累比较明显；而第二产业增速在 2003 年二季度短暂反季节性下滑 1.9 个百分点后（第二产业二季度增速除 2003 年以外，在 2000~2005 年平均每年上涨 0.7 个百分点），三季度迅速反弹。

我们预计，本次新冠肺炎疫情对第三产业影响较大，而对第一、第二产业影响相对较小。其中对旅游业、交通运输业、零售业、餐饮服务业、娱乐业、会展业影响较大。疫情发生后，相关的电影院、娱乐场所、餐饮饭店已经关门停止营业，所有团队旅游全部取消，许多飞机航线、铁路运输和省际包车停止运营。有机构按照 2019 年春节期间的数据做了估算，仅电影票房 70 亿元（市场预测）+餐饮零售 5000 亿元（假设腰斩）+旅游市场 5000 亿元（完全冻结），在本次新冠肺炎疫情下春节 7 天时间里，损失就可能超过 1 万亿元。交通运输和旅游业占我国国民经济的 20% 左右，直接间接从业人员有 1 亿人。

本次新冠肺炎疫情由于持续时间较长，全国各地都启动了防疫防控的一级响应，交通运输和人员流动受到严格的限制，而此时正值春节假期，很多工厂停业，数亿工人返乡回家。春节过后，工人本应返回工作岗位，但是由于疫情没有得到有效控制，各地继续采取严格管控措施，很多工厂迟迟无法复工复产。春节过后本是春耕时节，大多数农作物要在这个时候下种，但由于全国各地为防控疫情采取了封闭公共交通系统、封村封路的做法，直接影响了这些地区的农业生产。同时，由于饲料运输出现困难，工人无法按时返工，养殖业等也会受到一定的影响。而这些影响在 2003 年非典疫情时期是很小甚至没有发生的。

与疫情控制间接相关的行业有金融保险、证券业、房地产业、文化教育业等，这些行业也会受到一定程度的负面影响。但也有一些行业会迎来发展机会。除与防治新冠肺炎疫情密切相关的医药、医疗器械、卫生防护、洗涤和消毒用品等需求急速增加外，方便食品、音像制品、图书报刊、健身器材等可能出现市场旺销。此次疫情导致传统商品交易活动减少，但网上交易、电子商务、远程教育、远程医疗等日益活跃。因此，未来网上交易、电商等新型行业可能会出现较快的发展。

二、对消费的影响

从需求侧看，消费受到疫情的冲击最为严重。在2003年4～6月，非典疫情最为严重的时期，社会消费品零售总额同比增速分别为7.7%、4.3%、8.3%，较2002年同期分别减少0.5个、5个和0.3个百分点。而当到了2003年6月非典疫情得到有效控制后，前期被抑制的消费需求大量释放，7月社会消费品零售总额同比增速迅速上升至9.8%。分项来看，受负面影响较大的有服装、文化办公用品、金银珠宝等；受正面影响较大的是食品、中西药品和日用品。

本次新冠肺炎疫情暴发，正值我国春节消费旺季，尤其是文化、娱乐、餐饮等消费处于全年的最好时节。疫情发生后，春节档电影大部分延迟上映、旅游景点关闭、商场超市缩短营业时间。以电影市场为例，2019年春节假期国内电影票房59.1亿元，占2019年全年票房的9.2%。有市场机构预计，2020年春节档期票房可以达到70亿元，占全年票房的比重可能达到10%。考虑到电影对周边消费的带动，市场预测一季度电影市场的损失将超100亿元。值得注意的是，2019年网上实物商品销售额已占据社会消费品零售总额的20.7%，而非典时期，我国的电商销售占比还很小，因此新冠肺炎疫情期间线上消费或将对线下消费形成部分替代。

与2003年非典期间不同，近年来我国消费持续增长，2019年社会消费品零售总额已突破40万亿元，消费连续六年成为经济增长第一拉动力。有市场机构按照非典期间的经验预计，同时考虑到当前社会消费品零售总额增速处于下行阶段，且此次防疫措施更为严格，基准情形下2020年一季度社会消费品零售总额增速将下跌，拖累2020年一季度GDP增速。当然这些消费并不是全部消失了，其中有些消费只是推迟了消费的时间。在疫情过后，可能会迎来一波消费的反弹。

三、对投资的影响

从2003年非典疫情的经验看，投资受到的影响相对较小。2003年二季度固定资产投资增速为35.1%，环比小幅下滑2.1个百分点。但这次新冠肺炎疫情对人员流动的限制更为严格，将影响房地产、基建和制造业投资项目的开工，此次疫情对投资影响可能会比非典大。

投资是稳增长的关键，尤其是在经济下行压力下。2019年以来，国家出台了一系列稳投资的措施，但可能受制于交通和人员流动的限制，招不到足够的工人，无法按期开工。扩大投资可能会受阻。疫情发生后，中国房地产业协会向会员单位并全行业发出号召，暂时停止售楼处销售活动。房地产相关项目物业管理企业积极配合政府部门和社区行政管理机构做好疫情防控的相关工作。这无疑会减少当期的销售，同时也会增加企业的成本，影响房地产的投资。在制造业投资方面，受到疫情的影响，在销售和出口疲软的大背景下，相关行业的制造业投资也将会受到抑制。

与2003年非典期间相比，近年来我国投资的增速以及投资对我国经济增长的贡献率在下降。2019年我国GDP增速为6.1%，而固定资产投资增速为5.4%，较上年下降了0.5个百分点。在当前民间投资积极性本来就不高的环境下，疫情将影响投资者对未来的预期，进一步抑制民间投资的热情。预计2020年一季度固定资产投资增速将下滑，进一步拖累GDP增速。

四、对出口的影响

尽管2019年全球经济不景气，中美贸易摩擦迟迟未决，但是在各方面的共同努力下，中国外贸进出口仍有亮眼的表现：进出口总值突破31.5万亿元人民币，同比增长3.4%，我国仍然保持了全球货物贸易第一大国的地位。进入2020年，世界经济仍然低迷，外需减弱。在这种情况下，本次新冠肺炎疫情将会使扩大出口难上加难。

2020年1月31日，WHO将本次新冠肺炎疫情列为国际关注的突发公共卫生事件。这将对我国当年的出口产生以下影响。一是将会减少中国相关产品的进口。虽然WHO不主张各国限制国际旅行和贸易，但不排除部分地区出于疫情隔断考虑，减少或暂停从中国进口部分商品。二是疫情会增加出口商品的成本。已经生产出来的商品，现在出口到国外，需要增加出关检疫的时间，这就会增加运输成本、检疫成本和仓储成本等。但检疫带来的成本增加并不会特别多，它的影响可能甚至还不如关税所带来的影响大。三是会影响企业出口产品的供货能力。为控制疫情传播，工厂无法按时复工，这会导致之后一段时间的断货。断货所带来的供应商和客户的迁移，对于很多外贸企业来说，会是中期内比较大的挑战。四是疫情在全球蔓延，对中国产品需求减少，外需减弱。

从历史数据看，非典疫情时期，我国出口金额同比增速变化平稳。但是，当时的世界经济环境不同，我国刚刚加入WTO，各国对中国商品的需求处于上升期，贸易保护主义也不像现在这样；所以此次新冠肺炎疫情对出口的影响不能小觑。但同时我们也应该看到，非典疫情时期中国的外贸规模远不及现在。2019年进出口额减少1个百分点相当于2003年进出口额减少4.475个百分点。[①]

① 《白明：当前疫情对外贸影响不同于非典时期》，中新经纬，http://news.10jqka.com.cn/20200202/c617045453.shtml。

不过，由于我国的外贸依存度已经由 2003 年的 51.3% 降至 2019 年的 31.8%，现阶段同比例的外贸下降对于经济增长的拖累幅度与非典疫情时期相比有所缩小。

五、对就业的影响

充分就业是经济增长的动力，也是宏观经济政策的四大目标之一。疫情期间，企业无法按期复工复产，而受到疫情影响的企业，必然会减少用工人数，甚至裁员，这将使我国的就业形势恶化。2003 年非典疫情期间，全国城镇登记失业率由 2002 年底的 4.0% 上升至 2003 年中的 4.2%，并在疫情结束后继续上升至 4.3%；全国求人倍率 2003 年全年微幅上涨 0.02 个百分点，涨幅较 2001 ~2002 年大幅收窄。

本次新冠肺炎疫情发生之后，采取了比非典疫情时期更加严格的管控措施。而此次疫情正值春节之后用人高峰，该段时间新增用人数占到全年新增用人总数的四分之一，尤其是对于交通运输、餐饮旅游、文化娱乐等服务性行业，多数企业在春节之后开始招收社会上的流动用工；而防控疫情需要减少跨区域流动，由于企业无法正常开业经营，不仅无法招募新的员工，还有可能裁员减人。2003 年在非典疫情发生期间，当时裁减的主要是临时工；如果此次新冠肺炎疫情影响时间拉长，企业无法支撑下去，就有可能波及正式职工。

从中长期看，如果此次新冠肺炎疫情持续得不到控制，不仅会影响就业的存量，还会影响就业的增量。一是为防控疫情，在相当长的一段时期内不得不采取控制人员流动等相对严厉的措施；二是受疫情影响，停顿的项目和投资在重新起步时，需要一段过渡时间，其中，服务业的恢复可能需要更长时间，对员工的需求会减少；三是由于疫情期间部分人群收入减少，对服务的需求也会减少。因此，本次疫情对就业的影响时间可能会更长一些。

当然，疫情发生也会增加新的就业岗位，而疫情之后将为一些新的行业带来发展机遇。在新冠肺炎疫情防控期间，对社区公共卫生、城市环境保护和医务护理的大量需求，以及对医疗器械、防治药物、医疗保险、健康保护等产品项目的急迫需求，都催生了新的生产需求和岗位需求。疫情之后，一些行业将会迎来新的发展机遇，电子商务、远程教育、远程医疗、在线旅游等业务可能会出现爆发式增长，可在一定程度上弥补疫情时期的需求缺口。

六、对区域经济的影响

2003 年非典疫情影响最大的两个地区是广东和北京，当时两个地区 GDP 合计占全国 GDP 的 16%。广东 2003 年四个季度 GDP 增速分别为 13.0%、12.3%、13.9%、15.0%，二季度 GDP 增速环比下滑 0.7 个百分点，之后逐渐修复。北京 2003 年四个季度 GDP 增速分别为 12.7%、7.2%、10.7%、12.0%，二季度 GDP 增速环比下滑 5.5 百分点，之后逐渐回升。

本次新冠肺炎疫情最严重的地区为湖北省，在已经公布的全国病例中，湖北省的病例数超过一半。疫情期间整个湖北省处于封闭状态，几乎所有企业都处于停工停业状态。而 2003 年非典疫情期间，北京、广东都没有进行封城管理，虽然学校停课，但是多数企业没有停工。可以预计，这次新冠肺炎疫情对湖北省的经济将造成重大打击。2018 年湖北省 GDP 占全国 GDP 比重为 4.7%，显著小于非典时期主要疫区广东和北京在国民经济中的占比。但湖北省近年来 GDP 增速持续高于全国平均水平，2019 年贡献了我国 GDP 7.3% 的增量。而且由于湖北是我国中部的交通枢纽和劳动力输出大省，此次疫情对经济的冲击并不局限于本省，已波及全国，特别是相邻的浙江、广东、河南、湖南等省。

武汉不仅是湖北的省会，也是中南地区经济的中心，对周边地区的经济发展有很强的辐射和带动作用。此次新冠肺炎疫情将会对武汉甚至湖北经济产生较大的冲击，不仅对交通运输、餐饮旅游等服务业冲击较大，其传统的汽车、建材、化工等行业也会受到较大冲击。但是，疫情冲击过后，经济很可能会有一个小的爆发式增长，这有利于推动经济和行业转型升级。北京、广东在2003年非典疫情的次年经济增速显著回升。如果武汉和湖北在这次疫情之后，能够化危为机，相信在此次疫情之后，区域经济也会有一个好的发展，同时相关行业和产业的转型速度也会加快。

七、对CPI和PPI的影响

从非典时期的历史经验数据看，疫情会在短期内推高CPI、拖累PPI。2003年非典时期，PPI下滑明显，CPI先升后降。2003年PPI增速二季度明显回落，可能与总需求受疫情拖累有关；疫情前期，由于居民囤粮囤菜，导致物价有所上涨，CPI升高，后期有所回落，整体波动不大。CPI上升主要原因是食品项价格走高，例如鲜菜、畜肉类、水产品、蛋类等。

2019年以来，受到非洲猪瘟等因素的影响，我国CPI持续走高，2019年12月，我国的CPI同比上涨4.5%，PPI同比下降0.5%。受疫情和春节假期的影响，猪肉和蔬菜价格走高，可能会推高CPI、拖累PPI，但对全年影响预计较为有限。CPI方面，2020年上半年由于受到疫情影响，居民大量囤积食品等物资，而生产又跟不上，会导致相关商品价格上涨。国家统计局公布的2020年1月份的CPI已经达到5.4%，创出了8年来的新高。预计2020年一季度CPI同比中枢可能继续保持在5%以上，但是三季度之后可能会逐步回落。PPI方面，受延迟复工和企业减产等影响，一季度地产、基建预计较为疲弱，叠加WHO认定本次疫情为“国际关注的突发公共卫生事件”可能抑制出口，内外需拖累下一季度PPI回升幅度受限，PPI将维持低位；二季度内外需情况预计有所好转，但受翘尾因素下滑影响，预计PPI仍较低；若三季度开始疫情影响消退，基建发力，补库存力度加大，那么PPI有望持续回升。

八、对宏观政策的影响

为应对疫情冲击，宏观经济政策需要做适当调整。从历史经验看，2003 年非典疫情期间，我国的货币政策明显偏宽松。M2 增速由 2002 年底的 16.8% 上升至 2003 年 6 月的 20.8%，同期 10 年期国债利率也从 3.18% 下降至 3.08%；而在 6 月份疫情得到控制后，货币增速迅速拐头向下，利率也开始震荡上行，财政政策也有小幅发力。主要体现为 2003 年财政收入累计增速由年初高点的 40.5% 震荡下行至年底的 20%，与当年对餐饮旅游、交通运输等受疫情影响较大的行业实施减税有关；财政支出增速在 2003 年上半年也有小幅走高，在疫情得到控制的下半年重新回落。

为应对这次新冠肺炎疫情，中共中央政治局在 2020 年的农历正月初一召开了专门会议，此后又多次召开会议研究部署，要求各方面工作都要支持疫情防控，相关财政金融税收政策做出调整。中共中央政治局会议提出，在做好防控工作的前提下，要全力支持和组织推动各类生产企业复工复产，加大金融支持力度，加大企业复产用工保障力度，用好用足援企稳岗政策，加大新投资项目开工力度，积极推进在建项目。相关部门和地方政府认真落实中央政治局会议精神，密集出台了一系列的政策措施。我们预计，2020 年宏观经济政策将延续宽松、稳字当头、保持定力，地方政府积极性有望回升，也会更加重视改革、科技创新和区域政策，为控制疫情、恢复生产和稳定经济创造良好的政策环境。

财政政策方面，积极的财政政策将更加积极有为，主抓手仍是扩基建、平滑隐性债务和专项债，疫情下财政补贴力度可能加大，对重点地区、行业和企业进行定向支持；继续加大减税降费和降低企业负担的力度，但是考虑到我国地方政府偿债高峰的来临、财政收入的增收乏力，2020 年通过政府“加杠杆”加大“增支”力度很可能成为财政政策的主线，财政赤字率有望从2.8%升至3%。货币政策方面，稳健的货币政策将更加注重灵活适度，稳增长在政策决策中的权重将会进一步上升，逆周期调节将进一步加码。在保持稳健货币政策基调不变的同时，降准降息仍然可期，但是“大水漫灌”的做法不太可能。为稳增长，房地产调控政策也可能会适当放松，更加有针对性。

九、小结

本次新冠肺炎疫情还在发展，截至2020年2月12日，确诊病例数已经超过40000人，死亡病例超过1000人，确诊病例和死亡病例数都已经远远超过2003年的非典疫情，而国家所采取的措施也远远超过非典时期。疫情对经济的影响主要取决于疫情延续时间和范围。但目前谁也无法准确估计未来疫情的发展，因此也就无法准确估计它对宏观经济会有多大影响。按照多数专家和机构的预判，疫情如果能在一季度得到有效控制，那么它对中国经济的影响主要体现在一季度。此后，在各项政策刺激和需求回暖等因素影响下，经济将逐步恢复，第四季度的经济增速可望回到6%以上，但是全年增速将难以实现保6%。

2019年以来，中国经济受中美贸易摩擦等多重因素影响，下行压力加大，此次新冠肺炎疫情是对中国经济的又一次冲击。它同样是来自外部的因素。外部因素对经济的影响有两个特征：一是突如其来，二是猝不及防。外部冲击一定会并且实际正在给中国经济增长造成干扰，甚至阻断某些行业发展，但长期看，不会阻断中国经济的增长态势，不会使中国经济严重失衡。疫情对经济的影响性质不是经济危机，由疫情导致的行业和经济下滑不会是常态，只是经济中高速增长过程中的暂时现象。经过改革开放40多年的发展，中国经济已形成较为完善的内部结构，具有非常好的韧性和抗冲击能力。外部冲击虽然影响较大，但不会根本打击中国完整的经济结构，也不足以改变中国经济长期趋稳和向好的态势。

与一般的经济危机不同，此次新冠肺炎疫情对经济的冲击是外生性的，对经济的影响有独特性。它会使人们减少购物、减少外出、减少旅游，也减少消费和投资。由于大量经济活动的减少，社会需求被抑制。如果说，自然灾害破坏的是过去的财产，扩大的是今后的需求；那么，此次病毒疫情不见得破坏财产，但破坏了人们增加未来财富的信心，也影响着对未来的消费预期。一些专家分析，此次疫情只会造成个别行业的局部损失，不会对整个经济产生影响。但我们不能盲目乐观和自信，这样只会贻误“战机”，使本可及早控制的损失进一步扩大。在系统性灾难面前，没有哪个行业和企业可以独善其身。

在每一次、每一组黑天鹅事件的背后，都隐藏着一个巨大的灰犀牛危机。防止灰犀牛事件演化为现实的系统性风险，最好的办法就是充分认识和评估遇到的风险，并及早采取措施遏制风险的扩散和蔓延。关于此次新冠肺炎疫情对经济的影响分析也应该采取同样的原则。我们应该把疫情对经济的影响分析得更加充分一些，把困难和问题预想得更多一些，把滞后的效应估计得更足一些，提前做好充分的准备，制订好应对的预案，做到未雨绸缪，防患于未然。在这个问题上，我们千万不能再掉以轻心，绝不能再忽视灰犀牛的存在，也不能忽视它对经济巨大的破坏力。我们必须要像直面疫情本身那样，正视并充分评估疫情给经济带来的影响，在全力防控疫情的同时，切实做好稳经济的工作。

新冠肺炎疫情对房地产行业的影响分析

王　申
博士，中国建投投资研究院研究员

投资提示

- 2020年1月开始蔓延的新冠肺炎疫情，对房地产一季度的运行产生了显著的负面影响。短期来看，房屋销售1月下滑超过往年，2~3月将成交惨淡；土地出让、企业复工延期，但是全年影响有限；房地产企业资金面紧张，中小企业偿债压力大；在因城施策的原则下，政策也会更多地支持刚性需求，货币与财政政策将会有所改善。

- 中长期来看，此次疫情过后行业反弹力度会较弱，潜在影响可能也会延续到下半年；疫情将会导致房地产市场分化加剧，房企的市场集中度进一步提高；写字楼空置率会提升，租金价格和物业出售单价会下滑，远程办公渗透率会提高，中小微企业更多尝试共享办公或合并办公室。

- 在投资方面：(1) 房地产企业资金紧张，融资需求上升，投资房地产项目要更加关注企业的负债率、品牌和项目管理能力；(2) 写字楼市场由于存量增多，预计2020年可能会有大宗的写字楼交易，加上一部分写字楼业主因资金紧张而降低售价，2020年将会是一个较好的抄底时机；(3) 疫情暴发使得消费者和租户对物业要求提升，从而对物业服务企业的专业性要求越来越高，服务好、管理规范、专业尽责的品牌物业公司将更受投资者青睐。

一、疫情的短期影响

2020年1月份开始蔓延的新冠肺炎疫情，对房地产一季度的运行产生了显著的负面影响。

（一）近期房地产成交状况

1~2月是房地产行业传统淡季，回乡置业占主流。2020年春节前，58同城、安居客发布的报告显示，有68.6%的被调查者倾向于选择回乡置业（包含家乡城市及家乡所在的省会城市），这一数据高于2019年的52.7%。

不过，这一切都被突如其来的新型冠状病毒感染的肺炎疫情给打乱了。为最大限度减少公众聚集，各地纷纷叫停了售楼处的销售活动。1月26日，中国房地产业协会倡议房地产开发企业暂停售楼处销售活动，待疫情过后再行恢复。随着全国防疫力度不断加大，已有包括湖南、江西、广东、海南、黑龙江、成都、重庆、福州、南京、苏州、杭州、合肥等在内的至少60多个省区市下发通知，要求暂停售楼处销售活动。不少房企也主动关闭了售楼处，转战线上，但线下看房、签约这个环节很难被替代，楼盘交易基本陷入停滞。

从2015~2019年30个大中城市的商品房成交套数来看，前两个月的成交量占全年的12%左右，并且2月份成交量要少于1月份。2020年1月，30个大中城市只成交了98840套商品房，同比下滑17.94%，环比减少44.65%（见表1）；2020年2月1~25日，成交量更是仅有13753套，预计全月成交20000套左右，只有往年成交量的五分之一。

分城市来看，亿翰监测的40个城市中，一线城市销售同比下降15.1%，环比下降39.3%。广州环比下跌60.3%，跌幅最大。多数普通二线城市同比、环比也均下滑，其中青岛降幅最大，达到54.6%；三四线城市1月份成交面积483.7万平方米，同比上升4.6%，环比下降23.6%。

表1　2015年以来30个大中城市商品房月度成交套数

月份	2015年	2016年	2017年	2018年	2019年	2020年
1月	163338	197037	123381	135900	120447	98840
2月	80764	104862	105261	67310	73630	20000
3月	149375	273709	192858	120416	149074	
4月	165471	248977	151420	121144	145497	
5月	190503	234764	142725	127989	148897	
6月	201768	227781	154693	146522	157993	
7月	199110	220409	135678	149859	154421	
8月	185863	228289	144090	152132	136547	
9月	189469	244469	144614	143448	157921	
10月	203986	230106	134707	134598	139546	
11月	221487	181282	141787	158477	150571	
12月	256780	195843	167269	179434	178557	
1-2月占比	11.06%	11.67%	13.15%	12.41%	11.33%	
1月环比	-29.40%	-23.27%	-37.00%	-18.75%	-32.87%	-44.65%
2月环比	-50.55%	-46.78%	-14.69%	-50.47%	-38.87%	-80%

注：2020年2月成交量和2020年2月环比为预计数。
资料来源：Wind资讯，建投研究院。

（二）近期土地供应情况

受到疫情影响，多个城市纷纷延期土地出让，其中包括北京、上海、深圳、武汉、天津等城市。其中，早在1月30日，北京推迟海淀西北旺等3宗居住用地挂牌出让时间，延期至2月13日。

从春节前后每周土地供应数量来看，春节一周的土地拍卖基本为零，春节前后几周仍有大量土地供应，每周土地供应数基本在200宗以上，并且春节放假前一周一般还有个小高潮——拍卖四五百宗土地。但2020年1

月开始，土地供应量就持续下滑，每周平均不到200宗，并且春节后2月份土地供应量再次大幅度下滑，每周只有三四十宗（见图1）。

图1 2016年以来100个大中城市每周土地供应量

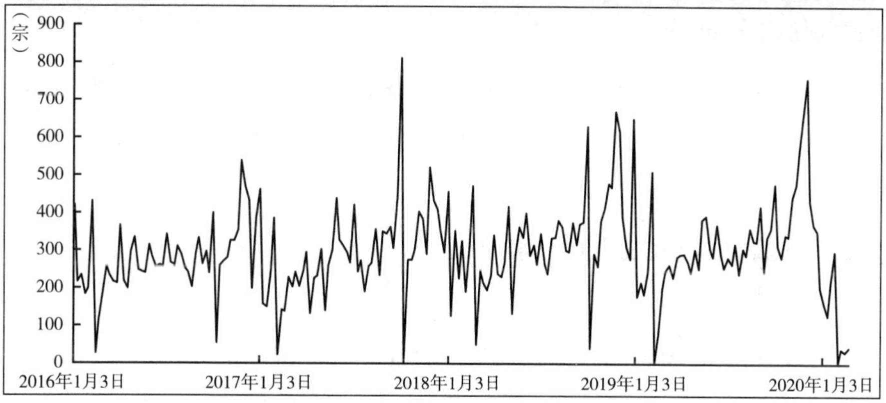

资料来源：Wind资讯，建投研究院。

疫情导致土地出让延期，一方面打乱了房地产企业的囤地节奏，另一方面也导致一季度地方政府赤字上升。不过二季度开始预计会加快土地交易节奏，对全年影响有限。

（三）对复工的影响

受疫情的影响，各地纷纷延迟上班与开工，多地要求建筑工地不早于2月9日复工或新开工，材料、建筑、交房等房地产上下游环节均受影响。

目前来看，疫情已经得到有效的控制。湖北以外地区的确诊病例从2月初就开始下降；湖北省在得到全国支援的情况下，医疗资源紧张情况得到缓解，确诊和疑似病例都被有效隔离，从2月下旬开始，现存确诊病例数开始下降。

因此，在确保防控疫情不松懈的同时，全国已开始逐步复工，湖北地区则延后到4月份大规模复工。

从重点受影响区域来看，湖北为本轮疫情始发地，且确诊病例占比超过50%，预计区域管控时间将更长，对湖北省房地产销售冲击将更大。从湖北省房地产投资、开工、销售占全国比例来看，2019 年分别为 3.9%、3.8% 和 5%，若疫情短期内得到控制，其对全国房地产投资、开工、销售的影响仍相对可控。

综合来看，全国 2 月中下旬已开始逐步复工，3 月底复工率超九成，可以把落下的进度部分赶回来，全年开工面积预计有所下滑。

（四）对房地产企业的影响

疫情将导致 2020 年一季度房地产企业销售大幅度下滑。其中，2 月份销售寥寥无几，预计 3 月份销售也不容乐观——因为房屋成交是个较长的过程，从看房到成交至少需要数周的时间。

疫情对房企影响最大的是现金流。销售中的定金 + 预售款、首付之后的个贷，是房企最重要的资金来源。而 2 月份房地产企业现金流入极少，但固定成本和偿债的现金支出不少，短期流动性紧张。尤其是中小企业，资金面趋紧叠加兼并收购潮，生存压力很大。

此外，房地产企业还要面对 2020 年的偿债高峰。据克而瑞统计，2020 年 95 家典型房企共有 5575 亿元的债券到期，相比 2019 年到期债券增长了 43%。其中，1 月、7 月和 11 月均为偿债的高峰期，分别需要偿债 616 亿元、615 亿元及 662 亿元。另据亿翰智库统计，截至 2020 年 6 月 30 日，房企信用债到期金额为 982 亿元，海外债到期金额约为 1226 亿元。

由于资金面紧张，房地产企业一方面通过线上营销来推动库存消化，另一方面将继续通过借债、出售项目等方式来融资以缓解资金压力。

若本次疫情在 3 月得到有效控制，随着销售端逐步恢复，房企整体偿债压力不大；若疫情持续时间超预期，销售端所受影响及偿债规模扩大，若融资端政策无明显放松，预计部分中小型房企资金端压力将逐步加大。

（五）对政策的影响

从全国来看，由于疫情对于房地产的影响主要是一次性的冲击，“房住不炒”的定位不会改变，“稳房价、稳预期、稳预期”的调控目标不会变。

基于上述定位和目标，为了对冲疫情所带来的负面冲击，调控政策应该会在因城施策的原则下适度调整。这样的调整可能意味着在抑制炒房的同时，政策也会更多地支持刚性需求、改善性需求和重置需求。

在宏观层面，将会实行适度宽松的货币政策。银保监会1月26日已发文提出鼓励通过适当下调贷款利率、完善续贷政策安排、增加信用贷款和中长期贷款等方式，支持相关企业战胜疫情灾害影响，预计2020年还会多次降息降准，这些都能缓解房地产企业的资金压力。财政政策也会相对宽松，包括对抗击疫情给予资金支持、对企业给予税收优惠、补贴商业用房租金等，有助于房地产企业恢复经营能力。

二、疫情的中长期影响

（一）SARS的经验

SARS疫情于2002年11月在广东省顺德市首次暴发后，由于恰逢春运人员大量流动时间节点，感染患者迅速扩散至全国，引发各界恐慌，并于2003年2月下旬进一步扩散，3月世界卫生组织（WHO）就SARS发出全球警报，直至4月全国开始大规模公开防疫，5月起疫情得到有效控制，直至7月全球所有疫区城市被WHO从非典疫区的名单上除名，疫情结束。

2003年四个季度，我国GDP同比增速分别为11.1%、9.1%、

10.0%、10.0%，SARS影响之下二季度经济下行明显，但负面影响也仅持续了一个季度。其中，SARS疫情对于经济的影响主要在于消费类行业，集中在消费、旅游、运输等行业，并且其影响主要体现在二季度；对于房地产投资及量价的影响则相对较小，2003年房地产投资完成额同比增长30%，销售面积同比上升29.1%，投资增速和销售面积也仅在3月、4月出现一定幅度的增速高位放缓，并均于5月实现修复。不过，2003年中国香港地区房地产市场较为低迷，直到下半年流动性宽松后才见底回升。

不过，此次新冠肺炎疫情与SARS疫情暴发时所处的环境大不相同。

（1）经济大环境不同。首先，外部环境不同。2001年底，中国加入WTO，2002年至2003年期间，全球经济经历互联网泡沫破灭后迅速复苏，由此带来中国出口高速增长。当前，由于全球经济增速的放缓与中美贸易摩擦的影响，中国出口增速显著下滑。其次，内部增长趋势不同。2001~2007年，我国经济增长趋势向上，非典疫情并未改变增长趋势。自2010年之后，我国经济增长持续向下，当前我国经济依然存在较大的下行压力。

（2）行业政策环境不同。本轮地产周期调控严格，“房住不炒”基调延续下，尽管2020年初因城施策强化、流动性小幅缓解，但相较于2003年中明确房地产业为国民经济支柱产业，当前政策环境明显更为严格。

（3）发展阶段及市场体量不同。相比2003年城镇化仍在加速、房地产潜在需求旺盛，当前行业整体已由成长期步入成熟期，城镇人均住宅建筑面积由2003年的23.7平方米上升至2018年的39平方米，市场体量亦远大于2003年。2003年全国商品房销售面积仅3.2亿平方米，2019年达17.2亿平方米。

整体而言，此次疫情的负面影响比SARS更大，房地产行业面临的压力更大，疫情过后行业反弹强度会较弱，潜在影响的持续时间可能也会延续到下半年。

（二）对市场结构的影响

疫情将会导致房地产市场分化加剧。

目前，房地产市场基本呈现一二线城市趋好、三四线城市走弱的总体态势。在2020年行业环境严峻的背景下，一二线城市基本面完善需求更为坚挺，预计2020年市场稳中有升。而三四线城市在棚改货币化收紧及需求透支影响下，市场成交下行压力凸显。

在企业竞争格局方面，受疫情影响，未来两年的市场集中度会大幅提升。房地产行业是资产密集型行业，对资金的依赖度极高，疫情对中小企业和高负债企业的负面影响较大，武汉和湖北其他地市的中小房企日子尤其难过。2020～2021年房地产企业破产和并购的案例将会大幅增多，龙头企业利用资金实力和品牌，能够在市场中占据更大的份额。

（三）对各业态的影响

1. 写字楼

受经济下行和供应增加双重影响，写字楼供过于求、空置率走高，租金下行的压力增大。上海、深圳已经处于租户市场，北京处于业主市场向租户市场的过渡期，仅广州尚处于业主市场。

2019年底，北京的甲级写字楼空置率高达15%，比上年增加5个百分点，写字楼的租金也被迫进一步下行（见图2）。

2003年非典疫情对北京写字楼市场带来重创，租金在一年内下降40%，之后租金的恢复也较慢。此次新冠肺炎疫情影响较大，也会令写字楼市场雪上加霜，预计2020年空置率可能会更高，租金价格和物业出售单价会下滑。

图2 2008~2019 年北京甲级写字楼空置率与租金

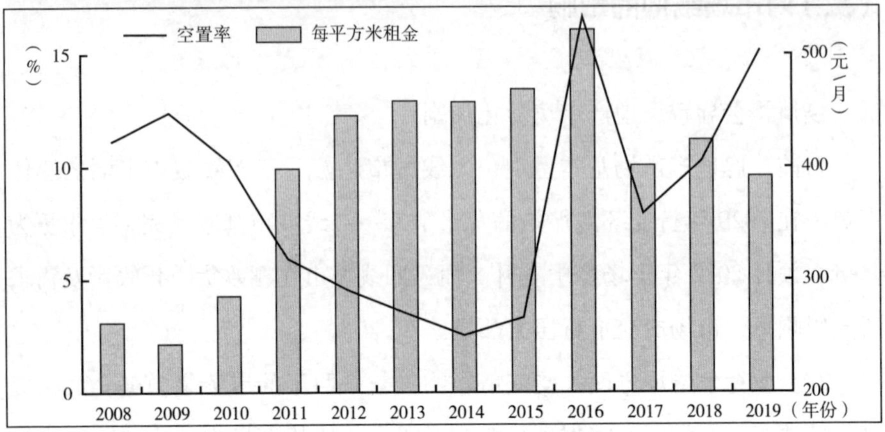

资料来源：Wind 资讯，建投研究院。

此外，在很多业内人士看来，新冠肺炎疫情促进了远程办公模式发展，将会推进线上办公的展开，在家办公、线上办公将呈崛起的趋势。从长远来看，此次疫情之后，灵活的办公模式有望被更多人所接受。中小微企业为减少经营和现金流压力，会更多尝试从传统办公楼搬迁至共享办公或合并办公室。

2. 物业管理

此次疫情出现后，中国物业管理协会及时发布《关于全力做好物业管理区域新型冠状病毒疫情防控工作的倡议书》《物业管理区域新型冠状病毒肺炎疫情防控工作操作指引（试行）》，近期又陆续发布写字楼及高校的疫情防控工作操作指引，疫情期间物业管理公司一直活跃在抗疫的第一线，在人流管控、公共区域消毒、防疫物资采购与发放、防疫知识宣传方面发挥了关键作用。部分品牌物业管理公司针对疫情期间实际情况向业主提供暖心服务，还积极承担社会责任支援疫情严重区域等，例如，碧桂园提供代买粮油蔬菜服务，以减少疫情期间业主的人员接触；万科物业派出志愿者支援武汉火神山医院，为医护人员和生活区域提供后勤服务。

可以预见，经过此次疫情，无论是政府还是公众，对于专业化的物业管理会更加认可，物业管理社会化需求会进一步增加，具备专业性的品牌物管公司迎来业务拓展的绝佳时机。具体而言，社区住宅物管面向的个人对服务意识更强、更能解决突发事件来临时业主痛点的物管公司需求将增加；涉及公共场所物业管理面向的法人机构，如政府、学校、公建物业业主、零售商业物业业主、办公楼业主等，对公共卫生防疫方面的专业性要求将增加。未来，具备专业性的品牌化、规范化物管企业在拓展中更具竞争力。

新冠肺炎疫情对医疗健康行业的影响分析

严　冰
中国建投投资研究院研究员

投资提示

- 关注高估值的医药核心资产杀跌后的投资机会，这类资产长期产业逻辑不会因为短期事件利空而改变。

- 关注受益于此次疫情且长短期逻辑兼具的医药子行业及公司，如诊断试剂、药店、疫苗等。战略性看好零售药店，短期受疫情正面影响大概率业绩放量，长期受益于集中度提升和处方外流。

- 医疗信息化加速将使得医疗方案提供商、IT 系统建设、医疗大数据等产业链上下游受益，建议投资者积极关注医疗信息化领域相关投资机会。

- 关注分级诊疗领域的投资机会，包括医联体的进一步建设、医疗数据化的进一步完善、远程诊疗的升级、健康档案的数字化与云端化建设，甚至包括未来待开发的特种机器人、智能医疗看护等。

一、疫情对医疗健康行业影响的整体判断

（一）疫情的发展与防控预测

这次新型冠状病毒肺炎疫情自 2019 年 12 月于武汉暴发以来，国家积极采取了全面、严格的防控举措，2020 年 1 月 23 日武汉发布交通封城的通告，1 月 25 日中共中央政治局常委会会议研究疫情防控工作，随后全国进入全面防疫阶段。科研人员积极致力于病毒的预防、诊断、治疗的研究，取得一系列成果。从政策上看，目前各相关职能部门的医药政策和事务办理基本上都向疫情倾斜。国家卫健委出台新型冠状病毒肺炎诊疗方案以及各种防治措施；国家医保局临时启动对确诊患者的医保支付并延伸到疑似患者，同时支持开 3 个月的慢病处方；国家药监局应急审批新型冠状病毒肺炎检测用的核酸检测试剂盒。各省区市药品采购平台对相应的疫情药品、医疗物资进行直接挂网或紧急采购。还有很多举措远超《国际卫生条例》要求，世界卫生组织对中国的防控举措给予高度肯定。

截至 2020 年 3 月 26 日 24 时，全国已累计确诊新型冠状病毒肺炎病例 82034 例，死亡 3293 例，治愈出院 74206 例。全国确诊病例治愈率超过 90%。国内本土新增确诊病例已经降至 0 例，疫情整体得到有效控制。按照党中央、国务院决策部署，依据各地新冠肺炎疫情防控形势，全国已转入外防疫情输入、内防疫情反弹，加速复工复产、恢复生产生活秩序阶段。预计上半年国内疫情可以基本得到控制。

（二）疫情对医疗健康行业的整体影响

市场普遍担忧疫情对经济的影响，从整体来看，因为我国全面防疫措施实

施早，控制力度强，本轮国内疫情对经济的影响是短期的，持续影响时间会贯穿一季度甚至上半年。境外疫情发展迅猛，而且目前尚未进入高峰期，境外疫情的发展对国内经济的影响尚不能准确评估。医药健康行业由于其弱周期属性，受宏观经济影响较小，特别是在老龄化背景下，医疗健康刚需始终存在且呈快速增长趋势，整体影响需根据疫情发展情况进一步评估，初期看部分板块相对受益。疫情对医疗健康领域的影响主要分为两个方面：正面影响是对于疫情相关产品，如抗感染、抗病毒药品以及相关的医疗器械、耗材及检测试剂销售出现大爆发，一季度的销量比往年会有较大幅度的提升；负面影响是对于疫情非相关产品，由于疫情期间医院内部采购计划延迟、病人尽量避免去医院就医，医院常规药品订单量有所下滑。医疗资源被大幅挤占，发热门诊成为重中之重，其他常规的医疗服务、手术、医疗器械等受到一定程度的挤占。返工延迟及原辅料和包材供应问题，短期内对相关企业后续产能可能会造成影响，但随着管控的缓解，产能会迅速恢复。本轮疫情期间部分设备、耗材、药品销量快速上升，但是货品的短缺使得企业在加班的人工、原料等方面的投入也有所加大。此外，由于医疗机构其他就诊人数有阶段性地减少，加上交通管制、物流限制对产品销售的影响，疫情对于相关企业整体业绩的促进作用需要综合考量。

受疫情影响，短期国内基层医疗、互联网医疗、医疗机构某些科室（呼吸、传染病）的投入可能会增加。从历史上看，2003 年非典疫情期间医药制造业收入及利润增幅都有 10 个百分点左右的提升，但疫情结束后，医药制造业收入及利润增速却下滑。从长期看，疫情不会改变医药产业的长期趋势，反而会加速落后产能的淘汰速度。医药健康行业的发展逻辑、基本走势不受影响，鼓励创新、仿制药替代、带量采购、医保控费等仍是行业发展的大方向。

二、疫情对医疗健康行业的结构性影响

疫情带来的相关企业业绩增长未必能够长期持续，疫情带来更多的是

相关企业的结构性机会，因此并不影响企业的长期价值，医保控费带来行业洗牌的中长期发展逻辑并未改变。同时，生物医药产业的战略价值得到各方重新认识，行业长远发展确定性有望提升。

（一）疫情对医疗健康子行业发展的影响

短期内疫情会对医药上市公司业绩产生扰动，不同公司之间业绩会受疫情影响出现暂时性结构性分化，但中期对医药板块整体业绩影响不大，同时也不会改变行业长期发展趋势。短期内，择期空间较大的子行业短期内会受到影响，诸如慢性病体检以及轻症的牙科、心血管、心脏病的防治将会有大幅下滑。中西药类零售端表现较强，疫情的暴发使疫情防治相关产品需求急剧增加，如消毒防护用品、部分中成药、医疗器械、诊断试剂及抗病毒药物等，具有该相关产品的公司，业绩会有阶段性提升。尤其是生物技术、医药生产、疫苗研发以及跟医学相关的计算机、人工智能、数据科学这些领域的公司近期会出现业绩爆发式增长。其他疫情防治非相关产品中择期空间较小的子行业，所受影响非常有限。中期看，医疗需求作为刚性需求，疫情只会导致需求释放时间的滞后，并未在总量上产生较大影响。

具体而言，疫情利好列入国家卫健委诊疗方案的药品。目前，治疗新型冠状病毒肺炎的特效药依然在研制过程中。根据国家卫健委发布的诊疗方案，确诊病例的相关治疗药物包括抗病毒类、抗生素类、激素及中成药四个大类。品种数量有限，粗略估计也就是20~30种。相关用药有抗病毒类包括干扰素、洛匹那韦/利托那韦、奥司他韦、阿比朵尔，抗菌类包括阿奇霉素、阿莫西林、莫西沙星、左氧氟沙星、头孢曲松、厄他培南等，在重型、危重型病例的治疗中还使用血管活性药物，以及中药和中药注射剂等。抗病毒、抗感染、营养支持、糖皮质激素等药物短期需求有望提振。除了抗生素、激素类药物的使用，提高患者自身免疫能力是重中之重。依靠药物提高患者自身免疫力方面，血液制品中的静丙可以提高患者血液中的IgG水平，增强机体的抗感染能力和免疫调节功能。

疫情利好与新型冠状病毒肺炎诊治密切相关的医疗器械。参考国家卫健委发布的新型冠状病毒肺炎诊疗方案，对于出现呼吸道症状病人的确诊与筛查，除新型冠状病毒检测以外，还应辅以其他常见呼吸道病原体的检测以做好鉴别诊断，因此生产有关体外诊断产品的厂商均有望受益，如体外诊断（分子诊断、POCT、血球诊断、核酸诊断试剂盒等）、医疗设备（医学影像、生命监护仪、呼吸机、制氧机、额温器、心肺仪、CT、体温计等）、低值耗材需求提升。从各地耗材供需情况看，一线医用耗材短缺，紧缺医疗物资包括防护服、医用外科口罩、医用防护眼镜、防护面罩、正压隔离衣、消毒液、一次性鞋套、一次性工作帽、一次性乳胶手套等。患者和非患者家庭对零售端的家用器械的需求也显著提升，有望带动相关品种放量，如家用诊断与监护设备（体温计、血压计、血氧仪、测温仪、呼吸机、电子听诊器等）。疫情受控后，患者的康复与跟踪治疗所需肺活量计、家用呼吸机、制氧机、雾化器等产品的应用也会越来越多。基于手机等信息化实时设备的穿戴式医疗设备需求将会扩大。

医药流通子行业中的主流商业流通公司均受益，医药电商企业的业绩大幅提高。疫情期间人们居家不外出购物，线上医药电商的相关药品热销，与疫情有关的产品，如口罩、抗病毒药品、体温计、手套等都是热门商品。

医药数字营销方式兴起。因为疫情防控的关系，医药行业企业线下的营销活动转移到线上，线上科室会、医学文献内容展示、品牌宣传、医生及患者的调研等都可以放在线上进行，并起到比线下更好的效果。比如近期医库、梅斯医学都接到大量药企线上数字营销的需求。

互联网+医疗服务蓬勃发展。疫情期间，各大互联网医疗平台表现得非常活跃。丁香医生、医联、企鹅医生、好大夫等平台纷纷推出了疫情实时播报、防控疫情内容科普、在线诊疗咨询服务等，在帮助广大人民群众更好地应对疫情的同时，也在加速培养用户习惯。微医集团、阿里健康、京东健康、好大夫、1 药网等各大企业和机构纷纷推出在线问诊缓解医疗压力。微医集团累计提供医疗咨询达 64.5 万人次，阿里健康累计用户突破 280 万，人们的健康意识将彻底觉醒，越来越多的家庭通过互联网医疗寻医问诊，付费学习日常医疗保健知识。另外，为了避免进入医院就诊发生交叉感染，政策鼓励患者到互联网医院进行问诊，支持开 3 个月的长期处方，这也带来了不小的流量，促进了该领域市场的培育和发展。同时，具有医药电商及互联网医院的机构，如健客、康爱多等将迎来业务的增长。此外，新药物的出现以及新型冠状病毒肺炎临床治疗研究的开展将利好医药外包服务行业，包括医药研发合同外包服务机构（CRO）和合同研发生产外包组织（CDMO）。

医疗信息化建设加速推进。本次疫情中，老年人更加易感，使得人们逐渐从被动就医转向主动常态化的预防保健。居民健康意识的提高与当前医疗资源分布不均衡的矛盾势必加速医疗信息化的进程。部分企业医院信息化建设项目前期相对受益，1 月份订单量有所增加；如果上半年疫情得不到控制，医院内主要人力物力将继续集中于疫情防治，防治体系搭建完毕后，其他项目采购下降，后续也会造成一定负面影响；长期看，疫情结束后医疗信息化行业可能相对受益于应急防控系统、医疗医保系统互联互通建设与分级诊疗系统升级。

（二）疫情对医疗健康产业链上下游的影响

从整个医药健康产业链条来看，研发、注册、生产、流通到采购、临床使用，都会受到疫情一定程度的影响。

研发层面，疫情的暴发推动了冠状病毒领域的研究。其中最引人瞩目的是吉利德公司的在研药物瑞德西韦，该药物的临床试验于2 月 5 日在武汉金银潭医院启动。此外，据钟南山院士透露，现在有至少 7 个针对病毒 RNA 聚合酶或蛋白酶的小分子药物，包括 CR3022 抗体药物都处于不同临床研究阶段，相关疫苗的研发也在开展中，但距离临床应用尚需要时间。其他相关产品如抗体检测试纸、诊断试剂等研究及临床试验立项不断被媒体所报道。不过此前已经开展的临床试验在疫情期间会受到影响。

生产方面，本次疫情造成武汉和湖北其他地市相关企业停产、延期复工，可能对医药产业链上全国其他地区的企业造成负面影响。由于国家实施带量集中采购政策，一些药企的生产供应可能会遇到挑战。春节前的重要政策，比如第二批带量采购计划于 4 月份开始执行，从目前得知的信息看，还没有接到上级的指示是否改变或延期。77 家中选企业中有一部分中选品种之前尚未生产销售，这些品种从组织生产到能够稳定保证中选地区的供应需要时间。由于疫情防控的需要，工人返工受阻，再加上原辅料和包材采购也不能像正常情况那样顺畅，我们判断这些药企在 4 月份能够保障供货估计会遇到挑战。国家联合采购办公室是否会考虑这一情况而改变第二批国家采购的执行时间，尚待观察。相关企业停产及延期复工可能冲击产业链上的其他企业，短期疫情影响可能导致产能波动，如原料药价格波动，对下游产业链也有影响。

销售层面，按疫情发展的进程看，3 ~ 5 个月内很难开展规模化的常规拜访、科室会及大型学术会议。与医生的直接接触基本上难以开展，各大药企的医药代表对医生的常规拜访基本暂停。受到疫情舆论导向、医务人员的重心转向、患者的减少以及营销活动停滞的影响，医药企业“去库存”的压力非常之大。

流通环节，受疫情影响，诊断试剂、药品等物资流通量增加，疫区尤其是湖北省本地的流通企业迎来机遇，一季度疫区流通企业相对受益；中长期看，考虑到当地交通管制、人员返工时间延期、支出成本升高等因素，疫情相关物资业务增量抵消成本费用增加及常规业务下滑带来的损失，推测疫情对流通行业整体的正面影响较小。

临床使用方面，疫情的发展推动了相关病毒防治领域的需求，预计会对相关公司一季度的业绩形成正面影响。防疫相关产品的行业及公司受益于此次疫情，典型的相关产品包括药品（抗病毒、抗生素、激素、中成药）、血液制品（人血白蛋白、免疫球蛋白）、治疗设备（呼吸机、智能监护仪、输注泵）、医用耗材（N95 口罩、医用防护服、医用护目镜、一次性塑胶手套、采血及注射耗材）、诊断试剂（酶联免疫、基因检测）和检测设备（CT、超声、生化仪、血球仪、PCR 仪、POCT）等。其中，部分主要供应试剂、设备、耗材、药品 1 月份订单量达到 2019 年一季度的总量，但非疫情相关产品订单量下滑，对企业业绩整体影响还需要根据疫情发展情况进行进一步评估。

医疗信息系统方面，医疗信息化贯穿疫情防控的全过程，包括医疗物资统计、疫情信息汇总报告、医院管理、临床应用、医保支付等环节。医疗信息化上游主要面向医疗器械制造商，主要包括医药产品、医疗器械的研发、生产、营销和监管；下游主要面向医疗服务提供者——医院、基层诊疗机构等，包括病历管理信息化、AI 影像、AI 诊疗、分级诊疗、供应链管理和医保支付体系等。医疗信息化的建设加速利好医疗行业解决方案与系统集成提供商，促进医疗系统的升级；病情的研判、医疗资源的调度、医保资料库建设等也需要大数据的分析支撑，医疗数据服务龙头企业也将获得增长。

（三）疫情过后需重点发展的细分领域

一是加速创新药物研发与生产。长期以来，我国医药企业还是以仿制药为主，创新能力不足。通过此次疫情，国家势必会更加重视研发各种应对病毒的检测、抑制和治疗的相关药品和试剂，而公众对于类似流感疫苗这类产品的使用量也会大大提高。因此会有越来越多的医药企业加强创新药物的研发与制造。疫情会教育和强化人民对健康管理和保健的需求，从而带动我国生命科学产业的发展。在一致性评价和带量采购常态化影响下，成熟产品（仿制药及过专利期的原研药）价格进一步承压，低质量的药品及临床价值不明显的重点监控目录药品会被加速淘汰，腾出的空间会更多留给创新药。

二是加速创新医疗器械国产替代。世界卫生组织宣布疫情构成“国际关注的突发公共卫生事件”，部分国家采取限制交流和贸易活动，减少国外医疗器械产业进入中国市场，倒逼中国医疗器械产业的技术转型和创新突破。疫情期间，很多科研中的创新型产品如病毒隔离床、隔离舱、新型冠状病毒检测试剂盒等快速获得注册证并投入临床应用。疫情后国家对于医疗器械监督管理的法规会更加优化，会更加适合于医疗器械的创业创新，加快医疗器械国产替代的发展速度。这次疫情不但会给口罩、防护服、温度检测设备这类传统防疫产品和设备带来产业升级机会，还会促进病房机器人、病毒隔离系统、空气病毒净化系统、手术室病房信息化系统、快速温度检测系统、高精度和高效率的基因测序设备等高科技防控产品的发展。

三是加速推进医疗信息化建设。此次抗击疫情，武汉市得到了全国各地众多医疗机构的驰援。中国电信武汉公司在 3 天内完成了火神山医院 4G、5G 无线网的覆盖，在 5G 网络的支持下，火神山医院可以提供远程医疗，医生通过远程会诊减少与病患的直接接触，从而更好地防控疫情。同时，此次疫情严重，湖北医疗资源面临较大压力，通过远程视频，火神山医院进一步与北京等其他城市的专业医疗资源合作，提高资源利用率和诊疗效率。可以设想，在疫情结束后，国家将进一步推进远程医疗和智慧医疗，解决医疗资源不足的问题。提供相关产品和解决方案的制造企业将迎来新的发展机遇。分级诊疗也对现有医疗信息化系统提出更高要求，预计通过此次疫情，医疗信息化的基础设施建设将有大幅改善，居民在线问诊、远程诊疗的需求也会增大，医疗信息化产业链的上下游都将迎来发展机会。

三、通过疫情透视医疗健康行业的投资机会

（一）医疗健康行业发展的短板与应对

这次新型冠状病毒肺炎疫情，暴露出我国医疗健康行业发展存在的短板，一是管理体制机制的短板。目前我国应急医疗体系建设很薄弱，分级诊疗体制还需要完善，医疗市场化程度还不高，医疗基础教育也很薄弱，医疗卫生治理体系和治理能力现代化水平与疫情防控需要还有较大差距。应对措施上，要深化和完善医疗体制和医保制度改革。完善对突发公共卫生事件的快速反应机制，加强应急医疗体系建设，落实医疗应急工作规范和流程，组建各级应急医疗救援机动队伍，建立应急物资储备库，健全物资储备和调用制度，实行动态管理。放开市场准入，强化事中事后监管，扩大医疗对内和对外开放水平，加强政府与社会合作办医，提高供给质量和效率。适度增加医疗卫生预算，提高财政支出中医疗等民生支出占比。提高医务人员薪酬水平和改善工作环境，加强医务人员安全保障和医生职业身份强化。利用互联网加强人民医疗卫生基础教育。加强医疗供给侧结构性改革，推进医疗卫生治理体系完善和治理能力现代化水平提高。

二是医疗资源分布不均的矛盾比较突出。这是我国医疗健康行业目前面临的重要问题，已在这次疫情中得到充分暴露。根据国家卫健委公布的数据，截至 2019 年 6 月，我国医院共计 3.3 万家，其中公立医院 1.2 万家，民营医院 2.1 万家。各省区市之间数量差异大，山东、四川、河北居于前列，数量超过 2000 家，青海、西藏地区仅有 200 家左右。2018 年我国超过 70% 的三甲医院分布在东部地区。地级市和县级优质医疗资源紧缺，三甲医院少，医疗物资缺乏，医护人员水平不高，不能满足居民健康和疫情防控的需要。应对措施上，一方面要加快互联网医疗的发展。疫情

中各地大量医护人员驰援武汉，起到了很大的作用，但专家毕竟有限，临床中危重病人需要专家会诊，尤其是县、乡镇、农村极其缺乏好的医疗资源。互联网医疗在疫情控制中将起到重要作用。疫情之前，各大三甲医院都已经推出线上发热门诊，但网上问诊的使用率并不高。疫情过后，人们对网上问诊和会诊、治疗都会有新的认识，市场发展潜力巨大。另一方面，要加快人工智能在医疗健康领域的应用。AI 医疗器械是近年来最为热门的领域，非常适合中国医疗资源地域不均衡的现状，能解决中西部地区医院病理、影像科医生短缺的问题。在疫情控制中，诊断的确认和时效非常重要。AI 技术的引进能够减少疫情中超大负荷的检验科、病理科、影像科医生的工作量，降低检验科医生的工作强度，提高诊断效率，提升检验诊断的准确性。

（二）医疗健康行业发展中的投资机会

此次疫情给医疗健康行业带来了投资机会，可以关注以下几条投资主线。

一是关注高估值的医药核心资产杀跌后的投资机会，这类资产经过 2019 年的估值后目前仍处高位，而疫情的发展对于其高估值有一定压力，个别公司的业绩可能还会受到影响。但是对于这类公司来说，其长期产业逻辑并不会因为短期事件利空而改变。

二是受益于此次疫情且长短期逻辑兼具的行业及公司，如诊断试剂、疫苗的研发生产企业及药店等。战略性看好零售药店，药店对于慢病用药的转移供应能力更强，新型冠状病毒肺炎或间接导致慢病患者更大程度地转移到药店购买药品，短期受疫情正面影响大概率业绩放量。国内药店行业集中度不高，目前正在持续快速提升。从长期看，药店将受益于集中度提升和处方外流。近年来国家持续出台政策，通过医药分家、取消药品加成、药店分级分类管理等方式引导处方外流，广东、广西、四川、重庆、江西、甘肃等多地陆续出台处方流转平台的相关政策，推动处方外流落地。

三是医疗信息化领域的投资机会。未来随着我国老龄人口的增加、人民健康意识的增强以及5G技术的推广普及，叠加近几年国家政策的大力支持，医疗信息化进入加速发展期。随着大数据、人工智能的发展，医疗信息化将进入智能化阶段。2019年我国医疗信息化市场规模接近600亿元，根据前瞻产业研究院预测，未来几年我国医疗信息化规模将持续增长，预计2023年突破1000亿元。从投资者角度来看，医疗信息化加速将使得医疗方案提供商、IT系统建设、医疗大数据等产业链上下游均受益，建议投资者积极关注相关投资机会。

四是分级诊疗领域的投资机会。这次疫情中，分级诊疗问题再一次被放大，如何更加有效地配置我国有限的医疗资源，成为一个重大命题。完善分级诊疗医疗服务体系，有效配置有限的医疗资源，涉及各种配套设施的完善，包括医联体的进一步建设、医疗数据化的进一步完善、远程诊疗的升级、健康档案的数字化与云端化建设，甚至包括未来待开发的特种机器人、智能医疗看护等，这些领域都是值得关注的产业机会。

新冠肺炎疫情对金融行业的影响分析

高彦如
中级经济师，中国建投投资研究院研究员

投资提示

- 本次疫情对我国经济、金融市场和金融业的影响总体来看是短期和可控的。

- 监管部门打出金融支持防控疫情组合拳，保持流动性合理充裕，加大货币信贷支持力度；合理调度金融资源，保障人民群众日常金融服务；保障金融基础设施安全，维护金融市场平稳有序运行；建立“绿色通道”，切实提高外汇及跨境人民币业务办理效率。

- 疫情对中国金融市场的影响多为短期，A股市场短期利空，债券市场短期利好，外汇市场短期波动加大，但金融系统总体保持稳健运行。

- 对于金融行业，疫情对银行业短期有“量增价减”的影响，中长期影响有限。保险业短期新业务有压力，中长期对健康险产品有推动作用。疫情对证券业的自营和资管业务以及基金业有一定影响。疫情影响信托中的房地产信托、基建信托、工商企业信托业务，但为大健康领域信托提供了机遇，慈善信托通过此次疫情得到发展。疫情提升了租赁行业的风险，同时带来了医疗健康及其关联产业市场领域、消费领域和信息化领域的机会。总体而言，金融科技将因此次疫情而备受金融机构重视，发展加速。

2003 年非典疫情造成中国经济当年二季度 GDP 增速下降 2 个百分点到 9.1%，之后两个季度又回升至 10%。但这次新冠肺炎疫情受影响范围从时间维度和空间维度看都远超 2003 年，持续的时间长，感染的人数多，春节之后全国大部分地区经济活动几乎处于半停滞状态。受此次疫情影响，大部分工厂企业推迟开工，交通运输管制加强，普通民众被建议以居家为主，社会经济运转节奏因此放缓。好在一季度特别是春节期间 GDP 占全年比重相对较低，随着疫情被逐步控制，生产恢复，疫情对供给端的影响相对有限。但是疫情对需求端影响较大，春节期间属于消费旺季，对旅游业、电影业、物流业、餐饮业等行业影响预计较大，对经济也产生影响。另外，世卫组织宣布新型冠状病毒肺炎疫情已经构成了“PHEIC”（国际关注的突发公共卫生事件），加剧了外需对经济的冲击。因此，我国采取了多项金融政策和措施，支持疫情防控。本次疫情对我国经济、金融市场和金融业的影响总体来看是短期和可控的。

一、金融支持疫情防控有关政策汇总

（一）我国财政政策有针对性地陆续推进

应对突发性的公共卫生事件，财政政策主要采取补贴、贴息以及税费减免三种手段。回顾 2003 年非典时期的财政政策，4 月暴发期以补贴为主，5 月拐点过渡则采取贴息手段，在最后恢复期减税政策是重点。

2020 年 2 月初，新冠肺炎疫情处于对抗时期，金融财政政策开始发力，对相关行业、企业进行补贴。2 月 11 日，财政部提前下达 2020 年新增地方政府债务限额 8480 亿元，加上此前提前下达的专项债务 1 万亿元，共计 18480 亿元。2 月 14 日，财政部预拨 2020 年第二批新型冠状病毒肺炎疫情防控补助资金 80 亿元，截至 3 月 2 日各级财政累计下达疫情防控补助资金1087.5亿元。贴息政策方面，2月7日，央行设立3000亿元专项再贷款，提供低成本再贷款资金，且明确表示将企业实际所获贷款利率的50%贴息，保证企业实际融资成本不高于1.6%；2月26日，国务院常务会议表示，在此前设立的3000亿元再贷款的资金基础上，增加5000亿元再贷款再贴现专用额度，同时下调支农、支小再贷款利率0.25个百分点。税费减免方面，2月5日，国务院常务会议推出一批财税金融政策，其中税收优惠政策包含对运输防控重点物资和提供公共交通、生活服务、邮政快递收入免征增值税等在内的四项措施。2月18日，国务院常务会议表示从2月至6月可对中小微企业免征养老、失业、工商保险三项费用。同时，6月底之前企业可申请缓缴住房公积金。2月25日，国务院常务会议决定推出阶段性免征小规模纳税人增值税或降低小规模纳税人增值税税率等一揽子减税降费举措，其中，3月1日至5月底免征湖北省境内小规模纳税人增值税，其他地区征收率由3%降至1%。

一系列政策组合拳有针对性地出台，贯彻落实更加积极的财政政策举措。

（二）货币政策量价齐发力，流动性保持合理充裕水平

从量来看，2月3日央行开展逆回购，共计投放1.2万亿元流动性，中标利率下调10个百分点，2月4日以利率招标的方式再度投放流动性5000亿元。两日投放流动性合计1.7万亿元，创历史新高。2月10日，央行开展9000亿元逆回购操作，完全对冲当日逆回购到期。此外，1月金融数据超预期，社融与新增信贷均创新高，其中1月金融机构新增人民币贷款3.34万亿元，在春节较往年提前及2019年高基数的背景下仍同比多增加1109亿元。从价来看，政策利率、银行间以及贷款利率中枢均下降。政策利率方面，2月17日，央行开展2000亿元MLF和1000亿元逆回购操作，其中1年期MLF利率下降10个百分点，资金面呈现宽松水平。贷款利率方面，2月20

日，1 年期 LPR 和 5 年期 LPR 分别如期下调 0.1%、0.05%，市场普遍认为未来 LPR 仍有下行空间。银行间利率方面，2 月 DR007 利率下行约 20BP 至 2.40%，而截至 3 月 4 日，DR007 已大幅下降 40BP 至 2.00%。

整体来看，2 月末连续暂停公开市场操作，Shibor 利率多数下行，银行间市场资金供给仍充裕。而且美联储降息重启，中美 10 年国债利差重新走扩至 160BP 以上，也给国内宽松打开了空间。预计未来货币政策将更加灵活、空间和工具也更充足。总量上，通过 SLF、MLF、OMO 及普惠金融定向降准等释放资金，保持流动性充裕；价格上，通过政策利率和机制改革共同引导 LPR 进一步下行，甚至不排除调整存款基准利率的可能；同时，以结构性工具加大对中小微企业的金融支持。

（三）重要政策解读

其中，较为重要的政策包括如下几点。

一是中国人民银行联合财政部首次实施“专项再贷款和财政贴息”的捆绑政策。3000 亿元专项再贷款主要通过全国性的商业银行以及部分疫情比较严重的省市的地方商业银行，向重要医用物品和生活物资的生产、运输和销售的重点企业（名单制管理）提供优惠利率的信贷支持。中国人民银行要求商业银行给名单内的企业发放优惠利率贷款，利率不能高于 3.15%，较上个月 LPR4.15% 的水平下降 1 个百分点。从目前发放的情况看，商业银行贷款利率基本在 2.4% ~3.15% 之间。在此基础上，由财政部对企业按照贷款利率的 50% 进行贴息。也就是说，如果一个重点企业拿到这笔贷款，实际所负担的融资成本不高于 1.6%。而当前已获得专项再贷款贴息的企业实际融资成本平均为 1.28%，满足国务院不超过 1.6% 的要求。

二是普惠性再贷款、再贴现政策。中国人民银行近期明确增加再贷款、再贴现额度共计 5000 亿元，是普惠性的，对符合条件的企业采取市场化方式支持。同时下调支农、支小再贷款利率 0.25 个百分点至 2.5%，继续提供优惠利率，发挥好激励撬动作用。6 月底前，对地方法人银行新发放不高于贷款市场报价利率加 50 个基点的普惠型小微企业贷款，允许等额申请再贷款资金。

三是贷款利率下降。2 月 17 日，中国人民银行宣布将开展 2000 亿元的中期借贷便利 MLF 操作和 1000 亿元 7 天期逆回购操作，其中 1 年期 MLF 操作中标利率为 3.15%，比上次降低了 10 个基点。之后 2 月 20 日，全国银行间同业拆借中心发布数据，1 年期 LPR 为 4.05%，与上月相比下降 10 个基点；5 年期以上 LPR 为 4.75%，与上月相比下降 5 个基点。LPR 非对称下降传递两大信号，一是推动企业贷款利率显著下降，切实降低实体经济融资成本；二是房地产调控仍未放松。展望未来，降准仍有一定空间。

四是信贷展期。一是鼓励金融机构根据企业申请，对符合条件、流动性遇到暂时困难的中小微企业包括个体工商户贷款本金，给予临时性延期偿还安排，付息可延期到 6 月 30 日，并免收罚息。湖北省境内各类企业都可享受上述政策。

五是资管新规延期问题。中国人民银行正在会同银保监会做一些技术上的评估，资管新规过渡期延长是有可能的。对于存量资管业务整改过渡期是否会延长，银保监会表示，正从实际出发进行评估，很快会公布。

（四）资本市场改革

资本市场方面。一是受疫情影响，上市公司在信息披露、企业融资和并购重组等方面面临一些新的挑战，证监会已积极实施有针对性的政策举措。二是加大政策倾斜力度，优先为疫情严重地区相关企业提供高效便捷的直接融资服务，针对股票质押融资、融资融券等业务，对湖北等疫情严重地区做了特殊的政策安排。三是鼓励私募基金管理人发挥专业优势，用绿色通道政策引导更多的社会资金流向与防疫抗疫相关的医疗设备、疫苗药品研发生产类企业。五是沪深交易所、全国股转公司、各期货交易所纷纷免收湖北地区相关企业的上市费用或年费。六是资本市场深化改革，再融资新规落地，其中再融资新规可以说是2020年资本市场改革的重头戏。

新冠肺炎疫情对中国经济短期影响较大，很多企业经营困难，尽管有一系列要求商业银行加大信贷投放的激励政策，但在贷款责任终身追究的制度面前这些激励政策的实施可能还会打一定的折扣。因此，为了缓解企业融资难的问题，在商业银行的信贷体系之外，还可以加大直接融资力度。在经济困难的时候，发展股权市场，加大股权市场的融资，让更多的资金通过资本市场进入实体经济。特别是可以通过资本市场来实现全社会对“高科技”研发的投入，打通闲置资本、海外资本与“高技术”研发之间的通道。

2月14日，证监会发布《关于修改〈上市公司证券发行管理办法〉的决定》《关于修改〈创业板上市公司证券发行管理暂行办法〉的决定》《关于修改〈上市公司非公开发行股票实施细则〉的决定》，以上统称为《再融资规则》。

此次再融资制度条款调整的内容主要包括以下几点。

（1）对主板、创业板非公开发行对象数量上限做了调整，由10名和5名统一调整到35名。

（2）非公开发行价由原先不得低于定价基准日前20个交易日均价的90%，改为80%。这样就允许给定增投资者更多的折扣，能吸引更多的投资者，也降低了发行的难度。对于投资者来说，以八折的价格来购买股票，未来收益的概率提高了。

（3）非公开发行的锁定期缩短，原先控股股东36个月内不得转让，普通投资者12个月内不得转让；而现在时间都减半，分别调整为18个月和6个月，且不再受减持规则限制。

（4）取消创业板非公开发行股票连续2年盈利的条件，放松了创业板定增的条件。

（5）取消创业板公开发行证券最近一期末资产负债率高于45%的条件，原来资产负债率未超45%只能进行债券融资，现在可以进行股权再融资。

（6）再融资批文有效期从6个月延长到12个月。企业有更大的灵活度选择再融资的时机。

本次修订，放宽了再融资标准，扩大了融资规模，降低了投资者参与风险，扩大了潜在盈利空间，降低了资金参与门槛与成本，有利于增强资金方参与再融资的愿望，提高企业寻找到资金的可能性，便于上市公司通过再融资补充资金或进行资产重组。再融资和资产重组规则的优化可以改善上市公司流动性、降低资产负债率，有利于上市公司注入优质资产，提升市场基本面的质量，夯实市场走牛的基础。

二、国外金融应对政策与影响

（一）美国抗疫财政政策

2020年3月26日，美国2万亿美元、占GDP比重高达9%的财政纾困方案在参议院以96比0全票通过，之后经众议院投票并经总统签字后便可生效。

1. 财政补贴

美国财政部有权向企业、州和地方政府提供5000亿美元的贷款、贷款担保和投资。5000亿美元投向两个部分：一是4540亿美元被用于支持美联储为金融体系、企业、州和地方政府提供的资金支持；二是其余460亿美元投向重点企业，其中，250亿美元投向客运航空领域，40亿美元投向货运航空领域，170亿美元投向对国家安全至关重要的企业。

2. 信贷支持

提供小企业贷款3770亿美元；若企业不裁员，则贷款转为补助。

3. 现金发放

面向个人和家庭发放现金 2500 亿美元。满足条件的个人可获得 1200 美元，夫妻 2400 美元，17 岁以下的未成年人每人 500 美元；年收入在 7.5 万美元以上的个人、11.25 万美元以上的家庭最高收入者或合计收入在 15 万美元以上的夫妻，不享受该待遇。

4. 就业保障

发放失业保险 2500 亿美元。失业者每人获得额外失业保险每周 600 美元，持续时间 4 个月。

5. 应急管理

为州和地方政府提供疫情应对资金 1500 亿美元。

6. 医疗资助

为医院提供资助 1300 亿美元。

7. 税费减免

税收递延 3000 亿美元。包括但不限于：①宾馆、饭店和包括超市在内的零售商和杂货商，可获得 150 亿美元的税收补贴；亏损抵税的灵活性大；疫情期间债务利息减免；②工资税假期，暂停雇主支付工资税两年；③纳税人在采用标准抵扣时，可以增加高达 300 美元的慈善捐款。

8. 延期还款

允许借款人暂缓支付房贷、车贷、学生贷款及信用卡账单。公房住户暂停交付租金；暂停对消费者信用级别的负面报告；不得拍卖未能如期偿付房贷者的住房，不得将未能如期偿付房贷者赶出家门。

（二）美联储货币政策

2020 年 3 月以来，美国疫情呈现暴发态势（见图 1），美联储密集采取超宽松货币政策解决市场流动性危机，提供金融支持。

图1　截至2020年3月美国确诊新冠肺炎患者新增值与累计值

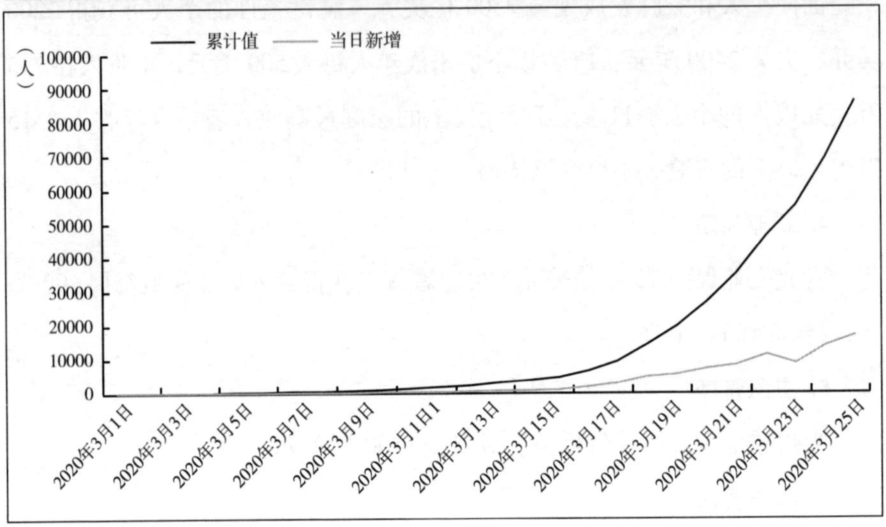

资料来源：Wind资讯，建投研究院。

2020年3月3日，美联储在非议息会议时间突然宣布，为应对新冠肺炎疫情带来的经济下滑，一次性下调联邦基金基准利率50个基点至1%～1.25%的目标区间，下调超额存款准备金利率50个基点至1.1%。

3月13日，美联储再次紧急降息100个基点，将联邦基金目标利率区间维持在0～0.25%。这是美联储历史上最大的降息幅度，超过最严重时期降息75个基点的强度。美联储推出历史最强的宽松政策组合，零利率提前到来，第四轮QE开启（见图2）。

3月美联储的议息会议原定于3月17日到18日召开，而在没有议息会议的时候宣布降息，被称为"非常规会议降息"，一般用于紧急救市，也就是说市场出现了异常情况，需要马上出手拯救。2000年之后，美国先后发生了科技股泡沫破裂和"9·11"事件，对经济产生较大冲击，其间进行了三次非常规会议降息；2007年及之后金融危机期间，又进行了三次非常规会议降息。近两次非常规会议降息则发生在新冠肺炎疫情在美国以及全球肆虐之时，可见此次疫情的影响之大（见表1）。

图 2　2018 年以来美国联邦基金利率

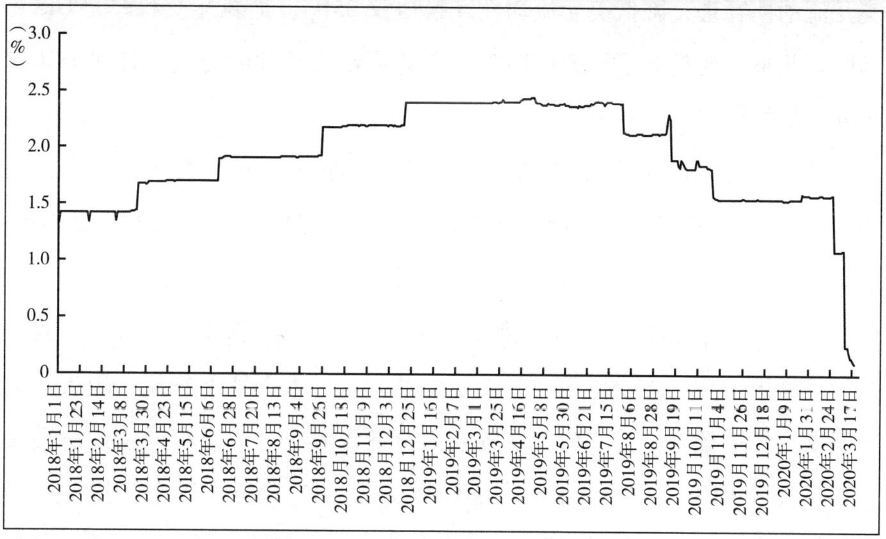

资料来源：Wind 资讯，建投研究院。

表 1　21 世纪以来美联储 8 次非常规降息

	时间	事件	降息幅度
第一次	2001 年 1 月 3 日	2000 年互联网泡沫破裂	降息 50bp
第二次	2001 年 4 月 18 日	经济持续下滑	降息 50bp
第三次	2001 年 9 月 17 日	“9・11”恐怖袭击	降息 50bp
第四次	2007 年 8 月 17 日	次贷危机	调降贴现利率 50bp
第五次	2008 年 1 月 22 日	美股市值三周下跌 10%	降息 75bp
第六次	2008 年 10 月 8 日	雷曼兄弟倒闭	降息 50bp
第七次	2020 年 3 月 3 日	新冠肺炎疫情海外蔓延	降息 50bp
第八次	2020 年 3 月 13 日	美股熔断	降息 100bp

资料来源：建投研究院。

不仅如此，3 月 13 日美联储还下调了贴现窗口利率 150bp，鼓励银行动用资本和流动性缓冲工具，并将银行在美联储的存款准备金比例降至 0。此举意在维持信贷市场的稳定，加大银行对企业和居民部门的逆周期信贷支持。

此外，美联储联合欧元区、加拿大、英国、日本、瑞士央行加强离岸美元流动性管理，降低美元流动性互换协议25bp，最新互换利率为OIS－25bp。此举主要是为了缓解近期离岸市场美元流动性的短缺，有利于其国内外信贷的扩张。

还有重启第四轮QE：未来几个月将至少净购买7000亿美元资产，其中包括至少5000亿美元美债和至少2000亿美元MBS。美联储时隔6年重启第四轮QE，短期内节奏很可能将超过前面三轮。

3月23日，美联储在新冠肺炎疫情暴发以来第三次密集出台货币宽松政策，具体包括：无限量地购买国债和MBS、扩大MMLF规模、购买机构商业抵押支持证券、建立向企业提供信贷的工具——一级市场企业信贷支持工具（PMCCF）和二级市场企业信贷支持工具（SMCCF）、启用定期资产抵押证券信贷支持工具（TALF）以支持信贷流向消费者和企业等。美联储祭出无限量QE大招。

（三）全球新一轮货币宽松开启

为应对新冠肺炎疫情对经济的冲击，全球新一轮货币宽松已经开启。

2020年3月3日中午，澳大利亚央行宣布降息25个基点，目前澳大利亚的基准利率已经降到历史最低水平。随后，马来西亚央行也宣布跟进，降息25个基点至2.5%。沙特阿拉伯、阿联酋也宣布降息。实际上，像沙特阿拉伯和阿联酋等货币与美元挂钩的海湾国家，其货币政策趋向几乎完全跟随美联储的决定。

日本央行和欧洲央行已经没有降息空间，欧洲央行宣布7500亿欧元抗疫紧急资产购买计划且表示未来可能加码；日本央行上调公司债和ETF购买目标，并引入新流动性工具。

2020年以来，截至北京时间3月24日，已经有44个国家和地区先后进行降息，累计67次，其中18个国家和地区降息2次以上。其中，3月更是全球央行降息密集期。

2008 年金融危机之后，全球央行齐放水，以宽松的流动性应对经济增速放缓。但是宽松政策的边际效用逐步递减，越来越多的流动性无法带来劳动生产率的提高，无法解决各个经济体自身存在的问题。而且目前，各个央行的货币政策空间都所剩无几。如何应对低利率、低通胀、低增长这“三低”带来的挑战，已经成为全球各大央行共同的难题。随之而来的问题是，随着全球央行重新回归宽松大潮，如果实体经济无法从货币宽松中受益，那么金融市场无疑会成为最大的受益主体，新一轮资产泡沫或将来临。

（四）全球金融市场巨幅震荡

2020 年 2 月下旬至 3 月下旬，全球风险资产大幅下跌，仅美元、美债、中国国债指数和发达国家国债指数实现正收益。海外新冠肺炎疫情叠加国际原油价格战，投资者早期的从风险资产转向避险资产，而随着流动性风险加剧，资产遭遇全面抛售，市场的信心似乎被击溃，美股三大股指在这一期间平均下跌 32%。

2020 年 2 月下旬，新冠肺炎疫情在中国以外的地区加速蔓延，人们对于疫情可能演变为全球大流行的担忧加剧。2 月 24 日，标普 500 恐慌指数（VIX）较前一交易日上升 46% 至 25.03，之后持续上升。主导资产价格的因素主要是投资者避险情绪的快速上升，带来风险资产价格下跌、避险资产价格上行。风险资产方面，除 A 股外，全球权益市场大幅回调，全球大宗商品价格下跌幅度也较大。

而 3 月 6 日之后，市场表现开始从情绪恐慌转向流动性危机，风险资产的下跌向避险资产扩散。当天，俄罗斯未能与 OPEC 就石油减产达成一致，3 月 9 日，WTI 原油价格下跌 24.59%，标普 500 指数也在开盘不久即下跌 7%，触发“熔断”。3 月 11 日，沙特阿拉伯和俄罗斯开启“石油价格战”，相继宣布增产。一方面，在疫情发酵的背景下，油价暴跌增加了市场对信用和流动性风险的担忧：由于美国页岩油公司大量通过垃圾债融资，市场担心油价下跌将导致页岩油企业资金链断裂，进而违约。而美国企业较高的债务水平、低利率融资环境导致BBB级债务比例偏高，在投资者风险偏好下降、普遍去杠杆的过程中，产生了一定的信用和流动性风险。另一方面，风险资产“暴跌—抛售”循环加重了市场的震荡，随后，黄金和债券市场也出现了剧烈的波动，投资者的快速赎回以及杠杆化交易要求补充保证金可能激化了这种跨资产类别的共振。

3月上中旬，权益、债券、大宗商品价格均下跌。美国10年期国债收益率回升；权益方面，美国三大股指大幅下跌，两周内四次触发“熔断”；大宗商品方面，原油价格依然领跌。对于美联储采取的一系列紧急货币宽松政策，投资者在悲观情绪下进行了负面解读，认为隐含了未知的风险事件，从而诱发了进一步的恐慌。非美元现金的资产几乎被无差别抛售，恐慌进入“现金为王”阶段，美元指数大幅走强，主要货币兑美元汇率普遍走弱。

3月23日，美联储祭出无限量QE大招后，市场流动性危机得到缓解，美国三大股指大幅上涨，美元指数下降，避险资产价格回升。

三、疫情对银行业的影响

（一）对银行业短期有“量增价减”的影响

短期内，疫情对银行经营的影响或主要集中于抑制信贷需求、逾期贷款增加和中间业务收入减少这几个方面，考虑到政府已计划推出相应的逆周期调节政策，如定向提供低利率再贷款、对疫情相关行业贴息等，且银行营收主要来自历史已发放信贷（存量业务），预计短期内新冠肺炎疫情对银行业收入和资产质量的负面影响有限。相对而言，中小微企业及民企客户占比较高的银行，短期营收指标疲弱的情况会比较明显。

1. 信贷业务短期受压。预计疫情将拖累正常的生产消费类信贷需求，但流动性融资需求提升。新冠肺炎疫情影响了大部分行业正常的节日和复工安排；另外，旅游、住宿、餐饮、文化娱乐、交运物流等领域受疫情影响较为严重。此外，疫情也抑制了居民消费需求，春节期间消费数据已有明显体现，因此正常的生产消费信贷需求可能受到影响。相反，由于债务偿付能力下降，企业端流动性融资需求提升。

另外，疫情受控后的金融条件有望宽松，可能的息差压力预计基本会被信贷增量对冲。

2. 中间业务收入减少。目前我国银行中间业务收入主要来自银行卡、结算清算、资管托管、投行等业务。

随着疫情蔓延，影院、餐饮、酒店、商场、旅游景点、各类交通的客流减少，同此相关的支付结算业务将呈现几何级数的减少，银行从日常支付结算中获得收入将出现锐减。正常情况下，“春节经济”达成巨额的零售总额和旅游收入，银行支付结算收入可观。

预计信用卡等与线下消费相关的收入会受到冲击，信用卡新开户数也将有较大回落；和资本市场相关的收入，如投行、公募基金和私募产品代销等也随着资本市场成交下降而走弱；此外，外贸企业开工也会较晚，相应的贸易相关清算收入受到部分影响。

与此同时，理财、支付、代理等线上业务不受影响，在线上业务和电子化转型方面布局较早、领先同业的银行在非息收入上或将拉开与同业的差距。

3. 疫情将减少网点的业务量。尽管按照之前的业务安排，银行网点正常营业，但是预计网点客流将较往常显著减少，日常的存取款业务将减少，但是银行也逐步推出更多线上远程业务类型来满足客户的需求。这种替补将减少负面冲击。

4. 中小企业现金流入减少，将短期冲击银行的资产质量。居民的日常消费减少，势必减少日食住行的需求，中小企业在春节期间的正常流水将显著低于预期，短期内的清偿债务能力下降。尤其是餐饮、交通、百货、零售行业。而这类客户居多的中小银行受到的冲击更加显著。

5. 信用卡和房贷清偿能力下降。批发零售行业的日常流水减少后，这类企业员工的收入势必减少，背后的信用卡和房贷清偿能力下降。不过，近日银保监会已经出台政策，可以适当放宽确认和延长清偿时间，避免短期内不良的攀升。

6. 银行业为疫情的捐赠，作为营业外支出，也在减少银行的盈利。银行业敢于担当，承担社会责任。从目前数据来看，大行基本上都是 3000 万元的首次捐赠，股份制银行大多数为 2000 万～5000 万元的捐赠，而城商行捐赠在 1000 万元左右。

（二）对银行业中长期影响有限

中期而言，疫情受控后，预计企业和居民信贷需求以及偿付能力将快速修复。央行适度放松货币政策，将引导 LPR 报价下行，以“降息”方式降低实体经济财务成本。从息差角度而言，银行可能面临一定的息差下行压力。疫情控制后信贷增速可能加快，有利于基本对冲息差的压力。换言之，可能出现“价略跌”而“量略增”的情况，最终对银行营收的影响比较可控。

长期而言，银行资产质量与宏观经济恢复的速度、监管的态度、流动性宽松情况相关，疫情对其的长期影响较小。头部银行和在细分领域有优势的银行竞争力加强。同时，金融科技对银行业务支撑作用凸显，传统业务电子化会加快推进。对于能够向诸多中小金融机构提供科技输出的公司，业务增速有望加快。2003 年非典疫情促进了电子银行的超常规发展，对未来银行业发展产生了深远的影响。因此可以预计，这一轮疫情也将促进银行线上业务和金融科技的发展。

四、疫情对保险业的影响

（一）保险业短期新业务有压力

对短期业务的影响主要在销售端，对赔付的影响较为有限。

2020年一季度个险渠道新业务销售会受到疫情较大影响，对全年也有间接拖累，但不会对行业带来长期持续性的负面影响。目前虽然个险渠道的部分展业步骤可以通过线上远程完成，但是部分步骤仍必须线下完成，特别是储蓄类保单。因此由于疫情造成代理人无法与客户见面的情况，面谈减少将抑制出单，直接导致短期新单销售受到较大影响。此外，部分保险公司改为线上早会形式，可能影响代理人出勤率、培训以及增员。基于目前的情况，预计2月份行业个险新单同比下降30%～40%，3月份或继续同比下降。作为参考，非典疫情期间，中国人寿2003年上半年的个人新单保费同比下降41%。

由于重疾险保障的病种不包括新型冠状病毒这种新型病毒引发的疾病，且目前因病死亡的大部分案例为老人，该年龄段的商业保险覆盖率总体较低，因此预计疫情对于保险行业赔付造成的压力有限。据保险行业协会统计，截至2020年1月30日，行业累计赔付为百万元量级。即使最终赔付数字在此基础上有两个量级的增长，相对于行业每年几千亿元的赔款及给付规模也较为微小（2018年行业寿险的赔款及给付为4388亿元，健康险为1310亿元）。

（二）中长期对健康险产品有推动作用

疫情受控后健康险产品销售将显著恢复，预计保险公司会基于疫情发展状况调整业务节奏（延长或推后原定的开门红产品投放和费用投放计划），同时暂时放宽人力考核标准和增加费用激励以维持人力稳定，这将有利于疫情受控后增速反弹，部分填补2～3月新单下降的缺口（可参考2003年非典疫情期间的保费增速变化趋势，如图3所示）。但是需要注意的是，由于开门红期间的新单下降会影响代理人收入，进而影响留存和增员，预计全年的新业务增长也会受到一定拖累。

中长期看，疫情不会给寿险业务带来持续性影响，但有利于提高居民对健康险的认知。此类事件会提升居民的保险意识与保险需求，长期促进健康险销售。

图3　2003年非典疫情时期5月~7月健康险保费高速增长

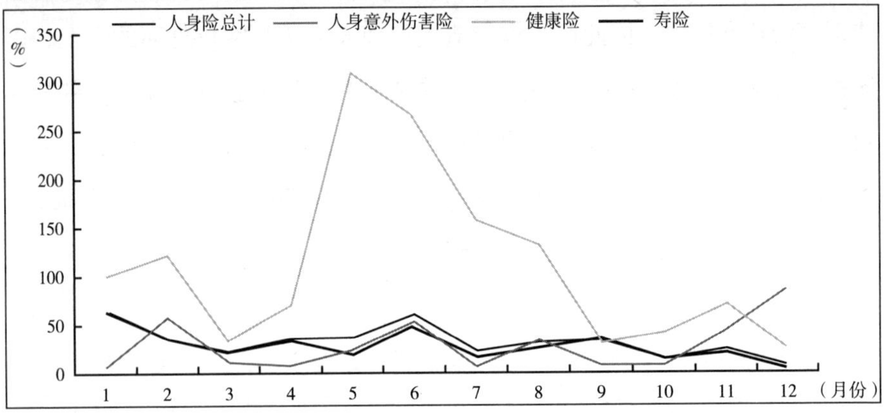

资料来源：银保监会官网，建投研究院。

此外，在居民减少户外活动+保险需求增长的背景下，依靠线上销售保单的平台有望短期受益。长期来看，保险公司将提升金融科技在业务模式中的应用。

监管方面，行业迎来纲领性文件，力促商业健康险、养老险、责任险大发展。中国银保监会等13个部门于1月23日联合发布《关于促进社会服务领域商业保险发展的意见》，商业健康养老保险是重中之重，提出“力争到2025年，商业健康保险市场规模超过2万亿元，商业保险为参保人积累不低于6万亿元养老保险责任准备金”，即5年复合增长率约20%。

另外，明确鼓励和引导新业态领域的财产险发展，责任险发展首当其冲。疫情结束后，医疗体系的改革将提升相关责任险的需求，其他新型险种也有望推出。

五、疫情对证券业和基金业的影响

（一）证券公司的经纪、两融、投行等业务或受影响

一是预计经纪、两融业务的影响局限于休市当月，非现场交易走向优化。截至目前，国内绝大多数证券交易已通过线上进行，多家券商借助本轮疫情事件，推出线上服务指南，面向投资者宣传非线下交易及办理业务，因而营业部延长关闭时间不会对股票交易额产生显著影响；结合非典疫情时期经验，预计本轮疫情对券商经纪、两融业务的影响将局限于2020年2月之内。

二是企业经营活动短期受阻给券商开展投行、并购重组等活动也带来较大挑战。预计投行业务短期受到较大冲击，剩余影响在年内缓慢兑现。券商投行业务可大致分为两个部分，一是承销保荐业务，包括IPO筹资、再融资筹资和债券筹资，二是财务顾问业务，包括收购兼并、重大重组、管理咨询等。投行业务需要做大量的现场工作，与企业、上市公司等客户进行面对面的沟通。“人员出差限制”使得几乎所有的出差人员都属于被隔离的对象，大幅拖累投行业务进度，全年业务的兑现进程延后。

（二）券商与基金公司资管业务短期受影响

宏观经济下行压力加大、市场短期震荡、券商和基金公司自营与主动管

理资管业务受拖累。A 股将产生系统性影响，股市行情短期内面临较大回调压力，新冠肺炎疫情大概率将拖累自营业务与主动管理业务一、二季度的业绩。

（三）促进证券、基金业金融科技发展

非典疫情期间，非现场交易得到长足发展。证券公司和基金公司借助非典事件，大力宣传和发展线上交易，引导投资者改变交易习惯和投资理念。

本轮疫情实质上也是各家券商和基金公司展示自身线上交易产品的契机，预计非现场交易将由普及走向优化，系统构建以客户为中心的新型服务业态及高效率、精细化流量运营。券商和基金公司将加大金融科技投入，更加重视投资者的线上体验。

六、疫情对信托行业的影响

（一）对信托业务的负面影响

1. 房地产信托业务

此次疫情影响，首当其冲的便是房地产信托业务。受疫情影响，文件明确指出推迟在建、在售房地产项目开工、开售时间，这就导致房企在买地、开发、竣工、销售等多个环节都出现短期停滞，直接影响回款速度，从而造成企业违约风险及所涉信托项目逾期风险上升。

从建设和销售端来看，春节假期延长以及防控工作对于开工的限制势必会影响建设工期。节日期间，各地房地产协会和房管局已下发通知，要求关闭商品房售楼处。不过一些企业开启了网上看房、网上售楼处的形

式，或将对冲一部分影响。从需求端来看，短期需求有延迟的倾向。综合来看，疫情对于房地产项目的建设和销售工作在短期内会产生较大影响，其中，资金链紧张、依靠高速周转的房地产商压力更大。

需求短期疲软，叠加房企促销回笼资金，预计疫情之后房价会短期走低，但下行空间有限。同时，随着货币、信贷政策调整，保生产稳经济，房价也将逐步恢复甚至可能会超预期。

预计，2020 年一、二季度新增房地产信托会有明显萎缩。随着市场信心的增强，下半年需求会有所回暖。

近两年，受监管政策影响，信托公司房地产业务处于不断收缩状态。截至 2019 年三季度，房地产信托募集规模环比下降 27.50%，规模占比由二季度的 41.32% 下降至 35.84%；投向房地产的信托资金余额较二季度减少 1480.67 亿元，为 2.78 万亿元，环比下降 5.05%，此次疫情加剧了此项业务所面临的风险。

2. 工商企业信托业务

疫情对餐饮、旅游、酒店、娱乐、消费品、运输类企业影响较大，短期损失难以避免；也给医药、纺织（无纺布）、互联网企业（游戏、线上办公、娱乐）、防护用具行业带来了特殊的发展机会。总体疫情对于工商企业的影响是短期的，长期的影响仍在于市场需求的变化。对于工商企业信托，预计一季度同比增速会有较大幅度下降，随着疫情警报的解除将会逐渐恢复增长，同时针对企业的金融扶植和减负政策也值得期待。

3. 基础设施建设业务

相较于房地产和工商企业信托，疫情对基础设施建设业务的影响将主要体现在对财政的压力上。为了应对疫情，各地方政府投入了巨大的人力物力，包括建医院、配物资，后续还涉及纾困、补贴、公共卫生投入等。

地方财政的压力不小，需要加大财政支出（赤字）和增发地方债。原计划稳经济保基建项目的优先性或面临调整。而且由于可能出现的节后返乡群体滞后返工，预计基础设施建设项目工期将在一季度受到较大影响。

但从长期看，特别是考虑到本次疫情发生在经济下行压力较大、运作良好的经济模式被动受扰的情况下，基建投资仍是完成决胜之年战略目标的重要力量。

4. 信托公司日常经营

一方面，延长假期、延期复工、外地返城人员隔离观察等，同样对信托公司正常经营造成重大影响；另一方面，尽管信托行业早就推行普及电子合同，但由于信托主要是针对高净值客户，也为了加强与客户的联系、保证客户隐私等，业务人员仍多采取上门面签形式，受疫情影响此种工作方式短期之内或难以执行。

（二）挑战背后存机遇

2018 年以来，随着对信托业监管不断趋严，通道业务、房地产等业务规模都出现明显萎缩，2019 年底，信托行业资产总规模更是从年初 22 万亿元，下降到 20 万亿元；再加之刚兑破除，经济进入新常态，不断有项目违约曝出，以及资管新规出台、银行理财子公司纷纷设立，在“内忧外患”共同作用下，转型已成为信托行业共识。此次疫情暴发，或在一定程度上加速行业转型进程。

疫情发生后，对经济增长影响较大的消费行业受到严重冲击，若情况进一步恶化，不排除政府部门加大基建投资力度对冲下行风险，领域仍将集中于补短板的公路、铁路、城建、物流、生态环保、社会民生以及 5G 等。这将给信托公司参与新型基础设施建设提供机遇。

另外，疫情得到控制后，公共卫生体系建设、流行病的预测和防治，以及相关大数据技术研发和技术体系建设等将会成为国家和企业共同关注的焦点，并存在相关投融资机会。信托公司可与大健康领域的领先机构合作，从而密切关注并深入研究该领域的投融资机会，是机遇，同时也将成为信托公司新转型方向。

除上述情况外，疫情暴发以来，信托行业、各信托公司纷纷设立专项慈善信托、服务信托等实际行动，都显示出在此次抗击疫情过程中，信托这种金融模式的制度优势，除承担应负社会责任外，还能更好地适应不同资金需求，而这些也都有利于促进信托行业转型。

七、疫情对租赁行业的影响

（一）对租赁行业的负面影响

1. 还租风险提升。在半个多月经济活动大范围停滞过程中，可能会出现还租困难情况；部分承租人一季度甚至上半年生产销售下降，可能导致资金链紧张，需适当调整还租节奏。租赁公司要注意租前、租中、租后全业务流程风险规避。

2. 部分领域受影响较大。从近期看，以行业渗透率相对较高的几个领域为例，交通出行企业受客流骤减影响较大，部分企业短期还款会出现困难，新的采购计划也极可能面临调整；部分受疫情影响难以开工的中小企业现金流会受到明显影响；基建板块在疫情未得到全面遏制前会产生一定延滞，随后极可能出现小幅集聚式爆发增长。

（二）存在的机遇

1. 医疗健康及其关联产业市场存在机遇。央行等五部委 30 条金融应对疫情措施，专列一条金融租赁（对融资租赁亦适用）支持医疗器械租赁，足见租赁在抗击疫情和支持实体经济中巨大而独特的功能，已引起和获得高层及社会的高度认同。而且在人均 GDP 跨过 1 万美元、人口老龄化、两次疫情等因素综合作用下，尤其需要租赁加大对大健康产业的综合支持力度，健康租赁专业化发展将迎来提速的新机遇。

后续国家将会加大对医疗基础设施的投入，包括新建扩建医院、医疗器械设备加快更新迭代、加大医学基础研究投入，尤其是提升各地政府应对公共卫生事件的能力。在医院建设、智能医疗等方面可以谨慎开拓租赁业务。

2. 被压抑的消费带来反弹机遇。预计消费在 2020 年后三个季度反弹，估计不仅可以弥补春节及一季度正常的消费缺口，还极有可能迎来意外的增长。租赁等金融须提前布局，安排好投入，既满足民生之需，又分享消费对经济增长的拉动红利。

3. 信息化手段将在融资租赁业中得到更快普及。从电子签约的推广，到大数据应用、远程尽调、项目评审模式和逻辑的调整、客户远程服务管理等，都将快速迎来变革。随着信息技术的进步和客观情况的要求，未来，客户信息将更加规范化、透明化，融资租赁公司对客户经营信息的获取和分析也将更智能、更高效，对于融资租赁企业而言，除了资金成本，更为重要的是客户精准定位、商务方案设计和租赁物再流通等综合服务能力。这也对广大融资租赁从业者提出了新的要求。

（三）融资租赁新规的影响

银保监会就《融资租赁公司监督管理暂行办法（征求意见稿）》公开征求意见，对行业合规性提出了很高的要求。主要变化包括：①将杠杆率上限由 10 倍下降至 8 倍；②融资租赁和其他租赁资产比重不得低于总资产的 60%；③固定收益类证券投资不得超过净资产的 20%；④加入集中度管理要求等。融资租赁新规明确过渡期不晚于 2021 年 12 月 31 日，过渡期内原则上暂停融资租赁公司的登记注册。

其中，杠杆率上限下调的影响有限，因为融资租赁公司可以通过 ABS

出表解决杠杆上限问题。新增的集中度管理要求可能会对租赁公司造成一定影响。①单一客户融资集中度不得超过净资产的30%；②单一集团客户融资集中度不得超过净资产的50%；③单一客户关联度不得超过净资产的30%；④全部关联度不得超过净资产的50%；⑤对单一股东及其全部关联方的融资余额不得超过该股东在融资租赁公司的出资额，且应同时满足对单一客户关联度的规定。集中度管理限制了对股东和关联方的融资额，而且基数是净资产。考虑到航空业优质企业集中度较高，因此可能对飞机租赁有较大影响。

不过，融资租赁新规清理关闭很多不合规门路的同时，也打开了一些业务窗口，如不动产租赁，相对动产租赁风险更加可控。

新冠肺炎疫情对消费行业的影响分析

龚先念
博士，中国建投投资研究院研究员

投资提示

- 回顾2003年非典疫情对消费行业的影响，主要有三个特征：阶段性；服务型消费受影响程度大于产品型消费；七大消费行业中，食品饮料、家电板块具备一定的防御属性，社会服务受冲击最明显。

- 本次疫情内外部环境发生了很大变化，主要有五个方面：1. 全球经济环境更差，逆全球化抬头、中美贸易摩擦短期暂缓；2. 国内经济处于下行周期；3. 经济结构变化明显，第三产业、消费占比更高，疫情给服务业（尤其是餐饮、旅游、酒店）带来的负面冲击或被进一步放大；4. 消费周期处于旺季，疫情对行业影响更大；5. 往来交互限制更严。

- 本次疫情对消费行业的影响预判有：1. 影响程度大于非典疫情；2. 阶段性冲击，不改长期趋势；3. 服务型消费影响大于产品型消费，餐饮、旅游、电影、教育培训等行业受冲击最大，在线游戏等行业受益；4. 短期调整迎来投资布局机会。

一、2003年非典对消费行业影响回顾

（一）非典对消费行业产生的影响是阶段性的

从2003年上半年的社会消费品零售总额增速来看，受非典疫情的影响，呈连续下滑态势。1月份的增速还能达到10%，到5月份一路下滑至4.3%。5月中旬，随着非典病例数量开始减少，疫情对经济的影响开始“边际”好转。6月15日，全国范围内已无新增的非典病例，疫情明显缓和，消费者重拾消费信心，当月社会消费品零售总额增速迅速反弹至8.3%，此后延续高速增长态势。由此可见，非典疫情的影响持续了不到2个季度。

从限额以上分品类零售额增速来看，服装鞋帽针纺织品，金银珠宝，体育、娱乐用品2003年上半年增速下滑较为明显，持续时间为1个季度左右；粮油、食品、饮料、烟酒，日用品，化妆品，通信器材，家用电器和音像器材，汽车增速下滑不明显且持续时间短；中西药品类增速明显提升，时间持续1~2个季度（如表1所示）。整体而言，2003年非典疫情对消费产生了负面影响，但影响是阶段性的，且对不同行业影响程度不同。

表1　2002~2003年限额以上分品类零售额增速变化情况

单位：%

指标名称	2002.11	2012.12	2003.01	2003.02	2003.03	2003.04	2003.05
社会消费品零售总额：当月同比	9.1	9.2	10.0	8.5	9.3	7.7	4.3
零售额：粮油、食品类、饮料、烟酒：当月同比	154.4	14.8	38.4	11.1	20.7	21.1	20.5
零售额：服装鞋帽针纺织品类：当月同比	8.1	2.2	26.5	0.6	3.2	6.7	-3.5

续表

指标名称	2002.11	2012.12	2003.01	2003.02	2003.03	2003.04	2003.05
零售额：化妆品类：当月同比	20.0	12.0	27.7	16.8	14.9	20.3	14.6
零售额：金银珠宝类：当月同比	1.0	5.5	26.3	4.1	0.8	-0.9	-15.8
零售额：日用品类：当月同比	9.1	9.2	20.5	3.2	8.4	22.8	12.0
零售额：家用电器和音像器材类：当月同比	20.4	21.6	25.6	2.2	14.3	20.3	10.3
零售额：家具类：当月同比	16.0	3.0	17.3	5.9	19.6	-3.9	17.0
零售额：通信器材类：当月同比	133.3	66.7	117.8	94.4	59.3	42.4	63.3
零售额：体育、娱乐用品类：当月同比	22.2	24.4	23.5	14.0	12.2	10.6	7.8
零售额：书报杂志类：当月同比	21.7	14.8	27.2	47.9	11.1	3.0	9.5
零售额：中西药品类：当月同比	11.9	15.9	6.7	17.8	11.5	21.1	15.5
零售额：文化办公用品类：当月同比	35.8	19.1	28.6	18.0	10.9	3.5	7.6
零售额：石油及制品类：当月同比	32.6	29.4	28.3	77.1	51.4	31.5	30.3
零售额：建筑及装潢材料类：当月同比	80.9	53.1	26.7	7.0	39.1	129.4	49.2
零售额：汽车类：当月同比	136.6	124.7	113.8	77.3	107.4	80.1	61.6
指标名称	2003.06	2003.07	2003.08	2003.09	2003.10	2003.11	2003.12
社会消费品零售总额：当月同比	8.3	9.8	9.9	9.5	10.2	9.7	10.9
零售额：粮油、食品类、饮料、烟酒：当月同比	19.5	22.8	21.2	16.6	16.9	16.4	22.1
零售额：服装鞋帽针纺织品类：当月同比	16.4	21.8	16.6	17.9	18.0	17.8	21.2

续表

指标名称	2003.06	2003.07	2003.08	2003.09	2003.10	2003.11	2003.12
零售额：化妆品类：当月同比	16.8	16.5	20.7	18.2	16.0	11.7	22.0
零售额：金银珠宝类：当月同比	4.3	11.1	18.3	25.5	21.1	17.9	31.9
零售额：日用品类：当月同比	17.7	14.0	15.5	11.9	12.4	14.1	16.5
零售额：家用电器和音像器材类：当月同比	14.6	14.5	30.7	24.0	21.5	15.2	28.3
零售额：家具类：当月同比	44.7	31.3	36.2	46.9	40.4	43.1	38.2
零售额：通信器材类：当月同比	96.6	57.1	82.0	62.0	74.6	39.1	64.0
零售额：体育、娱乐用品类：当月同比	27.1	43.5	44.0	32.7	25.0	32.7	41.1
零售额：书报杂志类：当月同比	12.9	19.9	10.9	7.8	10.7	7.1	17.5
零售额：中西药品类：当月同比	25.8	8.1	4.2	2.9	5.5	5.3	2.3
零售额：文化办公用品类：当月同比	21.8	23.3	15.2	11.3	27.7	10.1	25.3
零售额：石油及制品类：当月同比	36.4	31.2	35.2	35.0	30.8	36.4	46.2
零售额：建筑及装潢材料类：当月同比	40.0	72.3	43.1	44.3	17.3	25.4	26.7
零售额：汽车类：当月同比	92.4	85.3	60.0	52.9	48.4	42.8	54.7

资料来源：国泰君安证券研究报告。

（二）服务型消费受影响程度大于产品型消费

在2003年非典疫情过程中，受到恐慌心理以及疫情隔离等因素的影响，人们外出活动的频率明显下降，消费意愿严重不足，旅游、酒店、餐饮等具备一定出行和聚集属性的服务型消费受到直接冲击，其受影响程度大于产品型消费（如食品饮料、家电等）。从板块营业收入来看，以中西药品、食品饮料、日常用品为代表的必需消费品营业收入保持较快增长，而服装鞋帽、娱乐消费、金银珠宝、办公消费等与零售、线下服务相关的可选消费受拖累较大，尤其是休闲服务行业在2003年二季度同比下降了近50%（如表2所示）。

表2　2002～2004年九大消费行业营业收入同比变化情况

单位：%

板块	2002年一季度	2002年二季度	2002年三季度	2002年四季度	2003年一季度	2003年二季度
SW汽车	—	—	—	—	93.16	107.26
SW家用电器	—	—	-9.57	31.08	17.46	12.21
SW纺织服装	-7.36	-10.19	20.62	29.77	12.02	18.49
SW轻工制造	—	-98.60	-1.05	-6.14	36.93	13.90
SW商业贸易	—	—	34.51	47.01	35.05	47.43
SW农林牧渔	—	—	31.37	13.45	24.05	20.40
SW食品饮料	13.17	46.67	18.14	20.04	13.49	5.00
SW休闲服务	4.02	35.00	10.42	-18.84	17.09	-46.18
SW传媒	—	—	16.38	26.63	36.71	16.56
上证A股	47.22	5.42	31.13	23.50	37.29	25.36

板块	2003年三季度	2003年四季度	2004年一季度	2004年二季度	2004年三季度	2004年四季度
SW汽车	130.01	85.21	23.70	29.83	13.92	-10.46
SW家用电器	19.60	45.72	31.44	32.24	25.53	21.23
SW纺织服装	13.37	21.54	15.21	19.61	21.18	5.41
SW轻工制造	17.50	26.88	20.57	30.91	22.66	14.52
SW商业贸易	33.71	37.98	24.10	23.41	18.90	15.60
SW农林牧渔	28.77	22.69	54.10	40.64	41.31	4.60
SW食品饮料	20.38	28.67	13.44	24.17	10.95	15.43
SW休闲服务	-20.42	14.52	30.28	169.58	79.25	29.43
SW传媒	22.24	19.28	19.85	22.49	17.27	2.25
上证A股	25.96	22.02	29.06	33.62	30.39	25.51

资料来源：国泰君安证券研究报告。

（三）七大消费行业中，社会服务受冲击最明显，食品饮料、家电板块具备一定的防御属性

1. 食品饮料行业中的可选消费品受冲击较大

食品饮料中的刚需消费品受非典疫情冲击较小，部分消费品还由于疫情出现短期较为旺盛的囤货需求，比如储存期较长并可以替代正餐的速冻食品、方便食品，可提高人体免疫力的乳制品和肉制品，以及可抑制病菌传染的白醋等。而具备外出和聚会属性的可选消费品受到的冲击就比较大，比如啤酒、白酒等。

2. 家电行业受到的影响有限

非典疫情期间，有通风、消毒功效的家电产品（电风扇、消毒柜、空气净化器等）销量逆势增长。受疫情隔离因素的影响，线下商超卖场受到阶段性冲击。

3. 农业受到的影响不大

农产品属于刚需，非典疫情对农业生产影响不大，对果菜奶个别行业有积极影响，对鸡肉猪肉、蔬菜、水果出口的打击也随疫情逐渐得到控制而缓解。

4. 纺织服装行业受到的影响不大

2003 年纺织服装行业处于增长红利期，疫情影响到广交会等大型交易活动，出口订单相对减少，但整体受到的影响相对较小。

5. 商贸零售行业受到的影响“两极分化”

前已述及，社会消费品零售总额增速在非典疫情期间出现明显下滑，具体影响呈现“两极分化”：一方面，粮油食品、中西药品等必需消费品销售逆势上行；另一方面，服装鞋帽、金银珠宝等可选消费品购买需求明显减少。而从业态结构来看，非生活必需的百货店、专业店等受到的冲击要大于超市、便利店。

6. 社会服务行业受到严重冲击

社会服务中所有行业均涉及人群聚集与社交，流行性传染病窗口期客

流量断崖式下跌，几乎对社会服务所有细分领域均构成严重冲击，旅游、酒店、餐饮三大板块均遭遇重创，2003 年二季度营收下降幅度分别为 58.6%、27.9%、14.0%。

7. 传媒行业受益

非典疫情时期居民户外活动减少，导致有线电视收视率提升，带来增值服务、影视及电视广告收入增长。

二、基于内外部环境分析的综合判断

目前，很多研究机构和专业人士将此次疫情与 2003 年非典疫情期间的经济走势做对比，虽然两次疫情有诸多相似，但时隔 17 年，所处的经济环境早已发生变化。2003 年非典疫情对经济的影响主要集中在二季度一个季度左右，但 2020 年不可据此简单评估本次疫情的经济影响。从内外部环境来看，2020 年与 2003 年相比，主要有五点不同。

（一）全球经济环境更差

2003 年中国正处于入世后的全球市场红利期，美国因“9·11”事件需要携手中国共同反恐，中美关系温和，国际贸易活动相对活跃。与此同时，2001 年中国加入 WTO 开启改革开放新篇章，叠加美国出于反恐需要加强与中方合作，我国进出口贸易迅速扩张。

而当前逆全球化抬头，中美贸易摩擦不断、短期暂缓。2018 年 3 月，美国对华发起贸易摩擦，其间打打停停，但形势总体上持续升级。美方对华加征关税的商品规模不断扩大、税率不断提高，并且已经超出了贸易领域，升级至科技战、金融战、地缘政治战、舆论战等全方位博弈。尽管 2020 年 1 月中美签署第一阶段贸易协议，但美国仍对约 2500 亿美元的中国商品维持25%的关税，对约1200亿美元的中国商品维持7.5%的关税。此外，美国两党已达成对华遏制的共识，中美贸易摩擦仍存反复的可能。

（二）国内经济处于下行周期

2003年我国经济处于上升周期初期，中国经济增速高达10%，加入WTO以后，人口红利释放，出口同比增速从2001年的7%升至2003年的30%左右。现在中国经济增速已经持续下行近十年，最近几年又受到金融去杠杆、中美贸易摩擦、人口老龄化和各种成本上升等影响，2019年中国对外、对美出口增速分别为0.5%和-12.5%，创2008年以来新低。与此同时，消费行业从增量竞争走向存量竞争。

（三）经济结构变化明显

与2003年相比，当前第三产业、消费占比更高。2019年第一、第二、第三产业增加值在GDP中占比分别为7.1%、39%和53.9%，第一、第二产业占比分别较2003年下降5.3个和6.6个百分点，第三产业占比提高11.9个百分点。2019年最终消费支出、资本形成总额和净出口的经济贡献率分别为57.8%、31.2%和11%，其中消费的贡献率高于2003年22.4个百分点，资本形成总额的贡献率低于2003年38.8个百分点。由于第三产业已经成为拉动经济的主要因素，此次疫情对服务业（尤其是餐饮、旅游、酒店）消费的影响肯定远远超过2003年。

（四）消费周期处于旺季

2003年非典疫情发生的时间主要集中在二季度，这个时间段是消费淡季。而本次疫情发生在春节期间，正处于消费旺季。2020年1月23日武汉封城后，25 日 30 个省区市启动了重大突发公共卫生事件一级响应，如此快速、大范围的疫情隔离措施，势必对处于消费旺季的消费行业产生巨大影响。

（五）往来交互限制更严

有了 2003 年的非典疫情防控经验，此次政府防控措施更为及时、果断，对人员的往来交互限制明显严于 2003 年。本次从航班限制和国际关注的突发公共卫生事件（PHEIC）措施的严格程度，以及春节节后延缓复工等因素来看，工业、商务和贸易活动受阻的影响或比 2003 年更大。

基于上述内外部环境的分析，本次疫情对消费行业的影响预判有以下几点。

1. 影响程度大于非典疫情。一方面，由于国际、国内多重影响因素叠加，加之消费周期的因素，本次疫情对消费行业的影响肯定会超越 2003 年非典疫情的程度；另一方面，一旦疫情出现边际改善或疫情消除，消费边际改善幅度也会更大。

2. 阶段性冲击，不改长期趋势。本次疫情只是抑制短期消费需求释放，并未恶化行业增长动力，但会改变行业格局，加剧行业优胜劣汰，竞争优势强的企业优势将进一步加强，头部效应和结构化特征更加凸显。

3. 服务型消费影响大于产品型消费，餐饮、旅游、电影、教育培训等行业受冲击最大，在线游戏等行业受益。疫情期间居民出行受到影响，服务型消费受影响大于产品型消费；社交型消费品受影响大于一般性消费品；可选消费品受影响大于必选消费品。据恒大研究院预测，假定只考虑受冲击最大的电影、餐饮零售和旅游三个行业，短短春节 7 天，直接经济损失就超过 1 万亿元（电影票房 70 亿元 + 餐饮零售 5000 亿元 + 旅游市场 5000 亿元），占 2019 年一季度 GDP 21.8 万亿元的 4.6%。

4. 短期调整迎来投资布局机会。消费行业受本次疫情影响，短期必有调整压力。从短期布局来看，必选消费品企业是投资机会；从中长期布局来看，超跌的龙头企业是投资重点。与此同时，疫情边际改善和疫情消除两个时间点可重点关注，一旦疫情出现边际改善，股价将企稳。参考2003年非典疫情期间，随着疫情慢慢消除，基本面将逐渐企稳回升，可选及服务型消费反弹力度将更大。

三、相关细分行业影响分析及判断

（一）商贸零售：必选好于可选，线上受益明显

1. 电商行业

随着近几年移动互联网的持续渗透，此次疫情有望加大快递业务需求，以及下沉市场用户电商需求。快递运力限制和工厂复工延迟短期对供给端有所影响，但无法阻挡由于疫情隔离政策的快速执行所触发的到家业务需求增长。其中，受益最大的是具备自营物流体系的公司，比如京东、盒马鲜生等。我们判断近期疫情会带来三个增量变化：一是到家业务需求井喷；二是快消品的线上消费渗透率有望快速提升；三是抖音、快手等对大型电视综艺节目的赞助、冠名，将会进一步增加新用户数和提高品牌认知度。

2. 超市

超市中所售商品主要是必选消费品，此类消费需求稳定，且疫情有可能推动通胀，因此短期来看超市业绩必有增长表现。中期来看，现代化、规范化的超市连锁取代农贸市场的趋势有望加速。市场担心高毛利率的节日礼盒因疫情而滞销，但我们判断这对超市整体业绩影响有限，更重要的是疫情推动到家业务需求井喷。根据叮咚买菜的数据统计，腊月三十的订单量同比上月增长超过3倍，客单价翻倍，蔬菜、水产鱼虾、猪肉的需求量排名前三。因此，我们判断线上线下全场景布局的龙头超市有望因此次疫情而提升估值。

3. 百货

此次疫情暴发后，全国各地政府迅速采取了隔离措施，这对主要依靠线下客流的百货业态冲击很大。与此同时，受疫情影响，商场普遍延长休业期，未来即使恢复营业，线下实体客流恢复周期也比较长，因此，百货行业受疫情影响周期会相对较长。

（二）食品饮料：短期影响有限，不改行业长期趋势

1. 白酒行业

正常情况下，白酒一季度销量占比一般为30%左右，春节前后期间消费占一季度的60%。回顾2003年非典疫情，当年二季度白酒板块业绩负增长，但是高端白酒茅台、五粮液、泸州老窖受影响较小，在疫情消退后快速反弹。考虑到2020年1月20日前已经存在部分消费，我们判断疫情会对白酒行业全年销量产生一定影响，对行业龙头的影响幅度会小于整个行业，高端白酒受影响幅度小于次高端白酒。

2. 啤酒

由于疫情隔离政策，主要依托于餐厅、夜场等消费场景的啤酒消费受到明显抑制，预计啤酒行业一季度销量增速会放缓，后续会随着疫情消退而恢复，全年所受影响相对有限。

3. 乳制品

乳制品在一季度的需求主要集中在自饮需求和春节期间送礼需求，此次疫情主要影响送礼需求，自饮需求由于隔离限制反而会增加，因此我们判断此次疫情短期内对乳制品的影响有限。

4. 调味品

调味品需求一般集中在餐饮端和家庭端，且是刚需，疫情防治会减少餐饮端的消费需求，但是会增加家庭端的消费需求，因此整体而言，此次疫情对调味品的影响较小。

（三）纺织服装：上游纺织制造受负面影响有限，下游服装家纺受负面影响较大

1. 纺织制造行业

目前，国内很多纺织制造公司（如开润股份、百隆东方、华孚时尚、鲁泰 A、健盛集团等）都设立了海外生产基地，国内疫情隔离政策会推迟国内工厂的复工时间，但对纺织制造公司的影响有限。即使世界卫生组织 1 月 31 日宣布新冠肺炎疫情为国际关注的突发公共卫生事件（但同时也强调不建议实施旅行和贸易限制），我们判断出口的产品可能会面临额外的检验，但不会被终止，整体而言对行业大部分企业的出口业务影响有限。与此同时，中美第一阶段贸易协议文本已经达成一致，并于 2020 年 1 月 15 日正式签字，这将有助于国内纺织服装的出口。另外，医疗用口罩的需求井喷，对于上游无纺布原材料生产企业短期内构成利好，尤其是主营业务为纺粘无纺布或者熔喷布的无纺布龙头企业有望受益（如欣龙控股等）。

2. 服装家纺行业

实体零售短期内会受到消费者减少出行的影响，但是行业一季度的营收一般占比不高，并且大多集中在春节前，而疫情管控升级是从 1 月 23 日武汉封城开始的，因此整体受到的影响相对有限。更为重要的是，目前电商已经成为服装家纺行业重要的销售渠道。据统计，服装家纺上市公司中很多电商收入占比已经超过 20%，个别的接近 50%。我们判断，服装家纺行业零售业态的变化能够在一定程度上抵消此次疫情的负面冲击。

（四）休闲服务：对行业短期冲击巨大

1. 餐饮旅游行业

根据文化和旅游部统计，2016～2018 年春节黄金周游客占全年比重分

别为6.8%、6.9%和7.0%，春节黄金周期间旅游收入占比均为9.3%。自1月25日30个省区市启动重大突发公共卫生事件一级响应，全国各大景区暂停对外开放，全国旅行社停止接待团队游、在线旅游（OTA）暂停“机+酒”产品，62个国家采取入境管制措施，海南离岛免税店暂停营业，此次疫情必然对餐饮旅游行业造成巨大冲击。前已述及，根据恒大研究院测算，春节黄金周，这两个行业的直接经济损失就超过1万亿元，占2019年一季度GDP 21.8万亿元的4.6%。

中长期的影响要看疫情的走势。本次疫情朝整体可控方向发展，并在一季度末呈现明显好转趋势，我们判断行业经营有望在三季度恢复正常。

2. 教育行业

2020年1月27日，教育部下发春季学期延迟开学的通知。1月28日，国家公务员局宣布国考面试时间推迟。其他以线下授课为主的机构，包括幼儿教育、职业教育、老年教育等，均发布通知延迟开课或增加线上课程。由此可见，此次疫情对线下教育冲击很大，但为在线教育提供了发展机会。随着各地政府对在线教育的积极推动，直播技术将得到大力推广和完善。与此同时，无论是主动还是被动的在线教育，都将养成一批新用户的消费习惯，从而提高在线教育的渗透率。长期来看，此次疫情对在线教育行业利好。

（五）传媒：线下娱乐需求迁往线上，短视频、游戏、大屏受益

1. 线上娱乐行业

春节期间疫情造成全民足不出户，使得全民将大量娱乐时间转移到网上，由此导致全网在线时长上涨，娱乐休闲类应用或最为受益。根据澎湃调研结论，公共家庭活动主要包括上网、聊天、游戏、看电视等，我们注意到，春节7天全网Top50应用下载量比春节前两周均值提升了30%以上。从时长分布上，我们判断短视频、游戏、大屏将获益最大。

短视频正成为新的信息基础设施。除了娱乐功能之外，短视频这一媒介形式正在发挥商业、政务、科普等功能。这些功能在此次疫情防控中也发挥了重要作用。从商业价值上看，新功能的发挥必然会进一步增加短视频用户数，并增加用户停留时长，尤其是对于短视频头部 App 长期利好。

此次疫情暴发期间，游戏下载量明显上升，尤其是娱乐场棋牌和社交类增长最多。娱乐场游戏起到了替代线下棋牌需求的作用，推理狼人杀等满足了社交需求，腾讯的《王者荣耀》和《和平精英》等头部产品表现也十分出色。我们预估春节期间游戏市场的流水增幅不低于 30%。

视频端受疫情影响也是利好的。春节期间长视频 App 下载量明显好于上年，其中芒果 TV 和 B 站表现最为亮眼。另外，由于疫情管控措施几乎覆盖每家每户，春节期间的客厅场景大幅拉动了大屏 App 的增长。

2. 线下娱乐行业

受疫情管控措施影响，全国院线几乎全面停业。从短期影响来看，2020 年春节档电影市场票房预期约 70 亿元，同比增长 23%，然而根据艺恩数据统计，2020 年除夕到大年初六合计实现票房仅为 2107.1 万元，无法与上年同期的 54.75 亿元相比。从中长期影响来看，由于各地解除限制的时间一延再延，人们线下活动的意愿也很难在短期内恢复，此次疫情对影院的影响至少会持续到二季度末。从档期选择来看，暑期档具有时间长、容量大等特征，有望成为春节档内容回归首选，后续内容依次推延。从剧组开机进度来看，以横店影视城为例，1 月 27 日横店影视文化产业实验区管理委员会、东阳市文化和广电旅游体育局下发通知，基于疫情防控的需要，关闭拍摄场景，暂停防控期间的剧组拍摄活动。据统计，2020 年 1 月在横店影视城拍摄的影视剧项目约 40 个，包括华策影视的《有翡》、华谊兄弟的《古董局中局 3》、欢瑞世纪的《迷局破之深潜》、优酷的《清落》、爱奇艺的《玉昭令》、芒果的《青青子衿》等，还有计划在 2020 年一季度开机的《冬夜有微光》《温暖的、甜蜜的》《重生之药香》《我和我们在一起》等影片，这必将对多家上市公司业绩产生影响。综上，我们判断上半年票房将会出现大幅下滑甚至腰斩，三季度开始恢复增长，全年预计实现票房同比下滑30%左右。

3. 游戏行业

此次因为疫情，用户大量的线下时长向线上迁移，导致游戏下载量明显攀升，其中娱乐场和社交类游戏或最受益。从整体数据上看，春节期间（1月25日至28日）iOS Top100游戏日均下载量达到了562万次/日，与春节前（2020年1月1日至24日）日均下载量352万次/日相比，增幅达到了60%。与此同时，不同于一般App大年初一后三天下载量出现下滑的情况，大年初一之后游戏日均下载量一直上行。尤其是腾讯的《王者荣耀》和《和平精英》春节期间下载量均有较大幅度增长，表现十分出色。伴随下载量的增加，头部游戏流水也出现了大幅增长。据统计，1月24日流水相比此前的日均增长达到40%以上，其中《王者荣耀》和《和平精英》的贡献最大。从细分品类上看，娱乐场游戏起到了替代线下棋牌需求的作用，推理狼人杀等满足了社交需求，在春节期间的增长最为迅猛。综上分析，我们判断短期内游戏市场大盘有望达到30%以上的增速。

新冠肺炎疫情对制造业的影响分析

王　申

博士，中国建投投资研究院研究员

投资提示

- 疫情导致复工延期，春节后发电耗煤并未企稳反弹，反而一路走低。2 月份制造业 PMI 指数将大幅回落。

- 复工延期导致企业生产延期，影响企业的一季度收入，人员流动限制导致售后服务、营销活动暂停或推迟，对于中小企业压力尤其大。

- 为了帮助中小企业复工复产共渡难关，政府出台一系列扶持政策。

- 受此次疫情影响较大的行业有：（1）电子和光通信设备制造受疫情影响较大，半导体和消费电子受影响有限；（2）对全国汽车产业链有一定的影响；（3）对整个面板产业链冲击较大；（4）疫情对家电销售整体影响很小，但疫情促进了健康除菌类家电销售快速增长；（5）自动化装备行业短期受冲击较大，长期则会带动自动化装备的潜在需求。

一、对制造业的总体影响

（一）复工延期

面对迅速发展的疫情，各省区市陆续出台延时复工相关规定，减少人员聚集，阻断疫情传播。春节假期普遍延长，复工延迟一定程度上导致企业停工减产，企业生产原材料及劳动力难就位，企业在春节后恢复正常生产经营活动将会受到一定程度影响。

从疫情暴发后各省区市所发布的企业复工通知来看，大部分省区市的企业复工复产时间不早于2月9日24时，普遍比原法定节假日推迟一周；疫情重灾区湖北省更是推迟到2月13日之后，浙江温州由于疫情严重，复工推迟到2月17日之后（见表1）。

从后续疫情的蔓延情况来看，湖北以外的省区市在3月份之后陆续恢复正常生产，全部复工还要看全球疫情控制情况。

表1　全国部分省区市延迟企业复工通知

省区市	复工规定
湖北	各类企业复工时间不早于2月13日24时
温州	市内各类企业不早于2月17日24时前复工
江苏、浙江、广东、重庆、福建、安徽、上海、云南、江西、山东、黑龙江、河北、河南、湖南、辽宁、贵州、内蒙古	各类企业复工复产时间不早于2月9日24时
北京市住建委	房建市政基础设施工程不早于2月9日24时复工
吉林	全省各类企业不早于2月2日24时前复工
南京	各行各业复工复业时间不得早于2020年2月8日
广西	2月9日前所有在建项目一律不得复工
西藏	适当顺延自治区所有新建、在建和冬季停工项目的开复工时间

资料来源：根据公开新闻整理。

一般来说，从春节前15天到春节后20天，工业生产都会受到假期影响，明显转弱。而本次受到疫情影响，假期推迟，并且假期之后复工缓慢。工业生产要恢复至正常水平，至少要到3月底之后。

火力发电的煤耗量能够反映春节复工变化。一般而言，发电耗煤在正月初一触底，初七之后就会企稳反弹，但2020年春节后日均耗煤量在低谷整整徘徊了一个月，然后才缓慢回升（见图1）。截至3月底，日均发电耗煤量依旧显著低于往年，其隐含实际复产率约为80%。

图1　六大发电集团日均耗煤量

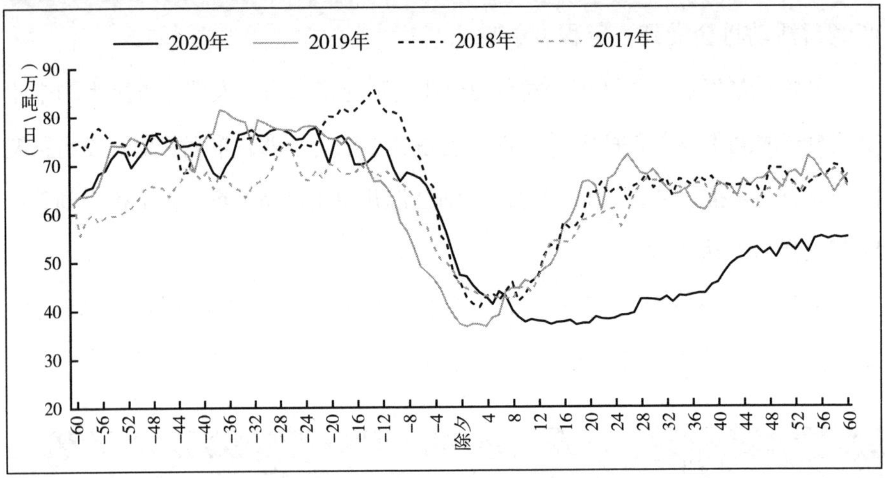

资料来源：Wind资讯，建投研究院。

2020年2月，受疫情影响，国家统计局公布的中国制造业采购经理指数（PMI）为35.7%，比上月下降14.3个百分点。中国非制造业商务活动指数录得29.6%，比上月回落24.5个百分点，其中，建筑业商务活动指数为26.6%，比上月回落33.1个百分点；服务业商务活动指数为30.1%，比上月回落23.0个百分点（见图2）。

财新中国PMI指数更偏重反映中小企业经营情况。2020年2月，财新中国制造业PMI也创下2004年开启调查以来的最低水平，只有40.3，小幅低于2008年国际金融危机期间的低点40.9。

图2　中国企业 PMI 指数

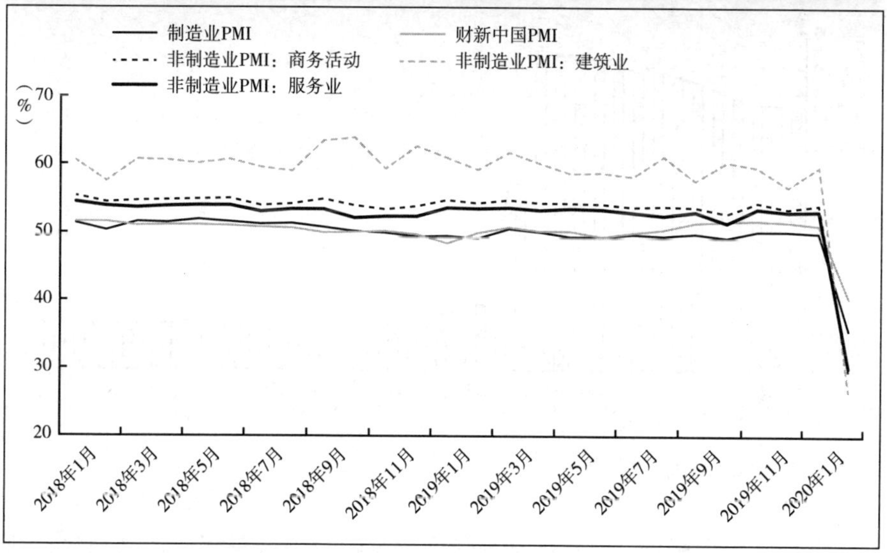

资料来源：Wind 资讯，建投研究院。

（二）生产经营压力大

因为疫情影响，大量人员集中进行生产活动变得风险很大，复工延期，正常的生产进度受到严重影响。受物流运输公司复工缓慢影响，机械设备、产品无法正常发货，这些都将影响企业的一季度收入与现金流。

春节返程客流减少，工人推迟上班，会导致企业招工困难，并影响了生产计划安排。2 月 18 日，为期 40 天的 2020 年春运正式结束，全国铁路、道路、水路、民航累计发送旅客 14.76 亿人次①，同比下降 50.3%。2020 年受疫情影响，春运后半程客流大幅下滑 80% 以上，日均客流量仅有约 1200 万人次（见图 3）。

① 此前国家发改委曾预计，2020 年春运期间全国将发送旅客约 30 亿人次，与上年同期 29.8 亿人次相比略有增长。

图3　2020 年春运全国每日客流量

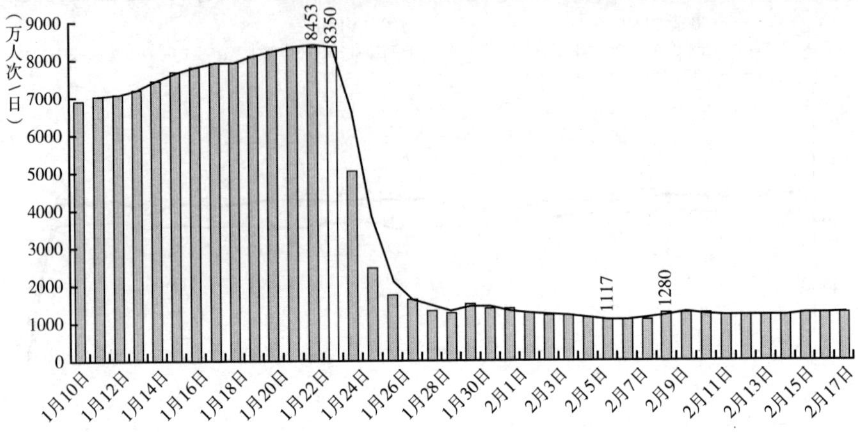

资料来源：交通运输部、界面新闻。

此外，售后服务、营销活动都受疫情影响暂停或推迟，产品销售、新的订单就会受到影响。有调研显示，历年春节后为工程机械等周期品销售旺季，而 2020 年展销会可能延迟或取消；出于安全考虑，企业销售人员国内差旅暂停，而 3 月开始海外疫情蔓延，不仅影响了海外销售与服务业务，也打击了海外需求，不利于 2020 年出口业务开展。

为了应对疫情的影响，企业应积极与上下游沟通合理调整订单合同期限，与员工积极沟通合理安排复工。对于确实因疫情影响而经营受阻的企业，需通过多种有效渠道安抚好下游客户的情绪，尽早告知公司现状，尽量避免因无法按期完工而直接丢失客户的可能性。另一方面也需积极与员工保持沟通，争取共渡难关，通过灵活的薪酬制度等方式降低短期人工成本和人员流动性，并积极借力线上办公等手段逐步恢复生产。

（三）政策支持中小企业抗疫

天眼查数据显示，我国目前共有超过 958 万家制造业企业，超过一半都是个体工商户，超过 30% 为有限责任公司。另外，超过一半的制造业企业注册资本为 0 ~ 100 万元，抵御风险能力偏弱。就制造企业的数量分布来看，广东省的企业数量最多，达到 130 多万家。浙江、江苏、山东紧随其后，相关企业的数量都超过 100 万家。

短期来看，虽然疫情对制造业的冲击是一次性的，但会被产业链所放大：一是武汉停产的直接影响，二是武汉停产对产业链上下游企业的间接影响，三是湖北周边的河南、重庆、湖南以及流动人口较多的浙江、广东等省份延迟复工的影响进一步被产业链放大。

长期来看，随着疫情减弱、生产恢复，疫情对制造业的影响最终会逐渐消失。但处于各类产业链末端的中小企业，如果经历持续的停产停工，可能面临的是资金链紧张甚至断裂破产的风险。

由于中小企业抗风险能力弱，从 2 月 2 日开始，苏州、上海、北京等地相继出台了一系列重磅政策，主要包括减免中小企业房租、税费、返还失业保险费、延迟缴纳社会保险费等，为中小企业送来“及时雨”，帮助企业渡过此次疫情难关。

工业和信息化部 2 月 9 日印发《关于应对新型冠状病毒肺炎疫情帮助中小企业复工复产共渡难关有关工作的通知》，明确将采取全力保障企业有序复工复产、进一步加强对中小企业的财政扶持、进一步加强对中小企业的金融扶持、进一步加强对中小企业的创新支持、进一步加强对中小企业的公共服务、进一步加强统筹协调等六方面 20 条措施，帮助广大中小企业坚定信心，强化措施，实现有序复工复产，渡过难关。

二、受影响的主要行业

（一）电子

电子和光通信设备制造是武汉的重要支柱产业，“光谷”在全国光通信制造领域的地位非常重要。

（1）在半导体领域，武汉拥有国家大基金和紫光集团投资240亿美元的长江存储科技有限责任公司（以下简称长江存储），基本代表了国内存储芯片的最高水平，设计制造中国首批3D NAND闪存芯片。由于全球存储芯片主要生产国是韩国（三星、海力士）、日本（东芝）、美国（美光），长江存储占比非常小，所以对下游的影响应该不大。武汉弘芯半导体主要从事12寸晶圆制造代工。根据公司介绍，项目一期预计2019年底投产，因此对下游应该没有影响。

（2）在光通信领域，长飞光纤在光纤、光缆及光纤预制棒三大领域的主营业务居世界第一，虽然有亨通光电、中天科技作为替代，但长飞光纤的市场占有率较高，如果持续停产可能对下游产生影响。烽火科技主要生产传输设备和光通信设备，处于5G产业链中上游，相关领域有华为和中兴作为替代。光迅科技主要生产光模块，处于5G产业链中上游，相关领域有中际旭创、新易盛、天孚通信等作为替代，对下游的影响应该比较有限。

（3）在消费电子终端生产领域，武汉有富士康园区①，华为武汉研究所（主导笔记本项目），小米武汉总部，联想、大疆等终端企业的相关产品生产线。由于终端生产可转移部分产能至其他地区，不会导致整个产业链的停产断供。

（二）汽车

随着新型冠状病毒肺炎疫情的持续，汽车行业的生产复工情况将会受到影响，至今已有多家车企宣布工厂延后开工。除在湖北建厂的多家车企延迟复工外，丰田、本田、日野、特斯拉、福特、东风汽车等也确认延迟

① 2018年，富士康CAA事业群的部分苹果手机配套产能从郑州转移至武汉，主要生产手机壳。

复工，集体进入停产期，基本都延迟到 2 月 10 日之后复工。

武汉汽车装备制造业的龙头是世界 500 强东风汽车，围绕着东风汽车，武汉聚集了东风乘用车、东风本田、神龙汽车、东风雷诺、上汽通用五大整车企业。武汉之外，襄阳有东风日产（包括英菲尼迪），十堰有东风小康，宜昌有广汽传祺。

整车厂吸引了大量零部件企业的集聚，武汉有 380 家规模以上汽车制造企业，其中著名的零部件和配件生产商有格特拉克、德尔福、法雷奥、住电、霍尼韦尔、伟世通、万向，涵盖底盘、变速箱、车身、电子、内饰、玻璃等主要零部件，如果持续停产可能对下游整车生产有一定影响。

总体来看，整个湖北省的汽车产量占全国总产量的 8% ~9%，其对全国汽车产业链有一定的负面影响。湖北省从 3 月底、4 月初开始陆续复工，总体影响可控。

在汽车需求方面，叠加疫情后，导致一季度汽车销售不畅，库存压力不断增大。数据显示，2020 年 2 月，汽车经销商库存预警指数为 81.2%，环比上升 29.5 个百分点，同比上升 27.7 个百分点，库存预警指数位于警戒线之上，这是汽车经销商库存预警指数发布 5 年以来首次突破 80%。

预计二季度开始，汽车企业会通过促销应对疫情影响，政策方面也可能会出台刺激消费政策进行对冲，以期缓冲疫情对汽车销售的负面影响。

（三）液晶面板

由于国内中小面板产能较大部分聚集在武汉，此次疫情或对整个面板产业链冲击较大。武汉聚集了多家国内一线显示面板企业，包括京东方、华星光电、天马等都在武汉设有产线或研发机构。在新冠肺炎疫情影响下，不仅是湖北企业经营受阻，开工时间不一、生产配套、交通运输问题等将影响部分企业的正常生产，这些问题甚至将对全球的显示面板相关产业造成巨大影响。

基于从多家液晶面板制造商了解到的情况，IHS Markit 预计，2 月份中国国内的面板工厂稼动率①将下滑 10% ~15%。不过，随着疫情减弱、生产恢复，疫情对面板产业的影响最终会逐渐消失。

（四）家电

根据不完全统计，美的、格力、海尔智家、海信视像、海信家电、TCL 电子、四川长虹、格兰仕等家电企业于 2020 年 2 月 10 日复工。参考非典疫情期间的经验，疫情对家电的生产、出口影响有限，对内销的影响也只是阶段性的。

在 2003 年非典疫情期间，虽然曾经一季度下挫，不过在疫情稳定过后，消费者被抑制的消费需求迅速膨胀，之前的下挫很快被 6 月份及其之后的反弹所弥补。同样，在此次新冠肺炎疫情过后，可以预见将迎来一波“报复性”消费，尤其是家电这种与日常生活、健康息息相关的产品。人们健康意识的提高，也将带动相关家电产品的热销。

苏宁在 2020 年 2 月 5 日发布的报告显示，疫情期间，苏宁平台多款健康除菌类家电销售增长超 200%。其中，消毒柜销量同比增长 205%，洗碗机搜索量同比增长 283%，壁挂新风及新风系统同比销售增长 304%。京东发布的春节消费大数据也显示，平台健康类电器销售量激增。截至大年初四，空气净化器成交额同比增速超过了 300%，净水器成交额同比增速也达到 100% 以上。其中，空气净化器甚至出现了某些地区个别型号卖断货的情况，经过紧急调货入库，目前供货已恢复正常。

（五）自动化设备

自动化设备行业的景气度与下游制造业需求紧密相关，尤其是应用占

① 稼动率（activation 或 utilization），是指设备在所能提供的时间内为了创造价值而占用的时间所占的比重，即一台机器设备实际的生产数量与可能的生产数量的比值。

比最高的汽车和3C领域。

短期来看，本次疫情所造成的复工推迟将大面积影响各制造行业的景气度。此外，湖北、广东、浙江、河南、江苏等疫情较为严重的省份是我国汽车和3C领域比较集中和发达的地区，将进一步恶化自动化装备企业下游需求。由于多为订单式生产，在手订单难以按时完成，加之行业下游需求恶化，将给行业企业带来一定的现金流压力，尤其是中小企业。叠加自动化装备出口受到限制等影响，预计2020年一季度自动化装备相关企业面临的现金流压力较大，自动化装备行业作为经济的二阶导，其现金流的压力可能延续到第二季度。

长期来看，本次疫情有望促进自动化设备中机器人更多地走进服务场景，尤其是在体感检测、配送、送餐、消毒杀菌、医疗、手术等场景中，机器人可以有效地替代人员进行作业，减少和降低不必要的风险；同时，对自动化设备投入较大的企业在面对此类问题时受到的影响则相对较小，劳动力密集型产业对自动化装备进行投入的优越性得以体现，这或将带来企业对于自动化投入态度上的部分转变，自动化装备的潜在需求转化率后续有望上一个台阶。

中英文摘要

ABSTRACT

中文摘要

全球宽松背景下的资产重估及投资选择

张志前

摘　要： 2019 年全球经济增长下行压力加大，但政策支持力度有所上升，各国央行纷纷降息，全球再次进入货币宽松周期。展望 2020 年，世界经济仍然面临诸多的不确定性，复苏的道路并非坦途。为防经济进一步下行，维持较高的经济增速，各国央行可能会继续保持宽松政策不变，但是发达国家的宽松幅度受限。宽松的货币政策将助推资产价格的上涨，各类资产的价格将面临重估，但资产价格的上升不可能一帆风顺，不同资产的表现也不可能完全相同。从全球资产配置看，中国经济依然强于主要经济体，为此建议增加中国国内权益类资产的配置。

关键词： 货币政策　资产价格　资产配置

2019 年世界经济形势分析与 2020 年展望

万建发　朱　培

摘　要： 2019 年，受全球货币政策紧缩的滞后效应、贸易摩擦加剧及地缘政治因素影响，全球经济共振下行，主要指标降至历史低位。贸易冲突蔓延，全球贸易量萎缩。各大央行开启降息浪潮，以对冲经济下行风险。目前世界多国面临宏观政策空间受限、金融脆弱性加大和治理赤字扩大等风险，从而引发国际关系格局、贸易投资秩序、金融格局、产业分工格局和能源格局都将发生深刻变化。展望 2020 年，全球经济下行趋势可能在下半年有望筑底，在贸易摩擦不再恶化、地缘冲突风险可控的基准情境下，2020 年全球经济增速有望维持在 3.0% 左右。

关键词： 世界经济　贸易投资　风险增大

2020 年中国宏观经济环境分析与展望

张志前

摘　要： 全球经济下行叠加中美贸易摩擦持续，为 2019 年的中国经济带来了不小的挑战，也使得 2019 年成为近年来中国经济发展面临较大压力的一年。2020 年是我国全面建成小康社会和“十三五”规划收官之年。保持中国经济一定的增长速度，对于实现我们的第一个百年奋斗目标，为“十四五”发展和实现第二个百年奋斗目标打好基础有十分重要的意义。基建投资将是 2020 年中国经济稳增长的重要抓手。地方债扩容将成为撬动基建投资的重要增量资金来源。虽然中美贸易谈判达成协议，但进出口形势仍难以预料。在货币政策方面，中国央行将继续保持适度宽松，预计 2020 年预计会有多次的降准。

关键词： 中国经济　宏观经济　经济政策

中美贸易摩擦对产业和投资的影响分析

王　申

摘　要： 中美贸易摩擦的直接原因是美国的巨额赤字，深层次原因是美国想阻止中国的产业升级。贸易摩擦对双边贸易产生了负面影响，并扰乱了全球产业链。2019 年底，中美宣布将达成第一阶段贸易协议，显示中美贸易冲突开始好转。中短期来看，市场的风险偏好有所回升，市场信心有所增强，对于投资与消费的意愿增强，有利于中国经济的企稳。

关键词： 中美贸易摩擦　产业　投资　风险

区域经济发展和政策对投资的影响分析

严 冰

摘　要： 区域经济作为我国经济高质量发展的重要组成部分，已经引起党中央、国务院高度关注。实施区域经济协调发展战略，不断丰富和延伸区域经济发展总体战略的内涵和外延，在东、中、西、东北四大区域发展战略基础上，中央又提出“一带一路”建设、京津冀协同发展、长江经济带发展、粤港澳大湾区建设、长三角一体化发展、黄河流域生态保护和高质量发展等区域经济重点地区的国家战略，大力推进自由贸易区等改革试验区扩大开放，拓展区域经济发展空间，形成陆海内外联动、东西双向互济的开放格局，最终构建优势互补、高质量发展的区域经济新格局。区域经济发展新态势以及区域发展新理念新政策必将对投资活动的地域选择、产业选择以及微观主体选择产生导向性的影响。

关键词： 区域经济　城市群　创新驱动　投资

2019年中国金融市场回顾与2020年展望

高彦如

摘　要： 2020年，全球经济将继续放缓、风险盘踞，地缘政治形势趋于严峻，全球贸易局势仍具有不确定性，主要央行将在2020年延续宽松的货币政策，全球财政政策将维持扩张至中性偏松。中国财政政策积极延续，货币政策仍将保持松紧适度，资本市场改革力度加大，促进资金流入和风险偏好提升。2020年中国股票市场将震荡上行，债券市场机会有限，人民币汇率大概率稳中有升，黄金价格上涨具有配置价值，原油预期向好、涨幅有限。

关键词： 大类资产配置　资本市场改革　投资机会

2019 年国内资产管理行业的回顾与 2020 年展望

陆筱薇

摘　要： 2018 年出台的资管新规，对于资管行业的规范发展产生了深远的影响，2019 年资管行业各个业态的变化遵循了资管新规的精神——压降通道、打破刚兑、消除多层嵌套、禁止资金池、规范非标业务。本文结合资管新规的内容目标，回顾了 2019 年银行理财、券商资管、信托、公募基金等各个子板块的发展变化，并对 2020 年的行业发展做了展望。

关键词： 资管新规　资管行业　发展趋势

2019 年中国海外投资回顾与 2020 年展望

朱　培

摘　要： 2019 年，在全球境外投资减少、海外并购热度明显下降的背景下，中国企业海外并购投资在总量和规模上都延续下降趋势，但在全球价值链高端领域布局持续向好发展，中国企业在“一带一路”沿线国家投资持续快速发展。2020 年，预计中国的海外并购投资趋势会有所回暖，我们要切实把握好科技创新时代带来的投资机遇，谨慎选择投资方向及行业，真正将海外优质资源引进来为己所用。

关键词： 海外并购　“一带一路”　投资

2019 年中国并购重组市场回顾与 2020 年展望

王 申

摘 要： 2019 年，证券监管放松并购重组限制，将促进上市公司重组并购活动。不过，企业并购市场总体低迷，从 2019 年交易额大幅度下滑。当前，我国并购重组行业的特点是，横向整合是并购的主要目的，产业链整合、获取技术是主要动力，多元化是重要原因。展望 2020 年，我国的并购总量将有所下滑，企业将更加注重产业链整合交易。在海外并购上，中国企业将会保持谨慎，规模较小的海外并购交易将更受欢迎，全年交易额将不会超过 2019 年。

关键词： 并购　重组　产业链整合

2019 年房地产市场回顾与 2020 年展望

王 申

摘 要： 2019 年，中央强调房地产的“房住不炒”定位，并重点防范化解房地产领域的金融风险，全年基本实现了房价的稳定。2019 年，全国开工面积正增长，销售面积增速由负转正；但调控导致房地产企业资金紧张，库存高企导致市场竞争加剧，房地产企业破产数大增。展望 2020 年，政府将继续通过“因城施策”稳定市场预期，鼓励城市更新和发展租赁业务；行业马太效应加剧，市场集中度提升；租售并举推动类 REITs 业务发展；城市间竞争加剧；房地产企业将深耕相关多元化业务，努力寻找新业态。

关键词： 房地产　房住不炒　竞争加剧　新业态

2020 年医疗健康产业发展趋势与投资机会展望

张英广　石宝华　韩知佑

摘　要： 人口老龄化是我国正在并将持续面临的重要挑战。伴随着人口老龄化，老年人群对于医疗养老的需求不断提升，使得基本医疗保险基金、基本养老保险运营面临压力，社会养老成本不断攀升。本文通过对2019 年行业重要政策及其影响进行分析，重点分析回顾了医药行业、医疗器械、医药商业等几个行业细分领域的发展，从多个角度对2020 年医疗健康产业的发展趋势进行了展望，并分析了2020 年医疗健康产业的投资机会。2020 年，医疗健康产业虽然受到新冠肺炎疫情的影响，总体而言只是短期影响，中长期趋势不变。整体来看，2020 年医疗健康领域仍然具备较好的投资价值，伴随着经济发展与技术进步，医疗健康产业将迎来新的发展阶段。

关键词： 医疗健康　发展趋势　投资机会

2020 年先进制造业发展趋势及投资展望

万建发　朱　培

摘　要： 近年来，受经济周期回落以及贸易摩擦影响，全球制造业景气度明显回落。2019 年以来，我国制造业受周期回落和贸易摩擦冲击影响，面临较大的下行压力，但制造业表现出了较强的韧性，尤其是先进制造业。整体来看，智能升级实现制造业的转型升级正在深化。展望 2020 年，中国的制造业投资下行的压力依然较大。然而，随着宏观经济及相关产业政策的调整，中国制造业未来将朝着行业集中度快速提升、产业外迁阶段性加速、科技创新和数字化转型驱动制造业的方向发展。

关键词： 先进制造　投资　智能升级

文化消费产业发展研究及投资机遇

邹继征　龚先念　张璐璐　曹曼文

摘　要： 2019 年我国文化消费产业保持平稳增长态势。影视行业规模稳步增长，网络视听行业发展迅猛，传统出版规模持续缩减，电子阅读成为新潮流，游戏产业进入存量市场、游戏出海前景广阔，互联网流量枯竭、新的竞争者挑战原有格局。投资市场中，二级市场传媒股于 2019 年企稳回升，一级市场 VC/PE 进一步降温，产业投资者加码布局。展望 2020 年，高清、超高清视频，云游戏，AR/VR，主题公园，国产动漫、主旋律影片，游戏出海、影视出海等方向蕴藏投资机会。

关键词： 文化消费　发展趋势　投资机遇

信息科技业发展研究及投资机遇

祝伟清　方光鹏　高彦如　王海龙

摘　要： 2019 年，我国数字经济规模居全球第二，科研能力持续增强，拥有良好的信息技术发展所需的基础设施以及庞大的市场空间，并高度重视信息技术产业发展，政策扶持力度较大，因此信息技术产业前景可期。中美贸易摩擦升级为科技战后，中国信息技术产业的自主可控性、安全性和先进性更为迫切。2020 年，结合技术发展趋势与我国政策产业环境，建议关注信息技术产业的四大产业应用领域。一是半导体芯片设计，包括人工智能芯片、物联网芯片、5G 芯片、汽车电子等。二是信息安全，包括密码产业链、网络安全升级改造、新技术带来的新风险的防范等。三是金融科技，包括区块链金融、人工智能及大数据金融、金融云等。四是 5G 产业与应用，包括 5G 通信领域以及“5G +”行业。

关键词： 信息技术　人工智能　半导体　信息安全　金融科技　5G

新冠肺炎疫情对宏观经济的影响分析

张志前

摘　要： 由新型冠状病毒引发的肺炎疫情传播范围广，感染人群多，防控措施也比非典更加严格，其对中国经济的影响可能会大于2003年的非典疫情。新冠肺炎疫情对第三产业、居民消费、投资、出口、就业等都会产生较大负面影响，疫情还会在短期内推高CPI。为应对疫情冲击，宏观经济政策需要做适当调整，政策环境将更加宽松。此次疫情如果能在2020年3月得到有效控制，那么它对中国经济的影响主要体现在2020年一季度，此后经济增长将逐渐回升。我们应该把此次疫情对经济的影响分析得更加充分一些。在防控疫情的同时，切实做好稳经济的工作。

关键词： 宏观经济　新冠肺炎疫情　经济影响

新冠肺炎疫情对房地产行业的影响分析

王　申

摘　要： 新冠肺炎疫情对房地产的短期运行产生了显著的负面影响，回乡置业需求消失，一季度将成交惨淡；土地出让与企业复工延期；房地产企业资金面紧张，中小企业偿债压力大；货币与财政政策将会有所改善，因城施策会更多支持刚性需求。中长期来看，此次疫情的负面影响比非典更大，疫情过后行业反弹力度会较弱，潜在影响的持续时间可能也会延续到下半年；疫情将会导致房地产市场分化加剧，中小城市压力更大，房企的市场集中度进一步提高；写字楼空置率会提升，租金价格和物业出售单价会下滑，远程办公渗透率会提高，中小微企业更多尝试共享办公或合并办公室；服务好、管理规范、专业尽责的品牌物业公司将更受青睐。

关键词： 新冠肺炎疫情　房地产　行业影响

新冠肺炎疫情对医疗健康行业的影响分析

严 冰

摘 要： 本轮疫情对经济的影响是短期的，持续影响时间可能会贯穿一季度甚至上半年。医药健康行业由于其弱周期属性，受宏观经济影响较小。疫情对医疗健康领域的影响主要分为两个方面：正面影响是对于疫情相关产品，如抗感染、抗病毒药品以及相关的医疗器械、耗材及试剂销售会出现爆发式增长，一季度的销量会比往年有较大幅度的提升；负面影响是疫情非相关产品，由于疫情期间医院内部采购计划延迟、病人尽量避免去医院，常规药品订单量会有所下滑。从整个医药健康产业链条来看，研发、注册、生产、流通到采购、临床使用，都会受到疫情一定程度的影响。从长期看，疫情不会改变医药产业的长期发展趋势，反而会加速落后产能的淘汰速度。医药行业的发展逻辑不受影响，鼓励创新、仿制药替代、带量采购、医保控费等仍是医疗健康行业发展的大方向。

疫情过后医疗健康行业需要重点发展的领域，一是加速创新药物研发与生产，二是加速创新医疗器械的国产替代，三是加速推进医疗信息化建设。此次疫情给医疗健康行业带来的投资机会，可以关注以下几条投资主线：一是关注高估值的医药核心资产杀跌后的投资机会；二是受益于此次疫情且长短期逻辑兼具的子行业及公司；三是医疗信息化领域的投资机会；四是分级诊疗领域的投资机会。

关键词： 新冠肺炎疫情 医疗健康行业 行业影响

新冠肺炎疫情对金融行业的影响分析

高彦如

摘 要： 本次疫情对我国经济、金融市场和金融业的影响总体来看是短期的和可控的。监管部门打出金融支持防控疫情组合拳，保持流动性合理充裕，加大货币信贷支持力度。A股市场短期利空，债券市场短期利好，外汇市场短期波动加大，但金融系统总体保持稳健运行。具体到金融行业，疫情对银行业短期有“量增价减”的影响，中长期影响有限。保险业短期新业务有压力，中长期对健康险产品有推动作用。疫情对证券业和基金业影响不显著。疫情影响信托的房地产信托、基建信托、工商企业信托业务，但为大健康领域信托提供了机遇，慈善信托通过此次疫情得到发展。疫情也提升了租赁行业的风险，同时存在医疗健康及其关联产业市场领域、消费领域和信息化领域的机会。总体而言，金融科技将因此次疫情而备受金融机构重视，发展加速。

关键词： 新冠肺炎疫情 金融监管 金融市场 金融机构

新冠肺炎疫情对消费行业的影响分析

龚先念

摘　要： 回顾2003年非典对消费行业的影响，并基于本次疫情内外部环境的分析，本文认为，此次疫情对消费行业的影响体现在四方面：一是影响程度大于非典。二是阶段性冲击，不改长期趋势。三是服务型消费影响大于产品型消费，餐饮、旅游、电影、教育培训等行业受冲击最大，在线游戏等行业受益。四是短期调整迎来投资布局机会。

关键词： 新冠肺炎疫情　消费行业　行业影响

新冠肺炎疫情对制造业的影响分析

王　申

摘　要： 疫情导致复工延期，制造业承压，预计2月份制造业PMI指数将进一步回落，对于中小企业压力尤其大。为了帮助中小企业复工复产共渡难关，政府出台一系列扶持政策。受此次疫情影响较大的行业有电子行业、汽车制造、面板行业、家电和自动化装备等。

关键词： 新冠肺炎疫情　制造业　复工复产

英文摘要

Asset Revaluation and Investment Options in the Context of Global Easing

Zhang Zhiqian

Abstract: In 2019, the downward pressure on global economic growth has increased, but policy support has increased, central banks in various countries have cut interest rates, and the world has once again entered a currency easing cycle. Looking ahead to 2020, recovery of world economy still faces many difficulties and uncertains In order to prevent further economic downturn and maintain a high economic growth rate, central banks in various countries may continue to maintain easing policies, but the easing margins of developed countries are limited. Loose monetary policy will boost asset prices, and the prices of various assets will face revaluation. From the perspective of global asset allocation, China's economy is still stronger than that of major economies. To this end, it is proposed to increase the allocation of domestic equity assets.

Key words: Monetary Policy; Asset Price; Asset Allocation

Analysis of the World Economic Situation in 2019 and Prospects for 2020

Wan Jianfa Zhu Pei

Abstract: In 2019, affected by the lag effect of global monetary policy tightening, intensified trade friction and geopolitical factors, the global economy resonated downward, and the main indicators fell to historical lows. Trade conflicts spread and Global trade volume shrank. Major central banks have launched a wave of interest rate cuts to hedge against economic downside risks. Now many countries in the world are facing such risks as limited macro policy space, increased financial vulnerability and expanded governance deficit, which will lead to profound changes in the pattern of international relations, trade and investment order, financial pattern, industrial division of labor pattern and energy pattern. Looking forward to 2020, the downward trend of the global economy is likely to bottom in the second half of the year. Under the benchmark situation of no deterioration of trade frictions and controllable risk of geopolitical conflicts, the global economic growth rate is expected to maintain around 3.0% in 2020.

Key words: World Economic; Trade and Investment; Increased Risk

---

China's Macroeconomic Analysis and Outlook in 2020

Zhang Zhiqian

Abstract: The global economic downturn and the continued Sino-U. S. Trade disputes have brought a number of challenges to the Chinese economy in 2019, and made 2019 the year in which China's economic development has faced the most uncertainty and pressure in recent years. 2020 is the year when China will build a well-off society in an all-round way and the "Thirteenth Five-Year Plan" ends. Maintaining a certain rate of economic growth is of great significance for achieving China's first century-old goal, and laying a solid foundation for the development of the 14th Five-Year Plan and achieving the second century. Infrastructure investment will be an important driver of China's steady growth in 2020. The expansion of local debt will become an important source of incremental funds for leveraging infrastructure investment. In terms of monetary policy, the People's Bank of China will continue to maintain a moderate easing, and it is expected that there will be 2 – 3 reductions in 2020.

Key words: Chinese Economy; Macroeconomic; Economic Policy

An Analysis of the Impact of Sino US Trade Frictions on Industry and Investment

Wang Shen

Abstract: The direct cause of trade friction between China and the United States is the huge deficit of the United States. And the deep reason is that the United States wants to prevent China's industrial upgrading. Trade friction has a negative impact on bilateral trade and disrupts the global industrial chain. By the end of 2019, China and the United States announced that they would reach the first stage of trade agreement, which shows that the trade conflict between China and the United States has begun to ease. In the short and medium term, the risk appetite of the market has picked up, the market confidence has increased, and the willingness to invest and consume has increased, which is conducive to the stabilization of China's economy.

Key words: Trade Friction between China and the United States; Industry; Investment; Rick

---

An Analysis of the Influence of Regional Economic Development and Policies on Investment

Yan Bing

Abstract: Regional economy, as an important part of high-quality economic development in China, has attracted great attention of the Party Central Committee and the State Council. One belt, one road, four areas, the Yangtze River economic belt, the development of the Yangtze River economic belt, the construction of the Gulf of Guangdong, the Yangtze River Delta, the Yangtze River Delta, and the ecological protection and high development of the the Yellow River River Basin. The national strategy of key regional economic areas, such as quality development, vigorously promotes the opening up of reform pilot areas, such as free trade areas, expands the space for regional economic development, forms an open pattern of land and overseas linkage and east-west mutual aid, and finally constructs a new pattern of regional economy with complementary advantages and high-quality development. The new trend of regional economic development and the new concept and policy of regional development will have a guiding impact on the regional choice, industrial choice and micro subject choice of investment activities.

Key words: Regional Economics; Urban Agglomeration; Innovation Driven; Invest

---

Review of China's Financial Market in 2019 and Prospect in 2020

Gao Yanru

Abstract: In 2020, the global economy will continue to slow down and risks will be rampant. The geopolitical situation will become severe, and the global trade situation will remain uncertain. Major central banks will continue to loose monetary policy in 2020, and the global fiscal policy will maintain expansion to neutral. China's fiscal policy will continue actively, and monetary policy will remain moderately tight. The capital market reforms will be intensified to promote capital inflows and risk preference. In 2020, the stock market will fluctuate upward, the bond market will have limited opportunities, the RMB exchange rate will likely rise steadily, the gold price rise has configuration value, and the crude oil is expected to be better and the increase will be limited.

Key words: Asset Allocation; Capital Market Reforms; Investment Opportunity

---

Review of Domestic Asset Management Industry in 2019 and Prospect in 2020

Lu Xiaowei

Abstract: The Guiding Opinions on Regulating the Asset Management Business of Financial Institutions, launched in 2018, has had a profound impact on the normative development of the asset management industry. In 2019, the various formats of industry followed the spirits of the guiding opinions to break the rigid commitment, eliminate multi-layer structures, ban capital pools and regulate non-standard business. This paper reviewed the changes of various formats of the industry, banking financing, trusts, mutual funds, and forecasts the development directions in 2020.

Key words: Guiding Opinions on Regulating the Asset Management Business of Financial Institutions; Asset Management Industry; Development Tedency

---

Review of China's Overseas Investment in 2019 and Prospect in 2020

Zhu Pei

Abstract: In 2019, under the background of the decrease of overseas investment and mergers and acquisitions, Chinese enterprises' overseas M & A investment continued to decline in total volume and scale, but the layout in the high-end field of the global value chain continued to develop well, and Chinese enterprises' investment along the "one belt and one road" continued to develop rapidly. In 2020, it is expected that the trend of China's overseas M & A investment will pick up. We should grasp the investment opportunities brought by the era of scientific and technological innovation and carefully choose the investment direction and industry, and truly introduce overseas high-quality resources for our own use.

Key words: Overseas Mergers and Acquisitions; "Belt and Road"; Investment

Review of China's M & A Market in 2019 and Prospect in 2020

Wang Shen

Abstract: In 2019, the securities regulatory deregulation of M & A will promote the M & A activities of listed companies. However, the overall M & a market is sluggish, with a significant decline in transaction volume from 2019. At present, the characteristics of M & A industry in China are that horizontal integration is the main purpose of M & A, industrial chain integration and technology acquisition are the main driving force, and diversification is the important reason. Looking forward to 2020, the total amount of M & A in China will decline, and enterprises will pay more attention to the integration of industrial chain transactions. In terms of overseas M & A, Chinese enterprises will be cautious and smaller overseas M & A transactions will be more popular, and the annual turnover will not exceed 2019.

Key words: M & A; Restructuring; Industrial Chain Integration

---

Review of the Real Estate Market in 2019 and Prospect in 2020

Wang Shen

Abstract: In 2019, the central government emphasized the positioning of "real estate without speculation", and focused on preventing financial risks in the real estate sector, which basically achieved the stability of house prices throughout the year. In 2019, the construction area in China increased positively, and the sales area increased from negative to positive; however, the regulation and control led to a shortage of funds in real estate enterprises; high inventory enterprises led to intensified market competition and a large increase in the number of bankruptcies. Looking forward to 2020, the government will continue to stabilize the market expectation through "implementing policies for the city", encourage the city to renew and develop the leasing business. The Matthew effect of the industry will improve the market concentration. It will promote the development of REITs business by leasing and selling simultaneously. The competition between cities will intensify. Real estate enterprises will deepen the related diversified business, and strive to find new business forms.

Key words: Real Estate; Intensified Competition; New Format

Review of Medical and Health Industry in 2019 and Prospect in 2020

Zhang Yingguang　Shi Baohua　Han Zhiyou

Abstract: The aging population is an important challenge that our country is facing and will continue to face. With the aging of the population, the demand of the elderly for medical care and pension is constantly increasing, which makes the operation of basic medical insurance fund and basic pension insurance face pressure, and the cost of social pension is rising. Based on the analysis of the important industry policies and their impacts in 2019, this paper focuses on the analysis and review of the development of six industry segments, such as the pharmaceutical industry, medical devices, pharmaceutical business, etc., looks forward to the development trend of the medical and health industry in 2020 from multiple perspectives, and analyzes the investment opportunities of the medical and health industry in 2020. Despite the impact of novel coronavirus pneumonia, it is only a short - term impact, and the medium and long - term trend remains unchanged. On the whole, in 2020, the medical and health sector still has good investment value. With the economic development and technological progress, the medical and health industry will usher in a new stage of development.

Key words: Medical Health; Developing Trend; Investment Opportunity

---

Development Trend and Investment Prospect of Advanced Manufacturing Industry in 2020

Wan Jianfa　Zhu Pei

Abstract: In recent years, affected by the economic cycle and trade friction, the global manufacturing boom has dropped significantly. Since 2019, China's manufacturing industry has been under great downward pressure due to the impact of cycle decline and trade friction, but the manufacturing industry has shown strong resilience, especially the advanced manufacturing industry. On the whole, the transformation and upgrading of manufacturing industry through intelligent upgrading is deepening. Looking forward to 2020, the downward pressure on China's manufacturing investment is still large. However, with the adjustment of macro-economy and related industrial policies, China's manufacturing industry will develop in the future in the direction of rapid industrial concentration, phased acceleration of industrial relocation, technological innovation and digital transformation.

Key words: Advanced Manufacturing; Investment; Smart Upgrade

Research on the Development and Investment Opportunities of Cultural Consumption Industry

Zou Jizheng　Gong Xiannian　Zhang Lulu　Cao Manwen

Abstract: China's cultural consumption industry maintained a steady growth in 2019. The size of the film and television industry is growing steadily. Online video industry is developing rapidly. The scale of traditional publishing continues to shrink. Electronic reading has become a new trend. The game industry is already saturated with domestic users, and the game market has broad prospects into overseas market. Internet traffic has dried up, and new competitors have big challenge to the existing pattern. In the investment market, the secondary market media stocks stabilized and recovered in 2019, the primary market VC/PE further cooled down, and strategic investors increased their layout. Looking ahead to 2020, there will be investment opportunities in high-definition (HD) and ultra-HD video, cloud games, AR/VR, theme parks, domestic animation, mainstream films, games and movies.

Key words: Cultural Consumption; Development Trend; Investment Opportunity

---

Development Research and Investment Opportunities of Information Technology Industry

Zhu Weiqing　Fang Guangpeng　Gao Yanru　Wang Hailong

Abstract: in 2019, the scale of China's digital economy is the second in the world. Its scientific research capacity continues to increase. It has the infrastructure and huge market space needed for the development of information technology. It attaches great importance to the development of information technology industry, with strong policy support. Therefore, the prospect of information technology industry is promising. After the Sino-US trade war escalated into a science and technology war, the independent controllability, security, and advanced nature of China's information technology industry became even more urgent. In 2020, combined with the trend of technology development and China's policy industry environment, it is suggested to pay attention to the four major industrial application fields of information technology industry. The first is the design of semiconductor chips, including artificial intelligence chips, IoT chips, 5G chips, and automotive electronics. The second is information security, including the password industry chain, network security upgrades, and prevention of new risks brought about by new technologies. The third is financial technology, including blockchain finance, artificial intelligence, big data finance, and financial clouds. The fourth is the 5G industry and applications, including the 5G communications field and the "5G +" industry.

Key words: Information Technology; Artificial Intelligence; Semiconductor; Information Security; Financial Technology; 5G

Analysis of the Impact on the Macroeconomic Caused by Novel Coronavirus Pneumonia

Zhang Zhiqian

Abstract: A pneumonia outbreak caused by the new coronavirus may have a bigger impact on China's economy than the SARS outbreak in 2003. The outbreak will have a negative impact on the tertiary industry, household consumption, investment, export and employment. It will push up CPI and drag down PPI in the short term. To cope with the impact of the outbreak, China's macroeconomic policy needs to be adjusted appropriately and the policy environment will be more relaxed. If the outbreak can be effectively contained in March 2020, its impact on China's economy will be felt mainly in the first quarter. We should analyse the economic impact of the outbreak more fully. While preventing and controlling the epidemic, we should also do a good job in stabilizing the economy.

Key words: Macroeconomic; New Coronavirus Pneumonia; Economic Impact

---

Impact of NCP on the Real Estate Industry

Wang Shen

Abstract: The outbreak of new Coronavirus pneumonia (NCP) has a significant negative impact on the short-term operation of real estate. The demand for home purchase will disappear, and the first quarter will be dismal. The land transfer will be delayed, and the enterprises will be postponed to work. The cash flow of the real estate enterprises will be tight, and the debt pressure of the SMEs will be great. The monetary and fiscal policies will be improved. In the medium and long term, the negative impact of the NCP is greater than that of SARS. After the epidemic, the industry rebound will be weak, and the potential impact may continue to the second half of the year. The epidemic situation will lead to intensified differentiation of the real estate market, greater pressure on small and medium-sized cities, and further improvement of the market concentration of real estate enterprises. The control rate of office buildings will increase, the rental price and property selling unit price will decline. The penetration rate of remote office will increase, and small and medium-sized enterprises will try to share office or merge office more. And brand property companies with good service, standardized management and professional responsibility will be more popular.

Key words: Novel Coronavirus Pneumonia; Real Estate; Industry Impact

---

Impact of NCP on the Health Care Industry

Yan Bing

Abstract: The impact of this round of epidemic on the economy is short-term, and the lasting impact may last through the first quarter or even the first half of the year. Due to its weak cyclical nature, the pharmaceutical and health industry is less affected by the macro-economy. The impact of the epidemic on the medical and health field is mainly divided into two aspects: the positive impact is that there will be explosive growth in the sales of epidemic related products, such as anti infection, antiviral drugs and related medical devices, consumables and reagents, and the sales volume in the first quarter will be significantly higher than that in previous years; the negative impact is the non epidemic related products, because of the internal procurement plan of the hospital during the epidemic period Delayed planning, patients to avoid going to the hospital as far as possible, regular drug orders will decline. From the perspective of the whole medical and health industry chain, research and development, registration, production, circulation, procurement and clinical use will be affected to a certain extent by the epidemic. In the long run, the epidemic will not change the long-term development trend of the pharmaceutical industry, but will accelerate the elimination of backward production capacity. The development logic of the pharmaceutical industry will not be affected. The main direction of the development of the medical and health industry is to encourage innovation, replace generic drugs, purchase with volume, and control medical insurance fees.

After the outbreak, the medical and health industry needs to focus on the following areas: first, accelerate the development and production of innovative drugs; second, accelerate the domestic substitution of innovative medical devices; third, accelerate the construction of medical informatization. The investment opportunities brought by the epidemic to the medical and health industry can be focused on the following main lines of investment: first, the investment opportunities after the fall of the core medical assets with high valuation; second, the subsidiaries and companies benefiting from the epidemic with long-term and short-term logic; third, the investment opportunities in the field of medical information; fourth, the investment opportunities in the field of hierarchical diagnosis and treatment.

Key words: Novel Coronavirus Pneumonia; Healthcare Industry; Industry Influence

Analysis of the Impact on the Financial Industry Caused by NCP

Gao Yanru

Abstract: The impact of this epidemic on China's economy, financial markets, and the financial industry is generally short-term and controllable. The regulatory authorities have made a combination of financial support for prevention and control of the epidemic. The A-share market is short-term negative. The bond market is favorable in the short-term. The short-term fluctuations in the foreign exchange market have increased, but the financial system has maintained a stable operation. The epidemic has a short-term impact on the banking industry, including "volume increase and price reduction", with limited long-term effects. New short-term business in the insurance industry is under pressure, and mid-to-long-term health insurance products have a role to play. The impact of the epidemic on the securities and fund industries was not significant. The epidemic affects the trust's real estate trusts, infrastructure trusts, and industrial and commercial enterprise trust businesses, but large health sector trusts provide opportunities, and charitable trusts have developed through this epidemic. The epidemic has also increased the risks of the leasing industry, and there are opportunities in the medical and health and related industry market areas, consumer areas, and informatization areas. In general, fintech will be highly valued by financial institutions for this epidemic, and development will accelerate.

Key words: Novel Coronavirus Pneumonia; Financial Regulation; Financial Market; Financial Institutions

---

Analysis of the Impact on the Consumer Industry Caused by NCP

Gong Xiannian

Abstract: reviewing the impact of SARS on the consumer industry in 2003, and based on the analysis of the internal and external environment of this outbreak, this paper believes that the impact of this outbreak on the consumer industry is reflected in four aspects: first, the impact is greater than SARS. Second, periodic impact, do not change the long-term trend. Third, the impact of service consumption is greater than that of product consumption. Catering, tourism, film, education and training industries have the biggest impact, while online games and other industries have benefited. Fourth, short-term adjustment to usher in investment opportunities.

Key words: Novel Coronavirus Pneumonia; Consumption Industry

Analysis of the Impact on the Manufacturing Industry Caused by NCP

Wang Shen

Abstract: The outbreak led to the postponement of resumption of work and pressure on the manufacturing industry. It is expected that the PMI index of the manufacturing industry will fall further in February, especially for small and medium-sized enterprises. In order to help small and medium-sized enterprises to return to work and return to production, the government has issued a series of supporting policies. The industries greatly affected by the epidemic are electronic industry, automobile manufacturing, panel industry, home appliances and automation equipment, etc.

Key words: Novel Coronavirus Pneumonia; Manufacturing Industry; Resume Production

图书在版编目（CIP）数据

中国投资发展报告．2020／中国建银投资有限责任公司投资研究院主编．--北京：社会科学文献出版社，2020.5
（中国建投研究丛书．报告系列）
ISBN 978-7-5201-6515-0

Ⅰ．①中… Ⅱ．①中… Ⅲ．①投资-研究报告-中国-2020 Ⅳ．①F832.48

中国版本图书馆 CIP 数据核字（2020）第 059736 号

·中国建投研究丛书·报告系列·
中国投资发展报告（2020）

主　　编／中国建银投资有限责任公司投资研究院

出 版 人／谢寿光
组稿编辑／恽　薇　王楠楠
责任编辑／王楠楠

出　　版／社会科学文献出版社·经济与管理分社（010）59367226
地址：北京市北三环中路甲 29 号院华龙大厦　邮编：100029
网址：www.ssap.com.cn
发　　行／市场营销中心（010）59367081　59367083
印　　装／三河市尚艺印装有限公司

规　　格／开　本：787mm×1092mm　1/16
印　张：31.5　字　数：439 千字
版　　次／2020 年 5 月第 1 版　2020 年 5 月第 1 次印刷
书　　号／ISBN 978-7-5201-6515-0
定　　价／158.00 元